40 Jahre
Fußball-Bundesliga

Verlag
DSV – Deutscher Sportverlag
Frankenwerft 35
50667 Köln
Tel.:0221 / 25870
www.sportverlag.de

Redaktion
Günter Giersberg
Werner Rudi
Jens Bierschwale
Oskar Beck
Olaf Bruchmann
Andreas Eckhoff
Wolfgang Golz
Dirk Graalmann
Bodo Höche
Erik Hülbüsch
Manfred Krieg
Felix Meininghaus
Norbert Plützer
Roman Punge
Kurt Röttgen
Rolf-Peter Schmitz
Irmgard Stoffels
Peter Stützer
Christian Schrange
Oliver Trust
Raimund Witkop

Gestaltung
Erwin Klein/ Kontor 11 Grafikdesign
Sabine Schmidt / DSV

Fotos
dpa, imago

Druck
Klingenberg Buchkunst, Leipzig

40 Jahre Fußball-Bundesliga

1963 bis 1973: Die Liga lernt das Laufen und stolpert in den großen Skandal

Sie waren schon Stars, als die Bundesliga laufen lernte: Luftakrobat Uwe Seeler (oben), Torwart und Sangeskünstler Radenkovic (r.) und Helmut Rahn im Trikot des Meidericher SV

Die Chronik von 1963 bis 1973

1973 bis 1983: Die Liga entdeckt die Werbung und erlebt das Duell Bayern gegen Gladbach

Gerd Müller war der Bomber der Nation, ein Strafraum-Phänomen, das mit allen Körperteilen arbeitete. Wolfgang Overath (oben) war der filigrane, sensible Regisseur

Die Chronik von 1973 bis 1983

1983 bis 1993: Die Liga staunt über einen Jung-Manager und die Dominanz seiner Bayern

1993 bis 2003: Die Liga wird zum teuren Fernseh-Spiel und zieht in neue Super-Arenen

Statistik

Die spezielle Spezies Torwart: Mal ulkig wie oben Sepp Maier, mal brutal wie links Uli Stein, der sich als Boxer empfehlen wollte

Lothar Matthäus: Antritte, die begeistern, Auftritte, die verwirren. Die neuen Arenen – nur dem Fußball geweiht Die Arena auf Schalke (r.)

Die Chronik von 1983 bis 1993

Die Chronik von 1993 bis 2003

Sie jubelten ausgelassen und oft (v. l.): Günter Netzer, Jupp Heynckes, Berti Vogts und Rainer Bonhof. Große Namen, die Borussia Mönchengladbach und seine stürmische

„Fohlenelf" zur bewunderten Größe im europäischen Fußball machten

Ungestüm, verspielt, elanvoll – wie Fohlen eben

Die Erfolgsgeschichte von Borussia Mönchengladbach ist vor allem die Geschichte von Berti Vogts. Und seinem Ersatzvater Hennes Weisweiler. VON PETER STÜTZER

Eigentlich war Berti Vogts ja Fortuna-Fan. Aufgewachsen in Büttgen, einem Dorf zwischen Düsseldorf und Mönchengladbach, und deshalb hin und her gerissen. Erstmal. An jedem Wochenende zog er mit seiner Fahne ins Rheinstadion, die Fahne war rot und weiß und dem Vernehmen nach größer als sein stolzer Träger, der es mit 16 eben mal auf 1,50 Meter brachte. Und auch später, als Großer, nicht auf so furchtbar viel mehr (1,68). Aber was bedeutet schon Körpergröße? Hin also zur Düsseldorfer Fortuna und her zur Mönchengladbacher Borussia, die im Frühsommer 1965 immerhin in der Aufstiegsrunde zur neuen Bundesliga stand. Die Landeshauptstadt sollte bis auf weiteres zweitklassig bleiben.

Trainer Weisweiler drohte: „Wenn wir diesmal nicht Meister werden, gehe ich." Gladbach holte 1970 den 1. Titel. Er blieb

Am Bökelberg war seit einem Jahr Hennes Weisweiler der Trainer, der hatte bei einem Jugendländerspiel gegen die Tschechoslowakei Gefallen am emsigen Berti gefunden und seinem Vorstand aufgetragen, gleich mal die Schatulle auf zu machen. Es war eine kleine Schatulle damals, und Vogts trug seine 20.000 Mark Handgeld brav und prämienbegünstigt zur Sparkasse. Hans-Hubert Vogts, der Vorname ist so nur im Pass und im Taufregister zu finden, war Vollwaise schon mit 14, nachdem Vater und Mutter innerhalb kurzer Zeit starben, fortan wuchs er bei seiner Tante Maria auf. Wohlbehütet und sehr katholisch, bevor er zum Berufsfußball kam, hatte er schon eine kleine Laufbahn als Messdiener in St. Aldegundis, als Mitglied im Fanfarenkorps der Freiwilligen Feuerwehr und in der St. Sebastianus-Bruderschaft hinter sich. Und beim VfR Büttgen natürlich. Bei Bauer&Schaurte in Neuss lernte er Werkzeugmacher. Seine erste Lohntüte schüttete Berti voller Stolz vor Tante Maria aus.

Es gibt andere Namen, womöglich glanzvollere, an denen entlang sich die Erfolgsgeschichte des VfL Borussia Mönchengladbach erzählen ließe. Weisweiler, Netzer, Heynckes, doch der authentischste ist Vogts. Aus drei Gründen.

Erstens: Der lange unterschätzte Verteidiger hat den gleichen, unerwarteten Aufstieg aus der kleinen Provinz in die große Welt vollzogen wie der lange unterschätzte Verein. Der führt heute neben fünf deutschen Meistertiteln zwei Uefa-Cup-Siege im Briefkopf, Vogts wurde als Spieler Weltmeister, als Trainer Europameister, ehe er sich in den Schmoll- und Wollwinkel Schottland zurückzog.

Die lange Karriere einer treuen Seele: Berti Vogts spielte nur für Mönchengladbach – 419 Mal

Der deutsche Meister Mönchengladbach präsentiert im Juli 1970 seine

Zweitens: Nicht Weisweiler, nicht Netzer, nicht Heynckes, nur Vogts hat alle fünf Meistertitel der Borussia mitgewonnen.

Drittens: Zwar machten die Gladbacher in der Bundesliga schnell als Himmelsstürmer Furore. Doch erfolgreich wurden sie erst, als sie auch den Wert des soliden Fußwerks Vogtsscher Machart in der Defensive erkannten.

„Der Sinn des Fußballs ist es, mehr Tore als der Gegner zu erzielen – und nicht, weniger Tore als der Gegner zu kassieren.“ Das Credo des Offensivfreundes Hennes Weisweiler brachte ihm und den Gladbachern eine Menge Sympathien ein, hieß es doch: alle Mann nach vorn. Gemeinsam mit den Bayern aus München, die auch 1965 aufgestiegen waren, bestimmten die Borussen aus Mönchengladbach bald die Systeme. Kontrollierter, kalkulierter und letztlich auch erfolgreicher war der Fußball an der Isar. Schwungvoller, risikoreicher und auf jeden Fall begeisternder war der Fußball vom Niederrhein. Im ersten Bundesligajahr wurden die

Neuzugänge (v. l.): Jürgen Wloke, Bernd Schrage, Rainer Bonhof, Werner Adler und Jupp Heynckes. Trainer Weisweiler scheint zufrieden

Borussen Dreizehnter und kassierte 68 Tore. 1968 und 1969 erzielten sie die meisten Treffer der Liga (77/61) wurden aber beide Male nur Dritter. Weisweiler grämte sich, hatte aber die Lektion gelernt: „Meister wirst du nur mit einer starken Abwehr."

Er holte solche wie Klaus-Dieter Sieloff aus Stuttgart und Luggi Müller aus Nürnberg, sein Ziehsohn Berti Vogts war mittlerweile zum Nationalspieler gereift und siehe da: Fünf Jahre nach dem Bundesliga-Aufstieg gelang Borussia Mönchengladbach der erste Meistertitel, dem noch vier weitere folgen sollten. 51:17 Punkte waren damals eine Rekordmarke.

Am 30.April 1970 läuteten in ganz Eicken, dem Stadtteil, in dem Borussia am 1. August 1900 gegründet worden war, die Kirchenglocken. Die „Salatschüssel" ging zum ersten Mal ins kleine Mönchengladbach, diesmal grämten sich die Münchner. Und Hennes Weisweiler konnte bleiben. „Wenn wir diesmal nicht Meister werden, gehe ich", hatte der Trainer nämlich vor der Saison gedroht. Und Wirkung erzielt. Seine Spieler warfen sich ins Zeug und hatten in ihm ein leuchtendes Vorbild an Einsatz und Kreativität. Als es zum Beispiel darum gegangen war, eben diesen Luggi Müller der Konkurrennz vor der Nase wegzuschnappen, fuhr Weisweiler dem Umworbenen nach dem letzten Spiel in Köln bis zum Flughafen hinterher und ließ Müller auf der Kühlerhaube seines Autos den Vertrag mit der Borussia unterschreiben.

Ein Jahr später läuteten die Glocken von Eicken nicht mehr, aber Mönchengladbach war schon wieder Meister, schon wieder vor den Bayern. Ungestüm, verspielt, elanvoll, Fehlerhaftigkeit inklusive, hatte sich die Borussia im ganzen Land als „Fohlenelf" einen Namen gemacht. Ein Begriff, der übrigens dem Lokaljournalisten Wilhelm August Hurtmanns zu verdanken war. Weisweiler mehrte den Ruhm durch seine Art, Talente zu fördern, seinen Mut, Offensivfußball zu predigen. Für Berti Vogts war er längst zum Vaterersatz geworden.

Es begannen die goldenen siebziger Jahre. Für Borussia Mönchengladbach, für Bayern München und somit für den deutschen Fußball. Die „Fohlen" gewannen nach ihrer zweiten deutschen Meisterschaft im Achtelfinale des Landesmeister-Europacups gegen Inter Mailand mit 7:1, doch der größte Triumph geriet zum größten Debakel der Vereinsgeschichte. Eine Cola-Dose hatte Roberto Boninsegna am Kopf getroffen, kein guter Sportsmann, aber ein glänzender Schauspieler, Spiel annulliert, 2:4 in Mailand, 0:0 im dritten Spiel in Berlin, ausgeschieden und noch eine unglaubliche Geschichte aus dieser fernen Zeit: Von der Berliner Entscheidung gab es im deutschen Fernsehen keine Live-Bilder, weil sich Borussia Mönchengladbach und ARD zwar auf den Preis (60.000 Mark) aber nicht über die Zahlung der Mehrwertsteuer einig werden könnten. Streitwert: weniger als 5000 Mark. Das waren Zeiten.

Der Verlauf der folgenden 30 Jahre ist bekannt. Es ist Borussia Mönchengladbach seither nicht immer gut ergangen und auch nicht Berti Vogts. Irgendwann haben die ehemals Unterschätzten wohl angefangen, sich zu überschätzen. Das Verhältnis zwischen dem Verein und seinem vielleicht wichtigsten Spieler muss heute, gelinde gesagt, als belastet bezeichnet werden. Den Fortuna-Fan konnten sie ihm wohl verzeihen. Aber einige meinen am Niederrhein,

Berti Vogts habe nicht ausgerechnet Trainer werden sollen. Hennes Weisweiler konnte das wirklich besser.

„Wie war dat mit dat dritte Tor?“

Sie nannten ihn „Boss“. Helmut Rahn schoss das 3:2-Siegtor im WM-Finale 1954. Sein Pech: Die Bundesliga kam etwas spät für ihn. VON WOLFGANG GOLZ

Irgendwann ist Helmut Rahn den Satz leid, den er so oft in Essens Kneipen gehört hat: „Hömma, Hemmut, wie war dat damals mit dat dritte Tor? Erzähl noch ma.“
Von einem Tag auf den anderen verweigert er sich. Schluss mit dem Gelaber über die Sternstunde seines Lebens. Er will vom Gestern nichts mehr wissen. Er zieht sich zurück. Den „Boss“ Rahn von 1954 gibt es nicht mehr. Helmut Rahn taucht in die Anonymität ab, als Gebrauchtwagenhändler. Fast unerkannt. Bis heute.
Doch jahrelang ist die alte Story quasi ritueller Beginn ausgedehnter Sauf-Arien. Und sie hört sich ja auch prima an. Denn in den 50er Jahren haben die Menschen wenig, worüber sie sich freuen könnten. Der Krieg liegt erst ein paar Jahre zurück, Aufbauzeit, Zeit der Maloche. Doch mit dem WM-Sieg von 1954 im Berner Wankdorfstadion, dem 3:2 gegen Ungarn, kommt wieder Leben in das Volk. Und Stolz. „Wir sind wieder wer“, erzählen die Lehrer am Morgen danach in der Schule. Die Bergarbeiter des Ruhrgebiets fahren mit neuem Selbstbewußtsein in den Pütt. Sie kloppen keine Kohle mehr aus dem Gestein, nun schürfen sie das „schwarze Gold“.
Und einer von ihnen, „Boss“ Rahn, ist der Held des „Wunders von Bern“, wie der erste Glückstag des deutschen Fußballs bald beschrieben wird.
Und die letzten Minuten des Spiels feiern stete Neuauflagen in den Essener Kneipen: „Hömma, Hemmut, wie war dat mit dat dritte Tor?“
Und Rahn erzählt. Nicht, dass es in dem verrückten Finale gegen den himmelhohen Favoriten nach acht Minuten schon 2:0 für die Ungarn stand, 2:1 nach elf und nach 18 Minuten durch Rahns Ausgleichstor 2:2. Nein, alle wollen nur von seinem Siegtreffer hören, sechs Minuten vor Ende des Spiels.
Und dann erzählt er, wie immer, in breitem Ruhrpoot-Slang, hier und da mit marginalen Abänderungen: „Der Ball fällt mich vor die Füße, genau auf'n rechten. Zwei Ungarn stürzen sich auf mich. So richtig mit Gewalt. Ich lass se kommen und zieh dann die Kirsche schnell von'n rechten auf'n linken Fuß. Und da, Mann, ich seh et noch wie heute, hab ich dat ganze Gelände vor mich. Ich zieh' ab mit den linken Fuß, und dat gibt so'n richtigen gefährlichen Aufsetzer. Wat dann passiert is, wisst ihr ja.“
Das ist die eine Schilderung des Tores, die exklusiv für wenige im Ruhrgebiet im Originalton erzählt wird. Dann ist da die andere, die es heute noch auf Cassette gibt. Von Herbert Zimmermann, dem legendären Rundfunkreporter. Wer heute Torjubel als Untermalung bei einer Veranstaltung braucht, spielt Zimmermann ab, die Kurzversion.
Hier die komplette: „Schäfer flankt nach innen. Kopfball, abgewehrt. Der Ball kommt zu Helmut Rahn aus dem Hintergrund. Rahn müsste schießen. Rahn schießt – Toor, Toor, Toor für Deutschland.“ Wer es damals erlebt und gehört hat, dem läuft noch heute ein eiskalter Schauer über den Rücken.
Bei Rahn laufen die Pilskes die Kehle runter.
In Stories über Rahn wird später geschrieben stehen: „24 Jahre alt war der Rechtsaußen von Rot-Weiß Essen damals, ein unbeschwerter Ruhrpott-Junge. Im besten Sinne verrückt – auf dem Platz und außerhalb. Weltmeister-Trainer Sepp Herberger nannte ihn einen Meister der positiven Improvisation.“
Bei der Weltmeisterschaft in der Schweiz legt Herberger den unkomplizierten Haudrauf mit dem grüblerischen Fritz Walter auf ein Zimmer. Unbeschwert soll er dem Pfälzer die Leichtigkeit des Fußballerseins vorleben. Macht er auch vor dem WM-Finale: „Mensch, Fritze, wir putzen die Ungarn weg.“ Keiner weiß, ob er's selbst womöglich geglaubt hat.
Rahn ist aber auch ein Dickkopf, Ungerechtigkeit kann er nicht vertragen – da hilft nur ein Pilsken. Aus Zorn, dass Sepp Herberger ihn bei der WM in den Vorrundenspielen gegen die Türkei (4:1 und 7:2) nicht einsetzt, büxt er aus dem Trainingscamp aus und verschwindet in einer Kneipe. Hoch die Gläser, Frust ersäufen. Angeheitert kehrt er heim ins Hotel – Rauswurf vom sittenstrengen „Chef“ Herberger? Nein.
In seiner Biographie über den mitunter kauzigen Meistertrainer schreibt Jürgen Leinemann: „Der sonst so sittenstrenge und prinzipienfeste Bundestrainer hatte eine stille Vorliebe für den lustvollen Menschen aus dem Kohlenpott, der ihn offenbar an jenen eigenwilligen jungen Spieler erinnerte, der er selbst einmal war.“ Aha.
Wie zum Trotz, Herberger stellt Rahn im nächsten Spiel gegen Jugoslawien auf. Kleinlaut verspricht der Sünder, seine Verfehlungen mit einem Tor abzubüßen: „Ich haue dem Beara einen rein.“ Beara, Vladimir, wird die Katze genannt, weil er so elegant und geschmeidig durch die Luft fliegt. Ein Weltklasse-Torhüter.
Kurz vor dem Ende des Spiels steht es lediglich 1:0. Schalkes späterer Trainer Ivica Horvath hat es per Eigentor erzielt. Herberger springt von der Bank auf und fordert: „Helmut, wo bleibt das versprochene Tor?“ Rahn erkämpft sich den Ball, ein Sololauf, ein Schuss – 2:0. Die Katze Beara krallt zu kurz, „Chef“ Herberger lächelt still in sich hinein.
Aber: So einfach ist es mit Helmut Rahn nicht immer gewesen.
Im Heldenepos „Das Wunder von Bern“ heißt es über Rahn: „Er war stets von fröhlicher Natur. Einher gehend mit seinem Spaß am Leben ging zuweilen auch seine Vernachlässigung des Trainings.“ Es ist die Zeit, da die Thekenkumpels im-

1. Bundesligasaison, Meidericher SV gegen 1. FC Köln, Endstand 2:2. Helmut Rahn im luftigen Kampf gegen Kölns Torwart Ewert

mer öfter bitten: „Hemmut, wie wa dat mit dat dritte Tor?“
Vollgetankt, 2,6 Promille Alkohol im Blut, chauffiert Helmut Rahn sein Auto eines Nachts in eine Baugrube. Die Polizei muss ihn aus dem Wagen holen, er wehrt sich nach eingeschränkten Kräften mit Händen und Füßen. Die Rechnung: Widerstand gegen die Staatsgewalt, Trunkenheit am Steuer, Gefährdung des Straßenverkehrs – zwei Wochen Haft und 300 Mark Geldstrafe. Und der DFB, gestrenger Hüter der sportlichen Sitten, sperrt Rahn für die Nationalelf.
Doch Sepp Herberger streckt die Fittiche aus wie die Glucke über die Küken. Der „Chef“ boxt den „Boss“ frei, er braucht ihn für die bald anstehende WM 1958 in Schweden.
Doch der Schlucker lässt das Schlucken nicht.
In den „Geißbock-Geschichten“ des 1. FC Köln, wo Rahn von 1959 bis 1961 spielt, ist folgende Episode zu lesen: 1960 verlor der ebenfalls weit höher eingeschätzte FC (Köln; d. Red.), der mit Hans Schäfer und Helmut Rahn zwei leibhaftige Weltmeister aus der 54er Elf in seinem Aufgebot hatte, in Frankfurt das Meisterschaftsfinale gegen den HSV mit 2:3. Schäfer im Rückblick: „Wir waren im Trainingslager, und Rahn war verschwunden. Am Samstag, einige Stunden vor dem Anpfiff tauchte er wieder auf. Feuchtfröhlich. Was sollten wir mit ihm machen? Trainer Pfau, Präsident Kremer und ich als Kapitän kamen zu keiner Entscheidung. Da kam ich auf die Idee, Sepp Herberger um Rat zu fragen. Der alte Fuchs meinte verschmitzt lächelnd: „Das ist ein Wagnis. Vielleicht haut er euch in den ersten Minuten ein oder zwei Dinger rein. Dann habt ihr gewonnen. Vielleicht auch nicht. Dann werdet ihr nachher nicht mehr viel von ihm sehen.“
Variante zwei traf leider zu. Schäfer: „Helmut Rahn musste anschließend den Verein verlassen. Der strenge „Boss“ aus Köln war die Eskapaden des lustigen „Boss“ aus Essen leid.“
Rahn geht als einer der ersten deutschen Spieler ins Ausland, nach Enschede in Holland. Pünktlich zur Einführung der Bundesliga ist er wieder da, fast 34, schwergewichtig. Und dennoch wird er mit dem Meidericher SV deutscher Vizemeister. Er ist einer der Ersten, die in der neuen Liga vom Platz gestellt werden. Doch der Profi-Fußball kommt für ihn um ein paar Jahre zu spät.
Gewöhnlich, so die Uralt-Weisheit des Fußballs, haben der Torwart und der Linksaußen eine Meise. In den Mannschaften mit Rahn, war es der Rechtsaußen. Doch keiner hatte an der Theke eine so gute Geschichte zu erzählen: „Ich zieh mit den linken Fuß ab, und dat gibt so'n richtig gefährlichen Aufsetzer. Wat dann passiert is, wisst ihr ja.“
Herbert Zimmermann brüllt im Rundfunk: „Toor! Toor! Tor für Deutschland!“ Und wenig später: „Aus! Aus! Das Spiel ist aus! Deutschland ist Weltmeister.“
Eine der schönsten Geschichten des deutschen Fußballs. Schade, dass Helmut Rahn sie nicht mehr erzählt …

Magische Geburtsstunde in Dortmund

Am 28. Juli 1962 beschließt der DFB die Gründung der Bundesliga – „ein kulturhistorisches Ereignis."

VON DIRK GRAALMANN

Es war ein Samstag. Natürlich. Es war der 28. Juli 1962. Um 10.15 Uhr, wie das offizielle Tagungsprotokoll verzeichnet, eröffnete der scheidende DFB-Präsident Peco Bauwens im Goldsaal der Dortmunder Kongresshalle den 14. DFB-Bundestag. Pünktlich zum späteren Bundesliga-Abpfiff, um 17.14 Uhr, verlas Rechtsanwalt Ludwig Franz ein historisches Abstimmungsergebnis: Nach „Hammelsprung" im Hotel, mit geheimer und einzelner Abstimmung wurde der Antrag Nummer eins mit 103 Ja-Stimmen der insgesamt 129 Delegierten und somit mit der notwendigen Zweidrittel-Mehrheit angenommen. Der Antrag, im schönsten Funktionärsduktus gehalten, klang reichlich unspektakulär: „Der Bundestag möge beschließen, vom 1.8.1963 an eine zentrale Spielklasse unter der Leitung des DFB einzuführen. Die hierfür notwendigen Bestimmungen sollen vom Beirat alsbald erlassen werden."

Es war die Geburtsstunde der Bundesliga. Eine Revolution. „Die Einführung der Bundesliga war ein kulturhistorisch bedeutsames Ereignis, wurde doch damit ein über Jahrzehnte gehätschelter, fast typisch deutscher Anachronismus beendet, nämlich der des ‚sauberen Amateurismus'", schrieb der Soziologe Norbert Seitz zum 30. Jahrestag der Bundesliga im August 1993.

Verbunden ist das Ereignis auch mit einzelnen Namen. Mit Franz Kremer zum Beispiel, dem poltrigen Präsidenten des 1. FC Köln, der „als erster richtig Dampf gemacht hat", wie sich Hermann Ost, damals als Berichterstatter der „Westfälischen Rundschau" vor Ort, erinnert. Und natürlich auch mit Hermann Neuberger, dem späteren DFB-Präsidenten und damaligen saarländischen Delegierten. „Der gab Kremer Flankenschutz und hat mit einer flammenden Rede das Blatt gewendet", sagt Ost. Denn die Widerstände gegen die Einführung der Bundesliga waren groß. Selbst bei den Fans im Westen, dessen Verbandsspitze die Gründung der Bundesliga heftigst betrieb, regte sich Widerstand. Sie liebten ihre Oberliga West, die „Straßenbahn-Liga" mit den unzähligen Derbys.

Sepp Herberger war davon unberührt. Auch der Bundestrainer saß im Goldsaal – als Delegierter für die Region Mannheim. Herberger stimmt mit „Ja". Selbstverständlich. Denn er hatte längst erkannt, dass unter dem System der fünf Oberligen – ohne den ständigen Wettbewerb auf höchstem Niveau – die Entwicklung der Spieler leiden würde. Das geltende Vertragspieler-Statut mit dem Verbot von Handgeldern und Transfergewinnen war im internationalen Vergleich längst nicht mehr haltbar. Schon 1951 war der spätere Weltmeister Fritz Walter mit einem fulminanten Angebot ins Ausland gelockt worden. Athletico Madrid köderte den Nationalmannschafts-Kapitän mit der damaligen Irrsinns-Summe von 225.000 Mark Handgeld und einem Monatssalär von 6.000 Mark. Walter lehnte ab. Als der 1. FC Kaiserslautern dem umworbenen Spieler ein paar Jahre später zur Absicherung seiner Zukunft ein Darlehen von 45.000 Mark zur Gründung einer Wäscherei und eines Kinos einrichtete, schritt aber prompt der DFB ein. Er klagte Klub wie Spieler an. Der Klub wurde bestraft, Fritz Walter freigesprochen – und blieb in der Pfalz.

Doch die Karawane war nicht aufzuhalten: Reihenweise wurden die besten Kicker abgeworben. Von 1960 an waren insgesamt neun Fußballer über die Grenzen gewechselt, darunter Nationalspieler wie Horst Syzmaniak, Klaus Stürmer, Helmut Haller oder Albert Brülls, dem ersten fußballernden Ferrari-Fahrer. Vor allem aber die Angst um das nationale Idol Uwe Seeler machte die Notwendigkeit einer Veränderung deutlich. Im Jahr 1961 buhlte der als „Sklaventreiber" verschrieene Helenio Herrera von Inter

Mit 103 Ja-Stimmen der 129 Delegierten wurde beim 14. Bundestag des DFB am 28. Juli 1962 die Einführung der Bundesliga beschlossen. Die wichtigsten Kräfte der revolutionären Entscheidung (v. r.): Hermann Neuberger, Walter Baresel, Ludwig Franz, Franz Kremer, Willi Hübner und Hans Paßlack. Eine „flammende Rede" von Kölns Präsident Kremer hatte die Skeptiker überzeugt

Mailand um „Uns Uwe“. In der Presse wurde das Angebot der Italiener in Höhe von insgesamt 1,2 Millionen Mark (!) veröffentlicht. Es war fortan eine nationale Aufgabe, Seeler in Deutschland zu halten. Der Rektor der Hamburger Universität, der Theologe Prof. Helmut Thielicke, äußerte seine Empfindungen gar in einem Offenen Brief: „Wenn Sie dieser Versuchung widerstehen, lieber Herr Seeler, dann wäre das ein leuchtendes Fanal, durch das sie eine abschüssige Bahn beleuchten, die Menschen zur Besinnung rufen und sie davor zurückschrecken lassen.“ Seelers Integrität war zwar unbestritten, aber auch Herberger schaltete sich nochmals ein, intervenierte bei Staatsministern, um dem Spieler eine Konzession für Tanklastwagen zu besorgen. Letztlich organisierte er dem Hamburger eine Stelle als Generalvertreter des Sportartikel-Herstellers Adidas. Seeler blieb – das Problem der zunehmenden Ausblutung aber auch. Das schlechte Abschneiden der Nationalelf bei der Weltmeisterschaft in Chile 1962 mit dem Ausscheiden im Viertelfinale beschleunigte die Erkenntnis, dass eine Neustrukturierung der Spielklassen unumgänglich sei. „Je schneller, desto besser“ gab Herberger sein Votum für die Einführung einer Bundesliga frühzeitig zu Protokoll. „Bundesliga, das ist Fußballmagie“, befand „der Chef“ sogar großspurig.

Doch mit Einführung der zentralen Spielklasse war nur eines der drängenden Probleme gelöst. Das andere drehte sich um die Form. Die Befürworter der Professionalisierung um Kremer und Neuberger kannten die Skepsis der Mitglieder, hatten in ihren Anträgen taktisch clever die Einführung der Bundesliga von der Einführung des Profitums getrennt. Eine Kommission unter der Leitung des westfälischen Rechtsanwalts Hermann Gösmann, der an jenem Tag auch einstimmig zum neuen DFB-Präsidenten gewählt wurde, hatte zur Stützung ihrer Argumentation bereits im April 1962 ein 54 Seiten starkes Gutachten vorgelegt. Doch die Zurückhaltung blieb. „Den Altvorderen war es unvorstellbar, dass Menschen nur für Geld Fußball spielen. Alles was mit Profitum zu tun hatte, war denen suspekt“, sagt Ost. Für den bedingungslosen Praktiker Herberger ein Unding: „Es lächert mich“, meinte er, „wenn Veteranen, die noch die Torstangen auf die Plätze trugen, wie eitle Pfauen ihren Idealismus herausstreichen. Sie haben die Stangen hingetragen, weil es keiner für sie tat. Und Geld haben sie keines genommen, weil keins da war. So einfach ist das.“

Doch die Einführung des Profitums, wie es zu jener Zeit schon in England, Italien oder Spanien praktiziert wurde, scheiterte in Dortmund vorerst kläglich. Der Antrag auf Einführung einer „zentralen Spielkasse mit Berufspielern“, wurde abgeschmettert. Gerade einmal 49 Ja-Stimmen wurden bei der Abstimmung gezählt. Statt dessen wurde (mit 91 Ja-Stimmen) die halbseidene Lösung des Lizenzspielertums gewählt – mit erhöhten Gehaltsgrenzen und festen Transfersummen. 1.200 Mark durfte jeder Spieler fortan im Höchstfall bekommen, die maximale Ablöse lag bei 50.000 Mark pro Mann. Die Attraktivität der Bundesliga jedoch kannte kaum Grenzen. 46 der insgesamt 78 Oberliga-Klubs bewarben sich bis zur Silvester-Nacht 1962 schriftlich um einen Platz in der neuen Spielklasse. Nach einem diffizilen Schlüssel aus sportlicher Qualifikation (zugrunde gelegt wurden die Ergebnisse der letzten zehn Jahre), regionalen Aspekten und der aktuellen Wirtschaftlichkeit (die zuweilen so individuell ausgelegt wurde, dass als Berliner Vertreter Hertha BSC statt Tasmania 1900 ausgewählt werden konnte) wurden letztlich 16 Klubs auserkoren. Bayern München und Borussia Mönchengladbach blieben außen vor. Sie legten vergeblich Beschwerde ein, mussten aber noch zwei Jahre warten, ehe sie sportlich den Aufstieg schafften.

Alemannia Aachen klagte gar vor einem öffentlichen Gericht auf Zulassung. Ohne Erfolg. Das Kungeln aber war damit keineswegs beendet. Statt dessen fingen die Klubs an, 100.000 Mark hinzulegen und dafür gleich einen guten und einen schlechteren Spieler im Paket zu verpflichten. So wechselte Nationalspieler Günter Herrmann zur Premierensaison statutengemäß für die Höchstsumme von 50.000 Mark aus Karlsruhe zum FC Schalke 04. Die Gelsenkirchener verpflichteten zudem noch den mäßig begabten Sportkameraden Hans-Günter Lambert. Ebenfalls aus Karlsruhe, ebenfalls für 50.000 Mark. Als das trojanische Koppelgeschäft ruchbar wurde, verdonnerte der Verband beide Klubs zu je vier Punkten Abzug und einer Geldstrafe von 10.000 Mark. Die neu geschaffene Bundesliga hatte ihren ersten Skandal, bevor der erste Anstoß durchgeführt worden war. Überraschen aber konnte das niemanden. Auch Herberger hatte geahnt, dass die Klubs mit der neuen Freiheit Probleme bekommen würden: „Wer vom Fahrrad auf einen Sportwagen umsteigt, bekommt Schaltschwierigkeiten. Das ist natürlich.“

28 Sekunden? Oder doch mehr als 40 Sekunden? Auch Augenzeugen waren sich nicht einig, wann genau der Dortmunder Konietzka das erste aller Bundesligatore im Spiel gegen Werder Bremen erzielte

Der stoppelige General vom Borsigplatz

Das erste Tor der Bundesliga erzielt einer, der von untertage kommt – Dortmunds „Timo“ Konietzka. „Mit der Innenseite eingeschoben“.

VON JENS BIERSCHWALE

Die Fernsehkameras sind noch gar nicht aufgebaut, als sich der Stürmer mit der markanten Stoppelfrisur unsterblich macht. Konnte ja auch niemand ahnen, dass dieser Dortmunder so fix ist und schon in der ersten Spielminute gegen Werder Bremen treffen würde. Bewegte Bilder gibt es von diesem historischen Moment deswegen nicht, und auch die Sekundenzahl vom Anstoß bis zum Abschluss ist nicht genau belegt. „28 Sekunden", sagen einige, „mehr als 40", meinen andere. Dem umjubelten Helden ist es egal, er geht mit jenem Treffer in die Annalen ein: der erste Torschütze der Bundesliga.

Gleich in der ersten Bundesligasaison trifft der unspektakuläre Vollstrecker Konietzke 22 Mal und schießt Dortmund auf Platz 3

Reichlich unspektakulär sei der Treffer gewesen, erzählt Friedhelm „Timo" Konietzka. „Aus sieben Metern mit der Innenseite eingeschoben, dazu noch ohne Bedrängnis", ein Allerweltstreffer eben. Dabei passt dieses Tor doch so herrlich zu seiner Lebensgeschichte. Einer Geschichte, die im westfälischen Lünen beginnt, von einer harten Kindheit berichtet und der Arbeit im Kohlebergbau, „im Pütt", wie die Leute in Lünen sagen. 14 Jahre ist Konietzka alt, als er das erste Mal untertage fährt. Zehn Stunden Schicht, dazu die dreckige Luft, wenig Licht. Er ist unzufrieden, schwört sich, jener Welt zu entfliehen, in der er groß geworden ist. Fußball und der heimische VfB sind seine wahren Fixpunkte.

Konietzka trainiert viel, lebt wie ein Asket, raucht nicht, trinkt keinen Alkohol, stattdessen nur Kräutertee und Wasser. Er weiß, dass er hart arbeiten muss, um nach oben zu kommen. Als er 20 ist, fällt er bei einer Partie dem Dortmunder Vertragsspieler Jockl Bracht auf. „Dieser Konietzka hat den gewissen Killerblick", sagt Bracht und vermittelt den 1,77 Meter großen Stürmer aus der Provinz zu Borussia Dortmund. Beim BVB überzeugt Konietzka auf Anhieb, versteht sich wunderbar mit seinem Sturmpartner Jürgen Schütz und spielt sich in die Herzen der Zuschauer.

„Max und Moritz" werden Konietzka und Schütz von den Fans nur genannt, weil sie auf dem Fußballfeld ebenso trickreich sind wie die zwei Buben in Wilhelm Buschs Bildergeschichte. 1963 gewinnt das Duo mit Borussia Dortmund die deutsche Meisterschaft, die letzte vor Einführung der Bundesliga, dann geht Schütz nach Italien. Konietzka aber bleibt und schießt Dortmund in der ersten Bundesligasaison mit seinen 20 Toren auf Platz fünf.

Trotz des jähen Ruhms lebt er weiter diszipliniert, will seinen Aufstieg nicht durch einen unsteten Lebenswandel gefährden. Wörter wie „Kampf", „Ordnung" und „Opferbereitschaft" zählen zu seinen Lieblingsvokabeln. Sich selbst sieht er als Perfektionist, „weil ich immer alles hundertprozentig machen will". Besonders stolz ist er auf seine Haarpracht. Bereits als Jugendlicher hat er sich den akkuraten Stoppelschnitt zugelegt, der nun sein Markenzeichen ist. Zu jener Zeit ist auch sein Spitzname entstanden. Weil ihm Friedhelm irgendwie zu bieder klingt, sucht Konietzka nach einem markanten Pseudonym und bleibt schließlich beim russischen General Semjon Konstantinowitsch Timoschenko hängen. Der hat einen ähnlichen Haarschnitt wie er selbst und ist zudem im Zweiten Weltkrieg zu Ruhm und Ehre gekommen, weil er als Oberbefehlshaber einer Heeresgruppe im finnisch-sowjetischen Winterkrieg die so genannte Mannerheim-Linie durchbrechen konnte. Das interessiert Konietzka zwar nicht weiter, aber einen neuen Namen hat er gefunden: Timo nennt er sich in Anlehnung an Timoschenko fortan nur noch und lässt sich den Künstlernamen auch amtlich festschreiben.

Im Jahr nach seiner erfolgreichen Debüt-Saison erzielt er 22 Treffer, wird damit Zweiter der Torschützenliste und befördert die Dortmunder Borussia auf Platz drei. In Lothar Emmerich hat er einen neuen Sturmpartner gefunden, mit dem er auf dem Feld ähnlich gut harmoniert wie zuvor mit Schütz. Dennoch ist er unzufrieden. „Ich kann im Pott nicht mehr atmen", sagt er. „Wenn ich ein weißes Hemd trage, ist es am nächsten Tag schwarz vom Kohlenstaub." Konietzka wechselt zu 1860 München und sorgt für einen ersten spektakulären Transfers in der noch jungen Liga.

Auch in Bayern überzeugt er, schießt in 33 Spielen 26 Tore und wird mit den „Löwen" 1966 deutscher Meister. Nur mit der Nationalmannschaftskarriere will es nicht so recht klappen. Weil der torgefährliche Angreifer zu unbeständig in seinen Leistungen ist, kommt er nur auf neun Länderspiele, in denen er drei Tore erzielt. „Wie soll ich wissen, welcher Konietzka gerade auf dem Platz steht", sagt Bundestrainer Sepp Herberger und verzichtet bei der Weltmeisterschaft 1966 in England auf den ehrgeizigen Stürmer. Ein Jahr später wechselt Konietzka in die Schweiz zum FC Winterthur, „weil ich noch mal richtig Geld verdienen will". Er kehrt der Bundesliga den Rücken, nach exakt 100 Spielen und 72 Toren. Die meisten davon hat er selbst vergessen, bis auf eines. Es hat ihn berühmt gemacht.

Das Schicksal etwas steuern

1971 erschütterte der Skandal die Liga. Konnte das Ende der Unschuld wirklich überraschen? VON ULFERT SCHRÖDER

In der 65. Minute des Bundesliga-Fußballspiels Braunschweig gegen Oberhausen befand sich der Oberhausener Ladenbesitzer Lothar Kobluhn in derart vorzüglicher Position, dass er die Flugbahn des Balles verändern und diesen ins Braunschweiger Tor lenken konnte.

Der überaus simple Vorgang hatte ungeahnte Folgen. In Oberhausen brach sogleich wahnsinniger Jubel aus. Männer weinten, Frauen kreischten, und die Wirte der Stadt konnten das Bier gar nicht so schnell zapfen, wie es getrunken wurde. Denn durch Kobluhns Geschicklichkeit im Strafraum war erreicht, was man in der Fachsprache den „Klassenerhalt" nennt.

Der Verein Oberhausen brauchte nicht aus der Bundesliga abzusteigen. Das musste vielmehr die Mannschaft aus Offenbach, weil sie zur gleichen Zeit in Köln nicht so glücklich zu Werke ging wie die Oberhausener.

In Offenbach trat nun das Gegenteil ein. Stundenlang war die Stadt wie gelähmt, die Männer schlichen betreten in die Kneipen, und der Präsident des Vereins legte am nächsten Morgen einen schwarzen Schlips an.

Der vernünftige und vom Fußball unbeleckte Mensch grinst ob solcher Gefühls-Katastrophen.

Denn im Grunde ist es ein überaus nebensächliche Angelegenheit, einen mit Luft gefüllten Ball über einen willkürlich gezogenen Strich zu befördern. Wäre die Sache freilich so einfach und so vordergründig, hätten wir nie Ärger mit dem Fußball und schon gar nicht derart scheussliche Skandale, wie sie derzeit den Beobachter entsetzen. Fußballspielen wird zwar durch Treten gegen den Ball betrieben, doch handelt es sich mittlerweile um in einen bis in die letzte Faser kommerzialisierten Zweig der Vergnügungsindustrie.

Ein Schaugeschäft mit Bossen und Bonzen, Managern, Stars, mit Rand- und Zubringerbranchen, mit hervorragendem Werbewert und mit einem riesigen Heer von Nutznießern, Abhängigen und Lobbyisten.

Dem Millionär Maassen in Oberhausen war die Ehre gerettet, Vorsitzender eines erstklassigen Bundesligavereins zu sein. Dem Millionär Canellas in Offenbach war die Schmach angetan, ab sofort ein Image mit kleinerer Kragenweite tragen zu müssen.

Eben dieser Canellas hatte ein paar Wochen zuvor den Wert der Zugehörigkeit zur Bundesliga mit knapp einer halben Million Mark angegeben. Die Ziffer dünkte überaus bescheiden. Denn gemeinhin pflegen die Vereine den Ruin zu riskieren, um im Geschäft zu bleiben. Sämtliche Vereine vollführen alljährlich halsbrecherische und schwindelerregende Finanzakrobatik, um wenigstens den Schein wirtschaftlicher Gesundheit zu wahren.

„Das Spiel, das wir alle lieben", sagen die Romantiker. Man kann dies anders formulieren. Neben dem stetigen Gewinn an Publicity-Wert ist der Fußball in der Bundesliga zu einem exzellenten Werbeträger geworden.

In Bremen zum Beispiel warfen Stadtverwaltung, Handel, Industrie und Privatleute ihr Geld in einen Topf, auf dass sich Werder entsprechend verstärken könne. Vom Standpunkt des Geschäftsmannes aus muss es nun absolut irrsinnig erscheinen, den Nutzen solcher Investitionen, die Fruchtbarkeit des Kapitals, dem puren Zufall zu überlassen. Die Expansion des Geschäfts, sein völlig unkontrollierbares Wachstum, zwingt die Firmen dazu, stets am Rande des Ruins zu wandeln und zu kalkulieren. Abhängig sind sie jedoch vom völlig unberechenbaren Flug des Balles.

Offenbachs Präsident Canellas (Mitte) und eine ganz besondere Party

Der Zufall bringt die Manager, die Geldgeber und die geltungssüchtigen Präsidenten der Klubs in eine gefährliche Abhängigkeit zu den Angestellten, zu den Stars. Die allein nämlich sind in der Lage, den Zufall zu korrigieren und das Schicksal zu steuern.

Sobald der Sport kommerzialisiert ist, braucht er den Übermenschen, braucht er Männer von vorbildlicher Charakterfestigkeit, Lauterkeit und unbiegsamer Geradheit. Der professionelle Athlet eignet sich deshalb viel eher zum Ideal als der Amateur. Der Profi näm-

Wein, Sekt und die Tonbänder, die den größten Skandal der Bundesliga-Geschichte auslösten

lich hat der Versuchung zu widerstehen, die ihn auf Schritt und Tritt verfolgt.

Denn Sport und Geschäft passen nur schwerlich deckungsgleich aufeinander. Auf der einen Seite soll alles 90 Minuten lang ein wundervolles, faszinierendes, herrlich unterhaltendes, im Grunde aber unwichtiges Spiel sein. Außerhalb der 90 Minuten aber ist es ein unerbittliches Geschäft, in dem man schon an die Grenze der Legalität stoßen kann, wenn man nur sehr gewitzt und cleverer ist als andere.

Der erste Betrug wurde schon vor 95 Jahren aktenkundig. Damals versuchte der Brite Merdeith, eine legendäre Gestalt des Fußballs, einen Spieler der gegnerischen Mannschaft zu bestechen. Das dunkle Geschäft wurde also dort erfunden, wo nach aller Ansicht Fairness und Sauberkeit zu Hause sind: in England.

Und auch die Bundesliga hatte ihren ersten Skandal gleich nach der Gründung. Im März 1964 wurde ein Geschäft aufgedeckt, das Hertha BSC Berlin in der Bundesliga halten, den Abstiegs-Konkurrenten Preußen Münster indes in die nächsttiefere Etage befördern sollte.

Dem Preußen-Stürmer Rummel wurde von dem Spielervermittler Raymond Schwab 3000 Mark und ein Vertrag bei Hertha mit 50.000 Mark Handgeld geboten, wenn er im entscheidenden Spiel gegen Kaiserslautern „zwölfter Mann“ des Gegners sei. In diesem Spiel – Rummel hatte vorher seinen Trainer informiert – wurde der Preußen-Stürmer von seinem Gegner Gawletta gefragt: „Mann, warum strengst Du dich so an. Du spielst doch heute für uns.“

„Eine Mauer des Lügens“

Das dunkelste Kapitel der Liga – es begann an einem strahlenden Sommertag im Jahr 1971. Horst-Gregorio Canellas, Präsident der am Tag zuvor abgestiegenen Offenbacher Kickers, hatte viel Prominenz eingeladen. Er feierte seinen 50. Geburtstag. Die Gesellschaft wunderte sich, als der Gastgeber ein Tonband abspielte. Sie hörte Unglaubliches: Telefonate mit Spielern, Funktionären, Vermittlern. Es ging um gekaufte Spiele und bestellte Niederlagen. Man hörte, wie der heisere Gemüsehändler mit dem Kölner Torwart Manfred Manglitz und den Hertha-Spielern Bernd Patzke und Tasso Wild verhandelte. Einen Tag nach Ende der Saison 1970/71 hatte die Bundesliga ihren größten Skandal.

Fast sechs Jahre dauerte die komplizierte Aufklärungsarbeit des DFB. „Stein für Stein wurde aus der Mauer des Lügens herausgebrochen, bis sie zusammenstürzte“, so DFB-Ankläger Hans Kindermann. Nicht zu leugnen war: Im Abstiegskampf war bestochen worden. Haupt-Übeltäter: Arminia Bielefeld. Offenbach musste absteigen, weil es für einen Sieg von Hertha gegen die abstiegsbedrohten Bielefelder nicht genug geboten hatte – nur 140.000 Mark. Bielefeld war der 1:0-Sieg gegen Hertha 200.000 Mark wert. Auch der Bielefelder 1:0-Erfolg in Schalke war gekauft.

58 Spieler und Funktionäre mussten sich vor den Sportgerichten verantworten. Die Spieler von Schalke beschworen lange ihre Unschuld, ihre Meineids-Prozesse wurden schließlich vor Zivilgerichten verhandelt. Erst im Dezember 1975 gestanden sie. Von den Sportgerichten waren zuvor Geldstrafen bis zu 15 000 Mark verhängt worden. Bielefeld und Offenbach wurde die Lizenz entzogen.

War es wirklich so überraschend, dass in der Bundesliga bestochen wurde? Autor Ulfert Schröder, ein Fußball-Liebhaber und kritischer Beobachter der Liga von ihrer Geburtsstunde an, erkannte kurz nach der knalligen Geburtstagsparty von Canellas, dass sich die Stars immer schon gegen die Versuchung wehren mussten, „das Glück zu korrigieren“. Was Schröder im Juni 1971 schrieb, hat an aktueller Brisanz nichts verloren. Auch wenn die damals aufgerufenen Summen im Vergleich zu den heutigen Fußball-Kursen lächerlich erscheinen.

Die feinen Bayern bleiben draußen

1860 München schafft es gleich in die Bundesliga, Bayern nicht. „Der schwärzeste Tag der Vereins-Geschichte"

VON WOLFGANG GOLZ

Der 1. Mai 1963, als das Einschreiben vom DFB kam", klagt noch heute der ehemalige Vize-Präsident Hans Schiefele, „der 1. Mai war einer der schwärzesten Tage in der Geschichte des FC Bayern München."
Ein Sturm braust durch die Stadt. Der Sturm der Entrüstung: Dem FC Bayern wird die Aufnahme in die Bundesliga verweigert. Kruzitürken!
Doch es ist nur ein Halbstadt-Sturm, wenn es so etwas gibt. Denn in einer Hälfte der Stadt herrscht auch Zufriedenheit (gewisse Häme gar?): Der TSV München von 1860 e.V. ist bei der Einführung der neuen Bundesliga mit dabei. Der Arbeiter-Klub hat es geschafft, die feinen Bayern nicht.
Wut und Schadenfreude – zwischen den beiden Polen schwappt die Stimmung hin und her.
Die Bayern schimpfen auf den DFB. Der hat bestimmt, für die Qualifikation zählen Tradition, also die Erfolge von gestern, und die Gegenwart, die Erfolge von heute.
Der FC Bayern liegt in der Vergangenheit klar vorn: Er ist immerhin Deutscher Meister von 1932 und Pokalsieger 1957. Die Sechzger dagegen lediglich Cupsieger 1942. Ihr Vorteil jedoch: Sie sind 1963 Süddeutscher Meister, die Bayern nur Dritter wie im Vorjahr. Aber selbst diese Konstellation eingerechnet, hat der FC Bayern noch mehr Punkte als 1860. Doch den Meister kannst nicht rauslassen. Das ist selbst den Bayern klar.
Die stolpern schließlich über eine weitere Vorgabe des DFB – und das ist für die Bayern der wirkliche Skandal –, dass pro Stadt nämlich nur ein Verein in der Bundesliga spielen darf.
So erhalten der Karlsruher SC, obwohl lediglich Fünfter (Vorjahr gar nur Neunter) und der VfB Stuttgart (nur Sechster) einen Platz in der neuen Profiliga.
Doch das Leben ist oft gut zu denen, die nur lange genug leiden mussten. Und die Bayern litten. Denn sie verpassen im ersten Jahr nach der Bundesliga sportlich den Aufstieg. „Da war der Franz schon dabei", erzählt Hans Schiefele. Der Beckenbauer. Erstmals im Aufstiegs-Gruppenspiel bei St. Pauli. „4:0 haben wir gewonnen, und der Franz musste Linksaussen spielen", so Schiefele, „aber der konnte ja überall eingesetzt werden."
Andere müssen verquerer spielen. Fritz Kosar läuft als Mittelstürmer auf. Seine angestammte Position: Torwart.
Ein Jahr später klappt's dann mit dem Aufstieg.
„Ja", sagt Walter Fembeck, „es war ein Schock damals, 1963." Fembeck ist seinerzeit Schatzmeister der Bayern. „Doch aus der Katastrophe wuchs die große Mannschaft", lacht Hans Schiefele heute.
Die Katastrophe sieht so aus: Die Spieler wollen weg, in die Bundesliga. Stuttgart und Karlsruhe zum Beispiel locken Rainer Ohlhauser, zum Glück vergeblich. Der FC Bayern muss über die Dörfer gehen und junge Spieler rekrutieren. Fembeck: „Wir hatten ja auch kein Geld damals."
Aber, wie angedeutet: Das Glück kommt zu den Ge-

Endlich in einer Liga: Max Merkel (Trainer von 1860), Cajkovski und Franz Beckenbauer prosten sich 1966 gut gelaunt zu

Umjubelter Pokalsieger 1966: Neudecker, Cajkovski, Olk und Robert Schwan (rechts). Der war Spielausschuss-Vorsitzender

Die Mannschaft des FC Bayern München aus dem Jahr 1965. In diesem Jahr sicherte sich das Team die süddeutsche Meisterschaft und endlich den Aufstieg in die Bundesliga. Damals spielte ein gewisser Franz Beckenbauer auch schon mal Linksaußen. „Aber der konnte ja überall eingesetzt werden", so Bayerns Vizepräsident Hans Schiefele. Die Aufstiegsformation der Bayern (obere Reihe von links): Trainer Zlatko „Tschik" Cajkovski, Adolf Kunstwandl, Sepp Maier, Franz Beckenbauer, Peter Kupferschmidt, Werner Olk, Jakob Drescher; (untere Reihe von links): Rudolf Nafziger, Rainer Ohlhauser, Gerd Müller, Dieter Koulmann, Dieter Brenninger

plagten. Fembeck bequatscht im bayerischen Nördlingen einen 18-jährigen Stürmer, nach München zu kommen. Er muss auch die Mutter überreden. Sie hat Angst, den Jungen so jung in die fremde Großstadt zu geben. Nach Minga, wo für den Braven vom Land die Sünde wohnt.

Doch Fembeck hat Erfolg. Und er gewinnt einen Wettlauf mit der Zeit. Denn eine Stunde später tauchen die Emissäre von München 1860 in Nördlingen auf. Sie können mit der Bundesliga ködern. Doch sie sind zu spät dran ...

Der Spieler, um den sich die Münchner Klubs reißen, heißt Gerd Müller. Gekostet hat er keinen Pfennig. Eine Wohnung muss man ihm besorgen, mehr nicht. Er wird zu einem der großen Glücksgriffe der Roten – der „Bomber der Nation".

Aber vorher kursiert da noch mancher Spott in Bayerns Kapitale. Der Trainer des Münchner Stadtkonkurrenten 1860, für seinen Schmäh bekannt, lästert: „Was wollen die denn mit ihrer Jugendmannschaft. Die sind keine Gefahr für uns."

Max Merkel des Trainers Name. 1966 wird er zunächst noch Meister mit den Löwen, aber dann ...

Coach der Bayern in der Zeit des Aufbruchs ist Tschik Cajkovski, ein pummeliger Jugoslawe. Als Spieler war er selbst Weltklasse. Präsident Wilhelm Neudecker hat ihn geholt. Er ist immer noch verspielt wie ein junger Teddy. Schiefele: „Wenn die Mannschaft Torschüsse geübt hat, war Tschik zu 80 Prozent am Ball, und die Spieler haben zugeschaut."

Wenn man Franz Beckenbauer nach der Spielersitzung zur Taktik befragt, zuckt der meist mit den Achseln: „Wir haben nix verstanden. Aber das ist auch egal."

Mittlerweile ist auch Robert Schwan da, der mit der Pfeife. Bayern hat den ersten Manager schon vor der Bundesliga. Einen selbstbewussten dazu. Typischer Schwan-Schmäh: „Es gibt nur zwei intelligente Menschen: Schwan am Vormittag und Schwan am Nachmittag."

Als dem kleinen, übergewichtigen Tschik dieser kleine, übergewichtige Stürmer aus Nördlingen vorgestellt wird, jammert er: „Herr Präsident, was wollen Sie mit dieses kleines, dickes Müller?"

Der findet bald seinen Platz, sozusagen als Endstation der weltberühmten Achse Maier, Beckenbauer, Müller.

Offensichtlich passt die Unbekümmertheit des kugelrunden Jugoslawen, zu der Unbekümmertheit der „Jugendmannschaft" (Max Merkel). Aus der Leichtigkeit des Umgangs miteinander wachsen die großen Erfolge. Das ist fast wie Erziehung ohne Zwang.

„Ihr hinaus gehen und gewinnen", schickt Tschik seine Jungs aufs Feld. Meistens kommen sie auch als Sieger zurück.

Sein Satz hat sich in abgewandelter Form lange gehalten. Und einer hat ihn eine lange Karriere lang nicht vergessen. „Geht's raus und spielt's Fußball", verlangt Franz Beckenbauer später als Teamchef und macht die Nationalelf 1990 zum Weltmeister.

VON UWE SEELER

1500 Mark im Monat und zwei Tage frei

Die Einführung der Bundesliga 1963 kam einem Aufbruch des deutschen Fußballs gleich. Die Fans konnten plötzlich jeden Top-Fußballer in jeder Region Deutschlands sehen. Vorher spielten die großen Mannschaften nur in der Endrunde um die Deutsche Meisterschaft oder im Pokal gegeneinander. Nun aber war der 1. FC Köln, der erste Meister, in Hamburg zu sehen, Rekordmeister Nürnberg in Dortmund, Schalke in München.

Für uns Spieler war die Bundesliga erst recht eine riesige Chance. Ende der Amateurzeit, hinein ins Profi-Geschäft. Aber – so üppig wie heute ging das damals nicht zu, kann sich ja jeder denken.

Ich bekam als erste Gage 1500 Mark im Monat, als gestandener Nationalspieler. Die Summen waren vom DFB vorgeschrieben. Kann sein, dass da bei anderen mehr geflossen ist. Keine Ahnung. Aber: Bei den Summen konnte man seinen Beruf nicht aufgeben. Unser Jürgen Werner hat sich geweigert Profi zu werden. Er ist lieber Studienrat geworden. Ich hatte zur damaligen Zeit bereits meine Adidas-Vertretung, für die ich da sein musste, wenn sie florieren sollte. Also habe ich mir vom HSV zusichern lassen, dass ich wenigstens einen Tag in der Woche frei habe fürs Geschäft. Nur Fußball, das hätte ich mir gar nicht leisten können. Unser Trainer Günter Mahlmann hatte mit meiner Forderung kein Problem: „Du kannst auch zwei Tage frei haben. Ich weiß, du trainierst sowieso, wenn du nur irgendeine Möglichkeit dazu findest."

Für den Bundestrainer war die Bundesliga auch ein Segen. Jetzt konnte er seine Spitzenspieler für die Nationalelf besser beobachten als in den vier Regionalligen. Die sportlichen Anforderungen wurden schon im Training erhöht, der Wettkampf brachte die Verbesserung der Qualität automatisch mit sich. Davor hatten wir bei der Nationalelf sogar noch Konditionstraining gemacht. Das konnte nun wegfallen, alle waren körperlich fit.

So waren endlich die Voraussetzungen gegeben, uns international gegen die Klubs aus den Profiligen wie in Italien oder Spanien behaupten zu können.

Lange stand ja nicht fest, kommt die Bundesliga nun schon 1963 oder kommt sie nicht. Wir vom HSV hatten mit einem Jahr später gerechnet und waren deshalb personell nicht optimal vorbereitet. Am besten stand der 1. FC Köln da. Sein Präsident Franz Kremers gilt zu Recht als Vater der Bundesliga. Wer, wenn nicht er, musste also wissen, wann es los geht? So war sein Club im entscheidenden Augenblick optimal auf die neuen Verhältnisse vorbereitet. Wen wundert's: Der 1. FC Köln wurde erster Bundesligameister.

Was das Geld angeht, hat es sich am Anfang wie gesagt bescheiden angelassen. Bis Ende der 80er Jahre lief es bei uns noch ziemlich normal. Aber dieses Bosman-Urteil hat dem ganzen Berufsstand nicht gut getan. Man kann es den Spieler nicht verdenken, wenn sie so handeln. Doch wenn die Spieler allein die Macht haben, wird es für die ganze Branche gefährlich, das ist tödlich. Viele haben die Relationen verloren.

In den nächsten Jahren werden sicher noch manche Profis arbeitslos werden. Aber ich glaube, wenn sich die Beteiligten wieder ein bisschen einschränken müssen, ist das auch eine Chance für den Fußball.

Im Übrigen gilt sowieso: Der Fußball geht nie kaputt, höchstens einige Geschäftemacher.

Im Oktober erscheint ein Buch von Uwe Seeler mit dem Titel: Danke, Fußball.

„Uns Uwe" – mit unbändigem Einsatz und akrobatischen Flugeinlagen begeisterte Uwe Seeler die Massen und schreckte seine Gegner. Uwe Seeler ist Ehrenspielführer der deutschen Fußballnationalmannschaft und schoss in seiner langen Laufbahn 137 Tore für den Hamburger SV. Trotz vieler Auslandsofferten blieb er Hamburg stets treu

Er spielte immer mit Zunge: Willi „Ente" Lippens dribbelte von 1966 bis 1976 für RWO und noch drei Jahre für Borussia Dortmund durch die gegnerischen Strafräume

Ball paradox

Willi „Ente" Lippens:

„Ich habe nie eine Torchance überhastet vergeben. Lieber habe ich sie vertändelt."

Schiri zeigt gelb und sagt: „Ich verwarne Ihnen!" Ente: „Ich danke Sie!" Schiri zeigt rot

„Berti Vogts hatte vor jedem Spiel gegen mich Dünnschiss."

Die Geschichte mit dem Hundebiss

Dortmund spielt gegen Schalke. Wie immer, wenn die beiden Revier-Rivalen aufeinander treffen, platzt das Stadion „Rote Erde" aus allen Nähten. Die 37. Minute: Hansi Pirkner bringt den S04 mit 1:0 in Front. Schalke feiert. Auch Abwehrspieler Friedel Rausch. Bis er einen stechenden Schmerz im Allerwertesten spürt. Zuerst denkt er: Hat da einer auf mich geschossen?
Groß die Aufregung, blutdurchtränkt Friedels Hose. „Haltet den Hund fest!"
Ein Dortmunder Ordner hatte seinen Schäferhund zu weit von der Leine gelassen und der konnte, Rauschs Gesäß vor Augen, dem Leckerbissen einfach nicht widerstehen. Rausch wurde vom Platz getragen, bekam eine Tetanusspritze und spielte weiter. Schalke nahm ein 1:1 mit nach Hause und Friedel Rausch neben „tierischen Schmerzen" ein Andenken, das ihn sein Leben lang begleiten wird: eine etwa sechs Zentimeter lange Narbe auf der rechten Po-Backe.
14 Tage konnte er nur auf dem Bauch schlafen und bekam später von der Borussia Schmerzensgeld. 300 Mark für eine angebissene Po-Backe.
Das bisschen Geld konnte natürlich nicht darüber hinwegtrösten, dass ihn Gegenspieler danach ab und zu mit „wuff, wuff, wuff" begrüßten.

Spätestens mit „Bin i Radi, bin i König" hatte es Sechzigs Torwart Petar „Radi" Radenkovic geschafft: Er war der erste große Popstar der Liga, Schwarm der Teenager und „auch der Traum von Frauen vernünftigerer Frauenjahrgänge" wie Helmut Sohre einmal schrieb. Hier der Originaltext:

Bin i Radi, bin i König!
Alles andre stört mich wenig
Was die andern Leute sagen
ist mir gleich
Bin i Radi, bin i König!
Und das Spielfeld ist mein
Königreich

Steh ich so im Tor,
kommt mir manchmal vor,
Leute nehmen Spiel zu
ernst,
haben nicht Humor!
Ball kommt wie der Blitz,
dass ich manchmal schwitz,
doch ich fang fast alle
mit Humor und Witz!

Manchmal schimpft sogar
eigne Spielerschar,
wenn ich hab' zuviel riskiert,
und nur komisch war!
Das macht mir nicht viel,
Spiel ist für mich Spiel!
Doch wenn es drauf an-
kommt,
weiss ich was ich will!

Bin i Radi, bin i König ...

Petar Radenkovic stand von 1962 bis 1970 im Tor des TSV 1860 München. Berühmt wurde der gebürtige Serbe durch seine Ausflüge in den gegnerischen Strafraum

Sprüche der Urväter:

Adi Preissler (Dortmund, Anfang der 70er Trainer von RWO): „Grau is alle Theorie, maßgebend is auffen Platz."

Helmut Rahn (von 63 bis 66 MSV Duisburg) über den schmächtigen rechten Läufer Horst Eckel: „Der Horst muss aufpassen, dass er beim Duschen nicht durch den Ausguss gespült wird."

„Ein Drittel? Nee, ich will mindestens ein Viertel."

Horst Szymaniak wurde 1965 von Tasmania Berlin aus Italien zurückgeholt. Genützt hat's nichts

Alter schützt vor Toren nicht

Weltmeister 1954, 500 Tore und 711 Spiele für den 1. FC Köln – das war Hans Schäfer

Vier Mal traf er bei der Weltmeisterschaft 1954 ins gegnerische Netz, gewann dort mit der deutschen Mannschaft den Titel, schoss insgesamt 15 Tore in 39 Länderspiel-Einsätzen. Bundestrainer Sepp Herberger zählte ihn wie auch sein Pendant auf der rechten Seite, Helmut Rahn, zu den wenigen Weltklasse-Außenstürmern, die der deutsche Fußball bis dahin hervorgebracht hatte (so oder ähnlich wurde seiner Zeit wirklich formuliert).

In der ersten Bundesliga-Saison erzielte er immerhin noch zwölf Treffer, obwohl er vom reinen Außen längst ins gestalterische Fach gewechselt war. Hans Schäfer, der als erster deutscher Spieler an drei Weltmeisterschaften (1954 - 1958 - 1962) teilnahm (was zu diesem Zeitpunkt selbst international noch etwas Besonderes war), blieb der Einzige aus der WM-Elf von 1954, der in der neuen deutschen Paradeklasse Meister wurde – mit dem 1. FC Köln, dem er immer die Treue gehalten hatte.

Außer ihm waren aus der legendären Berner Elf nur noch Helmut Rahn und der Nürnberger Max Morlock beim Start der Bundesliga dabei. Und Rahn markierte einen Rekord, der nicht unbedingt typisch für den eigenwilligen Duisburger aus Essen war, der aber irgendwie doch passte. Rahn wurde als erster Spieler in der Bundesliga vom Platz gestellt. Das war am 4. Spieltag beim 1:3 seines Meidericher SV im Heimspiel gegen Hertha BSC.

Wie der Satz, dass der Ball rund und der nächste Gegner immer der schwerste ist, haben Fußball-Weisheiten oft etwas verblüffend Einfaches an sich und sind doch nicht zu widerlegen.

Als ausgesprochener Torjäger galt Hans Schäfer eigentlich nie. Umso mehr verdient es diese Zahl von zwölf Toren in der Saison 1963/64, dass man sich mit ihr beschäftigt (in der folgenden Spielzeit waren es noch einmal neun. Und jünger war der FC-Kapitän in der Zwischenzeit bestimmt nicht geworden). Zwölf Tore wären auch heute noch für einen Nicht-Goalgetter durchaus respektabel. Und Schäfer blieb keineswegs von Verletzungen verschont und musste mehrfach aussetzen. In der Saison 1995/96 beispielsweise gewann Fredy Bobic die Torjäger-Kanone mit nur siebzehn Treffern, auf nur je achtzehn brachten es Marcio Amoroso und Martin Max in der Spielzeit 2001/02.

Noch zum Ende seiner großen Karriere feierte Hans Schäfer zudem ein Jubiläum, das seinen Abschied krönte. Beim 2:2 gegen Borussia in Dortmund (man schrieb den 15. Mai, am letzten Spieltag der Saison 1964/65 ging es immerhin noch um Platz zwei) erzielte er in der 15. Minute den Treffer zur 1:0-Führung der Kölner. Der „Kicker" beschrieb die Geschichte so: „Es war leider nur ein Roller, den Tilkowski (BVB-Torwart), irgendwie düpiert, passieren ließ, aber es muss nicht immer ein Kopftorpedo oder ein Slalomlauf im Strafraum sein: Kunststücke, die der Kapitän oft genug vollbrachte."

Es war Hans Schäfers 500. Tor in einer Ligamannschaft. Alter schützt eben wirklich nicht vor Toren. Dortmund gewann eine Woche später den DFB-Pokal und im nächsten Frühjahr den Europapokal der Pokalsieger.

Auf dem Platz war Schäfer immer der Chef. In einer Mannschaft, in der es von Nationalspielern nur so

Kölns Oberbürgermeister, Theo Burauen, ehrt Hans Schäfer vor seinem 700. Spiel gegen den 1. FC Nürnberg

Kölner Stadt-Anzeiger

KÖLNISCHE ZEITUNG

Überfall auf den Meister

Es ist schon ein hartes Brot, dieses Lizenzspielerdasein. Da glauben die Ballstars vom Rhein, nach getaner Meisterarbeit eine kleine Atempause einlegen zu können, und prompt werden sie plötzlich und unvermittelt angefallen wie sintemalen die reichen Kaufleute, denen der Schinderhannes oder die bösen Raubritter den wohlerworbenen Wohlstand nicht gönnten.

Der 1. FC Köln hat das Pech, von allen Gegnern als Maßstab bundesdeutscher Fußballkunst betrachtet zu werden. Wo immer sich die Franz-Kremer-Brigade blicken lässt, hört sie überschwengliches Eigenlob der Gastgeber: „So gut haben wir in dieser Saison noch nicht gespielt." Obwohl für die Betzenberg-Elf nicht das geringste auf dem Spiel stand, stürmte sie – zur Freude der älteren „Roten Teufel" Horst Eckel und Werner Liebrich – wie in alten Zeiten. Nicht ganz so raffiniert und witzig wie damals, wohl aber feurig, kampfbesessen mit einem schwungvollen Tempo, auf das der Deutsche Meister nicht mehr eingestellt schien.

Der Kölner Stadtanzeiger am 27.04.1964

Meister: 1. FC Köln

wimmelte und in der viele Anspruch auf eine Häuptlingsrolle hätten erheben können, galt er als absolute Respektsperson nicht nur auf Grund seiner fußballerischen Fähigkeiten. Als Spielgestalter hatte er den Durchblick und das Gespür für den richtigen Pass im richtigen Moment. Sonst hätte er als 36-Jähriger gewiss nicht die professionellste Bundesligamannschaft der ersten Saison dirigieren können.

Denn der 1. FC Köln beherrschte die frühen sechziger Jahre wie später Bayern München eine andere Ära. Zwischen 1960 und 1965 wurde die Mannschaft zwei Mal Meister (1962 nach dem 4:0-Finalsieg von Berlin gegen den 1. FC Nürnberg, 1964 als erster Bundesliga-Champion) und drei Mal Vizemeister (1960 nach dem 2:3 verlorenen Finale gegen den Hamburger SV, 1963 nach dem 1:3 verlorenen Finale gegen Borussia Dortmund und schließlich 1965 als Bundesliga-Zweiter hinter Bremen).

Einmal jedoch ging es nicht um Tore. Sondern um die Stimmen von Fachjournalisten. Die wählten Hans Schäfer Anno 1963 zu Deutschlands Fußballer des Jahres (nachdem er 1962 bereits Zweiter hinter Teamkollege Karl-Heinz Schnellinger geworden war). Schließlich hörte er auf. Schäfer führte später die Geschenkartikel-Firma von FC-Boss Franz Kremer weiter, einem der großen Fußball-Visionäre seiner Zeit, der schon 1949 den Vorsitz über die Interessengemeinschaft Bundesliga und Berufs-Fußball übernommen hatte.

Christian Schrange

Der erste Bundesliga-Champion kam aus Köln: Hans Schäfer, Fritz Ewert, Hans Sturm, Leo Wilden, Helmut Benthaus, Christian Müller, Karl-Heinz Thielen, Fritz Pott, Wolfgang Overath, Heinz Hornig, Anton Regh, Matthias Hemmersbach, Toni Schumacher, Wolfgang Weber (von links)

Souveräner Start der Kölner

Abschlusstabelle									Heim-Bilanz					Auswärts-Bilanz				
	Mannschaft	Sp	g.	u.	v.	Tore	Diff.	Punkte	g.	u.	v.	Tore	Punkte	g.	u.	v.	Tore	Punkte
1	1. FC Köln	30	17	11	2	78:40	+38	45:15	10	4	1	48:21	24:6	7	7	1	30:19	21:9
2	MSV Duisburg	30	13	13	4	60:36	+24	39:21	10	4	1	36:11	24:6	3	9	3	24:25	15:15
3	Eintracht Frankfurt	30	16	7	7	65:41	+24	39:21	10	3	2	43:20	23:7	6	4	5	22:21	16:14
4	Borussia Dortmund	30	14	5	11	73:57	+16	33:27	11	3	1	54:21	25:5	3	2	10	19:36	8:22
5	VfB Stuttgart	30	13	7	10	48:40	+8	33:27	9	3	3	29:12	21:9	4	4	7	19:28	12:18
6	Hamburger SV	30	11	10	9	69:60	+9	32:28	9	6	0	45:18	24:6	2	4	9	24:42	8:22
7	TSV 1860 München	30	11	9	10	66:50	+16	31:29	9	4	2	49:16	22:8	2	5	8	17:34	9:21
8	FC Schalke 04	30	12	5	13	51:53	-2	29:31	10	1	4	33:17	21:9	2	4	9	18:36	8:22
9	1. FC Nürnberg	30	11	7	12	45:56	-11	29:31	7	4	4	26:22	18:12	4	3	8	19:34	11:19
10	Werder Bremen	30	10	8	12	53:62	-9	28:32	8	5	2	32:21	21:9	2	3	10	21:41	7:23
11	Eintracht Braunschweig	30	11	6	13	36:49	-13	28:32	8	4	3	21:13	20:10	3	2	10	15:36	8:22
12	1. FC Kaiserslautern	30	10	6	14	48:69	-21	26:34	7	4	4	27:21	18:12	3	2	10	21:48	8:22
13	Karlsruher SC	30	8	8	14	42:55	-13	24:36	4	5	6	24:30	13:17	4	3	8	18:25	11:19
14	Hertha BSC Berlin	30	9	6	15	45:65	-20	24:36	6	3	6	27:25	15:15	3	3	9	18:40	9:21
15	SC Preußen Münster	30	7	9	14	34:52	-18	23:37	5	4	6	21:23	14:16	2	5	8	13:29	9:21
16	1. FC Saarbrücken	30	6	5	19	44:72	-28	17:43	3	4	8	20:31	10:20	3	1	11	24:41	7:23

Sechzehn Mannschaften gingen ins Rennen zur ersten Bundesliga-Saison - fast allen blieb der Platz im hellsten Sonnenlicht versagt. Denn der 1. FC Köln, das Team von Vereinsboss Franz Kremer, der nicht zu Unrecht neben dem damaligen Bundestrainer Sepp Herberger als Vater der Bundesliga gilt, führte an 30 Spieltagen 29 Mal die Tabelle an. Und das eine Mal, als man Uwe Seelers HSV den Vortritt ließ (das war nach der vierten Runde), darf getrost als Ausrutscher bezeichnet werden.

Zu Beginn dieser Runde sah es nach einem Zweikampf zwischen Köln und Schalke aus. Beide gewannen zum Auftakt 2:0 (Köln in Saarbrücken, Schalke daheim gegen Stuttgart) und belegten gemeinsam Platz eins. Nach heutiger Regelung wäre allerdings der MSV Duisburg (damals Meidericher SV) erster Spitzenreiter der Bundesliga gewesen, denn die Elf von Riegel-Rudi Gutendorf schlug den KSC in Karlsruhe 4:1. Doch bestimmte seiner Zeit das Torverhältnis und nicht die Tordifferenz die Reihenfolge. Und da waren die null Gegentreffer von Köln und Schalke nicht zu überbieten.

Das Remis (2:2) zwischen Köln und Schalke am vierten Spieltag erlaubte es dem HSV, nach Punkten aufzuschließen und sogar die Führung zu übernehmen, doch stürzten die Schalker den Interims-Tabellenführer nur eine Runde später in der alten Glückauf-Kampfbahn 1:0.

Köln aber setzte sich nach 3:0 gegen Hertha in Berlin wieder auf Platz eins und gab diese Position bis Saisonende nicht mehr ab.

Der HSV blieb als einzige Mannschaft daheim ungeschlagen, von den Punkten her war jedoch Borussia Dortmund bestes Heimteam. Auswärts sammelte der 1. FC Köln die meisten Zähler. Die Schalker, die so glänzend gestartet waren, ließen in der Rückrunde rapide nach und waren neben dem 1. FC Kaiserslautern schlechtestes Team der 2. Serie.

Torjäger			
1.	Uwe Seeler	Hamburger SV	30
2.	F. Konietzka	Borussia Dortmund	20
3.	R. Brunnenmeier	1860 München	19
	Wilhelm Huberts	Eintracht Frankfurt	19
5.	Klaus Matischak	Schalke 04	18
6.	Lothar Emmerich	Borussia Dortmund	16
	Heinz Strehl	1. FC Nürnberg	16
	Karl-Heinz Thielen	1. FC Köln	16
9.	Charly Dörfel	Hamburger SV	15
	Dieter Höller	VfB Stuttgart	15

Die Strafe für die Hertha: Abstieg

Berlin honorierte seine Spieler zu großzügig und musste dafür bezahlen. Und die Liga wurde auf 18 Vereine aufgestockt

Jubel bei den Werder-Spielern: Mit drei Punkten Vorsprung sichern sie sich die Meisterschaft

Wie so oft im Leben drehte sich fast alles ums liebe Geld. Als Folge davon flog die Berliner Hertha aus der Bundesliga. Man hatte den Spielern zu viel gezahlt damals, sowohl was Handgelder als auch die Grundgehälter anging. Und Herthas Rauswurf hatte Änderungen zur Folge, die bis heute nachwirken. Nein, die „Lex Schalke" ist damit nicht gemeint. Obwohl die Bundesliga eben wegen der Gelsenkirchener nach Abschluss der Saison 1964/65 auf 18 Vereine aufgestockt wurde. Oder gab's einen andere Grund?

Bleiben wir bei den Finanzen. Geht's um Geld, geht's auch um Zahlen. Laut Bundesliga-Statut von 1962 durfte ein Spieler (und zwar nur ein besonders qualifizierter) maximal 1200 Mark brutto pro Monat beziehen. Dazu kamen Prämien, die in der Höhe dem Grundgehalt angepasst waren. Bei Vereinswechsel lag die Obergrenze in Sachen Ablösegebühr für einen neuen Vertrags- oder Lizenzspieler bei 50.000 Mark, wobei der Spieler zwanzig Prozent dieser Ablösesumme als Handgeld kassieren durfte. Ein weiterer wichtiger Punkt war das Treuegeld. Bis zu 10.000 Mark konnten einem Spieler bei Vertragsverlängerung um mindestens zwei Jahre gezahlt werden.

Diese Bestimmungen wurden eigentlich von Anfang an umgangen. Was das Maximal-Gehalt betraf, galten sehr schnell die meisten Liga-Akteure als besonders qualifiziert. Und wie das mit den Ablösesummen gehandhabt werden musste, hatte Schalke schon zum Start in die Bundesliga vorgemacht. Vom Karlsruher SC wollte man nämlich den damaligen Nationalspieler Günter Herrmann holen. Doch für 50.000 Mark war der nicht zu haben. Also verpflichtete man Herrmann im Paket mit einem Nobody-Kicker namens Hans-Georg Lambert und zahlte für beide 100.000 Mark. Lambert wurde genau einmal in der Bundesliga eingesetzt und war unter den gegebenen Voraussetzungen den Höchstbetrag gewiss nicht wert. Aber illegal oder ein Verstoß gegen die Statuten war diese Schummelei offenbar nicht. Der DFB wollte Schalkern und Karlsruhern zwar zum Saisonende je vier Punkte abziehen, doch in der Berufung wurde diese Bestrafung rückgängig gemacht.

Zur Hertha: Die Berliner ließen im Frühjahr 1965 die Bombe platzen, als vierzehn von sechzehn Bundesligaklubs beschuldigt wurden, überhöhte Handgelder und Ablösesummen gezahlt zu haben. Ausgerechnet Schalke und Karlsruhe, die beiden Beteiligten am Herrmann-Deal, ließ man außen vor. Denn beide beendeten die Saison auf den letzten Plätzen und mussten absteigen - glaubte jedermann. Es stellte sich jedoch heraus, dass Hertha die Flucht nach vorne angetreten und selbst wohl am meisten gesündigt hatte. So war bei der Verpflichtung von Nationaltorwart Wolfgang Fahrian nicht alles rechtens gewesen, hatten die Nationalspieler Jürgen Sundermann zu viel und Siegfried Held unberechtigt (weil bei den Offenbacher Kickers unter Vertrag) kassiert, ging der unterdessen nach Kaiserslautern gewechselte Uwe Klimaschefski nur deshalb straffrei aus, weil das ihn betreffende Delikt mittlerweile verjährt war.

Hertha musste in die Regionalliga zwangsabsteigen. Und Berlin war nicht mehr in der Bundesliga vertreten, ein echtes Politikum, denn die Absenz der geteilten Stadt hätte ja die Drei-Staaten-Theorie des damaligen Ostblocks, nach der West-Berlin weder zur Bundesrepublik noch zur DDR gehörte, gestärkt. Im Verlauf eines sehr emotionsgeladenen DFB-Bundestages 1965 in Barsinghausen fielen die Würfel zugunsten des Berliner Fußballs. Tasmania wurde in die Bundesliga berufen, obwohl die Mannschaft und der gesamte Verein damit gleicher Maßen überfordert waren, wie sich in der nächsten Spielzeit herausstellte. Absteiger Karlsruhe rückte durch Herthas Ausscheiden einen Platz auf und damit aus der Gefahrenzone heraus. Und Schalke? Nach einem leidenschaftlichen Appell an das

Meister: Werder Bremen

Traditionsbewusstsein der Delegierten wurde entschieden, auch Schalke im Oberhaus zu belassen. Die Bundesliga wurde auf 18 Vereine aufgestockt. Aufsteiger waren Bayern München und Borussia Mönchengladbach, die eine neue Ära im deutschen Fußball einleiten sollten. Auch viel mit Geld zu tun hat eine letzte Zahl. Denn seinerzeit finanzierten vor allem die Zuschauer in den Stadien die Liga. Es gab noch keine Trikotwerbung und auch sonst kaum Werbe-Einnahmen. Pro Spiel wurde 1964/65 ein Schnitt von 27.693 Besuchern erreicht, eine Marke, die erst Mitte der neunziger Jahre geschlagen wurde.

Christian Schrange

DER SPIEGEL

Scheinheilig

Ein Beerdigungsunternehmer und 18 Fußball-Funktionäre beschlossen am Dienstag vergangener Woche, die Bundesliga zu begraben. Am Berliner Gesundbrunnen kamen sie überein, das gültige Bundesliga-Statut in einer Flut von Enthüllungen und Beschuldigungen zu ertränken.
Der Vorstand des Berliner Klubs Hertha BSC, für den auch der Bestattungs-Unternehmer Günter Herzog tätig ist, entschied sich für die Flucht in die Öffentlichkeit: Eine außerordentliche Mitgliederversammlung stand unmittelbar bevor, und die Klub-Opposition hatte harte Kritik angekündigt.
(...) Sie beschuldigten 14 von 16 Bundesliga-Klubs, für Spieler zwischen 25.000 und 120.000 Mark Handgelder und Ablösesummen bezahlt zu haben. Erlaubt waren 10.000 Mark Handgeld (ab Juni sind 15.000 Mark gestattet) und 50.000 Mark Ablöse.

Der Spiegel am 30.06.1965

Das meisterliche Abwehrbollwerk von der Weser: Gerhard Zebrowski, Diethelm Ferner, Theo Klöckner, Horst-Dieter Höttges, Helmut Jagielski, Klaus Matischak, Heinz Steinmann, Josef Piontek, Max Lorenz, Günter Bernard, Arnold Schütz (von links)

Beton Marke Werder

Abschlusstabelle									Heim-Bilanz					Auswärts-Bilanz				
	Mannschaft	Sp	g.	u.	v.	Tore	Diff.	Punkte	g.	u.	v.	Tore	Punkte	g.	u.	v.	Tore	Punkte
1	Werder Bremen	30	15	11	4	54:29	+25	41:19	9	6	0	30:10	24:6	6	5	4	24:19	17:13
2	1. FC Köln	30	14	10	6	66:45	+21	38:22	8	3	4	37:23	19:11	6	7	2	29:22	19:11
3	Borussia Dortmund	30	15	6	9	67:48	+19	36:24	9	3	3	38:22	21:9	6	3	6	29:26	15:15
4	TSV 1860 München	30	14	7	9	70:50	+20	35:25	11	2	2	48:20	24:6	3	5	7	22:30	11:19
5	Hannover 96	30	13	7	10	48:42	+6	33:27	9	3	3	30:17	21:9	4	4	7	18:25	12:18
6	1. FC Nürnberg	30	11	10	9	44:38	+6	32:28	9	4	2	28:15	22:8	2	6	7	16:23	10:20
7	MSV Duisburg	30	12	8	10	46:48	-2	32:28	8	5	2	29:21	21:9	4	3	8	17:27	11:19
8	Eintracht Frankfurt	30	11	7	12	50:58	-8	29:31	4	4	7	24:33	12:18	7	3	5	26:25	17:13
9	Eintracht Braunschweig	30	10	8	12	42:47	-5	28:32	7	5	3	21:13	19:11	3	3	9	21:34	9:21
10	Borussia Neunkirchen	30	9	9	12	44:48	-4	27:33	8	5	2	29:17	21:9	1	4	10	15:31	6:24
11	Hamburger SV	30	11	5	14	46:56	-10	27:33	8	2	5	28:25	18:12	3	3	9	18:31	9:21
12	VfB Stuttgart	30	9	8	13	46:50	-4	26:34	8	3	4	31:25	19:11	1	5	9	15:25	7:23
13	1. FC Kaiserslautern	30	11	3	16	41:53	-12	25:35	9	1	5	24:17	19:11	2	2	11	17:36	6:24
14	Hertha BSC Berlin	30	7	11	12	40:62	-22	25:35	4	7	4	18:21	15:15	3	4	8	22:41	10:20
15	Karlsruher SC	30	9	6	15	47:62	-15	24:36	6	4	5	28:24	16:14	3	2	10	19:38	8:22
16	FC Schalke 04	30	7	8	15	45:60	-15	22:38	5	5	5	24:26	15:15	2	3	10	21:34	7:23

Es war wie Jahre später erneut: Mit Werder Bremen wurde ein Team Meister, mit dem vor Beginn der Spielzeit niemand gerechnet hatte. Dabei konnte die Mannschaft von der Weser hinten einen Beton ansetzen, an dem viele Angreifer verzweifelten. Spieler wie Höttges, Jagielski, Steinmann, Piontek und Lorenz, fast alle vom neuen Bundestrainer Helmut Schön ins DFB-Team berufen, bildeten ein stabiles Bollwerk. Dazu Nationalkeeper Günter Bernard, der in 30 Spielen nur 29 Gegentreffer hinnehmen musste! Nein, bei der Analyse zum Saisonabschluss war der Erfolg von Werder, drei Zähler vor Titelverteidiger Köln, gar nicht mehr so überraschend. Aber hinterher ist man halt immer schlauer. Der Reihe nach waren im Verlauf der Saison Aufsteiger Hannover 96, Werder Bremen, der 1. FC Kaiserslautern, Borussia Dortmund und dann in stetem Wechsel der 1. FC Köln und Werder Tabellenführer gewesen, bis sich die Bremer ab 17. Spieltag endgültig vorne festsetzten und einen knappen Vorsprung, mal null, mal maximal drei Punkte, bis ins Ziel verteidigten.
Schalkes Absturz, der in der Rückrunde der Vorsaison bereits begonnen hatte, setzte sich ohne Zwischenstopp fort. Der Traditionsclub wäre gemeinsam mit dem KSC abgestiegen, wäre da nicht die Affäre Hertha BSC gewesen. Der Hertha waren Verstöße gegen die Zahlungsbestimmungen nachgewiesen worden, die Berliner wurden mit Zwangsabstieg bestraft. Ein Politikum, Berliner Präsenz in der Bundesliga war erwünscht! Also nahm man statt der Hertha Tasmania 1900 auf und erhöhte die Liga für die Saison 1965/66 auf achtzehn Clubs: Schalke und Karlsruhe blieben drin!

Torjäger			
1.	R. Brunnenmeier	1860 München	24
2.	F. Konietzka	Borussia Dortmund	22
3.	Christian Müller	1. FC Köln	19
4.	Heinz Strehl	1. FC Nürnberg	15
5.	Franz Brungs	Borussia Dortmund	14
	Uwe Seeler	Hamburger SV	14
7.	Peter Grosser	1860 München	12
	Hartmann Madl	Karlsruher SC	12
	Klaus Matischak	Werder Bremen	12
	Elmar May	Borussia Neunkirchen	12

Der Magier des Weißen Rings

Ein Fußball-Dasein voller Missverständnisse: Reinhard „Stan“ Libuda

„Vernaschte“ seine Gegenspieler serienweise. Reinhard „Stan“ Libuda (links) war ein Großmeister des gepflegten Dribblings. Ob Tasmine Hans-Günter Becker hier noch rechtzeitig kam?

Niemand nannte ihn Stan damals, Anno 1963. Da war er nur ein einfacher Junge vom Schalker Markt, den kein Mensch auf der Welt mit dem alten Matthews verglichen hätte. Manch gutem Spieler dieser Jahre sagt man nach, er sei ein Kind der Bundesliga. Reinhard Libuda, in dem viele Deutschlands besten Außen aller Zeiten sahen, gehörte ganz bestimmt dazu.

Wäre sein Schicksal nicht so traurig, könnte man von ihm ausschließlich in Anekdoten und Schmonzetten erzählen. Doch Libudas ganzes Leben schien von Melancholie überschattet, die manches laute Lachen verstummen ließ..Immer wieder gab es Missverständnisse, was überwiegend an Libuda selbst lag. Scheu war er, introvertiert, wenig redselig - so etwas provozierte Missverständnisse geradezu. Eins davon war eigentlich zur Saison 1965/66 sein Wechsel von Schalke zum Revier-Rivalen Borussia Dortmund. Obwohl er mit der Borussia im Frühjahr 1966 den größten Erfolg seiner Laufbahn feierte, den Europapokalsieg im Cupsieger-Wettbewerb beim Finale gegen den FC Liverpool in Glasgow, dem ersten deutschen Europacup-Triumph. Zum 2:1-Sieg nach Verlängerung trug Libuda den entscheidenden Treffer bei. Man sieht das Tor selbst heute noch dann und wann im Fernsehen: Ein langer Heber von Rechtsaußen, mehr Flanke als Torschuss, der vom Innenpfosten gegen Abwehrspieler Lawler und von diesem ins Tor prallte.

Und trotzdem war's ein Missverständnis. Schalke war sportlich abgestiegen aus der Bundesliga in der Saison zuvor, die Mannschaft ging auseinander. Willi Schulz und Stopper-Hüne Egon Horst wechselten zum HSV, Nationalverteidiger Hans Nowack zu Bayern München, Libuda eben nach Dortmund. Dann blieb Schalke durch eine Entscheidung am grünen Tisch in der obersten Spielklasse. Libuda soll sein Dortmunder Trikot zerrissen haben, als er davon erfuhr. Eher ein Missverständnis war wohl auch seine Verwicklung in den Bundesliga-Skandal 1971, der seiner Karriere den Wendepunkt ins Negative gab. Libuda hatte eigentlich nicht mitmachen wollen, als seine Schalker Mannschaft (natürlich war er längst zurückgekehrt) das Spiel gegen Arminia Bielefeld für 2300 Mark je Spieler verkaufte und 0:1 verlor. Mitgegangen, mitgefangen, mitgehangen - Libuda hatte wie so oft einfach nicht laut genug Nein gesagt. Und Geld hatte er auch genommen. Fertig wurde er mit der ganzen Angelegenheit nie.

Missverständnisse auch in seiner Ehe. Seine Jugendliebe Gisela hatte er geheiratet, die vielleicht etwas zu lebensfroh war für den stillen, aber (ob mit oder ohne Grund sei dahingestellt) oft eifersüchtigen Stan. Gegenspieler nutzten seine Unsicherheit. So gestand Otto Rehhagel, damals ein gefürchteter Abwehrspieler, Libuda regelmäßig vor einem Spiel nach seiner Frau gefragt zu haben. Was den immer völlig aus der Fassung brachte.

Es gab aber auch nette Missverständnisse. Trainer Rudi Gutendorf versuchte die Spieler medienwirksam zu schulen, so z.B. indem er jedem vor einem Spiel bei den Shamrock Rovers einen Satz auf Englisch beibrachte. Libuda hatte „I'm the right wing“ (ich spiele auf dem rechten Flügel) lernen müssen. Nachher im Interview brachte er jedoch heraus: „I'm the white ring“ (ich bin der weiße Ring) - was irgendwie magisch klang und folglich auch zu einem Ballzauberer passte.

Die bekannteste aller Li-

Dortmund – 1860 München 0:2

Bis auf den Schäferhund Harras, dessen Eigner ein Bergarbeiter aus dem Vorort Dorstfeld ist, gönnte man in Dortmund den Münchner Löwen den Sieg. Jener jedoch muss die Lust der Rache in Pfoten und Zähnen gespürt haben, denn er eilte auf die Schänder der Borussia zu, packte sich den kleinen Läufer Perusic, den er in aufgerichtetem Zustand um Schnauzenlänge überragte, und biss ihn in den Unterarm. Der Dortmunder Trainer Multhaup distanzierte sich von dem Racheakt, empfahl Futterentzug für den Täter und wandte sich gratulierend an Merkel: „Ich beneide Sie“, sagte er, „Sie haben heute mehr Geld verdient als ich.“ Man munkelt, dass Multhaup 50.000 DM bekommen hätte, wäre ihm (...) das Doppel Europacup und Meisterschaft geglückt.

Der Kölner Stadtanzeiger am 23.05.1966

buda-Geschichten jedoch spielt wieder in Schalke. Auf einem Plakat der Bahnhofs-Mission (eine andere Version schreibt es den Zeugen Jehovas zu) hieß es: „An Gott kommt keiner vorbei“. Irgendeiner hatte mit Kuli daneben geschrieben: „Außer Libuda ...“ Das galt den Dribbelkünsten des 26fachen Nationalspielers (erstmals 1963 noch vom alten Sepp Herberger ins DFB-Team berufen).

Am Ende hatte Reinhard Libuda alles verloren. Er war völlig mittellos, aber zu stolz, um Almosen von Dritten anzunehmen (sein heute als Manager bekannter Clubkamerad Rolf Rüssmann zum Beispiel wollte ein Benefizspiel für ihn organisieren) und lebte auf Kosten der Mutter. Seine Ehe mit Gisela war längst in die Brüche gegangen. Er erkrankte an Kehlkopfkrebs. Als er sich davon gerade erholt hatte, erlitt er einen Schlaganfall. Reinhard Libuda, den sie heutzutage als Fußballgott feiern würden, verstarb am 25. August 1996 im Alter von 52 Jahren. Wer den Magier des Weißen Rings je mit dem Ball zaubern sah, wird ihn nicht vergessen.

Christian Schrange

Bayer Dieter Brenninger (Mitte) setzt sich gegen Gladbachs Heinz Lowin (links) durch. Albert Jansen guckt zu

Dereinst in München die Größten. Die Sechziger mit Rudolf Brunnenmeier, Petar Radenkovic, Peter Grosser, Friedhelm Konietzka, Manfred Wagner, Hans Küppers, Hans Reich (hinten, von links), Hans Rebele, Alfred Heiß, Bernd Patzke, Otto Luttrop, Wilfried Kohlars, Rudolf Steiner, Zejlko Perusic (vorne, von links)

Bayern, Fohlen und Tasminen

Abschlusstabelle									Heim-Bilanz					Auswärts-Bilanz				
	Mannschaft	Sp	g.	u.	v.	Tore	Diff.	Punkte	g.	u.	v.	Tore	Punkte	g.	u.	v.	Tore	Punkte
1	TSV 1860 München	34	20	10	4	80:40	+40	50:18	11	6	0	43:17	28:6	9	4	4	37:23	22:12
2	Borussia Dortmund	34	19	9	6	70:36	+34	47:21	13	3	1	47:12	29:5	6	6	5	23:24	18:16
3	Bayern München	34	20	7	7	71:38	+33	47:21	12	2	3	42:15	26:8	8	5	4	29:23	21:13
4	Werder Bremen	34	21	3	10	76:40	+36	45:23	14	2	1	43:14	30:4	7	1	9	33:26	15:19
5	1. FC Köln	34	19	6	9	74:41	+33	44:24	13	2	2	44:16	28:6	6	4	7	30:25	16:18
6	1. FC Nürnberg	34	14	11	9	54:43	+11	39:29	9	7	1	37:17	25:9	5	4	8	17:26	14:20
7	Eintracht Frankfurt	34	16	6	12	64:46	+18	38:30	12	2	3	41:13	26:8	4	4	9	23:33	12:22
8	MSV Duisburg	34	14	8	12	70:48	+22	36:32	9	4	4	45:25	22:12	5	4	8	25:23	14:20
9	Hamburger SV	34	13	8	13	64:52	+12	34:34	9	3	5	41:21	21:13	4	5	8	23:31	13:21
10	Eintracht Braunschweig	34	11	12	11	49:49	0	34:34	8	5	4	31:21	21:13	3	7	7	18:28	13:21
11	VfB Stuttgart	34	13	6	15	42:48	-6	32:36	9	3	5	24:12	21:13	4	3	10	18:36	11:23
12	Hannover 96	34	11	8	15	59:57	+2	30:38	8	5	4	40:23	21:13	3	3	11	19:34	9:25
13	Borussia Mönchengladbach	34	9	11	14	57:68	-11	29:39	8	3	6	36:27	19:15	1	8	8	21:41	10:24
14	FC Schalke 04	34	10	7	17	33:55	-22	27:41	8	6	3	22:17	22:12	2	1	14	11:38	5:29
15	1. FC Kaiserslautern	34	8	10	16	42:65	-23	26:42	7	6	4	25:18	20:14	1	4	12	17:47	6:28
16	Karlsruher SC	34	9	6	19	35:71	-36	24:44	9	4	4	27:22	22:12	0	2	15	8:49	2:32
17	Borussia Neunkirchen	34	9	4	21	32:82	-50	22:46	7	2	8	19:36	16:18	2	2	13	13:46	6:28
18	Tasmania 1900 Berlin	34	2	4	28	15:108	+-93	8:60	2	3	12	8:46	7:27	0	1	16	7:62	1:33

Tasmania war aus sportpolitischen Gründen in die Bundesliga berufen worden, weil Berlin nach Ausschluss von Hertha BSC nicht im Abseits stehen sollte. Aber viel wichtiger für die auf 18 Vereine erweiterte Liga waren die beiden regulären Aufsteiger: Bayern München mit der noch jungen Achse Maier-Beckenbauer-Müller und Borussia Mönchengladbach mit dem Fohlentrio Heynckes-Rupp-Netzer.

Beide Teams sollten für das nächste Jahrzehnt die Entwicklung im deutschen Fußball bestimmen, standen aber noch ganz am Anfang.

Etwa nach dem ersten Drittel der Saison entwickelte sich an der Tabellenspitze ein Vierkampf, in den die beiden Münchner Clubs 1860 und Bayern sowie Köln und Borussia Dortmund als Vertreter der alten Oberliga West verwickelt waren. Dortmund und 1860 machten am Ende die Sache unter sich aus. Beide hatten auch viel fürs internationale Renommee getan.

Die Münchner Löwen waren im Frühjahr 1965 ins Europapokal-Endspiel der Pokalsieger eingezogen, in dem sie West Ham United unterlagen, Dortmund hatte den selben Wettbewerb ein Jahr später gegen den FC Liverpool gewonnen. Die Konkurrenz unkte, danach habe man rund um den Borsigplatz wohl zu viel gefeiert, denn im Ligafinale übernahm 1860 zwei Runden vor Schluss die Führung von Borussia und gewann den Titel mit drei Zählern Vorsprung.

Noch mal zurück zur Berliner Tasmania. Das Team aus dem Arbeiterbezirk Neukölln mit Italien-Heimkehrer Horst Szymaniak gewann das erste Spiel gegen den Karlsruher SC 2:0 – und danach nur noch ein Mal, am vorletzten Spieltag 2:1 gegen Mitabsteiger Borussia Neunkirchen.

Mit 8:60 Punkten und 15:108 Toren, einem nach wie vor gültigen Negativrekord der Bundesliga, ging die Tasmania sang- und klanglos unter und 1973 in den Konkurs.

Torjäger			
1.	Lothar Emmerich	Borussia Dortmund	31
2.	F. Konietzka	1860 München	26
3.	Arnold Schütz	Werder Bremen	20
4.	Peter Grosser	1860 München	18
	Hennes Löhr	1. FC Köln	18
	M. Pohlschmidt	Hamburger SV	18
7.	Wilhelm Huberts	Eintracht Frankfurt	17
	Lothar Ulsaß	Eintracht Braunschweig	17
9.	Bernd Rupp	Borussia M'gladbach	16
10.	R. Brunnenmeier	1860 München	15

Eintracht Braunschweig – nur 49 Tore bis zum Titel

Eine solide Abwehr und ein knauseriger Sturm reichten der Eintracht zur Meisterschaft. Und alle Experten wunderten sich

Eintracht Braunschweig wurde 1963 als einziger niedersächsischer Verein in die Bundesliga aufgenommen (Hannover folgte erst 1964). Teils belächelt und nicht ganz ernst genommen wurde der Club aus dem Zonenrand-Gebiet von der vermeintlich weltstädtischen Konkurrenz. Manch gemeiner Schlachtenbummler (wie es damals hieß) wusste zunächst nicht einmal, wo die Domstadt überhaupt liegt. Sogar nach „Braunschweig in der DDR“ adressierte Briefe soll es gelegentlich gegeben haben. Doch die blau-gelben Kicker überraschten Skeptiker und Ignoranten schon bald: In keinem der ersten drei Bundesligajahre geriet der Traditionsverein in akute Abstiegsgefahr, hielt sich stets im gesicherten Mittelfeld. Angreifer Lothar Ulsaß brachte es gar zum Nationalspieler, traf beim 4:1 gegen Österreich im Oktober 1965 drei Mal. Im Tor überzeugte der spätere WM-Keeper Horst Wolter.

Dennoch: Bei den Experten-Befragungen vor der Saison 1966/67 gab erneut niemand einen Pfifferling für den Provinzverein, Weltmeister Fritz Walter prophezeite gar den Abstieg. Doch Braunschweig überraschte alle. Nach dem 6. Spieltag setzten sich die Norddeutschen erstmals an die Spitze. Die Konkurrenz kam erst ins Grübeln, als die Eintracht auch noch am Ende der Hinrunde ganz oben stand. Die Mannschaft wurde immer selbstbewusster. Andere Titelanwärter wie Eintracht Frankfurt (3:0) und Bayern München (5:2) wurden im Stadion an der Hamburger Straße deutlich geschlagen.

In Heimspielen erwies sich die kompromisslose Abwehr der Braunschweiger als nahezu unbezwingbar. Bis zum 28. Spieltag hatte die Elf ganze drei (!) Gegentore vor eigenem Publikum kassiert, am Ende waren es insgesamt nur 27. Da reichten 49 erzielte Treffer zur Sensation: Eintracht Braunschweig wurde Deutscher Meister. Nie schoss ein Titelträger weniger Tore.

Hatte sich ein „Wunder“ ereignet, wie es hieß? Keineswegs. In Braunschweig stimmte 1966/67 einfach alles. Da agierte mit Präsident Ernst Fricke an der Spitze eine ebenso bescheidene wie grundsolide Vereinsführung. Da besaß die Eintracht mit Helmut Johannsen als einziger Verein denselben Trainer wie schon 1963. Im sportlichen Bereich hatte er uneingeschränkte Handlungsfreiheit. Alle Spieler, mit Ausnahme von Ulsaß, bezogen Einheitsgehälter. Stars gab es nicht. Und da war der glückliche Umstand, mit nahezu unveränderter Mannschaft eine ganze Saison absolvieren zu können. Zehn Spieler verzeichneten 30 Einsätze und mehr.

So war der Titelgewinn gar kein Wunder. Die vermeintlichen Experten hat-

DER SPIEGEL

Fascher Meister

Herbergers Lieblingsschüler Fritz Walter sagte der Provinzmannschaft den Abstieg voraus. Und der eigene Trainer der Elf strebte günstigenfalls den sechsten Platz an. Am letzten Sonnabend stand die größte Überraschung in vier Bundesliga-Jahren fest: Eintracht Braunschweig war Deutscher Meister. Dabei waren die Niedersachsen (...) sparsamer und weniger großspurig aufgetreten als die meisten ihrer Gegner. Viele Experten verkannten die Braunschweiger (...) als durschnittliche Fußball-Handwerker. Dr. Friedebert Becker, früherer Herausgeber des Fachblattes „Kicker“, argwöhnte, dass die Meisterschaft „vom Falschen gewonnen“ werde.

Der Spiegel am 05.06.1967

Auch Sepp Maier (links) und Werner Olk (Mitte) konnten Braunschweig nicht aufhalten. Mit 5:2 gewannen die Niedersachsen gegen die Bayern. Gerd Saborowski (rechts) traf gleich zwei Mal

ten nur nichts gemerkt. Braunschweig war nun endgültig fester Bestandteil der Liga geworden. Auch im Europapokal der Landesmeister schlug sich die Eintracht wacker, musste sich erst im Viertelfinale gegen Juventus Turin verabschieden. Juve verlor in Braunschweig vor 34.000 Zuschauern zwar mit 2:3 , setzte sich in Turin durch einen (unberechtigten) Elfer aber mit 1:0 durch. 48.000 Fans verfolgten das Entscheidungsspiel im Berner Wankdorf-Stadion und sahen durchweg druckvoll agierende Braunschweiger. Den Italienern genügte ein einziger Konter, den der schwedische Internationale Roger Magnusson abschloss.
Von ähnlichen Höhenflügen konnte die Eintracht fortan nur träumen. Das Jahr 1967/68 schloss man wieder auf Rang neun ab. Das Optimum waren zwei vierte Plätze (1969 und 1971), 1973 stiegen die Blau-Gelben sogar ab, 1974 aber sofort wieder auf. Unter Trainer Branko Zebec und mit Spielern wie Bernd Franke, Karl-Heinz Handschuh, Danilo Popivoda und Bernd Gersdorff begann eine weitere erfolgreiche Ära. 1977 fehlte nur ein Punkt zum zweiten Titel. Abstieg mit einer überalterten Mannschaft 1980, sofortiger Wiederaufstieg, Jahre zwischen Mittelmaß und Tabellenkeller, dann gingen 1985 beim BTSV die Bundesliga-Lichter aus – und bis heute nicht wieder an. Dem trotz aller Talfahrten treuen und immer noch zahlreichen Braunschweiger Publikum wurde seither gelegentlich Zweitliga-Eintopf, in der Mehrzahl der Jahre aber Regionalliga-Schmalkost geboten.

Hans-Georg Dulz, Jürgen Moll, Joachim Bäse, Trainer Helmut Johannsen, Horst Wolter, Peter Kaack, Lothar Ulsaß, Erich Maas (hinten, von links), Klaus Gerwien, Walter Schmidt, Gerd Saborowski, Klaus Meyer (vorne, von links)

Der große Coup im vierten Jahr

Abschlusstabelle									Heim-Bilanz					Auswärts-Bilanz				
	Mannschaft	Sp	g.	u.	v.	Tore	Diff.	Punkte	g.	u.	v.	Tore	Punkte	g.	u.	v.	Tore	Punkte
1	Eintracht Braunschweig	34	17	9	8	49:27	+22	43:25	13	3	1	35:8	29:5	4	6	7	14:19	14:20
2	TSV 1860 München	34	17	7	10	60:47	+13	41:27	12	2	3	34:17	26:8	5	5	7	26:30	15:19
3	Borussia Dortmund	34	15	9	10	70:41	+29	39:29	11	4	2	45:14	26:8	4	5	8	25:27	13:21
4	Eintracht Frankfurt	34	15	9	10	66:49	+17	39:29	10	4	3	45:23	24:10	5	5	7	21:26	15:19
5	1. FC Kaiserslautern	34	13	12	9	43:42	+1	38:30	10	6	1	26:14	26:8	3	6	8	17:28	12:22
6	Bayern München	34	16	5	13	62:47	+15	37:31	11	3	3	37:14	25:9	5	2	10	25:33	12:22
7	1. FC Köln	34	14	9	11	48:48	0	37:31	9	5	3	29:20	23:11	5	4	8	19:28	14:20
8	Borussia Mönchengladbach	34	12	10	12	70:49	+21	34:34	9	5	3	45:19	23:11	3	5	9	25:30	11:23
9	Hannover 96	34	13	8	13	40:46	-6	34:34	11	3	3	30:17	25:9	2	5	10	10:29	9:25
10	1. FC Nürnberg	34	12	10	12	43:50	-7	34:34	6	6	5	24:26	18:16	6	4	7	19:24	16:18
11	MSV Duisburg	34	10	13	11	40:42	-2	33:35	7	6	4	19:14	20:14	3	7	7	21:28	13:21
12	VfB Stuttgart	34	10	13	11	48:54	-6	33:35	7	3	7	23:22	17:17	3	10	4	25:32	16:18
13	Karlsruher SC	34	11	9	14	54:62	-8	31:37	8	6	3	34:25	22:12	3	3	11	20:37	9:25
14	Hamburger SV	34	10	10	14	37:53	-16	30:38	8	6	3	21:16	22:12	2	4	11	16:37	8:26
15	FC Schalke 04	34	12	6	16	37:63	-26	30:38	9	4	4	19:17	22:12	3	2	12	18:46	8:26
16	Werder Bremen	34	10	9	15	49:56	-7	29:39	7	5	5	34:27	19:15	3	4	10	15:29	10:24
17	Fortuna Düsseldorf	34	9	7	18	44:66	-22	25:43	5	6	6	24:31	16:18	4	1	12	20:35	9:25
18	Rot-Weiß Essen	34	6	13	15	35:53	-18	25:43	5	7	5	24:23	17:17	1	6	10	11:30	8:26

Elfter, Neunter, Zehnter. Das war Eintracht Braunschweig in den ersten drei Bundesliga-Jahren. Im Herbst 1966 startete die Johannsen-Truppe durch, an der Tabellenspitze zunächst am hartnäckigsten bedrängt von Frankfurt, den erst ein Jahr zuvor aufgestiegenen Bayern und dem Hamburger SV. Der HSV unter Trainer Josef Schneider übernahm kurz vor dem Ende der Halbsaison sogar für einen Spieltag die Spitze, baute in der Rückrunde jedoch stark ab und beendete die Spielzeit als enttäuschender Vierzehnter. Bayern wurde schließlich Sechster, Frankfurt Vierter. Die Rückrunden-Gewinner waren Vize-Meister 1860 München und Borussia Dortmund als Drittplatzierter. Die „Sechz'ger" trennten sich vor dem letzten Spiel der Hinrunde von ihrem exzentrischen Meister-Macher Max Merkel, dümpelten zu diesem Zeitpunkt lediglich auf Platz acht und hatten sich zudem gegen Real Madrid bereits in der zweiten Runde aus dem Europapokal der Landesmeister verabschiedet. Merkel wechselte umgehend zum abstiegsgefährdeten 1. FC Nürnberg, führte den FCN noch auf Platz zehn und holte dort ein Jahr später erneut die Schale. Den versöhnlichen Jahresabschluss von 1860 verantwortete im Gegenzug der Alt-Internationale und langjährige „Clubberer" Gunter Baumann. Dortmund hatte im Mai 1966 unter Willi Multhaup den Europapokal der Pokalsieger geholt, Multhaup war im Sommer nach Köln gewechselt, sein Nachfolger Heinz Murach kam nach einem mageren sechsten Hinrunden-Platz dann doch noch ins Soll.

Torjäger			
1.	Lothar Emmerich	Borussia Dortmund	28
	Gerd Müller	Bayern München	28
3.	Herbert Laumen	Borussia M'gladbach	18
4.	Christian Müller	Karlsruher SC	17
5.	Jupp Heynckes	Borussia M'gladbach	15
	Bernd Rupp	Borussia M'gladbach	15
	Reinhold Wosab	Borussia Dortmund	15
8.	Hans Küppers	1860 München	14
	Lothar Ulsaß	Eintracht Braunschweig	14
10.	Hennes Löhr	1. FC Köln	13

Kölner Stadt-Anzeiger

Niemand mag Max – und keiner Nürnberg

Das allgemeine Hohngelächter, das jede Nachricht von einem Punktverlust des Bundesliga-Tabellenführers 1. FC Nürnberg begleitet, fand neue Nahrung nach der diesmaligen 0:1-Niederlage des Clubs in Kaiserslautern. Viele fügen hinzu: „Schade, dass Bayern München und Borussia Mönchengladbach die Gelegenheit nicht beim Schopfe gepackt haben und näher an die Nürnberger herangerückt sind."
Den Nürnbergern geht das immer mehr unter die Haut. „Was haben wir nur getan", erkundigte sich Präsident Walter Luther neuerlich, „dass uns die Menschen die Meisterschaft nicht gönnen!"
Es kann sein, dass es sich ganz einfach um eine Art Rache von Nürnberg-Geschädigten handelt. „Wir alle haben darunter gelitten", erklärte der Hannoveraner Vereinschef Strothe, „dass uns die Nürnberger mit ihrem Riesenvorsprung die Show gestohlen haben."
Der Kölner Stadtanzeiger am 01.04.1968

Die Renaissance des Rekordmeisters

Max Merkel redete Nürnberg stark: „Das Betriebsklima war erstklassig." Manche Spieler sahen das anders

Roland Wabra hält vor Charly Dörfel. Dennoch verloren die Clubberer bei Uwe Seelers HSV

Vor dem ersten Spieltag der Saison 1967/68 wimmelte es nur so von Favoriten. Helmut Johannsen, Trainer des Titelverteidigers Braunschweig, nannte gleich sieben: Bayern München, 1860 München, Dortmund, Köln, Frankfurt, Hannover und natürlich die Eintracht. Nur einer seiner Kollegen traute dem Vorjahres-Zehnten 1. FC Nürnberg überhaupt etwas zu: Bayern-Coach Tschik Cajkowski. Er radebrechte: „Bundesliga ist ausgeglichener geworden. Selbst Nürnberg kann Meister werden." Recht sollte der kleine Jugoslawe behalten, zum ersten und einzigen Mal in der Bundesliga-Geschichte sicherte sich der „Club" die Meisterschaft. Acht Mal hatten die Rot-Schwarzen es zuvor geschafft - die Fans feierten die Renaissance des Rekordmeisters.
Die Konkurrenz staunte nicht schlecht. als Nürnberg in den ersten zwölf Spielen ungeschlagen blieb. Ein Blitzstart. Erst am 13. Spieltag setzte es die erste Niederlage – 0:2 in Duisburg am 11. November. An diesem Wochenende bestimmte der Tod des Kölner Franz Kremer, dem „Vater der Bundesliga", die Schlagzeilen der Zeitungen. Absoluter Höhepunkt der Vorrunde war der 7:3-Kantersieg der Nürnberger gegen den bayerischen Erzrivalen FC Bayern München. 65.000 euphorische Fans feierten fünf Tore von Franz Brungs. Das Sturmspiel und besonders die Flügelzange Cebinac-Volkert beeindruckte auch Bundestrainer Helmut Schön: „Da ist Leben drin."
Die Begeisterung unter den Fans im Frankenland kannte keine Grenzen, nur zu einem Spiel kamen weniger als 20.000 Zuschauer. Bei Saison-Halbzeit führte Nürnberg schon mit sieben Punkten Vorsprung vor Mönchengladbach. In der Rückrunde kassierte der „Club" zwar fünf Niederlagen, doch auch die Verfolger patzten immer wieder. Ausgerechnet beim Europacup-Sieger Bayern München machten Brungs und Co. mit einem 2:0 am vorletzten Spieltag ihr Meisterstück perfekt.
Meistermacher Max Merkel wurde als Erfolgsgarant gefeiert, als Kapitän Heinz Strehl am 25. Mai 1968 die Schale gen Himmel reckte. Zum neunten und bis dato letzten Mal wurde der Schriftzug „1. FC Nürnberg" in den Rand der Salatschüssel eingraviert. „Das Betriebsklima war erstklas-

Luggi Müller baut sich schützend vor Torwart Roland Wabra auf. Die beiden waren die Stützen der Nürnberger Meisterabwehr

Meister: 1. FC Nürnberg

sig. Ich habe keine Mannschaft trainiert, die so willig war", erinnerte sich Max Merkel. Dabei waren die Methoden des Österreichers nicht unumstritten. Merkel habe seine Spieler im Trainingslager in die Berge gejagt, 3.000 Meter hoch. Und dabei selber auf dem Hotel-Balkon gesessen und die keuchenden Akteuren mit dem Fernglas beobachtet. Vor sich ein frischgezapftes Bier – schilderte Verteidiger Ludwig „Luggi" Müller (später noch zwei Mal Meister mit Gladbach). Die Spieler abends zum ungehemmten Essen und Trinken animieren und am nächsten Tag Zirkeltraining ansetzen – auch das war Merkel. Der brutale Absturz folgte in der folgenden Saison, als Meister Nürnberg abstieg. Erst neun Jahre später folgte die Rückkehr. Dann wurde Nürnberg wurde zur Fahrstuhl-Mannschaft. Aufstieg 1978, Abstieg 1979, Comback 1980, erneut zweitklassig 1984, Rückkehr ein Jahr später. 1985/86 sorgten die Franken für ein Novum: Einige Spieler probten den Aufstand gegen Trainer Höher. Doch nicht der Trainer, sondern die „Rebellen" wurden nach der Oktober-Revolution beurlaubt. Höher blieb und schaffte mit einer stark verjüngten Truppe den Sprung ins Oberhaus. Dort hielt sich der „Club" immerhin bis 1994. 1996 kam dann der tiefe Fall in die Drittklassigkeit. Nach einem Jahr mit Spielen gegen Weismain und Egelsbach gelang 1997/98 der Durchmarsch zurück nach ganz oben. Dem umgehenden Abstieg folgte 2001 unter Klaus Augenthaler der jüngste Wiederaufstieg.

Günter Bork

Max Merkels erschöpfte Meisterrecken: Georg Volkert, August Starek, Zvezdan Cebinac, Heinz Müller, Heinz Strehl, Helmut Hilpert, Trainer Max Merkel, Ludwig Müller, Hubert Schöll (hinten, von links), Horst Leupold, Karl-Heinz Ferschl, Fritz Popp, Gyula Toth (vorne, von links)

Die Rückrunde gehörte Werder

Abschlusstabelle									Heim-Bilanz					Auswärts-Bilanz				
	Mannschaft	Sp	g.	u.	v.	Tore	Diff.	Punkte	g.	u.	v.	Tore	Punkte	g.	u.	v.	Tore	Punkte
1	1. FC Nürnberg	34	19	9	6	71:37	+34	47:21	13	2	2	46:17	28:6	6	7	4	25:20	19:15
2	Werder Bremen	34	18	8	8	68:51	+17	44:24	11	2	4	36:27	24:10	7	6	4	32:24	20:14
3	Borussia Mönchengladbach	34	15	12	7	77:45	+32	42:26	8	8	1	45:19	24:10	7	4	6	32:26	18:16
4	1. FC Köln	34	17	4	13	68:52	+16	38:30	12	3	2	49:22	27:7	5	1	11	19:30	11:23
5	Bayern München	34	16	6	12	68:58	+10	38:30	12	1	4	37:18	25:9	4	5	8	31:40	13:21
6	Eintracht Frankfurt	34	15	8	11	58:51	+7	38:30	11	3	3	45:22	25:9	4	5	8	13:29	13:21
7	MSV Duisburg	34	13	10	11	69:58	+11	36:32	7	6	4	38:25	20:14	6	4	7	31:33	16:18
8	VfB Stuttgart	34	14	7	13	65:54	+11	35:33	12	2	3	37:15	26:8	2	5	10	28:39	9:25
9	Eintracht Braunschweig	34	15	5	14	37:39	-2	35:33	10	1	6	20:15	21:13	5	4	8	17:24	14:20
10	Hannover 96	34	12	10	12	48:52	-4	34:34	9	7	1	32:18	25:9	3	3	11	16:34	9:25
11	Alemannia Aachen	34	13	8	13	52:66	-14	34:34	10	6	1	38:24	26:8	3	2	12	14:42	8:26
12	TSV 1860 München	34	11	11	12	55:39	+16	33:35	8	2	7	35:19	18:16	3	9	5	20:20	15:19
13	Hamburger SV	34	11	11	12	51:54	-3	33:35	6	7	4	28:22	19:15	5	4	8	23:32	14:20
14	Borussia Dortmund	34	12	7	15	60:59	+1	31:37	12	3	2	44:17	27:7	0	4	13	16:42	4:30
15	FC Schalke 04	34	11	8	15	42:48	-6	30:38	7	5	5	19:17	19:15	4	3	10	23:31	11:23
16	1. FC Kaiserslautern	34	8	12	14	39:67	-28	28:40	6	9	2	22:17	21:13	2	3	12	17:50	7:27
17	Borussia Neunkirchen	34	7	5	22	33:93	-60	19:49	7	4	6	23:32	18:16	0	1	16	10:61	1:33
18	Karlsruher SC	34	6	5	23	32:70	-38	17:51	6	2	9	24:29	14:20	0	3	14	8:41	3:31

Sieben Punkte Vorsprung zum Ende der Halbserie, am Ende waren es nur noch drei – dennoch marschierte der 1. FC Nürnberg relativ ungefährdet zum Titel. Nach 17 Begegnungen hatten sich Anfang Dezember 1967 Mönchengladbach, 1860 München, der MSV Duisburg und Bayern München mit jeweils 20:14 Punkten als Verfolger etabliert, gefolgt von Stuttgart, Hannover und dem längst nicht mehr so glanzvoll agierenden Meister Braunschweig (daheim 0:3 gegen Nürnberg) mit je einem Zähler weniger. Den größten Schritt machte in der Rückrunde Werder Bremen. Dort hatte nach einem erneut schwachen Saisonauftakt Fritz Langner den Multhaup-Nachfolger Günter Brocker abgelöst. Im Dezember ging man als Elfter die zweite Serie an, die Spielzeit beendete Werder als Vize-Meister, zwei Punkte vor Mönchengladbach. Netzer und Co kündigten nach zwei Mittelfeldplätzen in ihren ersten beiden Bundesligajahren nun ihre große Ära in den siebziger Jahren an (fünf Meistertitel, zwei Mal Uefa-Pokalsieger). Weitere zwei Punkte dahinter etablierten sich DFB-Pokalsieger Köln (Hannes Löhr war mit 27 Treffern Torschützenkönig), die Bayern (Müller drittbester Goalgetter mit 20 Toren hinter Brungs vom FCN/25) und Eintracht Frankfurt.

1860 München fiel in der Rückrunde tief, wurde zwei Jahre nach dem Titel-Triumph unter Merkel lediglich Zwölfter. Trainer Albert Sing (Kapitän Peter Grosser: „Der größte Trottel, den ich je erlebt habe.") wurde schon im September von Hans Pilz beerbt, der aber nur kurzfristig Erfolg hatte.

Torjäger			
1.	Hennes Löhr	1. FC Köln	27
2.	Franz Brungs	1. FC Nürnberg	25
3.	Herbert Laumen	Borussia M'gladbach	19
	Peter Meyer	Borussia M'gladbach	19
	Gerd Müller	Bayern München	19
	Rainer Ohlhauser	Bayern München	19
7.	Lothar Emmerich	Borussia Dortmund	18
	Heinz Strehl	1. FC Nürnberg	18
9.	Horst Köppel	VfB Stuttgart	17
10.	Rainer Budde	MSV Duisburg	16

Der Erfolg heiligt die Mittel

Nüchtern und effektiv wird Bayern München Meister. Und Meister Nürnberg steigt ab

In der Saison 1968/69 machte der FC Bayern sein Bundesliga-Meisterstück. Überlegen holte sich der FCB die Schale, war bereits drei Spieltage vor Schluss am Ziel, hatte schließlich komfortable acht Punkte Vorsprung vor dem Überraschungs-Vize-Meister Alemannia Aachen. Als die Gründerväter der Bundesliga 1963 den Kreis der zunächst 16 Auserwählten festgelegt hatten, war Bayern nicht dabei gewesen – heute kaum mehr vorstellbar. Im Sommer 1965 war es dann aber so weit, zusammen mit den Gladbacher „Fohlen" bahnten sich Beckenbauer und Co entschlossen ihren Weg ins Oberhaus, landeten gleich im ersten Jahr hinter dem beim Liga-Start vorgezogenen Erzrivalen TSV 1860 und Borussia Dortmund auf dem dritten Platz. 17 Meistertitel hat der Club von der Säbener Straße seither seinem ersten Erfolg von 1932 hinzugefügt.

„Kleines dickes Müller" hatte Trainer Tschik Cajkovski den Mann getauft, der neben Franz Beckenbauer und Sepp Maier entscheidenden Anteil am Bayern-Durchmarsch im ersten Liga-Meisterjahr haben sollte. Der feurige, emotionsgeladene Jugoslawe Cajkovski musste nach einem fünften und einem sechsten Saisonplatz im Sommer 1968 seinem Landsmann Branko Zebec Platz machen, der Stern des gelernten Webers aus dem schwäbischen Nördlingen ging in dieser Spielzeit erst richtig auf. So wie Müller schoss keiner, so wie Müller traf keiner in der Bundesliga, nie zuvor und wohl auch niemals mehr. Mit 30 Toren wurde Müller erstmals alleiniger Torschützenkönig der Liga. Und das trotz einer achtwöchigen Sperre nach einer Tätlichkeit gegen Jupp Heynckes von Hannover 96. Zwei Jahre vorher hatte er sich den Titel noch mit Lothar Emmerich teilen müssen. Gerd Müller vor dem Tor, das war Genie, das war Instinkt, blitzschnelles Begreifen, unmittelbares Reagieren. Aber selten kalte Berechnung. Müller hat seine Tore nie geplant, nie durchdacht – er hat sie einfach gemacht. Mit der Fußspitze, der Hacke, dem Kopf, dem Oberschenkel, Hauptsache Tor. So nüchtern und effektiv, wie Gerd Müller seine Tore schoss, spielte seit der Saison 1968/69 die gesamte Mannschaft des FC Bayern.

Der wortkarge Theoretiker Zebec prägte einen neuen Bayern-Stil, der das Starensemble aus München in den folgenden Jahren auswärts nicht gerade beliebt machte. Nicht mehr forscher Angriffsfußball, sondern Absicherung, Abgeklärtheit, Tempowechsel und das Ausnutzen der Schwächen des Gegners wurden zu Maximen des Bayern-Spiels – nach dem Motto „der Erfolg heiligt die

Club, komm' bald wieder

Der Ostwind verwehte die Worte des Kölner Stadionsprechers Hans-Gerd König: „Wir wünschen der ruhmreichen Mannschaft einen baldigen Wiederaufstieg." Die Spieler, schon auf dem Weg in die Kabine, hörten es nicht mehr. Nürnbergs Verteidiger Leupold rannen die Tränen über die Backen. Der Kölner Wolfgang Weber tröstete ihn. Nürnbergs Altinternationaler Max Morlock ging gemessenen Schrittes, wie bei einer Beerdigung, vom Platz. Morlock hatte Recht behalten. „Ich bin ganz ruhig", hatte er vor dem Spiel gesagt. Und auch den Grund dafür genannt: „ ... Weil für uns nichts mehr drin ist. Wir sind vor einer Woche daheim gegen Borussia Dortmund abgestiegen."

Der kicker am 09.06.1969

kicker SPORTMAGAZIN

Bayernstürmer und „Bulle" Franz Roth umkurvt Nürnbergs Torhüter Jürgen Rynio. So wird man Meister. Für den Club gab es kein Entrinnen mehr. Der Umkurvte und seine Nürnberger stiegen ab

Mittel". Und der Erfolg stellte sich ein. Bayern München dominierte in der Bundesliga nach Belieben, stand nach zehn Spieltagen mit 18:2 Punkten glänzend da, gewann nach der Meisterschaft auch den Pokal und damit als erster Verein nach dem Krieg das Double.
Das Spieljahr 1968/69 nahm für einen anderen Erzrivalen der Bayern, den 1. FC Nürnberg, ein bitteres Ende. Als amtierender Meister musste man absteigen – ein einmaliger Vorgang in der Bundesliga. Den Weggang der beiden Leistungsträger Karl-Heinz Ferschl und Franz Brungs zu Hertha BSC vor Saisonbeginn hatte der „Club" nicht verkraftet. Das Image von Trainer Max Merkel als Meistermacher wurde im Saisonverlauf lädiert. Am 31. März 1969 wurde Merkel entlassen, hatte sich vorher in einem ständigen Kleinkrieg mit der formschwachen einstigen „Flankenfabrik" Georg Volkert und Zvezdan Cebinac aufgerieben. Über den eigenwilligen jugoslawischen Dribbelkönig schimpfte Merkel: „Es ist mit den jugoslawischen Spielern immer dasselbe, sie schnappen über. Die Jugoslawen sollen uns ihren Slibowitz schicken, uns aber mit ihren Spielern zufrieden lassen." „Herr Merkel hat mich Trottel, Simulant, Eselstreiber und Schaschlikbrater genannt", beschrieb „Tschebi" selber später die Umgangsformen des Wieners. Aber auch dessen Nachfolger Kuno Klötzer konnte nichts mehr retten. Das 0:3 am letzten Spieltag in Köln schickte den einstigen Rekordmeister für neun Jahre in die Zweitklassigkeit.

Meister: Bayern München

Nach 37 langen Jahren holten die Bajuwaren Franz Beckenbauer, Gerd Müller, Franz Roth, August Starek, Helmut Schmidt, Georg Schwarzenbeck Rainer Ohlhauser (hinten, von links), Peter Pumm, Sepp Maier, Trainer Branko Zebec, Werner Olk und Dieter Brenninger (vorne, von links) endlich wieder die Schale nach München

Der Vize überrascht alle

Abschlusstabelle									Heim-Bilanz					Auswärts-Bilanz				
	Mannschaft	Sp	g.	u.	v.	Tore	Diff.	Punkte	g.	u.	v.	Tore	Punkte	g.	u.	v.	Tore	Punkte
1	Bayern München	34	18	10	6	61:31	+30	46:22	12	4	1	40:10	28:6	6	6	5	21:21	18:16
2	Alemannia Aachen	34	16	6	12	57:51	+6	38:30	11	1	5	36:22	23:11	5	5	7	21:29	15:19
3	Borussia Mönchengladbach	34	13	11	10	61:46	+15	37:31	8	6	3	34:20	22:12	5	5	7	27:26	15:19
4	Eintracht Braunschweig	34	13	11	10	46:43	+3	37:31	8	5	4	29:23	21:13	5	6	6	17:20	16:18
5	VfB Stuttgart	34	14	8	12	60:54	+6	36:32	10	5	2	40:23	25:9	4	3	10	20:31	11:23
6	Hamburger SV	34	13	10	11	55:55	0	36:32	10	3	4	35:22	23:11	3	7	7	20:33	13:21
7	FC Schalke 04	34	14	7	13	45:40	+5	35:33	11	3	3	33:15	25:9	3	4	10	12:25	10:24
8	Eintracht Frankfurt	34	13	8	13	46:43	+3	34:34	8	6	3	27:15	22:12	5	2	10	19:28	12:22
9	Werder Bremen	34	14	6	14	59:59	0	34:34	12	2	3	36:23	26:8	2	4	11	23:36	8:26
10	TSV 1860 München	34	15	4	15	44:59	-15	34:34	11	2	4	27:21	24:10	4	2	11	17:38	10:24
11	Hannover 96	34	9	14	11	47:45	+2	32:36	7	7	3	28:21	21:13	2	7	8	19:24	11:23
12	MSV Duisburg	34	8	16	10	33:37	-4	32:36	7	9	1	19:10	23:11	1	7	9	14:27	9:25
13	1. FC Köln	34	13	6	15	47:56	-9	32:36	11	4	2	33:18	26:8	2	2	13	14:38	6:28
14	Hertha BSC Berlin	34	12	8	14	31:39	-8	32:36	10	3	4	20:12	23:11	2	5	10	11:27	9:25
15	1. FC Kaiserslautern	34	12	6	16	45:47	-2	30:38	10	4	3	31:14	24:10	2	2	13	14:33	6:28
16	Borussia Dortmund	34	11	8	15	49:54	-5	30:38	9	3	5	29:20	21:13	2	5	10	20:34	9:25
17	1. FC Nürnberg	34	9	11	14	45:55	-10	29:39	7	7	3	26:15	21:13	2	4	11	19:40	8:26
18	Kickers Offenbach	34	10	8	16	42:59	-17	28:40	9	5	3	27:19	23:11	1	3	13	15:40	5:29

Bayern München ging mit einem Vorsprung von vier Punkten die zweite Saisonhälfte 1968/69 an, verbuchte nach dem 0:1 in Hannover am 7. Dezember 25:9 Zähler. Es folgten Mönchengladbach, Braunschweig und der Hamburger SV mit jeweils 21:13 Zählern.
Lediglich Zehnter war zu diesem Zeitpunkt die Aachener Alemannia (mit einer negativen 16:18-Bilanz). Die Pokalfinalisten von 1965 (0:2 gegen Borussia Dortmund) waren 1967 zusammen mit den Saarländern von Borussia Neunkirchen aufgestiegen, erreichten im ersten Jahr einen soliden elften Platz – um ihren Briefkopf in der folgenden Saison mit dem Titel „Deutscher Vize-Meister" schmücken zu dürfen.
Das Team von Trainer Michael Pfeiffer steigerte sich in der Rückrunde enorm, zog schließlich am letzten Spieltag mit einem 2:0 an Gladbach vorbei auf Platz zwei.
Die übrigen Verfolger hatten die Saison gelassener ausklingen lassen, einen Uefa-Cup in der heutigen Form gab es noch nicht, am weniger angesehenen Messe-Pokal nahmen auch 1969 abgesehen vom Vierten Stuttgart lediglich Mittelfeld-Mannschaften teil. Schalke stand wegen des Meister-Titels von Pokalfinal-Gegner Bayern frühzeitig als Europa-Cup-Teilnehmer fest.
Die vermeintlich zweitbeste deutsche Mannschaft zu haben, dies nahm in Aachen Funktionären und Fans den Sinn für die Realität. Ein Jahr später stieg man als abgeschlagener Letzter mit acht Punkten Rückstand sang- und klanglos ab – und danach nie mehr auf.

Torjäger			
1.	Gerd Müller	Bayern München	30
2.	Uwe Seeler	Hamburger SV	23
3.	Josip Skoblar	Hannover 96	18
4.	Werner Görts	Werder Bremen	15
	Herbert Laumen	Borussia M'gladbach	15
	Hartmut Weiß	Eintracht Braunschweig	15
7.	Carl-Heinz Rühl	1. FC Köln	14
8.	Bernd Rupp	Werder Bremen	13
9.	Lothar Emmerich	Borussia Dortmund	12
	H.-D. Hasebrink	1. FC Kaiserslautern	12

Klaus-Dieter Sieloff war eine der Stützen der Gladbacher Abwehr in den ersten Meisterjahren der Borussia. Er wechselte 1969 vom VfB Stuttgart an den Niederrhein. Hier behauptet er sich im Zweikampf gegen den Dortmunder Werner Weist

Tiefer Fall am Tivoli

Alemannia Aachen genoss drei teure Jahre in der Bundesliga. Und kehrte mit Schulden in die Regionalliga zurück

Ein Jahr war es gerade mal her, dass 5000 freibierselige Fans ihren Vizemeister auf dem Aachener Marktplatz gefeiert hatten – doch jetzt, am 3. Mai 1970, war die Alemannia als Schlusslicht unter 18 Bundesligavereinen abgestiegen. Wieder zurück in die Regionalliga West, aus der sie 1967 gekommen war. Es waren turbulente drei Bundesligajahre am Aachener Tivoli. Mit „tollen Typen" wie dem Belgier Roger Claessen, „schrägen Vögeln" wie Horacio Troche aus Uruguay, der Uwe Seeler bei der WM 1966 geohrfeigt und Lothar Emmerich niedergetreten hatte, und „kernigen rheinischen Jungs" wie Jupp Martinelli oder Erwin Hermandung.

Der 11. Platz im ersten Jahr unter Trainer Michel Pfeiffer war durchaus ein Erfolg für den Aufsteiger. Dennoch war Pfeiffer nie unumstritten. Schon im November 1968 rettete ihn nur ein 4:1 gegen Schalke, und auch im Jahr des größten Erfolgs stand sein Abgang zum Saisonende schon im Februar fest. Zu lang war angeblich die Leine, die er den Spielern ließ, und von Taktik, so seine schärfsten Kritiker, „habe er ohnehin keine Ahnung". Pfeiffer verabschiedete sich jedoch auf seine Weise: Mit dem Vizetitel, acht Punkte hinter dem FC Bayern.

Sein so früh präsentierter Nachfolger war der 23malige Nationalspieler Georg „Schorsch" Stollenwerk. Eine fatale Fehlentscheidung, wie sich rasch herausstellen sollte, denn der Amateurtrainer des 1. FC Köln war als Bundesligacoach überfordert. Zu sehr Gentleman, nicht hart genug, schrieb ihm Libero Erwin Hoffmann bei Stollenwerks Demission im Dezember 1969 ins Zeugnis. Der nahm es dennoch gelassen. Schließlich hatte der passionierte Jäger und mit 3000 Mark brutto im Monat „billige Jakob" unter den Bundesliga-Trainern vor Jahren die Hälfte einer Jülicher Kartonagenfabrik geerbt und war finanziell längst unabhängig. Trainer wollte er nach dieser negativen Erfahrung nie mehr werden – und hielt sich auch an diesen Entschluss, bis auf eine kurze Periode als Notnagel bei seinem Heimatverein Köln.

Für Stollenwerk kam der Dürener Studienrat Willi Weth vom Landesligisten SV Brachelen, der dafür Aachens Amateurtrainer Hans Lipka, eine Ablöse und ein Ablösespiel erhielt. Kein schlechter Tausch für Brachelen! Aber auch der Pädagoge Weth versagte. Doch nicht nur zwei in der höchsten Spielklasse unerfahrene Trainer waren die Gründe für den rasanten Absturz der Alemannia. Das liebe Geld war einfach zu knapp im Dreiländereck Holland, Belgien, Deutschland. Und ausgerechnet der Vizemeistertitel hatte ein unerwartetes Loch in die Vereinskasse geschlagen: 15.000 Mark Prämie für Trainer Pfeiffer, 2000 Mark für jeden Spieler. Damit war kein Geld mehr da für den dringend benötigten Mit-

Meister der Offensive

Eine Feierstunde fällt und steht mit der Festrede. Beim DFB ist das anders. Zur Ehrung des neuen Meisters stellt sich stets der wortkarge Präsident Dr. Gösmann ans Mikrophon und stottert seine Lobeshymnen. In Mönchengladbach hörte allerdings nur der Nahestehende seine schlecht verpackten Glückwünsche, da die Fans ihre Mannschaft überschwenglich feierten. Der aus einem Wettbewerb hervorgegangene, preisgekrönt Schlachtruf: „Ri – Ra – Ro, Netzer, Vogts und Co." übertönte am Bökelbergstadion selbst die Lautsprecheranlage.

Schon vor Spielbeginn ließen die 32.000 zusammengepferchten Besucher, dass sie der Borussia keinen weiteren Aufschub zur endgültigen Sicherung des Titels gewähren würden. Die Spieler wurden mit einer Konfetti-Parade, die Broadway-Ansprüchen genügte und knallenden Sektkorken, begrüßt. Das Schützenfest, das dem I noch das Tüpfelchen zur Meisterschaft aufsetzen sollte, konnte beginnen.

Die WAZ am 02.05.70

WAZ

telfeldlenker oder eine Verjüngung der insgesamt überalterten Mannschaft. Dafür kassierten der vom „Aachener Frittenkönig“ Jakob Oyen gesponserte belgische Nationalstürmer Roger Claessen und der Rumäne Ion Ionescu zwar kräftig ab, brachten im zweiten Jahr bei Aachen jedoch kaum mehr die entsprechende Gegenleistung. Vor allem der labile Sonnyboy Claessen („ich kann nur gut spielen, wenn ich vorher eine oder mehrere Nummern geschoben habe“) wurde mehr und mehr zum Problemfall. Einmal waren es 400 Mark Geldbuße, weil er das Training geschwänzt hatte, dann sogar 3000, weil er wegen Liebeskummers dem Trainingslager und Spiel gegen Dortmund gänzlich fern geblieben war. Hinzu kam eine Meniskusverletzung von Stürmer Gerd Klostermann, der eine Saison zuvor noch der erfolgreichste Torschütze der Alemannia gewesen war. Selbst der berüchtigte „Tivoli“, ein klassisches, enges Fußballstadion mit fanatischen Fans, half nicht mehr, denn knapp 16.000 Besucher im Schnitt waren einfach zu wenig. So musste Aachen mit einer Schuldenlast von 330.000 Mark zurück in die Regionalliga, Claessen ging nach Beerschot, Ionescu nach Ankara und der Tivoli wurde für 1,3 Millonen Mark an die Stadt verkauft. Doch immerhin hatten die Pawelleks, Gronens, Thelens, Bechmanns, Prokops, Hermandungs und Martinellis drei Jahre in der höchsten deutschen Fußballklasse mitgemischt. Und für diese Aachener Jungs war es eine schöne Zeit.

Erik Hülbüsch

Gladbachs erste Meistertruppe: Herbert Wimmer, Klaus-Dieter Sieloff, Herbert Laumen, Hennes Weisweiler, Luggi Müller, Horst Köppel, Hartwig Bleidick, Rudi Schlott, Peter Dietrich, Wolfgang Kleff, Winfried Schäfer, Ulrik Lefevre, Günter Netzer, Berti Vogts (von oben links)

Erstmals die Fohlen

Abschlusstabelle									Heim-Bilanz					Auswärts-Bilanz				
	Mannschaft	Sp	g.	u.	v.	Tore	Diff.	Punkte	g.	u.	v.	Tore	Punkte	g.	u.	v.	Tore	Punkte
1	Borussia Mönchengladbach	34	23	5	6	71:29	+42	51:17	14	2	1	47:15	30:4	9	3	5	24:14	21:13
2	Bayern München	34	21	5	8	88:37	+51	47:21	13	1	3	54:15	27:7	8	4	5	34:22	20:14
3	Hertha BSC Berlin	34	20	5	9	67:41	+26	45:23	14	2	1	42:12	30:4	6	3	8	25:29	15:19
4	1. FC Köln	34	20	3	11	83:38	+45	43:25	13	0	4	58:18	26:8	7	3	7	25:20	17:17
5	Borussia Dortmund	34	14	8	12	60:67	-7	36:32	12	4	1	36:18	28:6	2	4	11	24:49	8:26
6	Hamburger SV	34	12	11	11	57:54	+3	35:33	9	3	5	36:29	21:13	3	8	6	21:25	14:20
7	VfB Stuttgart	34	14	7	13	59:62	-3	35:33	11	3	3	40:24	25:9	3	4	10	19:38	10:24
8	Eintracht Frankfurt	34	12	10	12	54:54	0	34:34	10	5	2	38:20	25:9	2	5	10	16:34	9:25
9	FC Schalke 04	34	11	12	11	43:54	-11	34:34	7	8	2	29:18	22:12	4	4	9	14:36	12:22
10	1. FC Kaiserslautern	34	10	12	12	44:55	-11	32:36	9	6	2	28:19	24:10	1	6	10	16:36	8:26
11	Werder Bremen	34	10	11	13	38:47	-9	31:37	8	6	3	22:16	22:12	2	5	10	16:31	9:25
12	Rot-Weiß Essen	34	8	15	11	41:54	-13	31:37	7	10	0	29:17	24:10	1	5	11	12:37	7:27
13	Hannover 96	34	11	8	15	49:61	-12	30:38	11	3	3	37:19	25:9	0	5	12	12:42	5:29
14	Rot-Weiß Oberhausen	34	11	7	16	50:62	-12	29:39	9	4	4	30:21	22:12	2	3	12	20:41	7:27
15	MSV Duisburg	34	9	11	14	35:48	-13	29:39	7	6	4	19:15	20:14	2	5	10	16:33	9:25
16	Eintracht Braunschweig	34	9	10	15	40:49	-9	28:40	7	4	6	23:21	18:16	2	6	9	17:28	10:24
17	TSV 1860 München	34	9	7	18	41:56	-15	25:43	8	4	5	23:15	20:14	1	3	13	18:41	5:29
18	Alemannia Aachen	34	5	7	22	31:83	-52	17:51	5	6	6	22:26	16:18	0	1	16	9:57	1:33

Nach den Plätzen 13, 8, 3 und 3 in den ersten vier Bundesligajahren machte Borussia Mönchengladbach unter Trainer Hennes Weisweiler erstmals sein Meisterstück.

Die „Fohlen“ waren erwachsen geworden, auch weil der „Professor“ die Abwehr als Schwachpunkt erkannt und durch den Stuttgarter Klaus-Dieter Sieloff und den Nürnberger Luggi Müller verstärkt hatte.

Die Borussia entschied das Duell gegen Meister Bayern München mit der damaligen Bestmarke von 51:17 Punkten für sich. Mit dem 4:3-Heimsieg über den Hamburger SV am vorletzten Spieltag standen die Gladbacher vorzeitig als Meister fest. Als Meisterschaftsprämie erhielt jeder Spieler 10.000 Mark. Neben Vizemeister Aachen, der mit 19 sieglosen Spielen in Folge und nur einem Auswärtspunkt in der gesamten Saison zwei Negativ-Rekorde aufstellte, musste auch der TSV München 1860, vier Jahre zuvor noch Meister, zurück in die Regionalliga. Neben „Schorsch“ Stollenwerk in Aachen verloren mit Tschik Cajkovski (Hannover) und Branko Zebec (FC Bayern) auch zwei prominente Trainer vorzeitig ihren Job.

Als Nachfolger von Zebec verpflichteten die Münchner den damaligen Assistenten von Bundestrainer Helmut Schön, Udo Lattek – der Beginn einer großen Trainerkarriere.

Spieler der Saison wurde Gladbachs Regisseur Günter Netzer, Torschützenkönig Gerd Müller vom FC Bayern mit 38 Treffern, gefolgt von dem Dortmunder Werner Weist (20). Die bis heute unerreichte Rekordkulisse gab es im Berliner Olympiastadion. 88 075 Besucher erlebten das 1:0 der Hertha gegen Köln.

Torjäger

1.	Gerd Müller	Bayern München	38
2.	Werner Weist	Borussia Dortmund	20
3.	Klaus Fischer	1860 München	19
	Herbert Laumen	Borussia M'gladbach	19
	Hennes Löhr	1. FC Köln	19
6.	Uwe Seeler	Hamburger SV	17
7.	Bernd Rupp	1. FC Köln	16
8.	Franz Brungs	Hertha BSC Berlin	15
	Hugo Dausmann	Rot-Weiß Oberhausen	15
10.	Wolfgang Gayer	Hertha BSC Berlin	13

Tor kaputt – Punkte weg

In Mönchengladbach bricht das Gehäuse zusammen und der DFB bestraft die Platzherren. Die sind wütend und werden doch Meister

Nicht ahnend, dass sie die zwei Punkte alsbald geschenkt bekommen sollten, richten Bremer Spieler den Pfosten wieder auf - in der Hoffnung, das Spiel möge nicht wiederholt werden. Ein Punkt auf dem Bökelberg hätte ihnen schon gereicht ...

Am 3. April 1971 erlebte die Bundesliga, ausgerechnet im Jahr der Aufarbeitung des Bundesliga-Skandals, zugleich auch einen der kuriosesten Momente. Der amtierende Meister Borussia Mönchengladbach, nach 24 Spielen durch die 0:2-Heimniederlage gegen Arminia Bielefeld und das vorausgegangene 2:3 beim Erzrivalen 1. FC Köln wieder zwei Punkte hinter Tabellenführer FC Bayern auf Platz zwei zurückgefallen, hat den Tabellensiebten SV Werder Bremen auf dem Bökelberg zu Gast. Es steht 1:1 nach Toren von Horst Köppel in der 7. und des Bremers Heinz-Dieter Hasebrink in der 16. Minute. Zu wenig für Hennes Weisweilers „Fohlen" im Kampf um die Titelverteidigung. Noch rund vier Minuten sind zu spielen.

Entsprechend engagiert berennen die Borussen in den letzten Minuten das von Peter Lorenz gehütete Bremer Tor. Ulrik Lefevre, der Däne, flankt von der linken Seite hoch vors Tor. Gladbachs Torjäger Herbert Laumen steigt hoch. In der Luft prallt er mit dem Bremer Keeper zusammen, der lenkt das Leder gerade noch über die Latte, doch dann stürzen beide gemeinsam ins Netz. Dieser abrupten Doppelbelastung ist der zur damaligen Zeit noch aus Holz gefertigte Torpfosten nicht gewachsen: Er bricht knapp oberhalb der Rasenkante ab und knickt nach hinten um.

Schiedsrichter Gert Meuser unterbricht die Partie und verlangt den Regeln entsprechend die Wiederaufrichtung des Tores in absehbarer Zeit oder ein Ersatztor herbei zu schaffen. Ebenso hektisch wie hilflos bemühen sich Ordner und Zuschauer – der eigentlich zuständige Platzwart hatte sich vielsagend verdrückt –, das Tor wieder herzurichten. Vergebens! Nach 15 Minuten hat die Geduld von Schiedsrichter Gert Meuser aus Ingelheim ein Ende. Er bricht die Partie ab! Herbert „Hacki" Wimmer, der legendäre Wasserträger und Laufbursche Günter Netzers, erinnert sich: „Netzer, unser Kapitän, stellte sich gegenüber dem Schiri die ganze Zeit über taub, denn das 1:1 war uns zu wenig und wir waren auf ein Wiederholungsspiel aus. Das hat dann leider nicht geklappt!"

Tatsächlich waren ausgerechnet die Bemühungen der Gladbacher Spieler, den Torpfosten wieder aufzurichten, nur halbherzig. Günter Netzer und seine Kollegen legten es darauf an, dass der Schiedsrichter nach einer angemessenen Zeit die Partie abbrechen und es zu einer Wiederholung des Spiels kommen würde. Dann wären wieder 90 Minuten Zeit für einen Sieg und nicht nur zwei, um aus einem 1:1 noch ein 2:1 zu machen ...

Doch Pustekuchen! Es kommt zwar vor dem DFB-Sportgericht zu der obligatorischen Verhandlung und einer anschließenden Berufung. Doch in beiden Fällen urteilen die Richter gegen die Borussia: Das Spiel wird nachträglich mit 2:0 Punkten und 2:0 Toren für Werder Bremen gewertet, so dass auch im Titelkampf Bayern München und Borussia Mönchengladbach zu diesem Zeitpunkt wieder punktgleich sind.

Nach der Urteilsverkündung drohte Weisweiler deshalb mit markigen Sprüchen: „Wir werden die Silberschale nicht annehmen, auch wenn wir trotzdem Meister werden!" Zwei Monate später, am 5. Juni 1971, als die Borussia in Frankfurt mit 4:1 gewinnt, von der gleichzeitigen 0:2-Niederlage der Bayern beim MSV Duisburg profitiert und den Titel doch noch erfolgreich verteidigt, ist der Ärger bei Weisweiler verraucht: „Man sagt in der ersten Erregung eben manchmal zu viel“, gab er sich nach einigen Gläsern Champagner auf der Meisterfeier versöhnlich. Und auch der Mönchengladbacher Platzwart durfte seinen Job behalten. *Erik Hülbüsch*

Der 71er Meisterjahrgang: Bernd Schrage, Rainer Bonhof, Hartwig Bleidick, Assistenztrainer Rudi Schlott, Horst Köppel, Luggi Müller, Günter Netzer, Peter Dietrich, Klaus-Dieter Sieloff, Wolfgang Kleff, Ulrik Lefevre, Trainer Hennes Weisweiler, Jupp Heynckes, Betreuer Stock, Werner Adler, Hans-Jürgen Wloka, Berti Vogts, Herbert Laumen, Heinz Wittmann, Helmut Grashoff, Vorstand Dr. Helmut Beyer, Dr. Alfred Gerhards, Herbert Wimmer (von oben links)

Des Sturmlaufs zweiter Teil

Abschlusstabelle									Heim-Bilanz					Auswärts-Bilanz				
	Mannschaft	Sp	g.	u.	v.	Tore	Diff.	Punkte	g.	u.	v.	Tore	Punkte	g.	u.	v.	Tore	Punkte
1	Borussia Mönchengladbach	34	20	10	4	77:35	+42	50:18	13	2	2	46:13	28:6	7	8	2	31:22	22:12
2	Bayern München	34	19	10	5	74:36	+38	48:20	13	4	0	46:15	30:4	6	6	5	28:21	18:16
3	Hertha BSC Berlin	34	16	9	9	61:43	+18	41:27	13	3	1	46:21	29:5	3	6	8	15:22	12:22
4	Eintracht Braunschweig	34	16	7	11	52:40	+12	39:29	12	4	1	39:15	28:6	4	3	10	13:25	11:23
5	Hamburger SV	34	13	11	10	54:63	-9	37:31	11	4	2	31:19	26:8	2	7	8	23:44	11:23
6	FC Schalke 04	34	15	6	13	44:40	+4	36:32	9	4	4	26:13	22:12	6	2	9	18:27	14:20
7	MSV Duisburg	34	12	11	11	43:47	-4	35:33	10	7	0	31:16	27:7	2	4	11	12:31	8:26
8	1. FC Kaiserslautern	34	15	4	15	54:57	-3	34:34	13	1	3	34:13	27:7	2	3	12	20:44	7:27
9	Hannover 96	34	12	9	13	53:49	+4	33:35	8	5	4	30:21	21:13	4	4	9	23:28	12:22
10	Werder Bremen	34	11	11	12	41:40	+1	33:35	7	7	3	24:14	21:13	4	4	9	17:26	12:22
11	1. FC Köln	34	11	11	12	46:56	-10	33:35	10	3	4	33:24	23:11	1	8	8	13:32	10:24
12	VfB Stuttgart	34	11	8	15	49:49	0	30:38	9	6	2	33:16	24:10	2	2	13	16:33	6:28
13	Borussia Dortmund	34	10	9	15	54:60	-6	29:39	7	6	4	35:19	20:14	3	3	11	19:41	9:25
14	Arminia Bielefeld	34	12	5	17	34:53	-19	29:39	9	4	4	20:14	22:12	3	1	13	14:39	7:27
15	Eintracht Frankfurt	34	11	6	17	39:56	-17	28:40	9	4	4	29:19	22:12	2	2	13	10:37	6:28
16	Rot-Weiß Oberhausen	34	9	9	16	54:69	-15	27:41	7	5	5	34:25	19:15	2	4	11	20:44	8:26
17	Kickers Offenbach	34	9	9	16	49:65	-16	27:41	7	4	6	32:28	18:16	2	5	10	17:37	9:25
18	Rot-Weiß Essen	34	7	9	18	48:68	-20	23:45	6	4	7	27:25	16:18	1	5	11	21:43	7:27

Borussia Mönchengladbach stellte bei seiner erfolgreichen Titelverteidigung eine Reihe von Superlativen auf. Weisweilers Mannschaft war der erste Bundesliga-Meister, der seinen Titel erfolgreich verteidigte, der Supersturm mit Jupp Heynckes, Herbert Laumen und Ulrik Lefevre schoss die bis dato meisten Tore (77), die Abwehr um Berti Vogts, Luggi Müller und Klaus-Dieter Sieloff kassierte die wenigsten Gegentreffer (35), und mit 13 Spielen ohne Niederlage blieben die „Fohlen“ am längsten unbesiegt. „Fußballer des Jahres“ wurde in den Tagen des Bundesliga-Skandals erstmals der aufrechte Berti Vogts. Die in einem Kopf-an-Kopf-Duell erneut geschlagenen Bayern holten sich als Trostpflaster wenigstens den DFB-Pokal (2:1 n.V. gegen den 1. FC Köln), doch Gerd Müller musste sich trotz 22 Saisontoren in der Torschützenliste den zweiten Platz mit dem Kaiserslauterer Karl-Heinz Vogt, genannt der „Hexer“, teilen. Die Torjägerkrone errang der Oberhausener Lothar Kobluhn mit 24 Treffern. Mit nur fünf Feldverweisen während der gesamten Saison gab es einen weiteren, positiven Rekord.

Ein unfreiwilliges Kunststück gelang Trainer Rudi Gutendorf. Er erhielt gleich zwei Mal in einer Saison die Kündigung. Erst folgte der Rausschmiss beim FC Schalke 04, dann die vorzeitige Kündigung bei Kickers Offenbach. Auch Absteiger Offenbach stellte einen Rekord auf und verschliss gleich drei Trainer. Auf „Aki“ Schmidt folgte Rudi Gutendorf, der wiederum von Kuno Klötzer abgelöst wurde.

Torjäger			
1.	Lothar Kobluhn	Rot-Weiß Oberhausen	24
2.	Gerd Müller	Bayern München	22
	Karlheinz Vogt	1. FC Kaiserslautern	22
4.	Lorenz Horr	Hertha BSC Berlin	20
	Herbert Laumen	Borussia M'gladbach	20
6.	Jupp Heynckes	Borussia M'gladbach	19
	Ferdinand Keller	Hannover 96	19
	Willi Lippens	Rot-Weiß Essen	19
9.	Lothar Ulsaß	Eintracht Braunschweig	18
10.	Klaus Fischer	Schalke 04	15

Kölner Stadt-Anzeiger

Vor Gericht

Die Szenerie entsprach dem Gewicht der Stunde. Kläger, Angeklagte und Richter schmorten unter beißenden Jupiterlampen. Auf den Tischen Mikrophone und im Saal manchmal Gemurmel, ein paarmal wütende Zwischenrufe. Schauprozess der Bundesliga gegen Borussia Mönchengladbach, der der Torpfosten gebrochen war. Nach dreistündiger Verhandlung berieten die fünf DFB-Geschworenen und ihr Vorsitzender Dr. O. Rückert. Dann kam das Urteil: „Schuldig.“

Die Borussen-Herren aus Mönchengladbach wurden um eine Nuance ernster und um zwei Nuancen blasser um die Nase. Denn das Urteil bedeutete für sie erstens: „Schuldig am Abbruch des Spiels gegen Werder Bremen, das von Schiedsrichter Meuser beim Stande von 1:1 in der 88. Minute beendet wurde, nachdem er etwa 14 Minuten lang auf die Reparatur eines gebrochenen Torpfostens gewartet hatte.“

Das bedeutet zweitens: Aus dem 1:1 gegen Bremen wird eine 0:2-Niederlage, also zumindest der Abzug eines Punktes und Verschlechterung der Tor-Bilanz um zwei Treffer.

Der Kölner Stadtanzeiger am 21.05.71

Der erste Titel für den Lehrling Lattek

Eingekeilt von Arrivierten: Jungstar Uli Hoeneß zwischen Franz Beckenbauer (links) und Günter Netzer (rechts)

Uli Hoeneß und Paul Breitner geben den Bayern Dynamik. Der FCB stürmt zu 101 Toren

Die Bundesliga-Saison 1971/72 wird zwar überschattet durch die Aufarbeitung des Bundesliga-Skandals, doch zugleich überstrahlt durch das bis zum letzten Spieltag packende Duell zwischen Bayern München und Schalke 04. Beide Kontrahenten hatten damit maßgeblichen Anteil daran, dass sich die Folgeschäden für die Liga in Grenzen hielten. Für die Bayern war es nach 68/69, als sie unter Branko Zebec mit acht Punkten Vorsprung vor Aachen erstmals die Schale in Empfang nehmen durften, der zweite Titelgewinn nach zwei eher frustrierenden Vize-Meisterschaften hinter Weisweilers Mönchengladbacher Fohlen. Für Trainer Udo Lattek war es zugleich der erste Triumph in einer langen Reihe von Titelgewinnen, die ihn noch heute als erfolgreichsten europäischen Klubtrainer auszeichnen.
Geholt hatten Präsident Wilhelm Neudecker und Manager Robert Schwan den Bundesliga-Neuling bereits im März 1970. Zebec war nach einem 1:2 im Derby bei den Löwen und einem 1:1 bei Rot-Weiß Essen nicht mehr zu halten. Franz Beckenbauer, Sepp Maier und Gerd Müller hatten Lattek, den sie als Assistenten von Bundestrainer Helmut Schön kennen und schätzen gelernt hatten, ins Gespräch gebracht, und der ehemalige Amateur-Fußballer des VfL Osnabrück ließ sich liebend gerne vom DFB loseisen.
Dennoch waren die beiden Vize-Meisterschaften für den gebürtigen Ostpreussen zunächst einmal Lehrjahre. Die Mannschaft war noch nicht gefestigt und nicht gleichermaßen gut besetzt. Lattek hatte jetzt jedoch zwei weitere Trümpfe – und die stachen. Schon zu seinem Einstieg bei den Bayern hatte er quasi als Beigabe zwei talentierte Olympia-Amateure mitgebracht. Uli Hoeneß (19) stürmte zuvor in Ulm, der gleichaltrige Paul Breitner verteidigte die „Ecke herum" beim ESV Freilassing. Gerd Müller erinnert sich: „Die Achse mit Maier, Beckenbauer und mir stand ja schon länger. Jetzt kamen Breitner neben Hansen und „Katsche" Schwarzenbeck in der Abwehr und Hoeneß im Mittelfeld als feste Größen dazu. Mehr brauchten wir eigentlich nicht, und so sind wir die gesamte Saison praktisch mit 14 Spielern ausgekommen."
Tatsächlich bestritten Maier, Müller, Beckenbauer und Hoeneß alle 34 Saisonspiele. Gemeinsam mit des „Kaisers Putzer" Schwarzenbeck standen am 10. Oktober 1971 beim 3:1 gegen Polen erstmals auch fünf Bayern-Spieler gemeinsam in der Nationalelf.
Dennoch war Schalke ein hartnäckiger Gegner. Die Elf von Trainer Ivica Horvath imponierte vor allem wegen ihrer Heimstärke: In der legendären „Glückauf-Kampfbahn" gewan-

Paul Breitner (Mitte) erzielt das 2:0 gegen Schalke 04. Klaus Fichtel (links) hat das Nachsehen

WAZ

Schiebung zum Abschluss

Während etwa 300.000 Menschen in Mönchengladbach auf die Straße gingen, Fähnchen schwenkten, Bierchen schluckten, frohe Stimmung machten, spazierten einige Herren gedankenverloren über die Terrasse einer Offenbacher Prominentenvilla. Was sie soeben gehört hatten, stimmte sie nachdenklich:
Im Abstiegskampf der Fußball-Bundesliga soll kräftig geschoben worden sein.
Diese sensationelle Behauptung servierte Horst-Gregorio Canellas einem erlesenen Kreis von Gästen, die eigentlich gekommen waren, um dem Offenbacher Kickers-Präsidenten 24 Stunden nach dem Bundesligaabstieg der ersten Mannschaft und am Tag seines 50. Wiegenfestes für die Zukunft alles Gute zu wünschen.
Die Party wurde heiter. Der Gastgeber präsentierte zu kühlen Köstlichkeiten einen Geburtstagskuchen, der dem Deutschen Fußball-Bund und etlichen seiner Mitglieder schwer auf den Magen schlagen dürfte. Mit Tonbandaufnahmen von Telefongesprächen zementierte Canellas seine interessanten Ausführungen.
Die WAZ am 07.06.71

Meister: Bayern München

nen die Königsblauen 16 ihrer 17 Heimspiele. Nur Mönchengladbach entführte beim 1:1 am 29. Spieltag einen Punkt. Auch Herbstmeister war Schalke geworden und hatte die Tabelle vom 1. bis zum 11. und vom 15. bis zum 25. Spieltag angeführt. Dann aber zogen die Bayern vorbei, ohne die Schalker jedoch abschütteln zu können.

So sorgte schließlich der Terminplan für ein echtes Endspiel am 34. Spieltag. Mit einem Punkt Vorsprung vor Schalke erwarteten die Bayern den Verfolger zum großen Saisonfinale im gerade erst für die Olympischen Sommerspiele 1972 fertig gestellten Olympiastadion. Eine starke Gäste-Truppe mit Torhüter Nigbur, Rüßmann, Fichtel, Libuda, Mittelstürmer Klaus Fischer und den Kremers-Zwillingen.

Doch auch die Bayern besaßen neben Maier, Beckenbauer, Hoeneß, Breitner und Müller, der zu diesem Zeitpunkt bereits unglaubliche 40 Saisontore erzielt hatte, noch andere Leistungsträger: den Dänen Johnny Hansen in der Abwehr, Vorstopper „Katsche" Schwarzenbeck, „Bulle" Roth und Rainer Zobel im Mittelfeld und Edgar Schneider im Angriff.

Schalke 04 war ohne jede Chance: 5:1 hieß es am Ende vor 80.000 Zuschauern für die Münchner durch Tore von Hansen, Breitner, Hoffman, Hoeneß und Beckenbauer bei einem Gegentreffer von Klaus Fischer zum 1:2. Bayern war zum zweiten Mal Deutscher Meister geworden und stellte mit 101 Saisontoren einen bis heute unerreichten Saisonrekord auf.

Erik Hülbüsch

Der Meister der Rekorde mit Franz Beckenbauer, Wilhelm Hoffmann, Uli Hoeneß, Udo Lattek, Georg Schwarzenbeck, Gerd Müller, Franz Krauthausen, Franz Roth (hinten, von links), Rainer Zobel, Johnny Hansen, Sepp Maier und Paul Breitner (vorne, von links)

Dortmunder Tristesse

Abschlusstabelle									Heim-Bilanz					Auswärts-Bilanz				
	Mannschaft	Sp	g.	u.	v.	Tore	Diff.	Punkte	g.	u.	v.	Tore	Punkte	g.	u.	v.	Tore	Punkte
1	Bayern München	34	24	7	3	101:38	63	55:13	14	3	0	69:20	31:3	10	4	3	32:18	24:10
2	FC Schalke 04	34	24	4	6	76:35	+41	52:16	16	1	0	54:8	33:1	8	3	6	22:27	19:15
3	Borussia Mönchengladbach	34	18	7	9	82:40	+42	43:25	12	4	1	57:17	28:6	6	3	8	25:23	15:19
4	1. FC Köln	34	15	13	6	64:44	+20	43:25	11	3	3	38:18	25:9	4	10	3	26:26	18:16
5	Eintracht Frankfurt	34	16	7	11	71:61	+10	39:29	14	3	0	50:17	31:3	2	4	11	21:44	8:26
6	Hertha BSC Berlin	34	14	9	11	46:55	-9	37:31	11	5	1	28:13	27:7	3	4	10	18:42	10:24
7	1. FC Kaiserslautern	34	14	7	13	59:53	+6	35:33	11	4	2	36:17	26:8	3	3	11	23:36	9:25
8	VfB Stuttgart	34	13	9	12	52:56	-4	35:33	9	4	4	31:24	22:12	4	5	8	21:32	13:21
9	VfL Bochum	34	14	6	14	59:69	-10	34:34	11	2	4	36:27	24:10	3	4	10	23:42	10:24
10	Hamburger SV	34	13	7	14	52:52	0	33:35	10	3	4	33:18	23:11	3	4	10	19:34	10:24
11	Werder Bremen	34	11	9	14	63:58	+5	31:37	9	5	3	42:20	23:11	2	4	11	21:38	8:26
12	Eintracht Braunschweig	34	8	15	11	43:48	-5	31:37	6	9	2	21:13	21:13	2	6	9	22:35	10:24
13	Fortuna Düsseldorf	34	10	10	14	40:53	-13	30:38	7	5	5	21:17	19:15	3	5	9	19:36	11:23
14	MSV Duisburg	34	10	7	17	36:51	-15	27:41	8	5	4	25:17	21:13	2	2	13	11:34	6:28
15	Rot-Weiß Oberhausen	34	7	11	16	33:66	-33	25:43	6	6	5	27:27	18:16	1	5	11	6:39	7:27
16	Hannover 96	34	10	3	21	54:69	-15	23:45	10	1	6	41:26	21:13	0	2	15	13:43	2:32
17	Borussia Dortmund	34	6	8	20	34:83	-49	20:48	5	6	6	18:26	16:18	1	2	14	16:57	4:30
18	Arminia Bielefeld	34	6	7	21	41:75	-34	19:49	6	4	7	25:29	16:18	0	3	14	16:46	3:31

Nach dem ersten Europapokalerfolg eines deutschen Klubs 1966 gegen den FC Liverpool musste Borussia Dortmund unter dem Trainer Horst Witzler, abgelöst durch Herbert Burdenski, neben Zwangs-Absteiger Bielefeld zurück in die Regionalliga. Negativer Höhepunkt einer katastrophalen Saison war das 1:11 beim neuen Meister FC Bayern.

Borussia Mönchengladbach, Doppelmeister der vergangenen beiden Spielzeiten, wurde nur Dritter, auch weil Werder Bremen den finanzschwächeren Rheinländern fast den kompletten Meistersturm um Torjäger Herbert Laumen weggekauft hatte.

Eine Investition, die sich für Bremen nicht lohnte, denn am Ende standen die nun als „Millionarios" verschrienen Hanseaten nur auf Platz 11. Die Bayern dagegen brachen einen Rekord nach dem anderen: 101 Saisontore, 55 Punkte und die 40 Saisontreffer von Gerd Müller, alles Bundesligarekorde.

Das 5:1 gegen Schalke erlebten 80 000 Fans im brandneuen Olympiastadion und bescherten den Münchnern erstmals eine Einnahme von mehr als 1 Million Mark.

Nur der Titel für den „Fußballer des Jahres" ging wieder nach Mönchengladbach an Günter Netzer. Dafür durfte sich Bayerns Kapitän Franz Beckenbauer im Dezember 1972 erstmals „Europas Fußballer des Jahres" nennen.

Vizemeister Schalke errang zum Trost den DFB-Pokal durch ein 5:0 gegen Kaiserslautern, und im europäischen Vereins-Fußball löste der UEFA-Pokal den Messe-Pokal ab. Im Landesmeister-Wettbewerb errang das 7:1 der Mönchengladbacher gegen Inter Mailand traurige Berühmtheit, denn nach einem theatralischen Fall von Boninsegna, verursacht durch einen Büchsenwurf, setzte die UEFA das Spiel auf neutralem Platz neu an. Gladbach schied durch ein 0:0 in Berlin aus dem Wettbewerb aus.

Torjäger			
1.	Gerd Müller	Bayern München	40
2.	Klaus Fischer	Schalke 04	22
	Hans Walitza	VfL Bochum	22
4.	Ferdinand Keller	Hannover 96	20
5.	Jupp Heynckes	Borussia M'gladbach	19
6.	Klaus Scheer	Schalke 04	18
7.	Günter Netzer	Borussia M'gladbach	17
8.	Bernd Rupp	1. FC Köln	16
9.	Ulrich Hoeneß	Bayern München	13
	Idriz Hosic	1. FC Kaiserslautern	13

Schlechte Werbung: Braunschweig steigt ab

Die Eintracht überraschte mit Reklame auf der Brust und musste trotz der neuen Geldquelle die Bundesliga verlassen

Der Meister aus München war 1972/73 in jeder Beziehung das Maß aller Dinge: Rekordvorsprung in der Liga (elf Punkte) und damit die Bestmarke des Jahres 1968/69 von acht Zählern noch einmal übertroffen. Mit der frappierenden Dominanz der Bayern verschob sich der Fokus der Berichterstattung – gerade gegen Ende der Spielzeit. Langeweile an der Spitze, aber am anderen Ende der Tabelle tobte der Abstiegskampf voller Dramatik und Spannung. Die alles entscheidende Frage spitzte sich immer mehr zu: Wer steigt neben RW Oberhausen ab?

Rettungstat ohne Wert: Braunschweigs Torhüter Bernd Franke klärt vor Uwe Kliemann (Frankfurt)

Der 32. Spieltag brachte die Dramatik schließlich auf Rekordhitze: Schalke 04 verschaffte sich mit einem 2:0-Heimsieg über Stuttgart etwas Luft. Die „Knappen“ hatten über weite Strecken im Keller der Tabelle gelitten, nun aber waren sie fast gerettet. Alles kaprizierte sich somit auf das Niedersachsen-Duell zwischen Eintracht Braunschweig und Hannover 96. Für die 96er war ein Sieg Pflicht, denn das Team belegte mit einem Punkt Rückstand auf Braunschweig den 17. Tabellenplatz. Kein einfaches Unterfangen. Schließlich fand das Spiel im Stadion an der Hamburger Straße statt. Die Braunschweiger hatten Heimrecht.

Nach hartem Kampf, viel Einsatz und Rasse verloren die 96er mit 2:3. Damit war die Hoffnung auf den Klassenerhalt auf ein Minimum gesunken, die Stimmung sackte in den Keller. Denn die Aussicht war mehr als düster: Hannover plagte eine eklatante Auswärtsschwäche (14 Niederlagen bis zum letzten Spieltag) und die Mannschaft musste unbedingt drei Punkte aus noch zwei verbleibenden Partien holen. Dann dies: Braunschweig wurde in Kaiserslautern mit 0:3 abgefertigt und Hannover gewann 2:0 im Niedersachsenstadion gegen Hertha BSC. Die Entscheidung war somit auf den letzten Spieltag vertagt. Hannover musste in Wuppertal gewinnen – sonst war alles verloren. Und triumphierte auf den letzten Metern der Saison tatsächlich mit 4:0. Nach diesem überraschenden Auftritt spendierten sogar die gegnerischen Fans Applaus. Fehlte also nur noch eine Niederlage der Braunschweiger im Heimspiel gegen Fortuna Düsseldorf, das in der Tabelle ganz weit vorne mitmischte. Nach 45 Minuten stand es noch 1:1, doch nach 90 Minuten lag die Eintracht tatsächlich mit 1:2 zurück – der Abstieg war besiegelt. Das böse Schicksal hatte Braunschweig doch noch eingeholt.

Es war ein Schock der

brutalen Art für die Braunschweiger Mannschaft und besonders für ihren Trainer Otto Knefler, der noch vor der alles entscheidenden Partie voller Optimismus war. Auch unter den Verantwortlichen des Klubs sowie landesweit unter den Fußball-Experten hatte keiner mehr mit einem Abstieg Braunschweigs gerechnet, wohl niemals zuvor in der damals zehnjährigen Geschichte der Bundesliga traf der Abstieg einen Verein so unvorbereitet. Dabei hatte der Klub in diesem Jahr noch für ein Novum gesorgt, als er mit Trikotwerbung Zusatzeinnahmen in Höhe von 500.000 Mark erzielen konnte. Doch schon damals galt: Geld schießt keine Tore.

Roman Punge

SPORTMAGAZIN kicker

Blitz aus heiterem Himmel

Der Abstieg traf die Braunschweiger unvorhergesehen wie ein Naturereignis. Kaum einmal zuvor in zehn Bundesligajahren dürften die Verantwortlichen eines Klubs ähnlich unvorbereitet mit einer solchen Situation konfrontiert worden sein. Spätestens seit dem 3:2 zwei Wochen zuvor gegen Hannover 96 waren die Planungen bei Eintracht auf Hochtouren für die elfte Bundesligasaison gelaufen. Von keinem war diese Entwicklung erwartet worden.

Mit bleichen Gesichtern, teilweise mit Tränen in den Augen, waren die Spieler nach dem Abpfiff in die Kabinen geschlichen.

Der kicker am 11.06.73

Fast unheimlich muss der 73er Jahrgang der Bayern auf die Gegner gewirkt haben, so dominant waren: Franz Beckenbauer, Franz Roth, Franz Krauthausen Udo Lattek, Georg Schwarzenbeck, Gerd Müller, Uli Hoeneß (hinten, von links), Wilhelm Hoffmann, Johnny Hansen, Sepp Maier, Edgar Schneider, Bernd Dürnberger (vorne, von links)

Der FC Bayern – einsame Spitze

Abschlusstabelle									Heim-Bilanz					Auswärts-Bilanz				
	Mannschaft	Sp	g.	u.	v.	Tore	Diff.	Punkte	g.	u.	v.	Tore	Punkte	g.	u.	v.	Tore	Punkte
1	Bayern München	34	25	4	5	93:29	+64	54:14	16	1	0	62:14	33:1	9	3	5	31:15	21:13
2	1. FC Köln	34	16	11	7	66:51	+15	43:25	14	3	0	43:16	31:3	2	8	7	23:35	12:22
3	Fortuna Düsseldorf	34	15	12	7	62:45	+17	42:26	10	5	2	34:19	25:9	5	7	5	28:26	17:17
4	Wuppertaler SV	34	15	10	9	62:49	+13	40:28	11	4	2	42:22	26:8	4	6	7	20:27	14:20
5	Borussia Mönchengladbach	34	17	5	12	82:61	+21	39:29	12	1	4	57:29	25:9	5	4	8	25:32	14:20
6	VfB Stuttgart	34	17	3	14	71:65	+6	37:31	13	2	2	51:19	28:6	4	1	12	20:46	9:25
7	Kickers Offenbach	34	14	7	13	61:60	+1	35:33	11	3	3	35:20	25:9	3	4	10	26:40	10:24
8	Eintracht Frankfurt	34	15	4	15	58:54	+4	34:34	13	2	2	39:20	28:6	2	2	13	19:34	6:28
9	1. FC Kaiserslautern	34	12	10	12	58:68	-10	34:34	10	6	1	37:18	26:8	2	4	11	21:50	8:26
10	MSV Duisburg	34	12	9	13	53:54	-1	33:35	8	4	5	30:18	20:14	4	5	8	23:36	13:21
11	Werder Bremen	34	12	7	15	50:52	-2	31:37	9	3	5	29:21	21:13	3	4	10	21:31	10:24
12	VfL Bochum	34	11	9	14	50:68	-18	31:37	9	5	3	36:24	23:11	2	4	11	14:44	8:26
13	Hertha BSC Berlin	34	11	8	15	53:64	-11	30:38	11	2	4	39:23	24:10	0	6	11	14:41	6:28
14	Hamburger SV	34	10	8	16	53:59	-6	28:40	9	4	4	31:17	22:12	1	4	12	22:42	6:28
15	FC Schalke 04	34	10	8	16	46:61	-15	28:40	8	6	3	35:19	22:12	2	2	13	11:42	6:28
16	Hannover 96	34	9	8	17	49:65	-16	26:42	7	7	3	30:25	21:13	2	1	14	19:40	5:29
17	Eintracht Braunschweig	34	9	7	18	33:56	-23	25:43	7	6	4	20:17	20:14	2	1	14	13:39	5:29
18	Rot-Weiß Oberhausen	34	9	4	21	45:84	-39	22:46	9	3	5	28:26	21:13	0	1	16	17:58	1:33

Schaut man zurück auf die Bundesliga-Saison 1972/73, so fühlt man sich ganz unwillkürlich an die Saison 2002/03 erinnert: der FC Bayern München klar und unangefochten vor der Konkurrenz. Da war der 5:0-Kanter-Sieg in Oberhausen zum Auftakt schon ein Indiz für die Überlegenheit der Süddeutschen. Mehr noch, man hätte nach diesem tadellosen Einstand getrost die alljährlich heiß geführte Meister-Diskussion einstellen können. Die Bayern waren Spitze – vom ersten bis zum letzten Spieltag.

Die Kicker aus der bayerischen Hauptstadt vollbrachten das Kunststück, die zehnte Bundesligasaison ohne Heimschlappe zu absolvieren, sogar beinahe ohne Punktverlust auf eigenem Platz zu bleiben, hätte da nicht das 1:1-Remis am letzten Spieltag im Olympiastadion gegen den 1. FC Köln diese Bilanz etwas getrübt.

Die Elf aus der Domstadt belegte mit respektablen elf Punkten Rückstand den zweiten Platz in der Abschlusstabelle, der Meister aus München stellte aber trotz des Punktverlustes gegen den „schärfsten Verfolger" einen neuen Rekordvorsprung auf und avancierte zum dritten Mal zum Deutschen Meister.

Als Neuling im Oberhaus des deutschen Profifußballs sorgte der Wuppertaler SV für Aufsehen. Der vierte Platz und somit die Qualifikation für den Uefa-Cup sprang für die Mannen von Trainerfuchs Horst Buhtz in diesem Jahr heraus.

Großen Anteil an diesem Erfolg hatte Günter Pröpper. Der Mittelstürmer brachte es auf 22 Tore. Wie in fast jeder anderen Jahresstatistik waren die Bayern auch beim Torschützenkönig einsame Spitze. Udo Latteks Garant für Jubelszenen war erneut Gerd Müller mit 36 Treffern. Zum Fußballer des Jahres 1973 wurde allerdings der aus Deutschland scheidende Mönchengladbacher Borusse Günter Netzer gewählt.

Torjäger

1.	Gerd Müller	Bayern München	36
2.	Jupp Heynckes	Borussia M'gladbach	28
3.	Günter Pröpper	Wuppertaler SV	21
4.	Erwin Kostedde	Kickers Offenbach	19
5.	Hans Walitza	VfL Bochum	18
6.	Ulrich Hoeneß	Bayern München	17
	Klaus Wunder	MSV Duisburg	17
8.	Reiner Geye	Fortuna Düsseldorf	16
9.	Klaus Budde	Fortuna Düsseldorf	14
	Willi Reimann	Hannover 96	14

„Vor dem Tor darfst net das Studieren anfangen", so Gerd Müller. Die Verteidiger versuchten, seine Bewegungen zu studieren. Ziemlich erfolglos. Müller schoss in 427 Bundesligaspielen 365 Tore

„Dann macht es bumm“

Gerd Müller, der Bomber der Nation. Ohne ihn wären die Bayern wahrscheinlich noch in ihrem alten „Holzhäusl“. VON OSKAR BECK

Am 7. Juli 1974 ist das Endspiel um die Fußballweltmeisterschaft genau eine Minute alt, da lässt Uli Hoeneß gegen Johan Cruyff das Bein stehen, der Schiedsrichter pfeift Elfmeter, und der Lautsprecher gibt den neuen Spielstand bekannt – die Deutschen haben bis dahin noch gar nicht den Ball berührt.
Schockiert trotten sie zum Anstoß.
Vor allem Hoeneß, der Sündenbock. Den Kopf lässt er hängen, mitsamt seiner Lockenpracht. Doch dann empfängt ihn da vorne am Mittelkreis dieser andere Schwabe, der aufgrund seiner einmaligen Bierruhe und seines mangelhaft ausgeprägten Aberglaubens freiwillig die Unglückszahl 13 auf dem Rücken trägt, und der tut so, als sei nichts geschehen und klatscht einfach nur in die Hände: „Auf geht's, Uli – noch 89 Minuten!“
Das ist aus der Sicht von Hoeneß die eine gute Tat des Gerd Müller an jenem historisch wertvollen Tag im Münchner Olympiastadion. Die andere, zweiundvierzig Minuten später, ist das 2:1 von Müller, das Deutschland gegen Holland zum Weltmeister macht.
Uli Hoeneß hat nicht vergessen, seine Schulden zu begleichen.

Weltmeister 1974! Und Müller schwebte auf Wolke sieben, assistiert von Bundestrainer Schön

Fast zwanzig Jahre danach. München, Säbener Straße. Im Vereinslokal des FC Bayern sitzt Gerd Müller tapfer vor seinem Mittagessen, einem trokkenen Salat. Er holt seinen Flachmann aus der Tasche, lässt ein paar Tropfen daraus in die Schüssel fallen und schaufelt alles gut um. „I hab' immer meinen eigenen Essig dabei“, sagt er. Aus Vorsicht. Er hat gerade eisern damit begonnen, seine Sucht zu bekämpfen, den Alkohol. Schon ein Schuss Weinessig im Salat, weiß er, würde ihn wieder umhauen und zurückwerfen. Oder zum Dessert eine Schwarzwälder Kirsch-torte.
„Bringen S' mir einen Kaffee?“, sagt er zum Wirt.
Müller ist an diesem Morgen schon um Neun auf dem Bayerngelände aufgekreuzt, vor allen anderen. Wer zu spät kommt, den bestraft das Leben – und ihn hat es lange genug bestraft. Menschenskind, fast wäre er vor die Hunde gegangen. Alles im Eimer. Geschäftliches Pech, familiäre Probleme, Weißwein und Williamsbirne. Die Massenpresse sezierte seine Tragödie. „Der Gerd“, spürte sein alter Kumpel Sepp Maier, „braucht dringend wieder eine Aufgabe.“
Als Gerd Müller um Hilfe rief, war Uli Hoeneß zur Stelle. Der Bayernmanager hat geschaut, dass der alte Kamerad wieder Boden unters Schussbein bekam. Um sein Leben wieder mit Sinn zu füllen, hat er ihm diesen Job gegeben, Nachwuchstrainer, Cotrainer bei den Amateuren, und manchmal hilft die alte Kanone auch bei den Profis aus. Wie an diesem Morgen. Müller schießt die Torhüter warm, und als er sich zwischendurch ein Päuschen gönnt und in die Sonne blinzelt, lacht einer von den Rentnern mit den Pepitahüten am Zaun: „Mit dem Gerd ist es wie früher im Spiel – meist siehst nix von ihm, aber dann …“
Im nächsten Moment biegt Tschik um die Ecke. Tschik Cajkovski. Der Tag ist lang, und manchmal schaut er bei seinen alten Bayern vorbei. Eigentlich heißt er ja Zlatko, aber alle Welt nennt den kleinen Jugoslawen liebevoll Tschik. Man sieht ihm an, dass er nicht mehr lange zu leben hat, krank sieht er aus, schwach, abgemagert, aber Müller freut sich über das Wiedersehen.
„Hei, Tschik“, ruft er und winkt dem Alten zu. Und sie erzählen sich von früher. Nein, nicht alles war früher besser, weiß Gott nicht, aber was sie zusammen erlebt haben, ist es wert, gelegentlich aufgefrischt zu werden. Waren das Zeiten. Damals, mit Tschik, seinem ersten Trainer. Aus Nördlingen hat der ihn geholt, anno '64. Müller war 19 und Tschik absolut nicht sicher, ob das hinhauen würde mit diesen kurzen Beinen und dicken Schenkeln. Aber schon '65 sind sie aufgestiegen, und als Speerspitze der Achse

Ein Mann und sein Instinkt. „Bomber der Nation?“ Gerd Müller war mehr der Anschleicher, der König der Abstauber, dessen Tore oft aus dem Nichts kamen

Maier-Beckenbauer-Müller hat Letzterer gleich in seiner ersten Bundesligasaison 15 Tore geschossen und im Einvernehmen mit dem Franz eine bald weltweit gefürchtete Spezialität entwickelt – den heimtückischen Doppelpass, mit dem sie die Gegner überfallartig düpierten.

Der ging so: Mit der Freiheit des Liberos und seinem angeborenen Gespür für die Situation hat sich Kaiser Franz hinten lässig die Kugel geangelt, ist einer inneren Stimme folgend plötzlich instinktiv ausgebrochen aus den Fesseln der Abwehr und mit dem Ball am Fuß nach vorne getanzt, leichtfüßig und notfalls hakenschlagend hat er die Tiefe des Raums überbrückt, spätestens auf Höhe des Anspielkreises ging ein Raunen durchs Stadion, die Gegner wischten sich den Panikschweiß von der Stirn, der Radioreporter auf der Tribüne sprang im Rahmen der Konferenzschaltung wie elektrisiert auf („Sofort nach München, der Kaiser überschreitet die Mittellinie!“), ein feines Doppelpässchen noch mit dem Müller, und der Franz krönte den Vorstoß mit einem unnachahmlichen Außenristschlenzer ins Lattenkreuz oder schob, an seinen besonders perfiden Tagen, den Ball nochmal quer zum mitgelaufenen Gerd – und während Beckenbauer schon wieder gemessenen Schrittes zurücktrabte, um sich für die nächste halbe Stunde da hinten genüsslich auszuruhen, hat Müller im Rahmen der Vollstreckung vollends den Innenrist hingehalten, oder den Schenkel. Mit allen verfügbaren Körperteilen hat er abgestaubt, Kopf, Schulter, Knie – selbst der Allerwerteste war ihm gut genug, wenn's pressierte.

So oder so, ganz schnell hat sich damals abgezeichnet, warum der Gerd viel, viel später zum Franz einmal sagen würde: „Nur mit deinem Ballstreicheln allein hätten wir nicht alles gewonnen.“ Oder war's Katsche Schwarzenbeck? Egal, es hat auf jeden Fall auch maßgeblich den Torriecher von „kleines, dickes Müller“ gebraucht, wie Tschik ihn liebevoll taufte, weil er so zuverlässig seinen Job verrichtete: Augen zu, kurze Drehung und Dankeschön. So wurde er zum „Bomber der Nation“, dabei war er alles andere als ein Bomber. Er war der Anschleicher der Nation, der König der Abstauber – sein Revier war der Strafraum.

Seine wichtigsten Tore kamen aus dem Nichts.

Ist es nicht auch an jenem 7. Juli 1974 so? Hat auch nur einer der 80 000 den Müller ernsthaft am Ball gesehen, bevor er gegen die Holländer zuschlägt? Und hat es je ein typischeres Müller-Tor gegeben als dieses? Bonhof haut den Ball flach und blind nach innen, Müller stoppt ihn mit dem Rücken zum Tor, aussichtslos also – doch dann stellt er kurz seinen weltberühmten Hintern hinaus, dreht sich blitzschnell um die eigene Achse und rechtfertigt den Titelsong der Schallplatte, zu der sie ihn schon Jahre zuvor mit viel Geld gezwungen hatten: „Dann macht es bumm …“

Müller, der Strafraumschreck. Vier Tore bei der WM '74, dazu die zehn von anno '70, soviel hat kein anderer bei Weltmeisterschaften hingebracht, nicht Just Fontaine, nicht Pele, und auch sonst ist

Schwer beladen. 1969 erhält Gerd Müller die Torjägerkanone und den goldenen Ball als „Fußballer des Jahres“. Die großen Auftritte sind nicht sein Fall: „Das sollen besser andere machen“

Müller einer wie keiner. 68 Tore in 62 Länderspielen, 365 Tore in 427 Bundesligaspielen. Sieben Mal wird er deutscher Schützenkönig, und seine Bestmarke, 40 Treffer in einer Saison, ist ein Rekord für die Ewigkeit. 1970 ritzt er sich 38 Kerben, wird damit Europas Torjäger des Jahres und Europas Fußballer des Jahres, und selbst als er sich einmal eine Saison lang dem geliebten Kartoffelsalat hingibt und 80 Kilo mit in den Strafraum schleppt, ist sein Instinkt nicht zu bändigen. „Vor dem Tor“, beschreibt Müller sein Erfolgsrezept, „derfst net das Studieren anfangen.“

Das lange Fackeln hat er lieber den anderen überlassen.

Und das Rampenlicht. In dem hat er sich nie wie daheim gefühlt. „Da sollen andere auftreten, die das besser können“, hat er gesagt. Vor lauter Maulfaulheit hat er 1973 im Europacupspiel bei Ajax sogar zu sagen vergessen, dass er sich das Wadenbein angebrochen hatte, und lieber auf die Zähne gebissen – er war ein Mann der großen Tore, nicht der großen Worte. Deshalb ist es auch heute eher ruhig um ihn, auf keinem TV-Kanal glänzt er als Kommentator, bei keinem Sender irrt er sich als Experte, und im Grunde taucht er öffentlich nur noch alle vier Jahre auf, wenn eine WM vor der Tür steht und ihn einer fragt, was er von seinen Erben hält. Das geht dann, wie beim letzten Mal, kurz und bündig ungefähr so. Müller: „Der Klose ist einer. Guter Antritt, starker Kopfball.“

Und Bierhoff?

„Der kann nix, den kannst vergessen.“

Den Müller hat nie einer vergessen. Am wenigsten die Holländer. Aber auch die nicht, die ihn am Abend nach jenem Finale erlebt haben. Beim Bankett im Hilton steckte sich der WM-Held eine dicke Zigarre an, paffte mit Paul Breitner um die Wette – und erklärte in der Stunde des größten Triumphs seinen Rücktritt aus der Nationalelf. „Es ist mein letztes Wort“, sagte er. Immerhin gab es die unvergleichliche „Gerd-Müller-Story“ danach noch für 39,50 Mark auf Video. Später wurde eine andere Geschichte daraus – umgeschrieben vom Leben.

Es ginge wohl an der Wahrheit vorbei, wenn man mutmaßen würde, das Auswandern sei des Müllers Lust gewesen. Der stille Schwabe („I mag keine Party-Deppen“) hatte schon einst in Nördlingen erst brav seine Lehre am Webstuhl erledigt, ehe er zum weltberühmten Torjäger wurde, und das einzige, was er sich im Rahmen des Ruhms an weltgewandter Mondänheit jemals erlaubte, war ein etwas zu dekorativer Pelzmantel, den man als Bayernstar in den 70ern als Pflicht- und Statussymbol halt trug. So hat sich auch der Müller verkleidet, aber nur eine kurze Phase lang, jedenfalls ist er der einfache Bürger, der er war, immer geblieben. Als ihn die Bayern 1978 an die Fort Lauderdale Strikers verkauften, war das eine andere Welt. Wir haben ihm dort damals Grüßgott gesagt, er sprach anfangs drei Wörter Englisch, „yes“, „no“ und „coffee“, und beim Training stöhnte er: „A Bruthitz, jeden Tag – pass auf, sonscht kriegscht an Sonnenbrand.“ Als der verrückte Nordire und kickende Playboy George Best zum Training händchenhaltend mit zwei Blondinen aufkreuzte, eine links, eine rechts, und nach fünf Minuten schweißtreibenden Blinzelns in die Sonne wieder abzog, um mit den Mädels Besseres zu erledigen, schüttelte Müller nur den Kopf.

Florida war für ihn wie die Fortsetzung eines Stücks von Ludwig Thoma. Als der bayrische Dichter seinen Postsekretär Angermayer in den Himmel kommen ließ, geschah im Vorraum des Paradieses das Folgende: „Da stand, seine Unbehaglichkeit zu steigern, eine Menge Leute um ihn herum, die sichtlich nicht alle aus Bayern oder gar aus München gekommen waren.“

„Servus Gerd“. Am 20. September 1983 nimmt Gerd Müller Abschied von der Bundesliga. Er wagt das Abenteuer Amerika

So oder ähnlich kam sich auch der Müller in Florida vor. Der Franziskanerkeller weit weg, kein Andechser, kein Radi, kein Knödel. Damals fing er an, in sein Loch zu fallen. „Alles war ihm wurscht“, hat seine Frau Uschi geklagt.

Die Leere. Das plötzliche Nichtstun. Das Gefühl der Nutzlosigkeit. Das Problem war erheblich – doch mit der Unterstützung seiner alten Bayern um Hoeneß, die ihm eine neue Aufgabe gaben, hat er es gelöst.

Gerd Müllers größter Sieg war, so gesehen, womöglich der über sich selbst – was etwas heißen will, denn seine anderen bleiben beim Rückblick fast unvergleichlich.

Weltmeister. Europameister. Dreimal Europapokalsieger der Landesmeister. Europacup der Pokalsieger. Viermal Deutscher Meister. Viermal DFB-Pokalsieger. Weltpokalsieger.

„Ohne den Gerd“, hat Franz Beckenbauer unlängst mit einem Blick über das stolze Bayernimperium an der Säbener Straße gesagt, „wären wir vielleicht heute noch in unserem alten Holzhäusl.“

Das kriegt nur der Franz hin – dem größten Torjäger, den Deutschland je hatte, mit einem einzigen Satz so gerecht zu werden.

Das Geweih auf der Brust war diesem Fotografen zu mickrig: Also mussten Braunschweigs Torwart Bernd Franke (links) und Hartmut Konschal 1973 an ein größeres Exemplar Hand anlegen

Auf den Hirsch gekommen

Die Einführung der Trikotwerbung gelang mit einem Trick. Und wurde auf 14 Zentimeter limitiert.

VON RAIMUND WITKOP

Im Rückblick nimmt sich der Streit um vierzehn Zentimeter Hirsch wie ein bürokratischer Schildbürgerstreich aus. Und so pflegt der Ruheständler Günter Mast die Geschichte auch gern zu erzählen: Als der Schiedsrichter Walter Eschweiler mit dem Zentimetermaß in die Kabine kam, es war der der 27. Januar 1973 … Der Likörfabrikant Mast kann für sich in Anspruch nehmen, eine Bastion erobert zu haben, in die ihm alle anderen freudig folgten. Eintracht Braunschweig brauchte dringend Geld in jener Saison, und Mast wollte die Bekanntheit der Marke „Jägermeister“ steigern. Die Einführung der Trikotwerbung in der Bundesliga gelang mit einem Trick, den man wohl bauernschlau nennen darf: Der Löwe aus dem Vereinsemblem solle durch einen Hirschen ersetzt werden, teilte der damalige Eintracht-Präsident Balduin Fricke dem DFB in Frankfurt mit.

Dort schaute niemand genauer hin, und Mast konnte sich die Hände reiben: Der Verein aus der stolzen Stadt Heinrichs des Löwen würde fortan den „Hubertus-Hirsch“ spazieren tragen, der seine Kräuterlikör-Flaschen ziert. Als der DFB die Absicht erkannte, waren schon Fakten geschaffen. Braunschweig lief zum Spiel gegen Offenbach mit Hirsch auf, andere Trikots waren angeblich nicht zur Hand.

Die folgenden juristischen Auseinandersetzungen erfüllten Masts Wunsch nach Bekanntheit in einem Ausmaß, das die 300.000 Mark pro Saison zu einer brillanten Investition machte. Das 20-fache, brüstete sich der findige Fabrikant oft, hätten ihn Werbung und Anzeigen gekostet, um den gleichen Effekt zu erzielen. Dass die Schiedsrichter mit Maßband in der Kabine anrückten, um das vom DFB nachträglich festgesetzte Höchstmaß von 14 Zentimetern zu überprüfen, machte die Sache für ihn nur besser: Jede Publicity war willkommen. Kein Wunder, dass die anderen Profivereine möglichst schnell nachzogen und damit die Liga – so sahen es konservative Hüter der sportlichen Ordnung – zu einer Reklame-Kirmes ohne Scham und Anstand machten.

Kräuterlikör-Fabrikant Günter Mast fand die Aufgeregtheit um seinen „Hubertus-Hirsch" auf den Braunschweiger Trikots amüsant und höchst geschäftsfördernd

Dieser Tonfall der öffentlichen Diskussion mag heute amüsant klingen, damals war die Sache sehr ernst. Traditionsbewusste Blätter, voran die „Frankfurter Allgemeine Zeitung", versahen auf Fotos im Sportteil alle Werbeembleme sorgfältig mit schwarzen Balken; als gelte es, etwas Anstößiges zu kaschieren.

Dabei gehörten Reklame und Fußball durchaus schon eng zusammen: Bandenwerbung gab es seit dem Gründungsjahr 1963, und die Beckenbauers und Müllers waren in Werbespots allgegenwärtig. Die Botschaft direkt am laufenden Menschen: das war jedoch noch einmal etwas anderes. Damals sprach man pikiert von wandelnden Litfaßsäulen. Eintracht Braunschweig stieg in jener Saison 1972/73 mitsamt seiner Hirschen in die Regionalliga ab, was die Pointe mancher Kommentare vorgab: Kleine Sünden bestraft der Herr sofort.

Die Rivalen müssen dem Vorkämpfer Günter Mast im Stillen dankbar gewesen sein. Die Trikotwerbung entwickelte sich schnell zu einem wichtigen Einnahmefaktor; die Kurve stieg über viele Jahre exponentiell an. Später wurde das Geschäft mit dem wohlklingenderen Begriff des „Sponsoring" belegt, wobei der Sponsor sich „engagiert", was sich ja nach einer verdienstvollen Tätigkeit anhört. Die 20 Millionen Euro, die Bayern München in der Saison 2002/2003 von der Deutschen Telekom erhielt, dürften aber für einige Zeit die Rekordmarke bleiben. Im Durchschnitt deckt die Zahlung des Trikotsponsors 20 Prozent des Jahresetats ab. Der Erfolg der Trikotwerbung wurde aber kaum je bezweifelt. Autofirmen, Biermarken, Versicherungen: Alle konnten ihre Bekanntheit steigern und durch die sportliche Verbindung in der Regel auch an Beliebtheit (und Umsatz) gewinnen.

„Jägermeister" blieb bis 1987 auf Braunschweiger Hemdbrüsten, andere sahen den positiven Effekt nach weniger Jahren erschöpft und wechselten das Metier. Nur noch selten erregte die Verbindung Aufsehen: etwa 1988, als der FC Homburg für einen Kondomhersteller Reklame laufen wollte, was vom DFB verhütet wurde; und bisweilen, wenn ein Sponsor sein Produkt gemeinsam mit der Mannschaft auf Talfahrt sieht und in der Vereinspolitik mitmischen will. Die blanke, blau-rot gestreifte Brust des stolzen FC Barcelona erinnert bis heute daran, dass es auch ohne Werbung geht – die stolzen Katalanen wollen signalisieren, dass sie dergleichen nicht nötig haben. Und Puristen sind noch heute leicht verstimmt, wenn Trainer mit kleinen Werbestickern am Hemdkragen vor die Kameras treten. Die Grenzen werden bis heute ausgetestet, immer wieder neu. Darf man bezahlte Werbebotschaften als Struktur in den Rasen mähen? Warum nicht auch noch die Pfosten pflastern?

Andere haben mehr erlaubt, bis an die Grenze der Lächerlichkeit. In Österreich haben sie die Werbung bis auf den Hosenboden ausgeweitet – schnelle Spieler sieht man schließlich oft von hinten –, und jeder Klub der Staatsliga hat seinen Vereinsnamen zugunsten des Geldgebers ändern lassen. All die traditionsreichen Wackers und Admiras, zur Seite gedrängt oder ganz getilgt zugunsten eines Geldgebers.

Die Idee geht – auf wen sonst? – auf Günter Mast zurück. 1981 stand Eintracht Braunschweig wieder vor der Pleite, woraus man folgern darf, dass ein finanzieller Vorteil im Profisport auf längere Sicht nicht vorhält. Mast bot an, den Klub sofort zu entschulden, wenn er sich in „SV Jägermeister" umbenennen würde. Die Mitglieder stimmten zu, der Deutsche Fußball-Bund nicht. Vielleicht muss man den Funktionären dankbar sein, dass sie an diesem Punkt standhaft geblieben sind.

„Ich bekam Lust, den bösen Paul zu spielen“

Paul Breitner hat den Aufbau seiner Rolle als Bösewicht systematisch betrieben. Nicht überall mit Erfolg. VON KARL M. WEISE

Er mag sich noch so viele Schafsfelle überziehen – Wolf bleibt Wolf. Breitner bleibt Breitner, Provokateur so lange wie sein Hirn Gedanken produziert.

Kreide fressen ist nicht seine Sache. Dabei kann er auch richtig charmant sein …

Doch man benötigt ein gutes Timing, um das schmale Zeitfenster zu erwischen.

Berti Vogts hat als Bundestrainer beleidigt gegreint, wenn Breitner seine Taktik und Fehlentscheidungen auseinander nahm. „Der wird dafür bezahlt, dass er los ledert“, redete sich Berti ein. Das ist so falsch, wie der Fußball nicht mit der Hand gespielt werden darf.

Paul Breitner hat den Aufbau seiner Rolle des Bösewichts systematisch betrieben. Beinahe wie G.R. Ewing von der Southfork Ranch in „Dallas“. Doch da war es gespielte Soap Opera, beim Paule ist es das Leben. Und er hat die Rolle so verinnerlicht, dass er am Ende nicht mehr anders konnte – nicht anders wollte.

„Ein Scheißverein ist das. Nicht einmal feiern kann man hier.“ So schimpft er nach dem Titelgewinn des FC Bayern München im Jahr 1973.

„Breitner will die Nationalhymne abschaffen.“ So poltert BILD, nachdem Breitner erklärt hatte, die Hymne würde ihn an der Konzentration vor dem Spiel hindern.

„Schmeißt den Typ aus der Nationalelf“, fordern die Fans. Der damalige DFB-Generalsekretär Joch knallt ihm beim nächsten Länderspiel eine ganze Mappe mit bösen Zeitungs-Kommentaren auf den Tisch und macht ihm Vorwürfe: „Sieh dir an, was du angerichtet hast.“

20 Jahre ist Breitner damals alt. Zu jung für das Geschäft? Zu dumm nicht. Vielleicht zu naiv. Sicher auch ungestüm in seinen Gedanken.

Und dann lässt er auch noch politische Sprüche los. Schließlich das Interview mit einer Münchner Zeitung. Breitner beschreibt die Situation und die Folgen in seiner Biographie im WM-Buch von 1982 in Spanien so:

„Ich redete von Sozialismus, von Kommunismus und Che Guevara und ließ mich vor einem Poster mit Chinas Führer Mao Tsetung fotografieren. Auf die Frage, was ich lese, anwortete ich: ‚Nicht Jerry Cotton. Ich lese die Mao-Bibel.' Als ich dann noch erzählte, ich sei bei Demonstrationen auf die Straße gegangen, wurde das Interview sofort abgebrochen. Vom nächsten Tag an war ich der rote Paul, der Leninist, Kommunist. Damals stand der Begriff Maoist praktisch für Verbrecher, der Molotow-Cocktails wirft, er wurde gleichgesetzt mit Bankräubern und Kidnappern.

Solch eine Figur als Bundesliga- und Nationalspieler – das hatte Deutschland noch nicht erlebt. Die Leute wurden bösartig, sie begannen auf mir herum zu trampeln. Aber genau zu diesem Zeitpunkt bekam ich Lust, die Rolle des bösen Paul zu spielen. Die Öffentlichkeit hatte sich ein Bild von mir gebastelt, also sollte sie mich so auch haben. Ich habe in Interviews nur noch wilde Sprüche geklopft. Ich wollte denen, die mich verurteilt hatten, so viel Stoff geben, dass sie verrückt werden.

Zu mir habe ich gesagt: ‚Junge, das stehst du durch. Außerdem spielst du so gut Fußball, an dir kommen die überhaupt nicht vorbei. Das war die Zeit, als die großartige Nationalelf entstand, die später, 1972, Europameister wurde.

Meine Frau hat damals sehr gelitten. Denn die Retourkutschen gegen mich gingen allesamt tief unter die Gürtellinie. Es gab kaum noch normale Berichte über mich, meist nur noch Hetzkampagnen. Ich war nicht mehr der Mensch Breitner, ich war nicht mehr der Fußballer Breitner, ich war der Unmensch. Trotzdem habe ich mir gesagt: Das hältst du aus. Das ziehst du durch.“

Wer hätte einem Breitner, der älter und weiser wird, aber abgenommen, dass er auch sanft geworden

Einer wie er sagt nichts durch die Blume – Nationalspieler Breitner probt den großen Wurf

Der junge Breitner, als er bei Bayern München Profi wurde. „Ich bekam Lust, den bösen Paul zu spielen." Der ergraute Breitner auf der Tribüne und mit dem scharfen Blick des stets wachen Kritikers. Die Lust, den bösen Paul zu spielen, ging nicht verloren

ist? Das hätte er sich schon selbst nicht antun wollen, im Heer der Gesichtslosen unterzutauchen.

Denn nichts ist langweiliger im wahren Leben, als wenn alle lieb sind. Denn spannend wird es erst, wenn der Gute und der Böse aufeinander treffen. Und Paul entscheidet sich für den Part des Bösewichts.

Nur zu Hause legt er die Maske ab. „Mein Paul", versichert seine Ehefrau, „Mein Paul ist ein ganz Lieber." Und Fußball, wo er als Kritiker die Wunden sieht und auch den Finger hineinlegt, findet nur außerhalb der heimischen Wände statt. Das geht so weit, dass Sohn Maximilian lange nicht wusste, dass der Vater Fußball-Weltmeister ist. Als der kleine Max im Fernsehen einen älteren Film über Spiele des FC Bayern München sieht, fragt er bei einem Spieler: „Papa, wer ist das denn?" „Das bin ich, Max", antwortet Breitner. Der Junior ungläubig: „Hör auf, du hast doch nicht beim FC Bayern gespielt."

Es gibt nur wenige ehemalige Fußball-Profis, die Spiele so klar analysieren können. Deshalb ist Paul Breitner beim DSF, bei SAT.1 oder BILD gut beschäftigter Mitarbeiter.

Irgendwann verfällt sogar der DFB auf den Gedanken, ihn zu verpflichten. Nach dem erbarmungswürdigen Ausscheiden bei der EM 2000 in Holland/Belgien meldet sich DFB-Präsident Egidius Braun bei Breitner und dient ihm den Job als Bundestrainer an: „Würden Sie das machen?" Breitner, der insgeheim schon auf den Posten reflektiert hat, sagt: „Ja."

Zu dem Zeitpunkt ist seine Zeitungs-Kolumne bereits im Druck, in der er die DFB-Funktionäre als eine senile Clique anprangert. Er zieht sie nicht zurück. Obwohl Braun sein Angebot nach der Veröffentlichung niemals aufrecht erhalten wird.

Breitner bleibt Breitner. Das Gesicht, seinen Stil zu wahren ist wichtiger als der wichtigste Trainerjob im Lande. Als Braun tags darauf den Kolumnisten Breitner liest, schmeißt er den Bundestrainer Breitner gleich wieder raus. „Wer so was schreibt, den kann ich doch nicht zum Bundestrainer machen", klagt Braun. Hätte er schon, wenn er den Mut gehabt hätte, Breitner das Gegenteil von seinen Behauptungen in der Kolumne zu beweisen.

So handelt sich der DFB den Fall Daum ein. Und Breitner bleibt Breitner, der Provokateur geht nicht in Rente …

Mighty Mouse kam spät

„Wenn sie den einsetzen, bekommen sie Ärger mit uns". Erst in seiner zweiten Saison wird Kevin Keegan auch beim Hamburger SV als Weltstar gefeiert.

VON JENS BIERSCHWALE

Flink, trickreich, einsatzfreudig, wuschelköpfig, geschäftstüchtig und charming – in seinem zweiten Jahr beim HSV startete Keegan zum Weltstar durch

Viel konnte man nicht geben auf die vollmundige Ankündigung des Mannes, der sich selbst gern als Generalmanager des Hamburger SV vorstellte. Er wolle für die nächste Saison einen absoluten Weltstar in die Hansestadt holen, ließ Dr. Peter Krohn Anfang 1977 wissen. Doch weil der ehemalige Esso-Manager und Prokurist bei der Tageszeitung „Die Welt" in seiner HSV-Ära stets um Aufmerksamkeit bemüht gewesen war, regte die Krohnsche Ankündigung niemand auf. Schließlich hatte der promovierte Volkswirt bis dato schon einige Male mit seinen Äußerungen für unangebrachte Unruhe gesorgt. Für den Fall, dass sein Klub deutscher Meister oder Pokalsieger würde, hatte Krohn voreilig zirkusähnliche Verhältnisse an Hamburgs Prachtmeile angekündigt. „Dann", so der Manager, „reiten wir im Frack auf Elefanten über den Jungfernstieg." Der Ritt blieb aus – trotz des Erfolges im DFB-Pokal 1976.

Nun wollte also dieser Mann, der in schöner Regelmäßigkeit und mit kalkulierbarer Penetranz für die Schlagzeilen in Hamburgs Medien sorgte, einen Ausnahmespieler zum HSV holen. Jemanden, der ähnlich populär sein sollte wie Stürmer-Legende Uwe Seeler. Krohn fahndete in ganz Europa, flog nach England und wurde schließlich an der Merseyside fündig. Kevin Keegan, Kapitän der englischen Nationalmannschaft und absoluter Führungsspieler des FC Liverpool, hatte es ihm angetan. Der kleine Außenstürmer, trickreich, ungemein schnell und mit seiner schwarzen Mähne auch Liebling der weibli-

– aber gewaltig

Ein bisschen Popstar und ganz viel Profi: Keegan überzeugte die Skeptiker auch im eigenen Team

chen Anhänger, passte so ganz genau in das von Krohn entworfene Anforderungsprofil. Zudem war Keegan gerade auf dem Zenit seines Könnens und hatte mit Liverpool den Europapokal der Landesmeister gewonnen. Zwei Millionen Mark Ablöse waren im Gespräch – eine für damalige Verhältnisse astronomische Summe. „So viel können höchstens Real Madrid oder Manchester United bezahlen, aber nicht der HSV", sagte Keegan damals. Er sollte sich irren.

Denn Dr. Krohn, dieser umtriebige Manager, unternahm alles, um seinem Wunschspieler ein Engagement in Hamburg schmackhaft zu machen. Er versprach dem Nationalstürmer ein Gehalt von einer halben Million Mark, warb mit dem Flair der Hafenstadt und teilte ihm seine Visionen mit, die den HSV auf dem Weg zu Europas bester Vereinsmannschaft sahen. Als Krohn schließlich sein Angebot für Keegan auf 2,3 Millionen Mark erhöhte, wurde nicht nur der FC Liverpool schwach, auch der Umworbene folgte dem Lockruf des Managers. Krohn hatte sein Gesicht gewahrt und der HSV einen Fußballer der Extraklasse im Kader. Keegan sei „das Beste, was es gibt", frohlockte Trainer Rudi Gutendorf bei der Saisonvorstellung. Es war ein verfrühter Jubel.

Denn trotz seines unbändigen Willens konnte sich Keegan nur schwer ans neue Umfeld gewöhnen, war in der Mannschaft, die gerade den Europapokal der Pokalsieger gewonnen hatte, isoliert und hatte mit der Bürde der hohen Ablöse zu kämpfen. Von den Fans wurde er schon als Fehleinkauf abgestempelt, ehe ihm am 27. August 1977 im Spiel gegen den 1. FC Kaiserslautern sein erstes Bundesligator gelang. Sehr zu Coach Gutendorf gesagt haben. So kam Keegan nur auf sechs Tore in seiner ersten Spielzeit, vier davon erzielte er erst, nachdem Gutendorf und auch Manager Krohn den HSV notgedrungen verlassen hatten.

Doch trotz der eher mäßigen Debüt-Saison und der lange Zeit vorherrschenden Stimmung gegen ihn ließ sich der nur 1,69 Meter große Techniker nicht unterkriegen. Was auch an seiner Sozialisation gelegen haben mag. Denn Keegan war als Sohn eines Bergmanns im wenig schmucken Armthorpe aufgewachsen, in einer Gegend, „die man ruhig als Slum bezeichnen kann", wie er später freimütig zugab. Er hatte es geschafft, dieser Gegend zu entfliehen, war mit 16 Jahren zum Viertligisten Scunthorpe United gewechselt und hatte dort derart aufgespielt, dass ihn der große FC Liverpool im Mai 1971 für eine Ablösesumme von 33.000 Pfund verpflichtete. Keegan biss sich auch dort durch, „weil ich von Kindesbeinen an gewohnt war zu fighten". Mit den „Reds" gewann er zweimal den Uefa-Cup, wurde Europapokalsieger der Landesmeister und dreimal nationaler Champion. „Ich habe alles erreicht, was man erreichen kann, deshalb will ich wechseln", verriet er danach. Seine Probleme mit dem englischen Finanzamt, das Steuernachzahlungen von Liverpools Spitzenverdiener verlangte, dürften diesen Entschluss allerdings beschleunigt haben. Im HSV schließlich fand Keegan jenen Klub, der seine finanziellen Vorstellungen und sein sportliches Anspruchsdenken wunderbar vereinte. „Wenn du nicht weißt, was du wert bist, bist du nirgendwo etwas wert", sagte Keegan und stellte so unverhohlen sein Lebensmotto zur Schau.

Er war gekommen, um Meister zu werden, er wurde Meister: Kevin Keegan und Trainer Zebec singen 1979 mehrsprachig

zur Freude seines Mentors. „Ich bin aufgesprungen und habe mir selbst die Hand geschüttelt", beschrieb Krohn in schöner Eigendarstellung seinen Gefühlsausbruch.

Doch die Liaison zwischen dem englischen Volkshelden und seinem neuen Klub sollte auch danach nicht in harmonischen Bahnen verlaufen. „Die Mannschaft hat mich am Anfang geschnitten", erinnerte sich Keegan später. HSV-Kapitän Peter Nogly soll seinerzeit sogar beim Trainer gegen den Stürmer intrigiert haben. „Wenn Sie den einsetzen, bekommen Sie Ärger mit uns", soll Nogly

Ein Motto, das er auch außerhalb des Platzes auslebte. Der Stürmer sei ein noch besserer Geschäftsmann als Fußballer, meinten seine Kritiker in Hamburg, weil Keegan liebend gern Werbetermine wahrnahm, als Dressman auftrat und sogar eine eigene Single mit dem Titel „Head over Heels in Love" produzierte. All das hinderte ihn jedoch nicht daran, in seinem zweiten Jahr in Hamburg die Starrolle einzunehmen, die man ihm schon zwölf Monate zuvor zugedacht hatte. Trotz seiner lukrativen Nebenbeschäftigungen überzeugte Keegan vollauf, verdiente sich mit seinem kämpferischen und dennoch eleganten Stil die Anerkennung des Publikums und wurde 1978 und 1979 sogar zu Europas Fußballer des Jahres gewählt. Eine Ehre, die nicht einmal Uwe Seeler zuteil geworden war, mit dem Keegan nun häufig verglichen wurde. Viele sahen in dem Engländer plötzlich den Inbegriff eines Fußball-Profis, während andere über „die Metamorphose der Mighty Mouse" (kicker) rätselten.

Die Verwandlung des Stars jedenfalls war wohl der maßgebliche Grund für die errungene Meisterschaft 1979, der ersten des HSV in der Bundesliga. Keegan absolvierte alle 34 Spiele und wurde mit 17 Treffern bester Torschütze der Hanseaten. Und auch jene Mitspieler, die zwei Jahre zuvor noch mit Unverständnis auf die Millionen schwere Verpflichtung reagiert hatten, lobten und bewunderten nun ihren stillen Kollegen. Keegan war endlich angekommen in der Hansestadt, zwar mit Verspätung – und nun auch mit dem Glamour eines Weltklassespielers gesegnet. Ein Jahr danach jedoch trennten sich die Wege, der Außenstürmer ging zurück nach England und wechselte zum FC Southampton. Die Liebeserklärung an den HSV erfolgte erst Jahre später. „Die Zeit in Hamburg", sagte Keegan Mitte der Neunziger, „war die schönste in meiner Laufbahn."

Machtkämpfe mit ultimativem Charakter

Hennes Weisweiler wollte immer nur eines – gewinnen. Mit Stars, die nicht in seinem Sinne spurten, gab es immer wieder Zoff. Der Antityp der 68er verschanzte sich hinter der Autorität des Amtes – auch aus Mangel an Selbstsicherheit. VON KURT RÖTTGEN

Der warme Spätsommertag hatte etwas von dem Zauber, wie er in den Songs der Großstadtpoeten Simon & Garfunkel mitklingt. Gelassen steuerte Gisela Weisweiler die Limousine durch das brodelnde Manhattan, vorbei an Central Park und Rockefeller Center, wo die New Yorker zu Tausenden in der Mittagssonne relaxten. „Hans, eigentlich geht es uns doch gut", sagte die Trainerfrau und streichelte die Hand ihres Mannes. „Wir sind gesund, fühlen uns wohl hier, und Erfolg hast du auch." Hennes Weisweiler nickte, aber ihre Worte erreichten ihn ebenso wenig wie das pralle Leben in der Vielvölker-Metropole. Er blickte weiter angestrengt aus dem Auto auf die Fifth Avenue, als fixiere er einen imaginären Gegner.

Drei Tage zuvor war das Weisweiler-Team Cosmos New York amerikanischer Fußballmeister 1980 geworden. Doch Schlagzeilen lieferte in der Sieben-Millionen-Stadt nicht der 3:0-Endspielsieg über Fort Lauderdale, sondern eine Personalentscheidung des Trainers. Weil er die beliebten Carlos Alberto und Johan Neeskens nicht eingesetzt hatte, fielen die Medien über den Deutschen her: Jetzt demontiere er auch hier verdienstvolle Spieler, das habe er in Europa schon mit Netzer, Cruyff und Overath gemacht.

Triumphator Weisweiler in Mönchengladbach mit dem Star Netzer (oben), Triumphator Weisweiler in Köln mit dem Star Overath (links). Der Trainer konnte seine Erfolgsbesessenheit auf die Spieler übertragen. Zweifelnde und quengelnde Stars wollte er nirgendwo dulden

Das ging Weisweiler unter die Haut. Ausgerechnet in Amerika, das Sieger liebt wie kein zweites Land, kamen sie ihm mit dem sentimentalen Quatsch. Hätte Cosmos denn auch gewonnen, wenn Carlos Alberto und Neeskens mitgespielt hätten? Sieht denn keiner außer ihm, dass die ihre guten Jahre längst hinter sich haben?

Weisweiler brauchte einige Tage, bis er sich beruhigt hatte. Er versuchte, sich mit Champagner zu betäuben, und konnte nachts doch nur drei, vier Stunden schlafen. Um halb sechs Uhr stand er auf, las Zeitungen und legte sie missmutig beiseite.

Dieses Verhalten war typisch für den Perfektionisten Weisweiler. Er litt unter der weit verbreiteten Meinung, nicht mit Stars umgehen zu können, ja fortwährend Machtproben zu provozieren. Das machte ihn empfindlich, mitunter aggressiv. Auf der Party an seinem 59. Geburtstag, zwei Jahre vor dem Ärger in New York, fuhr er einen Freund an: „Wenn ich das schon höre, jetzt redest du auch noch diesen Blödsinn."

Der hatte nur gefragt, ob Weisweilers Verhältnis zum Kölner Heinz Flohe tatsächlich so gestört sei, wie die Zeitungen am Rhein schrieben.

Die Gäste schwiegen betreten, bis Gisela Weisweiler die Situation rettete. „Da siehst du mal", sprach sie zu ihrem Mann, „wie reizbar du in dieser Beziehung bist. Schon so eine harmlose Frage bringt dich auf die Palme." Einen Moment lang guckte Weisweiler irritiert, dann sagte er mit der Selbstironie, zu der er durchaus fähig war: „Wisst ihr, was mir gerade einfällt? Wenn ich beim 1. FC Köln aufhöre, werde ich Trainer bei Cosmos New York. Die haben ganz viele alternde Stars, wen ich da alles rausschmeißen könnte..." Dabei lachte er herzhaft.

Als sich Weisweiler in New York nach Carlos Alberto und Neeskens auch noch mit Giorgio Chinaglia anlegte, hatte er die Partie verloren. Der Italoamerikaner Chinaglia, ein Meister der Intrige, mobilisierte bei Heimspielen im Giants Stadium halb Little Italy. Die Pfiffe gegen den Deutschen, Transparente mit der Aufforderung „Weisweiler go home" und aufgemalten Hakenkreuzen bildeten einen bizarren Kontrast zu dem engagierten, nur auf den sportlichen Erfolg versessenen Mann am Spielfeldrand.

Ob in der Bundesliga mit Borussia Mönchengladbach oder dem 1. FC Köln, in Spaniens Primera Division mit dem FC Barcelona, in Amerika oder als 63-Jähriger bei Grasshoppers Zürich in der Schweiz: Weisweiler wollte immer gewinnen. „Eine Niederlage ist eine ernste Sache", sagte er. Deshalb stellte er höchste Anforderungen an sich und andere, verlangte immer mindestens hundert Prozent, verabscheute Kompromisse, auch wenn sie ihm das Leben erleichtert hätten. Die Machtkämpfe mit Stars, die nicht in seinem Sinne spurten, hatten ultimativen Charakter: entweder du oder ich. Weisweiler war wie viele große Männer ganz auf sich bezogen. Einen anderen mit diesem Anspruch konnte er nicht gebrauchen. Es sei denn, er garantierte ihm den Erfolg.

Wie Günter Netzer. Der war zwar schon als selbstbewusster junger Mann ein Machtfaktor im sozialen Gebilde Borussia Mönchengladbach, an dem Weisweiler sich zwangsläufig rieb. Aber der Coach erkannte sehr wohl, dass sich seine Vision von Angriffsfußball nur mit dem genialen Spielmacher gemeinsam verwirklichen ließ.

So wollte ihn Weisweiler sehen: Netzer, der blonde Engel, der mit wilder Mähne über die irdischen Balltreter nur so hinwegflog

Weisweiler und Netzer waren die Architekten einer neuen Fußballkultur. Sie prägten eine Truppe von hochbegabten Talenten wie Heynckes, Vogts, Wimmer, Laumen, Rupp, die mit jugendlichem Elan und „einer wahnsinnigen Begeisterung" (Jupp Heynckes) die Fußballfelder eroberte. Mönchengladbachs „Fohlen-Elf" verbreitete ein Gefühl von Freiheit und Lebensfreude, das über den Sport hinaus wirkte. Diese Borussia, die 1965 gewissermaßen aus dem Nichts in der Bundesliga auftauchte und etablierte Klubs wie Schalke zweistellig besiegte, war die fußballerische Entsprechung der Zeitenwende in der Bonner Republik. Nicht nur linken Träumern boten die Mönchengladbacher eine ideale Projektionsfläche. Ihr von Kreativität und Optimismus bestimmtes Angriffsspiel war wie die Ankündigung in Willy Brandts Regierungserklärung: „Wir wollen mehr Demokratie wagen."

Mehr noch: Auch die Auflehnung gegen die Väter im Gefolge von Rudi Dutschke und den Beatles hatte am Bökelberg ihr Pendant. Erstmals forderte ein Bundesligaprofi Mitsprache ein. Netzer contra Weisweiler – nur vordergründig ging es dabei um die Taktik auf dem Spielfeld. Netzer plädierte dafür, das Tempo zu dosieren, denn: „Wir können nicht in jedem Spiel 90 Minuten lang angreifen, da gehen wir vor die Hunde." Weisweiler hingegen wollte der Welt immer zeigen, welch einzigartigen Fußball er spielen lässt. Seine Mannschaften waren seine Unsterblichkeitsprojekte. Sie spielten schön und siegten für ihn. Doch der sachliche Dissens war allenfalls die Rahmenhandlung des verbissen geführten Zweikampfs. In Wirklichkeit ging es um Emanzipation und Autorität.

Weisweiler war in seiner Persönlichkeitsstruktur mit Sepp Herberger zu vergleichen, dem anderen großen Trainer im deutschen Fußball. Beide waren autoritär. Das symbiotische Verhältnis zwischen Herberger und seinem Star Fritz Walter funktionierte nur, weil die Rollenverteilung immer klar war. Herberger war der Chef, der Feldherr, und Fritz Walter der stets loyale Fußballsoldat. Hätte er auf mehr Einfluss bestanden, hätte Herberger ihn unweigerlich fallen lassen.

So lief das nicht mehr in Zeiten, in denen Studenten an den Universitäten gegen verkrustete Machtstrukturen aufbegehrten oder in den Städten auf die Barrikaden gingen. Sicher war Netzer kein politischer Kopf, auch kein Revoluzzer wie Paul Breitner. Seine Protesthaltung hatte mehr eine äußere Form: Lange Haare, schwarzes Outfit, extravagante Autos, eigene Diskothek und Freundinnen, mit denen er die Klatschspalten der Boulevardblätter füllte: Elke Sommer zum Beispiel, Iris Berben oder Tina Sinatra. Aber der Mönchengladbacher Kaufmannssohn hatte den kritischen Grundansatz einer Generation, die sich von den Alten nicht mehr mit gestanzten Weisheiten abspeisen ließ. Netzer verlangte von Weisweiler Erklärungen – und widersetzte sich, wenn sie ihm nicht sinnvoll erschienen.

Das musste hin und wieder richtig Krach geben. Weisweiler war der Antityp der 68er, Sozialtheorien wie der von Jürgen Habermas propagierte „herrschaftsfreie Diskurs" passten nicht in sein Weltbild. Nicht, dass sich der

Trainer neuen Erkenntnissen grundsätzlich verschlossen hätte. Er lernte ja - eine seiner großen Stärken - zeitlebens dazu. Auch war er seit den Jahren als Dozent an der Kölner Sporthochschule geübt in Auseinandersetzungen mit jungen Leuten. Doch der Fußballcoach Weisweiler verschanzte sich in Diskussionen, so Heynckes, „hinter der Autorität des Amtes", wenn ihm einer ebenbürtig war. Da wurde ein Mangel an Selbstsicherheit offenbar, der bei diesem unbeugsamen Mann erstaunte.

Weisweiler hatte keine Strategie für Konfliktlösungen. Er war nicht nachtragend, versöhnte sich gerne wieder, aber dafür brauchte er Vermittlung. Beispielsweise durch Berti Vogts, der als eine Art Parlamentär Frieden stiften musste, wenn Weisweiler und Netzer sich mal wieder tagelang anschwiegen. Am Abend des 22. Juni 1973 schien der Bruch jedoch endgültig zu sein. Netzer hatte sich entschlossen, das Trainingslager zu verlassen und heimzufahren. Er war verbittert darüber, dass Weisweiler ihn für das Pokalfinale am darauf folgenden Tag gegen den 1. FC Köln nicht nominiert hatte. Es wäre sein letzter großer Auftritt mit der Borussia gewesen, der neue Vertrag bei Real Madrid war schon unterschrieben. Netzer blieb dann doch, nach einem langen Spaziergang mit Heynckes und intensiver Überzeugungsarbeit des langjährigen Weggefährten.

So kam es an jenem heißen Samstag im Düsseldorfer Rheinstadion zu einem Showdown, wie ihn Fußball-Deutschland

Kölns Idol Wolfgang Overath fühlte sich von Weisweiler gedemütigt und trat 1977 zurück

noch nicht erlebt hatte. 1:1 hieß es nach 90 Minuten eines faszinierenden Spiels. Verlängerung. Bis dahin hatte Günter Netzer beinahe regungslos auf der Bank am Spielfeldrand gehockt, das Gesicht maskenhaft starr. Jetzt sprang er plötzlich auf, ging zu dem erschöpften Christian Kulik, fragte: „Biste kapott?" Als der bejahte, wechselte Netzer sich ein, ohne Weisweiler zu fragen. Drei Minuten später schoss er das Siegtor.

Netzer also am Schluss der große Gewinner und Weisweiler der Verlierer? So deuteten jedenfalls in- und ausländische Medien die spektakulären Ereignisse im Rheinstadion. Der allgemeine Tenor lautete: Ein Spieler habe seinem herzlosen Trainer Undank mit Dank vergolten. Dass Weisweiler argumentierte, Netzer sei nach Verletzungen formschwach und durch den Tod der Mutter psychisch belastet gewesen, wollte niemand hören. Seit jenem Pokalfinale haftete Weisweiler das Etikett an, er wolle sich auf Kosten von Stars profilieren.

Netzer hat sich an dieser Polemik nie beteiligt. Jahre nach seinem Abschied aus Mönchengladbach sagte er einmal: „Weisweiler hatte sachlich Recht, mich in Düsseldorf nicht aufzustellen. Aber er hätte wissen müssen, dass ich auch zu großen Leistungen fähig war, wenn meine körperliche Verfassung nicht stimmte. Er hatte damals kein Vertrauen zu mir." Geachtet hat Netzer Weisweiler immer, weil dieser unbestechliche Verfechter des Leistungsprinzips für den Sieg alles gab.

Meist gelang es Weisweiler, seine Erfolgsbesessenheit auf die Spieler zu übertragen. In Mönchengladbach war das der Schlüssel zum Aufstieg vom Provinzklub in die europäische Elite.

Als Weisweiler 1975 Mönchengladbach nach elf Jahren verließ, hatte er drei Deutsche Meisterschaften gewonnen, den DFB-Pokal und den Uefa-Cup. Und er hatte in Dramen mitgewirkt, die von Shakespeare hätten sein können. Das verlorene Elfmeterschießen in Everton zum Beispiel, vor allem aber der Büchsenwurf am Bökelberg gegen den Italiener Roberto Boninsegna, der den grandiosen 7:1-Sieg über Inter Mailand zur Makulatur machte. „Fußball in Perfektion", schwärmte Augenzeuge Matt Busby, der legendäre Manager von Manchester United. Nur noch durch das Wembley-Tor im WM-Finale 1966 ist ein deutsches Team jemals so tragisch gescheitert wie die Borussia an diesem Herbstabend 1971 im Europapokal der Landesmeister.

Über die Weisweiler-Ära in Mönchengladbach urteilte die „Welt": „Die wohl schönste Zeit des deutschen Vereinsfußballs, hauptsächlich in der schwungvoll stürmischen Auseinandersetzung seiner Mannschaft mit den nüchternen, zweckmäßigen Bayern aus München." 13 Borussen spielten in diesen Jahren in der Nationalelf; Wimmer, Netzer und Heynckes wurden 1972 Europameister, Vogts und Bonhof 1974 Weltmeister. Weisweiler formte reihenweise Talente zu Spitzenkräften, nicht selten zur Verblüffung im eigenen Umfeld. So hielt Netzer den 1,68 Meter kleinen und 57 Kilo leichten Allan Simonsen für einen Jugendspieler, als der sich in Mönchengladbach vorstellte. Vier Jahre darauf war Simonsen Europas „Fußballer des Jahres". Mit dem jungen Eisenfuß Rainer Bonhof übte Weisweiler so lange Schusstechnik, bis der wie Netzer um die Ecke schießen konnte.

Auf die Jungen hatte Weisweiler eine geradezu magnetische Anziehungskraft. Vogts, Bonhof,

Overath und Netzer: In Köln und Mönchengladbach waren sie die tonangebenden Figuren, im Nationalteam war selten Platz für beide Mittelfeldstrategen

Stielike, Littbarski oder Schuster kamen als 18-Jährige aus kleinen Vereinen zu ihm, und Weisweiler ebnete ihnen den Weg in die Erwachsenenwelt. Für viele Spieler entsprach er dem väterlichen Idealbild, dem sie auf der Suche nach einem authentischen Lebensmodell folgen konnten. Besonders auffällig war das bei Berti Vogts, der – Abwehrspieler, ja Klopper wie einst der Meister – selbst dessen Vorliebe für kreativen Angriffsfußball übernahm.

Rund zehn Jahre verbrachte Weisweiler beim 1. FC Köln, sechs bei der Viktoria. Er wurde am 5. Dezember 1919 in Lechenich unweit von Köln geboren, und die Trauerfeier nach seinem Herztod am 5. Juli 1983 fand im Dom statt. Weisweiler war Kölner. Doch vom Naturell her gehörte er eher zum erdigen Menschenschlag am Niederrhein.

Bei aller Spielkunst verkörperten Weisweilers Mönchengladbacher auch die preußisch-protestantischen Tugenden wie Pflichterfüllung, Opferbereitschaft, Disziplin. Die Kölner Hedonisten dagegen feiern die Feste auch, wie sie nicht fallen. „Selbst im schlimmsten Elend", so der Kunsthistoriker Professor Heinrich Lützeler in seinem Buch „Heitere Christen am Rhein", sagten die Kölner: „Et hät noch immer jot jejange." Das sei kölsche Metaphysik: „Es bleibt ein letzter fester Kern." Da stören auch Niederlagen nicht dauerhaft das kollektive Wohlbefinden. „Die Spieler saßen abends im Klubheim vor dem Fernseher, tranken Kölsch und amüsierten sich über Fehler des Gegners, gegen den sie ein paar Stunden zuvor verloren hatten", erzählte Weisweiler. Das gewöhnte er ihnen als Erstes ab, nachdem er im Juli 1976 zum dritten Mal FC-Trainer geworden war.

Das Leichtlebige, Spontane, auch Unzuverlässige der Kölner war Weisweiler suspekt. „Er war ein Bauer, der seine Ziele hartnäckig verfolgt hat. Schlau, erdverbunden, realistisch, stolz auf seine Scholle, auf der er stets autark war", charakterisiert ihn Karl-Heinz Thielen, ehemals Manager beim 1. FC Köln. Diese Ernsthaftigkeit und Bodenschwere verband Weisweiler mit den Leuten vom Niederrhein.

Mit Trainer Weisweiler gewann Mönchengladbach meistens gegen Köln. Nicht unbedingt, weil die Gladbacher die besseren Fußballer waren, meint rückblickend der Kölner Herbert Neumann. „Der Unterschied", so Neumann, „lag mehr im sozialen Verhalten. Unsere Führungsspieler waren egozentrisch, den Mönchengladbachern ging es vorrangig um den Erfolg der Mannschaft." Teamfähigkeit war für Weisweiler ein wichtiges Kriterium bei der Bewertung von Spielern. Selbstdarstellung zu Lasten anderer hätte er keinem erlaubt.

Triumphe über den Kölner Nobelklub waren seine schönsten Feste. Nicht nur, dass sie ihn dort 1958 zur Viktoria weggelobt hatten, konnte er schwer verwinden. Er musste auch ertragen, wie sein ungeliebter früherer Schüler Zlatko „Tschik" Cajkovski vier Jahre später den FC zur ersten Deutschen Meisterschaft führte und ihn nach Siegen in direkten Duellen im drolligen Kauderwelsch hänselte: „Hat gewonnen kleines Tschik gegen großes Fußball-Professor." Wenn Borussia Mönchengladbach gegen den 1. FC Köln spielte, waren bei Weisweiler etliche Rechnungen offen.

Niederlagen gegen Köln kamen dem Jüngsten Tag gleich. „Weisweiler war dann ungenießbar", erzählt Bonhof. „Man ging am besten in Deckung."

Hans-Jürgen Wittkamp, neu in Mönchengladbach, war mit den Sitten noch nicht so vertraut, als sich die Borussen nach einem verlorenen Spiel auf die Heimreise machten. Bei der Fahrt vom Müngersdorfer Stadion Richtung Autobahn erblickte er auf der Aachener Straße einen Bekannten und winkte ihm zu. Er hätte es besser gelassen. „Was fällt dir denn ein", polterte Weisweiler, „wir verlieren hier, und du verbrüderst dich mit denen." Eine Woche lang würdigte er Wittkamp keines Blickes.

Dass der 1. FC Köln Mitte der 70er Jahre neuerlich um ihn warb, er als Meistermacher und weltweit gepriesener Talentförderer an den Ausgangspunkt seiner Trainerkarriere zurückkehrte, empfand Weisweiler als späte Genugtuung. Auch wenn er Distanz wahrte. Den Kumpel Hennes, der nächtelang um die Häuser zog, bekamen die Kölner nicht wieder. Weisweiler wohnte in dem kleinen Ort Reuschenberg am Niederrhein, fuhr zum Verdruss seines Präsidenten Peter Weiand ein Auto mit Neusser Kennzeichen und besuchte vorzugsweise Lokale in der Düsseldorfer Alt-Stadt. Die Hochzeit mit seiner dritten Frau Gisela wurde nicht in Köln gefeiert, sondern in Düsseldorf im „Breidenbacher Hof".

An seinem Engangement änderte das selbstverständlich nichts. Weisweiler identifizierte sich voll mit dem Verein, für den er arbeitete. Und er wählte auch in Köln wieder den unbequemen Weg.

„Weisweilers Vorgänger waren schwache Trainer, die sich der Hierarchie im Team angepasst haben", sagt Herbert Neumann.

Etwas älter, etwas abgeklärter: Netzer und Overath beobachten, was ihre Nachfolger so treiben

Weisweiler hingegen sah in der von Wolfgang Overath dominierten Hackordnung den Hauptgrund für die jahrelange Erfolgslosigkeit der Kölner. Der Konflikt mit dem Star erschien ihm unvermeidbar.

Wobei das Risiko einer persönlichen Niederlage wie ein paar Monate bei seinem kurzen Barcelona-Gastspiel gegen den allmächtigen Starspieler Johan Cruyff für Weisweiler diesmal geringer war. Der Ballvirtuose Overath hatte im Sommer 1976 seinen Leistungszenit überschritten. Er war knapp 33 Jahre alt, in der Nationalelf als Weltmeister abgetreten, das Karriereende stand bevor. Die Zeit arbeitete also für den Trainer, doch in diesen Kategorien dachte der nie. Weisweiler wollte den Erfolg immer sofort. Im ersten Pokalfinale am Ende der Saison 1976/77 ließ er Overath noch mitspielen (1:1 nach Verlängerung gegen Hertha BSC Berlin), in der Wiederholung zwei Tage später nicht mehr. Overath fühlte sich tief gedemütigt und trat zurück.

Manchmal ist Weisweiler gefragt worden, warum er Kölns größtem Fußballspieler keinen eleganteren Abschied ermöglicht habe. Aufgebracht antwortete er dann: „Wir haben ohne ihn das Wiederholungsspiel gegen Hertha gewonnen und im nächsten Jahr sogar das Double, Meisterschaft und Pokal. Was hat Köln denn in all den Jahren erreicht, als Overath hier das Sagen hatte?" Das war nicht zu widerlegen, doch die Ursache für Weisweilers starre Haltung reichte tiefer. Er schätzte den Künstler Overath, aber nicht den Mannschaftsspieler. Oft genug hatte er mitbekommen, wie der Kölner Kapitän in kritischen Phasen auf dem Platz Führung verweigerte; wie er als Solist agierte oder sogar abtauchte, wenn das Team ihn als Antreiber gebraucht hätte. Netzer erfüllte Weisweilers Anforderungen an einen Spielmacher, Overath nicht. Ihn hielt er für einen Egoisten.

Von dem Streit, der Kölns Fußball-Gemeinde monatelang polarisierte, blieben auch beim Trainer Narben zurück. Das Verhältnis zu Präsident Weiand, einem Overath-Bewunderer, bekam den ersten Knacks und mit befreundeten Journalisten überwarf sich Weisweiler, weil sie nicht eindeutig Partei für ihn ergriffen hatten. Für Beziehungen zu anderen Menschen hatte Weisweiler ein Freund-Feind-Raster, das keine Zwischenformen vorsah. Es galten die Worte aus dem Lukas-Evangelium, die auch die Bolschewiken während der Oktoberrevolution verkündeten: „Wer nicht mit mir ist, der ist wider mich."

Da blieb Weisweiler unnachgiebig, auch wenn man ihm gut zuredete. Wie in der langen Aprilnacht 1978 im Hamburger Hotel „Atlantic", nach dem Besuch des Länderspiels Deutschland gegen Brasilien. Noch morgens um acht saß Weisweiler mit Freunden zusammen in einer Suite, die gut in einen Bogart-Film gepasst hätte: Volle Aschenbecher, leere Champagnerflaschen, Kaffeetassen und Männer mit übernächtigten Gesichtern, die weder die ersten Sonnenstrahlen wahrnahmen noch Sinn für den herrlichen Panoramablick auf die Alster hatten.

„Du musst dich entscheiden, Franz", sagte Weisweiler zum wiederholten Male, „entweder hältst du zur Borussia oder zu mir."

Und auch zum wiederholten Male warb der Mönchengladbacher Zahnarzt Dr. Franz Wichelhaus für seinen Standpunkt: „Aber Hennes, ich kann doch dein Freund sein und mir trotzdem wünschen, dass mein Verein Meister wird."

„Nein", entgegnete Weisweiler abermals, „das kannst du eben nicht, und deshalb müssen wir uns trennen. Jedenfalls so lange, bis die Meisterschaft entschieden ist."

Borussia Mönchengladbach und der 1. FC Köln lieferten sich zu dieser Zeit den spannendsten Endspurt um die Deutsche Meisterschaft seit Bestehen der Bundesliga. Am Ziel hatten beide 48:20 Punkte und jeweils 86 Tore geschossen. Weisweilers Kölner gewannen den Titel, weil sie drei Treffer weniger kassiert hatten.

Dispute mit Weisweiler verliefen friedlicher, wenn seine 23 Jahre jüngere Frau dabei war. Gisela Weisweiler war kontaktfreudig und eloquent, konnte vermitteln, nahm den Äußerungen dieses kantigen Mannes manches von ihrer Schärfe. Sie versuchte, ihn auch behutsam zu bremsen, wenn er aufgekratzt noch eine Flasche Wein oder Schampus bestellen wollte. „Hans", sagte sie dann, „akzeptiere doch endlich für dich, dass du älter wirst und dich schonen musst." Manchmal hörte er auf sie, meistens entgegnete er jedoch mit einem Lachen: „Ach Mädchen, so jung wie heute kommen wir nicht mehr zusammen."

Er wollte das Leben genießen. Und er war glücklich darüber, dass er mit fast 62 Jahren erstmals Vater geworden war.

Auf der Suche nach dem

Für die Bayern war und ist die deutsche Meisterschaft das tägliche Brot. Das eigentliche Ziel heißt Europa.

VON BODO HÖCHE

17. Juni 1974 in Brüssel: Die Münchner Bayern-Spieler jubeln in den Trikots des bezwungenen Rivalen Athletico Madrid: Torhüter Sepp Maier schwenkt den eroberten Fußball-Europapokal der Landesmeister, Georg Schwarzenbeck, Franz Roth und Johnny Hansen (v.l.) begleiten ihn

Trainer Dettmar Cramer präsentiert der Masse der Bayern-Fans auf dem Marienplatz den gewonnenen Europacup 1975

Gerd Müller (links) und Uli Hoeneß in der Kabine mit dem riesigen Pott, den sie begeistert mit unter die Dusche nehmen

heiligen Gral

Manchmal sagen Worte mehr als Taten. „25 Jahre habt ihr darauf gewartet. Hier, da ist er!", brüllte Oliver Kahn mit brüchiger, sich nahezu überschlagender Stimme an diesem 24. Mai 2001 der versammelten Anhängerschaft des FC Bayern entgegen. Gleichzeitig stemmte er den heiligen Gral des europäischen Fußballs in die Höhe. Seht her, welche anbetungswürdige Kostbarkeit wir von unserem Beutezug aus Norditalien mitgebracht haben.

Wie wundervoll das Silber glänzte in der gleißenden Mittagssonne.

An der Reaktion unten auf dem Marienplatz, an der Druckwelle der Begeisterung konnte man leicht ermessen, wie zielgenau der Torwart-Titan die Stimmungslage des gemeinen Fußvolkes getroffen hatte. Meistertitel, DFB-Pokalsiege – was bedeuten die schon. Oder der Sieg im UEFA-Cup, im vom Kaiser als Verlierer-Cup gering geschätzten kleinen Bruder des Landesmeisterwettbewerbs: Der Erfolg gegen Girondins Bordeaux 1996 war nicht mehr als eine mäßige Therapie für einen 25 Jahre lang stetig wachsenden Minderwertigkeitskomplex, der in seiner depressiven Dimension durch die Überraschungscoups der nationalen Konkurrenz aus Hamburg 1983 und Dortmund 1997 noch verstärkt wurde. Die Münchner wollten, ja mussten wieder dahin, wo sie Mitte der 70er schon einmal waren. Der Europapokal der Landesmeister, den sie 1976 zum letzten Mal gewonnen hatten, musste wieder her.

Die Bilder von der Party auf dem Marienplatz von 1976 haben nichts von dem befreienden Ausbruch des Jahres 2001. Die Präsentation des Pokals wirkt fast wie ein einstudiertes, alljährlich wiederkehrendes Ritual, als habe man nichts anderes erwartet. Milde lächelnd reckt „Feldherr" Dettmar Cramer das Objekt der Begierde gen Himmel. Fast könnte man meinen, der „laufende Meter" wie Bayern-Torwart Sepp Maier seinen Trainer einst despektierlich aber treffend nannte, hänge an den ausgestreckten Henkeln des Riesenpotts und nicht umgekehrt. Oben wie unten ahnt zu diesem Zeitpunkt wohl niemand, dass diese Feier die letzte einer Ära sein wird. Die Mannschaft gewann ein paar Monate später noch den Weltpokal gegen Belo Horizonte. Danach aber sollten Sepp Maier, Franz Beckenbauer und Gerd Müller als Spieler nie wieder auf „ihrem" Balkon feiern.

In der Erinnerung verschwimmen die Konturen. Das, was sich wie ein Jahrzehnt bajuwarischer Dominanz auf Deutschlands und Europas Fußballbühne ausnimmt, währte tatsächlich sehr viel kürzer. Von 1972 bis 1974 beherrschten die Bayern die Bundesliga, von 1974 bis 1976 eroberten sie dreimal in Folge Europas Fußballthron.

Bis dahin aber war's ein langer Weg. Zwar bestach das Rückgrat der späteren Meistertruppe schon 1965 beim Bundesligaaufstieg: Sepp Maier, Franz Beckenbauer und Gerd Müller hatten sich bereits zu festen Größen innerhalb des Teams entwickelt - trotz ihres jugendlichen Alters. Die drei, die ein

Ein Bayern-Fan kann Sepp Maier seine Bewunderung nur so demonstrieren – mit einem andächtigen Kniefall im Strafraum

Ein Knäuel der Freude: Franz Roth (re.) und Johnny Hansen (2. v. re) bitten nach dem Schlußpfiff zum wilden Rasentanz 1976

knappes Jahrzehnt später die berühmte Bayern-Achse bilden sollten, waren alle Anfang zwanzig, als die Roten erstmals für Furore sorgten. Zwar hatten sie 1967 den Europapokal der Pokalsieger geholt und 1969 ihre erste Meisterschaft in der Bundesliga errungen. Aber ein paar Jahre Erfahrung und einige entscheidende Neuzugänge fehlten noch.

Udo Lattek, der im März 1970 Branko Zebec als Trainer ablöste, lotste im gleichen Jahr Uli Hoeneß und Paul Breitner an die Isar und die beiden gaben den Münchnern eine völlig neue Dynamik in der Offensive. Der Sturmlauf konnte beginnen. Breitner spielte anfangs im Mittelfeld. Aber schon in seiner zweiten Saison delegierte Lattek ihn auf die linke Außenverteidigerposition. Und nur wenige Abwehrspieler vor ihm dürften diese Rolle so offensiv interpretiert haben wie der zwanghafte Rebell aus Freilassing. In der Saison 1973/74 traf er sieben Mal und sorgte mit seinen Vorstößen für Panik in den gegnerischen Abwehrreihen. Uli Hoeneß eiferte ihm nach. Auf dem Papier ein Mittelfeldspieler war er mehr eine hängende Spitze, die in die durch Müllers Strafraumpräsenz gerissenen Lücken in der gegnerischen Verteidigung stieß. Hoeneß war schnell und torgefährlich: sechs Treffer in der ersten Saison, bereits 13 in der zweiten, dann 17 und schließlich 18 in der Spielzeit 1973/74.

Dennoch scheiterte die deutsche Übermannschaft des Jahres 1972 in der folgenden Europapokalsaison an den europäischen Überfliegern jener Tage. Ajax Amsterdam, das mit Johan Cruyff, Johan Neeskens, Johnny Rep und Arie Haan fast die komplette holländische Nationalmannschaft stellte, schickte den FC Bayern im Viertelfinal-Hinspiel mit 4:0 nach Hause und holte sich anschliessend den dritten Landesmeistercup in Serie. Sepp Maier nahm sich das Ausscheiden besonders zu Herzen. An zwei der vier Gegentreffer war die „Katze von Anzing" nicht ganz schuldlos, und derartige Unzulänglichkeiten vertrug der ehrgeizige Perfektionist im Bayern-Tor nur schlecht. Ansonsten eher für seine Späße bekannt, soll er gar an „Selbstmord" gedacht haben. Er ließ es damit bewenden, seine komplette Torwartausrüstung aus dem Hotelfenster hinaus in eine Amsterdamer Gracht zu schmeißen. Ein Jahr später war Sepp Maier der gefeierte Held des WM-Finales von München, als er gegen die Oranjes in der zweiten Hälfte durch spektakuläre Paraden den deutschen Sieg festhielt.

Zu diesem Zeitpunkt hatten sich die Bayern schon das erste Mal die europäische Fußballkrone aufgesetzt. Mit 4:0 deklassierten sie Athletico Madrid am 17. Mai 1974 im zweiten Finale von Brüssel. Das Entscheidungsspiel war notwendig geworden, weil es nach 120 Minuten der ersten Partie 1:1 stand. Elfmeterschießen gab es damals noch nicht. Bis zur 119. Minute hatte Athletico in diesem ersten Spiel mit 1:0 geführt. Doch der unwahrscheinlichste aller möglichen

Nach dem Gewinn des Europapokals der Landesmeister 1974 lässt sich Bayern-Trainer Udo Lattek von Hans-Georg Schwarzenbeck und Conny Torstensson gern auf Händen tragen

bayrischen Helden, Georg Schwarzenbeck, des Kaisers Vorstopper, erzwang per Glücksschuss das Wiederholungsspiel. Ein halbes Jahr später war der Jubel über die triumphale 74er Saison mit Meisterschaft, Europapokalsieg und Weltmeisterschaft verflogen und Udo Lattek musste nach einer total verkorksten Hinrunde gehen. Dettmar Cramer übernahm. Schon von der Ära Lattek hatte so mancher behauptet, dass dessen Erfolg bei den Bajuwaren nur einen Grund hatte: das ausgezeichnete Spielermaterial. Bei Cramer war das nicht anders. Immerhin wusste Franz Beckenbauer, der heimliche Chef hinter den Kulissen, nur Positives über den neuen Trainer zu berichten: „Ich kenne keinen Menschen, der soviel über Fussball weiß, und der so spannend darüber erzählen kann wie er." Die Mannschaft jedenfalls schaffte es kaum noch, sich für die Bundesliga-Spiele zu motivieren, und konzentrierte sich auf den Europapokal. Zwei Jahre lang ging das dank der großartigen Fangkünste von Sepp Maier und der Treffersicherheit von „Bulle" Roth gut. Letzterer war es auch, der in den Endspielen 1975 gegen Leeds United und 1976 gegen AS Saint Etienne mit seinen Toren jeweils für die 1:0-Führung sorgte und sein Team damit auf die Siegerstraße brachte – nachdem die Gegner dutzendweise am Gestänge oder Sepp Maier gescheitert waren. 25 Jahre später verzweifelte Valencia im Elfmeterschießen an King Kahn – und die Bayern waren endlich wieder da, wo sie dem eigenen Selbstverständnis nach hingehören. In Europa ganz oben, in den Händen den heiligen Gral.

VON WOLFGANG OVERATH

Kurze Gedanken an Chicago

Es ist natürlich Zufall, dass der Beginn meiner Karriere als Profi-Fußballspieler mit der Einführung der Bundesliga zusammenfällt. Ich war 19 damals, vom SSV Siegburg 04 zum 1. FC Köln gekommen, hatte nach dem Wechsel ein Jahr Sperre abgesessen, schaffte aber dann gleich den Sprung zum Stammspieler.

Kein Zufall war allerdings, dass ich überhaupt Profi wurde. Bei mir war schon früh eines extrem ausgeprägt: Ich wollte nie wie mein Vater, der als kleiner Angestellter acht Kinder durchbringen musste, finanziell unter Druck stehen.

Mir war wichtig, unabhängig zu sein. Und den Weg, viel Geld zu verdienen, sah ich auch als Gymnasiast schon im Sport.

Die Chance bot mir der Fußball, die noch bessere Chance war die Bundesliga – du kamst weg vom Regionalen, du spieltest heute in München, morgen in Hamburg.

Mein erster Vertrag 1963 garantierte mir 1200 Mark Grundgehalt, dazu kamen 250 Mark Sieg- und 5000 Mark Jahresprämie.

Welch sensationellen Stellenwert der Fußball in den Jahren danach aber durchs Fernsehen bekommen sollte, das hat sich damals wohl keiner vorstellen können.

Der 1. FC Köln war in der Anfangszeit das, was heute der FC Bayern ist: allen anderen meilenweit voraus. Während man sich bei anderen Klubs noch in Garagen umziehen musste, fand man so etwas wie unsere Anlage am Geißbockheim, die übrigens auch heute noch in Deutschland ihresgleichen sucht, damals vielleicht noch bei Real Madrid. Unser Präsident Franz Kremer steckte uns auch in Trikots à la Real – ganz in Weiß – und die ließ er von Dior entwerfen. Leider hat Köln aus dem damaligen Vorsprung viel zu wenig gemacht, wenn man sieht, wie die Bayern heute dastehen.

Klar, dass wir auch schnell das Image weghatten, arrogant, überheblich zu sein. Auf fremden Plätzen ausgepfiffen zu werden, das gehörte dazu. Das ging einem Techniker wie mir ein bisschen unter die Haut, machte einen manchmal auch etwas unsicher. Aber wenn sie mich im Norden und im Süden auspfiffen, wusste ich: Bei uns im Westen ist der Franz Beckenbauer dran.

Zwar lagen immer wieder Anfragen von großen Klubs vor, aber an einen Vereinswechsel habe ich nur einmal denken müssen: als es in der Saison 68/69 überhaupt nicht lief und wir fast abgestiegen wären. Auch 1977, als ich nach etlichen Krächen mit dem damaligen Trainer Hennes Weisweiler meine Karriere beim FC beendete, hatte ich noch einmal eine sehr gute Offerte.

Die Chicago Stings boten mir für drei, vier Jahre in den USA mehr, als ich beim FC in 15 Jahren verdient hatte. Meine Frau wollte allerdings nicht mit, und die Entscheidung zwischen Geld und Familie war schon schwierig.

Aber ich war glücklicherweise nicht mehr auf das Geld angewiesen, und nach meinem Abschiedsspiel vor 70.000 Menschen im Müngersdorfer Stadion habe ich dann beschlossen, hier zu bleiben. Es war ganz sicher die richtige Entscheidung.

Kapitän Overath (rechts) gratuliert Kapitän Beckenbauer: Bayern gewann das Pokalfinale 1971 mit 2:1 gegen Köln

Ball paradox

Torjäger unter sich:

Wenn's denkst, ist's eh zu spät
(Gerd Müller über das Wesen des Spiels)

Manni Bananenflanke, ich Kopf, Tor!
(Horst Hrubesch, von 1978 bis 1983 Mittelstürmer des HSV, schildert die Entstehung eines seiner Tore)

Torhüter unter sich:

Sepp Maier hat seinen Hund erschossen. Immer, wenn er ihn gefragt hat: „Wer ist der beste Torwart?", hat er geantwortet: „Kleff, Kleff!"
(Gladbachs Torwartlegende Wolfgang Kleff während eines Spiels zu einem Reporter über seinen Konkurrenten um den Torhüter-Posten in der Nationalmannschaft)

Offenbach hätte 3:0 gewonnen, wenn ich nicht ein Papstbild in der Tasche gehabt hätte.
(Norbert Nigbur, von 1966 bis 1983 im Tor der Schalker Knappen)

Seither bemühe ich mich, bei jeder leichten Berührung, bei jedem Zusammenstoß, bei jedem Foul, im Gegner zuerst den Menschen zu sehen.
(Toni Schumacher in Bezug auf sein brutales Foul am Franzosen Battiston)

Trainerstimmen:

Torhüter spinnen alle ein bisschen. Ich kannte mal einen, der schrieb einen Brief deshalb langsam, weil er wusste, dass seine Mutter nur langsam lesen konnte.
(Tschik Cajkovski)

Lattek ist ein hervorragender Trainer. Das zeigt sich schon alleine daran, dass er den Herren Neudecker und Schwan jahrelang das Gefühl vermittelte, sie verstünden etwas vom Fußball.
(Helmut „Fiffi" Kronsbein, von 1968 bis 1974 Trainer von Hertha BSC)

Es hängt alles irgendwo zusammen. Sie können sich am Hintern ein Haar ausreißen, dann tränt das Auge.
(Dettmar Cramer Bayern-Trainer von Januar 1975 bis Dezember 1977)

Die Blutgrätsche

Wenn mich der Konopka zu sehr geärgert hat, ist der Berti über die Mittellinie gekommen und hat mich gerächt. Das war zwar gegen meine pazifistische Grundeinstellung, aber tief drinnen habe ich eine leichte Genugtuung gespürt.
(Ewald Lienen über die früheren Derbys zwischen Gladbach und Köln)

Gottja! Diese Aufregung! Was die Fernsehkameras eingefangen hatten, und dann das Zeitungsfoto: Ewald Lienen, Prinz Eisenherz von der DKP-Friedensliste, der behindertenfreundliche Linksaußen, unser aller Ewald auf der Trage, eine klaffende Wunde am Oberschenkel – aufgeschlitzt von den dunklen Mächten des Kapitalismus. Der notorische Gutmensch gefällt von einem ligaberüchtigten tumben Klopper. Pfui! Und noch mal Pfui!! Gottja, wie aufgeregt wir damals doch waren! Heute genau vor 20 Jahren. Als sich Linkshaberei mit dem gesunden Volksempfinden vereinte, als *konkret* und *Bild* zusammen marschierten – und man am liebsten das Land verlassen hätte.

Das Schock-Foto: Lienens aufgeschlitzter Oberschenkel entsetzte die Nation

Für die Jüngeren unter uns: Am 14. August 1981 spielt Arminia Bielefeld bei Werder Bremen. Bei einem Angriff der Bielefelder rumpeln der Bremer Verteidiger Norbert Siegmann und der Bielefelder Stürmer Ewald Lienen ineinander. Lienens rechter Oberschenkel wird auf 30 Zentimeter Länge aufgeschlitzt. Und Lienen beschuldigt Otto Rehhagel: Das Foul sei vorsätzliche Körperverletzung gewesen, befohlen vom Bremer Trainer. „Pack ihn dir!", soll Rehhagel dem Spieler Siegmann zugerufen haben.

Bild druckte das Foto vom aufgeschlitzten Oberschenkel in Handtuchgröße. Und von links bis rechts, vom intellektuellen Freund des Fußballsports bis zum letzten Blödfan war die Sache klar, (…) das Urteil längst gesprochen. Da konnte Rehhagel noch so vehement dementieren: „Wir haben nie, in keiner Weise daran gedacht, den Herrn Lienen vorsätzlich zu verletzen. Das war wirklich ein Zweikampf um den Ball." Und Siegmann konnte noch so lieb um Verzeihung bitten: „Lieber Ewald", schrieb er ins Lazarett, „darf ich Dir meine aufrichtigste Entschuldigung für den bedauerlichen Vorfall darbieten, der sich zwischen Dir und mir ereignet hat."

Beim nächsten Spiel blieb Siegmann zu Hause, Rehhagel stand unter Polizeischutz, und seine Familie quartierte sich vorsichtshalber beim Werder-Vizepräsidenten Fischer ein. Ein halbes Jahr später beim Rückspiel in Bielefeld trug der Werder-Trainer eine schusssichere Bleiweste. Da hatte das DFB-Sportgericht die Bremer längst freigesprochen. (…)

Der angebliche Attentäter Norbert Siegmann beendete 1984 seine Profi-Karriere, verkaufte danach Versicherungen und war kurzzeitig Sanyassin in Poona.

Die taz am 14.08.2001

Ein Sieg wie eine Niederlage: Lorenz-Günther Köstner (Mitte) erzielt das 5:0 gegen die Bayern

Der Moment des Wasserträgers

Der Nebendarsteller Schwarzenbeck und seine Sekunde als Star. Und das grausame Schicksal der Gladbacher

Defining moments" nennt der Amerikaner solche Augenblicke: Ein einzelnes, unwahrscheinliches Ereignis durchbricht das Raum-Zeit-Kontinuum und verändert die Zukunft. Willy Brandts Kniefall am 7. Dezember 1970 vor dem Denkmal für die Opfer des Aufstands im Warschauer Ghetto, inszeniert oder spontan, war ein solcher Augenblick. Helmut Rahns Tor zum 3:2 gegen Ungarn hatte eine ähnliche Dimension. Auch wenn der 1954 in der Republik aufkeimende Nationalstolz vom Ausland selbstredend weniger gern gesehen wurde als Brandts demütige Geste. Zumeist sind die handelnden Personen solcher Ereignisse Hauptdarsteller. Kanzler oder Rechtsaußen. Ab und zu aber sind es die eher unscheinbaren Typen, die Nebendarsteller, die die Gunst der Stunde spüren und aus dem Schatten der Superstars heraustreten. 119 Minuten waren gespielt an diesem 15. Mai 1974 im Brüsseler Heysel-Stadion. 1:0 führte Athletico Madrid gegen die Bayern. Nach torlosen 90 Minuten hatte Luis in der 114. Minuten für die Spanier getroffen. Die Sache schien gelaufen. Jeden Augenblick würde Schiedsrichter Loraux dem grausamen Spiel ein Ende bereiten, würden die Spanier die Arme hochreißen und wenig später den Europapokal der Landesmeister in Empfang nehmen. Georg Schwarzenbeck hatte den Ball auf dem starken, dem rechten Schlappen liegen, 30 Meter Torentfernung. Warum nicht einfach draufhalten? Das Spiel war doch sowieso verloren. In der linken unteren Ecke schlug die Kugel ein. Ein Bild von einem Sonntagsschuss. Und Schwarzenbeck, eigentlich nur dafür zuständig, Franz Beckenbauer den Rücken freizuhalten, avancierte zum Begründer eines Mythos, der 1982 von Aston Villa angekratzt, 1987 von Madjers Hacke erschüttert und 1999 von Teddy Sheringham und Ole Gunnar Solskjaer für unendliche zwei Minuten außer Kraft gesetzt wurde. 2001 musste Schalke erfahren, dass der Glaube, das Unmögliche doch noch zu schaffen, das ungläubige Entsetzen von Barcelona überdauert hatte.

Dass die Bayern das Wiederholungsspiel zwei Tage später nach überlegen geführter Partie mit 4:0 gewannen, konnte nicht überraschen. Wer genau hingesehen hatte, wusste es bereits kurz nachdem „Katsche" getroffen hatte: Die Spanier hatten fertig. Aschfahl die Gesichter, leer die Blicke. Schwarzenbecks Geschoss hatte sich tief hineingefressen in die Seelen der Madrilenen.

Bei der Borussia aus Mönchengladbach zeichnete kein Haupdarsteller, ja nicht einmal ein Nebendarsteller für jene Geisteshaltung verantwortlich, die sich in wichtigen Spielen auf der großen Europapokal-Bühne immer wieder ihren Weg in die Köpfe der Borussen-Kicker bahnte. Irgendein als Fan getarnter Statist hatte sich im Hinspiel des Meistercups gegen Inter Mailand am 20. Oktober 1970 eine Büchse geschnappt und dem Mailänder Stürmer Boninsegna an den Kopf geschmissen. 28 Minuten waren gespielt. Es stand 1:1. Boninsegna mimte den Schwerverletzten. Die Borussia traf danach noch sechs Mal ins Mailänder Gehäuse. Doch das großartige 7:1 wurde annulliert und Gladbach erreichte im Wiederholungsspiel in Berlin nur ein 0:0. Erste Verschwörungstheorien machten die Runde. Nicht wenige sind der Meinung, diese ungerechte Verteilung der Sonnen- und Schattenseiten des Fußballerdaseins habe sich auch in der Bundesliga fortgesetzt: Die Offensiv-Fußball zelebrierende Truppe von Hennes Weisweiler, der das Pech penetrant nachstiefelte, gegen die Meister der Berechnung aus München, die, vom Glück verfolgt, mit ihrem nüchternen, auf Effizienz getrimmten Spiel einen Titel nach dem anderen abräumten. Dabei gab es dieses Duell als direkten Zweikampf im Rennen um die Meisterschaft eigentlich nur zweimal: Den ersten Wettlauf 1970/71 hatten die Borussen für sich ent-

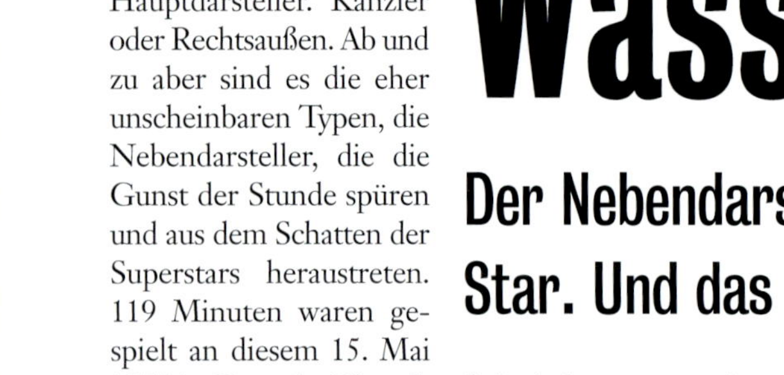

Rasantes Gipfeltreffen im Olympia-Stadion: Gerd Müller (links) erzielt das 2:2. Berti Vogts (davor) kann nicht mehr eingreifen

schieden, den zweiten erlebten die Fans 1973/74. Am 17. Spieltag der Hinrunde, am 8. Dezember 1973 trafen die beiden in München aufeinander und lieferten sich einen fulminanten Schlagabtausch. Bundestrainer Helmut Schön meinte einfach nur: „Was für ein Nachmittag!“ Fünf Tore fielen in den ersten 25 Minuten, eines schöner als das andere. Dass das Schönste nach einer Traumkombination über zehn Stationen und präzisem Abschluss von Henning Jensen für die Borussia fiel, es aber trotzdem die Bayern waren, die am Ende mit 4:3 gewannen, scheint die Bösartigkeit des Schicksals zu bestätigen. Dennoch lag es im Mai 1974 weniger am Bayern-Dusel als vielmehr am eigenen Unvermögen, dass die Borussia den Titel-Hattrick der Bayern nicht verhindern konnte…

Bodo Höche

Kölner Stadt-Anzeiger

Fußball-Komödie

Bayern Münchens Trainer Udo Lattek fand ein langes, aber treffendes Wort: Alkoholverdunstungsstunde. (...) Der Sekt, den die Bayern in der Nacht zum Samstag in die Kehlen schütteten, hätte den dickleibigen Europapokal etliche Male gefüllt. (...) Auf einer Woge Sekt schwammen sie dann am Samstagnachmittag, als die Sonne am heißesten auf den Beton der Autobahn zwischen Brüssel und Aachen brannte, gen Mönchengladbach. In seliger Laune und vom Ernst des Fußballlebens weiter entfernt als DFB-Präsident Gösmann von der Erfüllung seines Herzenswunsches, einmal im Leben eine gute Rede zu halten.

Der Kölner Stadtanzeiger am 20.05.1974

Uli Hoeneß, Herbert Zimmermann, Gerd Müller, Georg Schwarzenbeck, Rainer Zobel, Viggo Jensen, Franz Roth, Franz Beckenbauer, Trainer Udo Lattek (hinten, von links), Paul Breitner, Jupp Kapellmann, Johnny Hansen, Hugo Robl, Sepp Maier, Bernd Dürnberger, Conny Torstensson, Erwin Hadewicz (unten, von links)

Das größte Jahr des FC Bayern

Abschlusstabelle									Heim-Bilanz					Auswärts-Bilanz				
	Mannschaft	Sp	g.	u.	v.	Tore	Diff.	Punkte	g.	u.	v.	Tore	Punkte	g.	u.	v.	Tore	Punkte
1	Bayern München	34	20	9	5	95:53	+42	49:19	14	3	0	55:17	31:3	6	6	5	40:36	18:16
2	Borussia Mönchengladbach	34	21	6	7	93:52	+41	48:20	11	5	1	54:19	27:7	10	1	6	39:33	21:13
3	Fortuna Düsseldorf	34	16	9	9	61:47	+14	41:27	11	4	2	35:16	26:8	5	5	7	26:31	15:19
4	Eintracht Frankfurt	34	15	11	8	63:50	+13	41:27	13	4	0	39:15	30:4	2	7	8	24:35	11:23
5	1. FC Köln	34	16	7	11	69:56	+13	39:29	11	3	3	45:23	25:9	5	4	8	24:33	14:20
6	1. FC Kaiserslautern	34	15	8	11	80:69	+11	38:30	10	2	5	41:28	22:12	5	6	6	39:41	16:18
7	FC Schalke 04	34	16	5	13	72:68	+4	37:31	11	3	3	50:28	25:9	5	2	10	22:40	12:22
8	Hertha BSC Berlin	34	11	11	12	56:60	-4	33:35	9	6	2	35:23	24:10	2	5	10	21:37	9:25
9	VfB Stuttgart	34	12	7	15	58:57	+1	31:37	10	4	3	40:18	24:10	2	3	12	18:39	7:27
10	Kickers Offenbach	34	11	9	14	56:62	-6	31:37	7	4	6	36:26	18:16	4	5	8	20:36	13:21
11	Werder Bremen	34	9	13	12	48:56	-8	31:37	7	6	4	30:21	20:14	2	7	8	18:35	11:23
12	Hamburger SV	34	13	5	16	53:62	-9	31:37	10	1	6	34:25	21:13	3	4	10	19:37	10:24
13	Rot-Weiß Essen	34	10	11	13	56:70	-14	31:37	5	6	6	35:40	16:18	5	5	7	21:30	15:19
14	VfL Bochum	34	9	12	13	45:57	-12	30:38	7	6	4	28:21	20:14	2	6	9	17:36	10:24
15	MSV Duisburg	34	11	7	16	42:56	-14	29:39	7	6	4	23:16	20:14	4	1	12	19:40	9:25
16	Wuppertaler SV	34	8	9	17	42:65	-23	25:43	7	5	5	31:27	19:15	1	4	12	11:38	6:28
17	Fortuna Köln	34	8	9	17	46:79	-33	25:43	6	6	5	31:32	18:16	2	3	12	15:47	7:27
18	Hannover 96	34	6	10	18	50:66	-16	22:46	5	5	7	25:23	15:19	1	5	11	25:43	7:27

Für Borussia Mönchengladbach war es das Jahr I nach Günter Netzer. Der charismatische Star hatte mit seiner Selbsteinwechslung in der Verlängerung des Pokalfinales 73 gegen den 1. FC Köln und seinem 2:1-Siegtor noch einmal den Legendenbildungsmodus aktiviert und sich dann nach Madrid verabschiedet. Der zurückgeholte Horst Köppel sollte in die Rolle des Spielgestalters schlüpfen- mit mäßigem Erfolg. Die Bayern begannen in der Manier der Vorsaison, bekamen aber dann Probleme.
Die Frankfurter Eintracht übernahm zwischenzeitlich die Tabellenführung und verpasste nach einer 0:1-Niederlage bei Fortuna Düsseldorf die Herbstmeisterschaft nur knapp. Jürgen Grabowski, Bernd Hölzenbein und Co. schieden erst am 27. Spieltag nach einer 2:3-Niederlage beim späteren Absteiger Fortuna Köln aus dem Titelrennen aus. Mit einem Punkt Vorsprung auf die Fohlen gingen die Münchner in die letzten beiden Spieltage. Aber sie hatten das Europapokalfinale gegen Athletico vor der Brust, und vier Tage später hätten sie ihren hauchdünnen Vorsprung auf dem Gladbacher Bökelberg verteidigen müssen. Doch die Borussia verlor bei Fortuna Düsseldorf mit 0:1. Und die Bayern gewannen mit 1:0 gegen die Offenbacher Kickers. Bitter für die Weisweiler-Truppe. Die große Chance, vom Europapokalfinale geschwächten Bayern die Schale doch noch zu entreißen, war vertan. Auch wenn zu diesem Zeitpunkt natürlich noch niemand ahnen konnte, dass die Bayern am Freitag ein Wiederholungsspiel gegen Athletico absolvieren und keine 24 Stunden später reichlich alkoholisiert in Mönchengladbach antreten würden müssen. Die Borussia schlug völlig indisponierte Bayern mit 5:0. Denen war das ziemlich einerlei. Auch dass Jupp Heynckes mit seinen zwei Treffern im Kampf um die Torjägerkrone noch mit Gerd Müller gleich zog. Mit Pokal und Schale in der Tasche ging's nach Hause.

Torjäger			
1.	Jupp Heynckes	Borussia M'gladbach	30
	Gerd Müller	Bayern München	30
3.	Klaus Fischer	Schalke 04	21
	Klaus Toppmöller	1. FC Kaiserslautern	21
5.	Roland Sandberg	1. FC Kaiserslautern	19
6.	Ulrich Hoeneß	Bayern München	18
7.	Dieter Müller	1. FC Köln	17
	Hermann Ohlicher	VfB Stuttgart	17
9.	Reiner Geye	Fortuna Düsseldorf	16
	Hennes Löhr	1. FC Köln	16

Senkrechtstart und freier Fall

Die Offenbacher Kickers spielen Traumfußball. 29 Spieltage lang. Dann stürzen sie ab

Einfach nicht aufzuhalten: Erwin Kostedde schoss die Offenbacher Kickers für zwei Wochen an die Spitze der Liga. Hier hat Georg Schwarzenbeck das Nachsehen

Die Geschichte begann mit einem Paukenschlag. Mit 6:0 fegten die Kickers aus Offenbach den großen FC Bayern München vom Bieberer Berg. Reichlich müde, ja träge wirkten die Stars von der Isar. Insbesondere die fünf frischgebackenen Weltmeister (Maier, Schwarzenbeck, Beckenbauer, Hoeneß und Müller) beim Titelverteidiger machten einen ziemlich unausgeschlafenen Eindruck. „Katsche" Schwarzenbeck ließ sich ein ums andere Mal von Gegenspieler Erwin Kostedde vernaschen, und Franz Beckenbauer schaufelte dem Offenbacher Schwemmle den Ball so vor die Füße, dass der gar nicht anders konnte, als das 2:0 zu erzielen.

Dies verleitete so manchen Beobachter dazu, die ganze Sache mehr der (Fehl-)leistung des Meisters als dem Sturmwirbel der Offenbacher zuzuschreiben – zumal die Kickers die nächsten beiden Spiele verloren. Ein schwerer Irrtum, wie die folgenden Wochen zeigen sollten. Nach dem neunten Spieltag hatten sie bereits sechs Siege bei nur drei Niederlagen auf der Haben-Seite, und für den zehnten Spieltag hatte sich der Meisterschaftsfavorit aus Mönchengladbach vorgenommen, den Bieberer Berg zu erklimmen. In einem rassigen Spiel vor 31.000 begeisterten Zuschauern liefen die Kickers zweimal einem Rückstand hinterher, glichen aus und siegten schließlich mit 4:3. Der Kicker titelte „Das war Fußball total" – eine Anspielung auf den Fußball, mit dem Ajax Amsterdam und Johan Cruyff den europäischen Fußball Anfang der 70er dominiert hatten, und mit dem die holländische Nationalmannschaft bei der Weltmeisterschaft wenige Monate zuvor die Fußballwelt entzückt hatte. Das war „Fußball total" – 1974 wohl das größte Lob, das sich ein Fußballspiel verdienen konnte.

Am zwölften Spieltag schlugen die Kickers Tennis Borussia Berlin mit 3:2 und standen plötzlich an der Tabellenspitze. Drei Spieltage hielten sie sich, und wer geglaubt hatte, dass sie irgendwann einbrechen würden, der sah sich zunächst getäuscht. Fünf Spieltage vor Schluss lagen die Offenbacher Kickers mit 37:21 Punkten als Dritter nur drei Punkte hinter Tabellenführer Gladbach.

Die wichtigsten Protagonisten des hessischen Märchens: Siggi Held, der Vize-Weltmeister von 1966, Antreiber im Mittelfeld und immer für ein Tor gut. Der Österreicher Josef Hickersberger, 1978 maßgeblich beteiligt am historischen 3:2-Sieg Österreichs gegen Deutschland in Cordoba. Winnie Schäfer spielte von 1970 bis 75 für die Kickers. Torjäger Erwin Kostedde, der Sohn einer Deutschen und eines US-Soldaten, spielte die beste Saison seiner Karriere, machte 18 Tore und wurde am 22.12.1974 der erste farbige deutsche Nationalspieler. Und Otto Rehhagel. Zwei Jahre zuvor hatte eine Knieverletzung die aktive Laufbahn des „eisernen Otto" beendet. Sein erster Versuch im Trainergeschäft beim 1. FC Saarbrücken verlief bescheiden. Dann holte

König Otto bei den Kickers

Mit Otto Rehhagel kam der Erfolg bei den Offenbacher Kickers. Er führt die Spieler an der langen Leine. Der 36-jährige Trainer-Neuling stoppte die Drift des immer ungehemmter dem Tabellenende entgegenschlingernden Offenbacher Fußball-Flaggschiffs, umsteuerte die letzten fünf Punktspielklippen der vergangenen Saison, ohne großen Schaden zu nehmen, und hält die Kickers in dieser Spielzeit auf bislang ungewohntem Erfolgskurs. Offenbach 74 - das ist nicht zuletzt Otto Rehhagels wegen ein völlig neues Fußballgefühl. Der Bieberer Berg - im vergangenen Jahr bei 17 in ebenso viel Heimspielen abgegebenen Punkten bis in die Grundfesten erschüttert - ist wieder zu einem Bollwerk geworden. Prompt wurde Offenbachs höchste Erhebung, vor Rehhagels Amtsübernahme bis auf die letzten Getreuen entvölkert, wieder zum beliebten Anziehungspunkt für die Fußballfans am Main.

Der kicker am 21.10.1974

SPORTMAGAZIN kicker

ihn Gyula Lorant, der Rehhagel lange in Kaiserslautern trainiert hatte, zu Beginn der Saison 73/74 als Assistenztrainer nach Offenbach. Als die Kickers drohten abzusteigen, beschlossen die Offenbacher, Lorant zu entlassen und Rehhagel an seine Stelle zu setzen. Die Rettung 73/74 und „Fußball total" 74/75 waren das Ergebnis. „Ich gestatte jedem Spieler gewisse Freiheiten im Privatleben und auf dem Spielfeld, um seine Persönlichkeit frei zu entfalten. Nur dadurch kann er seine Fähigkeiten auch optimal zum Ausdruck bringen", so der 36-jährige Otto Rehhagel über sein Erfolgsrezept anno 74. Das erinnert mehr an moderne Fußballpädagogen à la Klaus Toppmöller als an die autokratischen Erziehungsmethoden von „König Otto". Und noch eine Parallele gibt es zu Senkrechtstarter „Toppi": Auf den berauschenden Höhenflug folgte der ernüchternde Absturz.

Aus den letzten fünf Spielen holten die Kickers nur noch einen Punkt und belegten schließlich einen – betrachtet man die Ausgangsposition – enttäuschenden achten Rang. Schlimmer noch: Mit Erwin Kostedde und Winnie Schäfer verließen zum Saisonende gleich zwei Leistungsträger den Klub, und der betörende „Fußball total" der Vorsaison war 75/76 nur noch Nostalgie. Nach der Hinrunde lagen die Kickers auf dem letzten Platz und Rehhagel musste gehen. Tschik Cajkowski kam, sah das Dilemma und verlor. Die Offenbacher Kickers stiegen ab. Und wurden fortan in der Bundesliga nie mehr gesehen.

Bodo Höche

Jupp Heynckes, Karl-Heinz Drygalski, Rainer Bonhof, Herbert Wimmer, Henning Jensen, Jürgen Wittkamp, Ulrich Surau, Dietmar Danner, Hennes Weisweiler (hinten, von links) Hans Klinkhammer, Berti Vogts, Wolfgang Kleff, Allan Simonsen (vorne, von links)

Weisweiler geht, Lattek kommt

Abschlusstabelle									Heim-Bilanz					Auswärts-Bilanz				
	Mannschaft	Sp	g.	u.	v.	Tore	Diff.	Punkte	g.	u.	v.	Tore	Punkte	g.	u.	v.	Tore	Punkte
1	Borussia Mönchengladbach	34	21	8	5	86:40	+46	50:18	12	3	2	47:18	27:7	9	5	3	39:22	23:11
2	Hertha BSC Berlin	34	19	6	9	61:43	+18	44:24	15	2	0	44:15	32:2	4	4	9	17:28	12:22
3	Eintracht Frankfurt	34	18	7	9	89:49	+40	43:25	12	3	2	57:20	27:7	6	4	7	32:29	16:18
4	Hamburger SV	34	18	7	9	55:38	+17	43:25	11	5	1	33:14	27:7	7	2	8	22:24	16:18
5	1. FC Köln	34	17	7	10	77:51	+26	41:27	12	2	3	45:16	26:8	5	5	7	32:35	15:19
6	Fortuna Düsseldorf	34	16	9	9	66:55	+11	41:27	11	5	1	41:19	27:7	5	4	8	25:36	14:20
7	FC Schalke 04	34	16	7	11	52:37	+15	39:29	12	4	1	34:10	28:6	4	3	10	18:27	11:23
8	Kickers Offenbach	34	17	4	13	72:62	+10	38:30	12	2	3	49:27	26:8	5	2	10	23:35	12:22
9	Eintracht Braunschweig	34	14	8	12	52:42	+10	36:32	12	2	3	40:17	26:8	2	6	9	12:25	10:24
10	Bayern München	34	14	6	14	57:63	-6	34:34	10	3	4	35:24	23:11	4	3	10	22:39	11:23
11	VfL Bochum	34	14	5	15	53:53	0	33:35	13	3	1	42:16	29:5	1	2	14	11:37	4:30
12	Rot-Weiß Essen	34	10	12	12	56:68	-12	32:36	7	6	4	33:27	20:14	3	6	8	23:41	12:22
13	1. FC Kaiserslautern	34	13	5	16	56:55	+1	31:37	11	3	3	34:11	25:9	2	2	13	22:44	6:28
14	MSV Duisburg	34	12	6	16	59:77	-18	30:38	8	4	5	35:31	20:14	4	2	11	24:46	10:24
15	Werder Bremen	34	9	7	18	45:69	-24	25:43	8	4	5	30:23	20:14	1	3	13	15:46	5:29
16	VfB Stuttgart	34	8	8	18	50:79	-29	24:44	8	3	6	31:23	19:15	0	5	12	19:56	5:29
17	Tennis Borussia Berlin	34	5	6	23	38:89	-51	16:52	4	4	9	22:35	12:22	1	2	14	16:54	4:30
18	Wuppertaler SV	34	2	8	24	32:86	-54	12:56	2	5	10	20:38	9:25	0	3	14	12:48	3:31

Die beiden großen Favoriten, der FC Bayern und Borussia Mönchengladbach, starteten mit Niederlagen in die neue Saison. Die Bayern unterlagen mit 0:6 in Offenbach, und die Borussia verlor auf eigenem Platz mit 1:3 gegen den HSV. Borussia Mönchengladbach fing sich schnell wieder. Nach sechs Spieltagen stand man mit 11:3 Punkten punktgleich mit dem HSV an der Tabellenspitze.

Es folgte eine unerwartete Niederlagenserie: 2:3 bei Angstgegner Düsseldorf, ein besonders schmerzliches 1:2 gegen den Erzrivalen aus München und das 3:4 auf dem Bieberer Berg. Von Krise war rund um den Bökelberg die Rede. Doch bei der Borussia blieb man ruhig. Trainer Hennes Weisweiler übernahm die Öffentlichkeitsarbeit und erklärte, dass man in den Partien gegen Düsseldorf und gegen die Bayern die spielerisch besten Leistungen der Saison gezeigt habe.

Intern dagegen wurden die Fehler im Defensivverhalten schonungslos analysiert und die Konsequenzen gezogen. Bis zum Saisonende verloren die Borussen nur noch das Auswärtsspiel in Berlin. Am Ende standen der Triumph in der Meisterschaft und nach einem 5:1 bei Twente Enschede der Gewinn des UEFA-Pokals.

Ganz anders die Bayern. Die fingen sich nicht. Am Neujahrstag 1975 wurde Erfolgstrainer Udo Lattek vom allmächtigen Präsidenten Wilhelm Neudecker „freigestellt" – Weltenbummler Dettmar Cramer kam. Es reichte noch zur Titelverteidigung im Europapokal. Leeds United wurde in Paris mit 2:0 geschlagen. Und Lattek? Der wurde der Nachfolger von Hennes Weisweiler in Gladbach. Den Meistertrainer zog's zum FC Barcelona.

Torjäger			
1.	Jupp Heynckes	Borussia M'gladbach	27
2.	Dieter Müller	1. FC Köln	24
3.	Gerd Müller	Bayern München	23
4.	Roland Sandberg	1. FC Kaiserslautern	20
5.	Manni Burgsmüller	Rot-Weiß Essen	18
	Erwin Kostedde	Kickers Offenbach	18
	Allan Simonsen	Borussia M'gladbach	18
8.	Klaus Fischer	Schalke 04	17
	Hermann Ohlicher	VfB Stuttgart	17
10.	Bernd Hölzenbein	Eintracht Frankfurt	16

Dänen-Power gleich im Doppelpack

Bei Borussia Mönchengladbach griffen in den 70er Jahren gleich zwei Dänen an: Henning Jensen und der unvergessliche Allan Simonsen.

Mickrige 58 Kilogramm und kurze 165 Zentimeter: Das war Allan Simonsen in seiner Zeit bei der Borussia. Und genau diese Maße waren es, die ihm sein Leben in den ersten anderthalb Jahren am Niederrhein so schwer machten.

Keine 19 Jahre war der quirlige Stürmer alt, als er 1971 mit Vejle BK den dänischen Meistertitel holte. Im Sommmer des folgenden Jahres hatte er seinen ersten internationalen Auftritt: Mit der dänischen Olympiaauswahl belegte er bei den Olympischen Spielen 1972 den fünften Platz. Die Borussia sicherte sich im Dezember 1972 die Talente des „Dreikäsehochs", und im Januar 1973 stand er das erste Mal im Borussen-Trikot auf dem Platz. Acht Spiele machte er in seiner ersten Saison. Acht Spiele ohne Tor. Und er beklagte sich über die rauen Sitten in der Bundesliga. Er bekam sie zu spüren, die körperliche Überlegenheit seiner Gegenspieler, im Spiel wie im Training. Viel besser wurde es in seiner zweiten Saison nicht: neun Spiele, zwei Tore – und von Trainer Hennes Weisweiler sind die vernichtenden Worte überliefert: „Aus dem wird nie einer." Auch Meistertrainer können irren. Simonsen sollte verkauft werden – für lächerliche 180.000 Mark. Doch niemand wollte so wenig Geld in den erfolglosen, körperlich wenig robusten Spieler investieren. Er blieb. Notgedrungen. Ein Glücksfall für die Borussia.

Ganz anders erging es Henning Jensen. Simonsens Landsmann war schon im Sommer 1972 vom Provinzklub Nörre Sundby auf den Bökelberg gekommen und er hatte von Anfang an Erfolg. Der schlaksige Stürmer und Gladbachs Urgestein Jupp Heynckes formten ein kongeniales Duo, das Tore am Fließband produzierte. Jensen war der clevere Vorbereiter, Heynckes der gnadenlose Vollstrecker. 1972/73 traf Jensen elf Mal ins gegnerische Gehäuse, Heynckes 28 Mal. Am Ende der Saison stand zwar nur ein fünfter Platz in der Meisterschaft, dafür aber der Pokalsieg – dank Netzer. Und es wurde noch besser – dank Allan Simonsen.

Was auch immer es gewesen sein mag, das dem dann 21-Jährigen im Sommer 74 widerfuhr – es muss etwas Enthemmendes gewesen sein. Denn auf einmal gelang es seinen Gegenspielern nicht mehr, Simonsen zu stellen. Zu schnell, zu ballgewandt stahl er sich durch die gegnerischen Abwehrreihen – 18 Tore in 34 Spielen. Gladbach hatte einen neuen Liebling – und ein Sturm-Trio, das ungemein erfolgreich wirbelte. Jensen – Heynckes – Simonsen. 58 der 86 Gladbacher Tore gingen auf ihr Konto. Wer braucht Netzer? Die Borussia wurde Meister, und beim UEFA-Cup-Triumph gegen Twente

SPORTMAGAZIN kicker

Mann des Tages

(...) Es war ein Genuss, diesen schlaksigen und doch so geschmeidigen Stürmer bei seinen raffinierten Sprints und knallharten Schüssen zuzusehen, mit denen er den Haudegen Weber ausgerechnet in dessen 600. Spiel für den 1. FC Köln von einer Verlegenheit in die andere stürzte. Es wäre schlimm für Gladbach, wenn der 26-jährige Däne seine Ankündigung wahr macht und sich im nächsten Jahr in südlichere und damit bequemere Gefilde absetzt. Doch die Bundesliga ist Jensen zu anstrengend. Auch am Samstag ging er vorzeitig vom Platz, kühlte in der Kabine seine Wunden und ließ sich nicht einmal durch Latteks Aufmunterung („Jetzt wird nicht mehr gejammert, wir haben doch 4:0 gewonnen") aufheitern...
Der kicker am 08.12.1975

Mit ihrer Dynamik und Schnelligkeit gaben sie dem Gladbacher Angriffsspiel die Durchschlagskraft: Henning Jensen (links) und Allan Simonsen (rechts)

Meister: Borussia Mönchengladbach

Enschede krönte Simonsen diese famose Saison: Beim spektakulären 5:1 im Rückspiel in Holland schoss er zwei Tore.
75/76 dominierten Vogts, Stielike und Co. die Meisterschaft in der Hinrunde fast nach Belieben, und im Landesmeistercup schalteten sie im Herbst Juventus Turin aus. 2:0 gewann man im Düsseldorfer Rheinstadion, ein 2:2 in Turin sicherte das Weiterkommen. Turins Präsident Boniperti nahm die Spiele zum Anlass, die damals geltende Ausländersperre in Italien anzugreifen: schließlich habe Deutschland eine äußerst schlagkräftige Nationalmannschaft und das, obwohl die beste deutsche Vereins-Mannschaft mit diesen beiden fantastischen Dänen spiele. Doch trotz ihres Erfolges waren die beiden nicht glücklich mit ihrem Bundesliga-Dasein. Das Duo, auch privat gut befreundet, beklagte sich über die Härte und den Stress in der Liga, und immer wieder klang unverhohlen der Wunsch durch nach einem Vereinswechsel in den ebenso lebensfrohen wie warmen Süden Europas. Spanien oder Italien. Da wollten sie hin.
Jensen ging. Nach Madrid zu Netzer. Zu der Mannschaft, gegen die die Borussia so unglücklich im Europapokal ausgeschieden war. Simonsen blieb. 1977 wurde der kleine Riese zu Europas Fußballer des Jahres gewählt. 1979 schoss er die Borussia noch einmal auf den UEFA-Cup-Thron. Er verwandelte den entscheidenden Elfmeter zum 1:0 gegen Roter Stern Belgrad. Danach ging auch er. Nach Barcelona zu Hans Krankl.

Bodo Höche

Karl-Heinz Drygalski, Uli Stielike, Jupp Heynckes, Jürgen Wittkamp, Dietmar Danner, Frank Schäffer, Henning Jensen, Herbert Wimmer, Udo Lattek (hinten, von links), Hans Klinkhammer, Betreuer Stock, Allan Simonsen, Rainer Bonhof, Wolfgang Kleff, Berti Vogts, Horst Köppel (vorne, von links)

Die Fohlen galoppieren weiter

Abschlusstabelle									Heim-Bilanz					Auswärts-Bilanz				
	Mannschaft	Sp	g.	u.	v.	Tore	Diff.	Punkte	g.	u.	v.	Tore	Punkte	g.	u.	v.	Tore	Punkte
1	Borussia Mönchengladbach	34	16	13	5	66:37	+29	45:23	11	4	2	38:12	26:8	5	9	3	28:25	19:15
2	Hamburger SV	34	17	7	10	59:32	+27	41:27	13	2	2	42:13	28:6	4	5	8	17:19	13:21
3	Bayern München	34	15	10	9	72:50	+22	40:28	13	2	2	52:17	28:6	2	8	7	20:33	12:22
4	1. FC Köln	34	14	11	9	62:45	+17	39:29	10	5	2	34:18	25:9	4	6	7	28:27	14:20
5	Eintracht Braunschweig	34	14	11	9	52:48	+4	39:29	12	5	0	37:13	29:5	2	6	9	15:35	10:24
6	FC Schalke 04	34	13	11	10	76:55	+21	37:31	8	6	3	48:26	22:12	5	5	7	28:29	15:19
7	1. FC Kaiserslautern	34	15	7	12	66:60	+6	37:31	11	3	3	41:19	25:9	4	4	9	25:41	12:22
8	Rot-Weiß Essen	34	13	11	10	61:67	-6	37:31	9	6	2	37:24	24:10	4	5	8	24:43	13:21
9	Eintracht Frankfurt	34	13	10	11	79:58	+21	36:32	10	5	2	44:17	25:9	3	5	9	35:41	11:23
10	MSV Duisburg	34	13	7	14	55:62	-7	33:35	8	5	4	32:24	21:13	5	2	10	23:38	12:22
11	Hertha BSC Berlin	34	11	10	13	59:61	-2	32:36	10	6	1	35:16	26:8	1	4	12	24:45	6:28
12	Fortuna Düsseldorf	34	10	10	14	47:57	-10	30:38	8	6	3	32:18	22:12	2	4	11	15:39	8:26
13	Werder Bremen	34	11	8	15	44:55	-11	30:38	9	5	3	33:20	23:11	2	3	12	11:35	7:27
14	VfL Bochum	34	12	6	16	49:62	-13	30:38	12	0	5	35:21	24:10	0	6	11	14:41	6:28
15	Karlsruher SC	34	12	6	16	46:59	-13	30:38	9	3	5	32:27	21:13	3	3	11	14:32	9:25
16	Hannover 96	34	9	9	16	48:60	-12	27:41	8	6	3	33:23	22:12	1	3	13	15:37	5:29
17	Kickers Offenbach	34	9	9	16	40:72	-32	27:41	8	5	4	26:28	21:13	1	4	12	14:44	6:28
18	KFC Uerdingen 05	34	6	10	18	28:69	-41	22:46	4	9	4	18:24	17:17	2	1	14	10:45	5:29

Zum Auftakt reichte es nur zu einem 3:3 bei Aufsteiger Hannover 96, der am Ende der Serie genauso absteigen musste wie die Kickers aus Offenbach und Bayer Uerdingen. Danach aber bestimmte die Fohlen-Elf Schritt, Rhythmus und Gangart der Liga. Mit 4:1 nahm die Borussia die Ex-Truppe ihres neuen Trainers auseinander – Udo Lattek bereitete die Demontage „seiner" Bayern sichtlich Vergnügen. Das war am achten Spieltag. Zum Abschluss der Hinrunde war der 1. FC Köln an der Reihe. 0:4 stand es beim Abpfiff im Müngersdorfer Stadion, und das wankelmütige Kölner Fan-Volk war ob der grandiosen Vorstellung der Borussen doch glatt ins gegnerische Lager übergelaufen. Vier Punkte Vorsprung auf Verfolger Braunschweig waren der Lohn.

Doch dann kam Madrid. Und damit die Rückkehr Günter Netzers an die alte Wirkungsstätte. Anspannung wie vor einem Box-Kampf. Einem etwas unglücklichen 2:2 im Düsseldorfer Rheinstadion folgte ein 1:1 im Bernabeu-Stadion, das den Gladbachern die Zornesröte ins Gesicht und Depressionen in die Seele trieb. Schiedsrichter van der Kroft hatte der Borussia zwei regulär erzielte Tore aberkannt.
Drei Tage später setzte es in München ein 0:4. Gladbach war von der Rolle, der Vorsprung der Hinrunde aufgebraucht. Aber was ein trotziger Berti Vogts nach dieser Niederlage im Aktuellen Sportstudio bissig knurrte – „Wir werden klar mit fünf Punkten Vorsprung Meister!" –, bewahrheitete sich. Fast. Vier Punkte waren es zum Schluss. Ein schwacher Trost – waren es doch ausgerechnet die Bayern, die im Landesmeistercup nicht nur Real Madrid besiegten, sondern im Finale auch noch mit 1:0 gegen AS St. Etienne triumphierten. Mit eben dem Glück, das der Borussia in großen Europacup-Spielen immer fehlte.

Torjäger			
1.	Klaus Fischer	Schalke 04	29
2.	Erich Beer	Hertha BSC Berlin	23
	Gerd Müller	Bayern München	23
4.	Klaus Toppmöller	1. FC Kaiserslautern	22
5.	Horst Hrubesch	Rot-Weiß Essen	18
6.	Roland Sandberg	1. FC Kaiserslautern	17
7.	Wolfgang Frank	Eintracht Braunschweig	16
	Bernd Hölzenbein	Eintracht Frankfurt	16
	Allan Simonsen	Borussia M'gladbach	16
10.	Hennes Löhr	1. FC Köln	15

Des Kaisers neuer Cosmos

Franz Beckenbauer zieht es in die Ferne und Wolfgang Overath hört auf

Ostern 1977 schockte Franz Beckenbauer die Nation: Ich gehe nach Amerika und spiele für Cosmos New York. Die Republik im Ausnahmezustand. Zwar hatte es schon im März Gerüchte gegeben, die Deutschlands Fußballidol mit Clive Toye, dem Präsidenten des New Yorker Clubs, in Verbindung brachten. Aber als es dann tasächlich passierte, traf es das deutsche Fußballvolk doch gänzlich unvorbereitet. Der Kaiser in Amerika? In der Operettenliga? Was will er da? Heute fast unvorstellbar, dass der Wechsel eines Nationalspielers ins Ausland damals eine derartige Aufregung provozieren konnte. Doch 1977 bedeutete der Transfer über den großen Teich nicht nur das Ende der Ära Beckenbauer bei den Bayern, sondern auch noch das Ende der Nationalmannschaftskarriere des wohl außergewöhnlichsten deutschen Fußballspielers. Und niemand stellte die Haltung Helmut Schöns ernsthaft in Frage, als der „tief betroffen, ja geradezu bestürzt“ (O-Ton Schön) erklärte, dass er unter diesen Voraussetzungen bei der Weltmeisterschaft in Argentinien auf Beckenbauer verzichten müsse. Schließlich stand „der Franz“ für die Vorbereitungsspiele nicht mehr zur Verfügung. Schön schloss später eine Rückkehr Beckenbauers in die Nationalelf nicht aus – doch dazu kam es nie. Die Schuld für den unwiderstehlichen Drang nach Tapetenwechsel, nach neuem Bein- und Brustkleid schob der Kaiser der Boulevard-Presse zu. Die hatte sich mit Wonne auf seine Affäre mit der Fotografin Diana Sandmann gestürzt. „Erst nach dieser Pressekampagne gegen mich habe ich mich entschlossen, das Angebot zu akzeptieren und gleich rüberzugehen“, erklärte der Kaiser – und gab ganz ungeniert den Beleidigten.

Auf zum letzten Gefecht: Franz Beckenbauer (links) und Wolfgang Overath (rechts) führen ihre Mannschaften ins Olympia-Stadion

Daneben dürften jedoch seine Probleme mit den Finanzbehörden und der Niedergang der Bayern-Mannschaft in der Saison 76/77 eine Rolle gespielt haben. Hatten die Münchener in den beiden Jahren zuvor ihre schlechte bis mäßige Bundesliga-Bilanz noch durch glanzvolle Vorstellungen im Europapokal aufpolieren können, so scheiterten sie dieses Mal bereits im Viertelfinale an Dynamo Kiew. Und in der Bundesliga setzte es deftige Klatschen: 1:6 in Saarbrücken, 0:5 in Hamburg und gegen Schalke verlor man zuhause mit 0:7 – bis heute die höchste Niederlage der Bayern in der Bundesliga. Anstatt für den Landesmeistercup qualifizierte man sich mit Ach und Krach für den UEFA-Cup – und das auch nur, weil die vor ihnen platzierten Hamburger den Europapokal der Pokalsieger und der 1. FC Köln den DFB-Pokal holte. Die Kölner benötigten zwei Spiele, um Hertha BSC im Finale niederzuringen. Und ein ganz Großer, der seinen Rücktritt vom aktiven Fußball bereits kurz zuvor verkündet hatte, durfte in Spiel zwei nicht mehr

Abschied

kicker SPORTMAGAZIN

Es wird einem wehmütig ums Herz, wenn es stimmt, dass wir die Ausnahmeerscheinung Franz Beckenbauer nie wieder in der deutschen Bundesliga, nie mehr in der Nationalmannschaft bewundern dürfen ...

Beckenbauer, der durch seinen Ideenreichtum, durch seine unerreichte Ballbehandlung, seinen Weitblick aus dem Liberoposten den Spielgestalter machte, entfaltete beim 2:2 gegen Meister Gladbach nochmals sein beneidenswertes Können.

90 Minuten körperloses Spiel. Franz stellte sich so geschickt, dass er entweder dem Gegner auswich oder ihm den Weg abschnitt.

Note 1 für das Fair-Play, als er den an ihm vorbeirauschenden Stielike ziehen ließ.

Kein Auflaufenlassen, kein Beinstellen – das Wort Notbremse kennt der „Kaiser“ nicht.

Der kicker am 23.05.77

mitmischen. Zwischen Wolfgang Overath und Trainer Hennes Weisweiler hatte es im Laufe der Saison kräftig geknistert. Und Konflikte mit Stars pflegte der Meistertrainer normalerweise für sich zu entscheiden. Immer öfter hatte Weisweiler auf Overath verzichtet und Karl-Heinz Flohe die Rolle des Regisseurs übertragen. Dass Overath nun den größten Triumph seines FC nach der Meisterschaft 1964 und dem Pokalsieg 1968 nur von der Bank aus erleben durfte, tat weh. Teilnahmslos und resigniert ließ der Weltmeister von 1974 die anschließenden Feierlichkeiten über sich ergehen. „Inzwischen", sagt Overath heute, „bin ich dem Hennes sogar dankbar, dass er meinen Abschied forciert hat. Vielleicht hätte ich so lange weitergespielt, bis man mich vom Platz gepfiffen hätte."
Der Abgang des Kaisers dagegen vollzog sich weit geräuschvoller. Vor seinem „Abschiedsspiel" gegen Borussia Mönchengladbach, in dem es für die Borussia immerhin um die Meisterschaft ging, nahmen beide Mannschaften, eingerahmt von 31 Bereitschaftspolizisten, Aufstellung im Karree. Strammstehen für den Kaiser. Nur Uli Hoeneß hüpfte. Von einem Beine aufs andere. Bayern-Präsident Neudecker überreichte seinem scheidenden Super-Star die „goldene Ehrennadel mit Brillanten". Ehrfürchtigst verlängerte Gladbachs Abwehrspieler Wittkamp in der 90. Minute die letzte Ballberührung Beckenbauers, einen Lupfer, unhaltbar für Torwart Wolfgang Kneib ins eigene Tor. 2:2. Ausnahmezustand. Gladbach wurde trotzdem Meister. *Bodo Höche*

Zum vorerst letzten Mal die Hände an der Schale: Helmut Grashoff, Helmut Dudek, Frank Schäffer, Rudi Gores, Hans Klinkhammer, Herbert Heidenreich, Christian Kulik, Jürgen Wittkamp, Dietmar Danner, Karl-Heinz Drygalski, Herbert Wimmer, Carsten Nielsen, Norbert Ringels, Klaus Amrath, Ewald Lienen, Horst Wohlers, Winfried Schäfer, Betreuer Stock, Udo Lattek, Wilfried Hannes, Wolfgang Kneib, Uli Sude, Calle Del'Haye, Wolfgang Kleff, Jupp Heynckes, Berti Vogts, Allan Simonsen, Rainer Bonhof (von oben links)

Borussias fünfter Streich

Abschlusstabelle									Heim-Bilanz					Auswärts-Bilanz				
	Mannschaft	Sp	g.	u.	v.	Tore	Diff.	Punkte	g.	u.	v.	Tore	Punkte	g.	u.	v.	Tore	Punkte
1	Borussia Mönchengladbach	34	17	10	7	58:34	+24	44:24	11	5	1	39:13	27:7	6	5	6	19:21	17:17
2	FC Schalke 04	34	17	9	8	77:52	+25	43:25	11	4	2	40:22	26:8	6	5	6	37:30	17:17
3	Eintracht Braunschweig	34	15	13	6	56:38	+18	43:25	10	5	2	33:15	25:9	5	8	4	23:23	18:16
4	Eintracht Frankfurt	34	17	8	9	86:57	+29	42:26	12	3	2	52:25	27:7	5	5	7	34:32	15:19
5	1. FC Köln	34	17	6	11	83:61	+22	40:28	12	4	1	55:23	28:6	5	2	10	28:38	12:22
6	Hamburger SV	34	14	10	10	67:56	+11	38:30	12	3	2	44:21	27:7	2	7	8	23:35	11:23
7	Bayern München	34	14	9	11	74:65	+9	37:31	10	4	3	49:25	24:10	4	5	8	25:40	13:21
8	Borussia Dortmund	34	12	10	12	73:64	+9	34:34	7	6	4	41:30	20:14	5	4	8	32:34	14:20
9	MSV Duisburg	34	11	12	11	60:51	+9	34:34	8	8	1	32:17	24:10	3	4	10	28:34	10:24
10	Hertha BSC Berlin	34	13	8	13	55:54	+1	34:34	10	3	4	32:22	23:11	3	5	9	23:32	11:23
11	Werder Bremen	34	13	7	14	51:59	-8	33:35	9	6	2	27:16	24:10	4	1	12	24:43	9:25
12	Fortuna Düsseldorf	34	11	9	14	52:54	-2	31:37	7	3	7	31:26	17:17	4	6	7	21:28	14:20
13	1. FC Kaiserslautern	34	12	5	17	53:59	-6	29:39	11	2	4	37:20	24:10	1	3	13	16:39	5:29
14	1. FC Saarbrücken	34	9	11	14	43:55	-12	29:39	6	8	3	30:21	20:14	3	3	11	13:34	9:25
15	VfL Bochum	34	11	7	16	47:62	-15	29:39	19	2	6	31:26	20:14	2	5	10	16:36	9:25
16	Karlsruher SC	34	9	10	15	53:75	-22	28:40	9	5	3	32:24	23:11	0	5	12	21:51	5:29
17	Tennis Borussia Berlin	34	6	10	18	47:85	-38	22:46	6	6	5	32:31	18:16	0	4	13	15:54	4:30
18	Rot-Weiß Essen	34	7	8	19	49:103	-54	22:46	7	4	6	28:42	18:16	0	4	13	21:61	4:30

Den Grundstein für die dritte Meisterschaft in Folge und den fünften Titel insgesamt legten die Gladbacher mit einer imposanten Startserie. In 13 niederlagenlosen Spielen ergatterten sie 23:3 Punkte. Von diesem Vorsprung zehrte die Borussia bis zum Schluss. Denn die Bilanz der folgenden 21 Spielen fiel eher bescheiden aus: 21:21 Punkte. So gelang es Eintracht Braunschweig und Schalke 04, sich wieder an den Tabellenführer heranzurobben. Am 25. Spieltag zog Braunschweig sogar an Gladbach vorbei. Die Eintracht hatte in Saarbrücken gewonnen und Gladbach zuhause mit 1:3 gegen Eintracht Frankfurt verloren. Die Frankfurter ihrerseits waren die Sensation der Rückrunde. Nach dem 13. Spieltag lagen sie mit 7:19 Punkten noch auf einem Abstiegsplatz. Es folgten 21 Spiele ohne Niederlage. 35:7 Punkte und Rang vier waren der Lohn.
Am 33. Spieltag gewann Borussia Mönchengladbach mit 5:1 gegen den Karlsruher SC und in Bochum stand es beim Spiel gegen Schalke lange Zeit 1:1. Auf dem Bökelberg begann man bereits zu feiern. Doch Thomas Lander erzielte in der 89. Minute das Schalker Siegtor. Zwei Punkte Rückstand, ein nur um ein Tor schlechteres Torverhältnis, und Gladbach musste am letzten Spieltag zum Angstgegner, zum FC Bayern München: Auf Schalke rechnete man sich gute Chancen aus, die Borussen noch abzufangen. Gegen die Bayern schickte Lattek die angeschlagenen Uli Stielike und Jupp Heynckes aufs Feld, und die brachten die Borussia mit 2:0 in Führung. Die Bayern schafften noch den Ausgleich. Mehr nicht. Vier Tage später verloren Latteks Mannen das Europapokalfinale der Meister gegen den FC Liverpool in Rom mit 1:3.

Torjäger

1.	Dieter Müller	1. FC Köln	34
2.	Gerd Müller	Bayern München	28
3.	Bernd Hölzenbein	Eintracht Frankfurt	26
4.	Klaus Fischer	Schalke 04	24
	Wolfgang Frank	Eintracht Braunschweig	24
6.	Josef Kaczor	VfL Bochum	21
7.	Horst Hrubesch	Rot-Weiß Essen	20
	Benny Wendt	Tennis Borussia Berlin	20
	Rüdiger Wenzel	Eintracht Frankfurt	20
10.	Klaus Toppmöller	1. FC Kaiserslautern	19

Der finale Wahnsinn: 5:0 schlägt 12:0

Kaum zu glauben: Gladbach gewinnt mit 12:0, und der 1. FC Köln wird trotzdem Meister

Der Spielmacher und sein Vollstrecker: Karl-Heinz Flohe (links) jubelt über eines seiner 14 Saison-Tore. Dieter Müller (rechts) schaffte gegen Werder sechs in einem Spiel. Bundesligarekord!

Mit jedem weiteren Tor im Düsseldorfer Rheinstadion staunte man mehr auf der Kölner Bank. Und viele Fans, die mit den Ohren am Radio hingen, glaubten an Hörstörungen zu leiden. Zur Halbzeit führte Borussia Mönchengladbach gegen Borussia Dortmund mit 6:0 und der 1. FC Köln im Hamburger Volksparkstadion gegen den FC St. Pauli mit 1:0. Wenn das so weiterginge, würden die Gladbacher den zehn Tore großen Vorsprung der Kölner in der Tordifferenz ausgleichen können. Es ging so weiter: In der 66. Minute erzielte Calle Del'Haye das 9:0 für die Gladbacher. Und der FC führte zu diesem Zeitpunkt „nur" mit 2:0. Auf drei Tore war der Vorsprung zusammengeschmolzen. Trainer Hennes Weisweiler peitschte seine Mannschaft nach vorne. „Weiter, weiter." Das Erstaunen auf der Kölner Bank war sichtbarer Unruhe gewichen. Ging das mit rechten Dingen zu?

Am Ende reichte es. Köln gewann mit 5:0, die Gladbacher Borussia mit 12:0, bis heute der höchste Sieg in der Bundesligageschichte. Auch die allermeisten neutralen Fans dürften froh gewesen sein, dass der 1. FC Köln seinen minütlich knapper werdenden Vorsprung über die Ziellinie rettete. Zu gering war die Gegenwehr von Borussia Dortmund ausgefallen. Die Gerüchteküche brodelte. Von Schiebung war die Rede, die Erinnerung an den Bundesliga-Skandal war noch frisch. Die prompte Entlassung des Dortmunder Trainers Otto Rehhagel hatte den bitteren Beigeschmack eines Schuldeingeständnisses.

Auch wenn man in Köln zunächst durchaus in Rage war ob der Ereignisse im Rheinstadion, gefeiert wurde trotzdem. Schließlich hatte der FC das Double geholt, war Meister geworden, nachdem er kurz zuvor durch ein 2:0 über Fortuna Düsseldorf den Titel des Pokalsiegers verteidigt hatte. Und der dritte Meistertitel der Domstädter nach 1962 und 1964 war hauptsächlich ein Verdienst von Hennes Weisweiler. Nach seinem an König Johan Cruyff gescheiterten Versuch, dem FC Barcelona die Weisweilersche Fußball-Lehre zu vermitteln, war er 1976 nach Köln zurückgekehrt – dahin, wo seine fußballerischen Wurzeln lagen. In der ersten Saison erledigte er das kölsche Cruyff-Problem auf seine Weise: Stück für Stück demontierte er das Kölner Denkmal Wolfgang Overath und parallel dazu baute er einen etwas kleineren Sockel für Karl-Heinz Flohe, der zukünftig die Rolle des Mittelfeldstrategen übernehmen sollte. Nicht jedem in Köln gefiel das. So lobte Präsident Peter Weiand den Trainer zwar: „Ihm ist es gelungen, unseren oft wankelmütigen und launischen Spielern die Grillen auszutreiben und wieder ein harmonisches Ensemble ohne Grüppchenbildung zu formen." Gleichzeitig kritisierte er aber unverhohlen Weisweilers Vorgehensweise im Fall Overath: „Allerdings sind seine Methoden bestimmt nicht jedermanns Sache." Der Klubchef war nie ein persönlicher Freund des ebenso eigenwilligen wie populären Fußball-Professors.

„Gebt mir zwei Jahre Zeit, um eine neue Fußballmacht am Rhein aufzubauen", hatte Weisweiler bei seinem Amtsantritt gefordert. Er stand also im Wort als die Saison 1977/78 begann. Der 1. FC Köln startete miserabel. Die Auftaktniederlage bei Fortuna Düsseldorf fiel mit 1:5 deftig aus, und augenblicklich begann es hinter den Kulissen zu rumoren. Doch die Weisweiler-Truppe antwortete mit vier Siegen in Folge.

Und spätestens nach dem 5:2 bei Borussia Mönchengladbach am zehnten Spieltag war klar: Der 1. FC Köln war heißer Titelanwärter. Abwehrspieler Bernd Cullmann kam zunehmend besser mit seiner neuen Rolle im Mittelfeld

Ein Gladbacher Tor mehr, und die Anzeigetafel im Rheinstadion hätte Probleme bekommen

Meister: 1. FC Köln

zurecht. Roger van Gool, rechtfertigte die Million, für die er ein Jahr zuvor gekommen war. Toni Schumacher hielt seinen Kasten sauber, und Mittelstürmer Dieter Müller traf 24 Mal. Kölns Spezialität waren scharf angeschnittene, auf den ersten Pfosten gezogene Eckbälle von Flohe mit eingebauter Torgarantie. Die wurden entweder direkt ins Tor oder an den zweiten Pfosten verlängert. Zwei Punkte Vorsprung hatten die Rheinländer auf die „Fohlen", als am 31. Spieltag Frankfurt im Müngersdorfer Stadion zu Gast war. Bernd Hölzenbein sorgte mit seinem Treffer zum 1:0 für den Sieg der Eintracht und Punktgleichheit an der Tabellenspitze. Das Herzschlagfinale mit seinem unrühmlichen Düsseldorfer Höhepunkt war eingeleitet. *Bodo Höche*

Kölner Stadt-Anzeiger

Rot-weiß und blau in St. Pauli

Der Hamburger S-Bahn-Zug vibrierte unter den Füßen einer stampfenden Kölner Hundertschaft. „Links eröm und rechs eröm, jeder föhlt sich wohl he in dem Jewöhl", klang es aus den mit Bier schon stark angefeuchteten Kehlen, und dann wurde zur Melodie des bekannten Karnevalsschlagers weiter improvisiert: „Wenn der Flohe mit dem Müller dann im Strafraum tanzt." (...) Doch die Hamburger ließen sich nicht provozieren. Sie reagierten mit mit kühlem nordischen Gleichmut und warfen höchstens aus den Augenwinkeln indignierte Blicke auf die rheinischen Invasoren.

Der Kölner Stadtanzeiger am 01.05.78

Erfüllten die Kölner Sehnsucht nach der Schale: Thomas Kroth, Norbert Schmitz, Harald Konopka, Glowacz, Karl-Heinz Flohe, Präsident Peter Weiand, Trainer Hennes Weisweiler, Herbert Neumann, Bernd Cullmann, Holger Willmer, Yasuhiko Okudera, Jürgen Mohr, Dieter Müller, Betreuer Rolf Herings, Hennes Löhr, Herbert Zimmermann, Klaus Kösling, Dieter Prestin, Herbert Hein, Roland Gerber, Gerhard Strack, Bernd Schuster, Roger van Gool, Harald Schumacher, Gerald Ehrmann, Stefan Engels, Jürgen Willkomm (von oben links)

Abstiegskampf auf Bayern-Art

Abschlusstabelle									Heim-Bilanz					Auswärts-Bilanz				
	Mannschaft	Sp	g.	u.	v.	Tore	Diff.	Punkte	g.	u.	v.	Tore	Punkte	g.	u.	v.	Tore	Punkte
1	1. FC Köln	34	22	4	8	86:41	+45	48:20	14	1	2	58:20	29:5	8	3	6	28:21	19:15
2	Borussia Mönchengladbach	34	20	8	6	86:44	+42	48:20	13	2	2	52:22	28:6	7	6	4	34:22	20:14
3	Hertha BSC Berlin	34	15	10	9	59:48	+11	40:28	12	5	0	38:16	29:5	3	5	9	21:32	11:23
4	VfB Stuttgart	34	17	5	12	58:40	+18	39:29	14	2	1	42:11	30:4	3	3	11	16:29	9:25
5	Fortuna Düsseldorf	34	15	9	10	49:36	+13	39:29	12	4	1	34:13	28:6	3	5	9	15:23	11:23
6	MSV Duisburg	34	15	7	12	62:59	+3	37:31	11	4	2	40:19	26:8	4	3	10	22:40	11:23
7	Eintracht Frankfurt	34	16	4	14	59:52	+7	36:32	12	1	4	42:23	25:9	4	3	10	17:29	11:23
8	1. FC Kaiserslautern	34	16	4	14	64:63	+1	36:32	13	1	3	38:17	27:7	3	3	11	26:46	9:25
9	FC Schalke 04	34	14	6	14	47:52	-5	34:34	13	1	3	33:15	27:7	1	5	11	14:37	7:27
10	Hamburger SV	34	14	6	14	61:67	-6	34:34	9	4	4	34:24	22:12	5	2	10	27:43	12:22
11	Borussia Dortmund	34	14	5	15	57:71	-14	33:35	9	4	4	36:24	22:12	5	1	11	21:47	11:23
12	Bayern München	34	11	10	13	62:64	-2	32:36	11	3	3	43:22	25:9	0	7	10	19:42	7:27
13	Eintracht Braunschweig	34	14	4	16	43:53	-10	32:36	12	3	2	32:15	27:7	2	1	14	11:38	5:29
14	VfL Bochum	34	11	9	14	49:51	-2	31:37	10	4	3	28:11	24:10	1	5	11	21:40	7:27
15	Werder Bremen	34	13	5	16	48:57	-9	31:37	12	2	3	38:19	26:8	1	3	13	10:38	5:29
16	TSV 1860 München	34	7	8	19	41:60	-19	22:46	5	6	6	25:22	16:18	2	2	13	16:38	6:28
17	1. FC Saarbrücken	34	6	10	18	39:70	-31	22:46	4	8	5	24:23	16:18	2	2	13	15:47	6:28
18	FC St. Pauli	34	6	6	22	44:86	-42	18:50	5	5	7	28:33	15:19	1	1	15	16:53	3:31

Als Aufsteiger 1860 München am 15. Spieltag im ausverkauften Münchner Olympiastadion auf den großen FC Bayern traf, hatten die Löwen noch kein Spiel gewonnen und sich mit Mühe und Not drei Unentschieden erkämpft. Zur Halbzeit stand es denn auch standesgemäß 1:0 für die Bayern durch einen Rummenigge-Treffer. Doch Herbert Scheller (46.), Alfred Kohlhäufl (84.) und noch einmal Scheller in der 90. Minute bogen das Spiel noch um.

Am Ende des Tages feierten die Löwen ihren ersten Sieg in der Liga und die Bayern fanden sich nach der vierten Niederlage in Folge auf dem 15. Tabellenplatz wieder. Doch es sollte noch schlimmer kommen. Am 26. November 1977 verloren die Bayern auch das 16. Saisonspiel in Frankfurt mit 0:4 und standen plötzlich auf einem Abstiegsplatz. Fünf Tage später feuerte Präsident Neudecker Trainer Dettmar Cramer und verpflichtete den Ungarn Guyla Lorant. Vom neuen Besen dirigiert, fegten die Bayern am folgenden Spieltag den 1. FC Kaiserslautern mit 4:2 aus dem Olympiastadion. Und gingen auf einem Nichtabstiegsplatz in die Winterpause. Dennoch landeten die Bayern am Ende der Serie nur auf dem zwölften Rang. Die schlechteste Platzierung in ihrer Bundesligageschichte. Aber wenigstens hatten sie den Super-GAU, den Abstieg, vermieden. Den Sechzigern gelang das nicht mehr. Zu abgeschlagen waren die „Blauen" bereits nach der Vorrunde. Der erste Wiederaufstieg nach dem Abstieg 1970 endete für den Traditionsverein da, wo er hergekommen war – in Liga zwei. Noch dramatischer gestaltete sich das Abenteuer Bundesliga für den Mitaufsteiger vom Kiez. 18. und Letzter wurde der FC St. Pauli. Der einzige Aufsteiger, der sich halten konnte, war der nach zwei Jahren Abstinenz wieder ins Oberhaus gekletterte VfB Stuttgart. Karl-Heinz Förster, Herrmann Ohlicher, Hansi Müller, Dieter Hoeneß und Co. erspielten und erkämpften sich unter Trainer Jürgen Sundermann einen hervorragenden vierten Platz.

Torjäger

1.	Dieter Müller	1. FC Köln	24
	Gerd Müller	Bayern München	24
3.	Klaus Toppmöller	1. FC Kaiserslautern	21
4.	M. Burgsmüller	Borussia Dortmund	20
	Klaus Fischer	Schalke 04	20
6.	Jupp Heynckes	Borussia M'gladbach	18
7.	Karl-H. Granitza	Hertha BSC Berlin	17
	Allan Simonsen	Borussia M'gladbach	17
9.	Franz Gerber	FC St. Pauli	16
	Rudolf Seliger	MSV Duisburg	16

„Ha-Ha-Ha-Ha-Es-Vau“

Dramatische Szenen statt der avisierten Meisterschaftsfeier am letzten Spieltag: Der Versuch, das Spielfeld zu stürmen, endete vielfach im Zaun. Schwere Verletzungen waren die Folge

Der HSV gewinnt die erste Meisterschaft seit 1960. Und die Fans ruinieren die Party

Man konnte den Song unmöglich nicht gehört haben: „Wer wird deutscher Meister? Ha-Ha-Ha-Ha-Es-Vau“, den Refrain des Gassenhauers kannte im Mai 1979 wirklich jedes Kind. Die euphorische Anhängerschar des HSV trug das ihrige dazu bei, die Botschaft im ganzen Land lautstark zu verbreiten.

Hauptsächlich verantwortlich für die hanseatische Hybris: Günter Netzer. Der ehemalige Mittelfeldstratege der Gladbacher Borussia war – nachdem er seine Laufbahn bei den Grashoppers Zürich hatte ausklingen lassen – Anfang 1978 in Hamburg aufgetaucht. Eigentlich in der Absicht, die Stadionzeitung in Hamburg zu übernehmen. Aber Präsident Paul Benthien bot ihm die gerade von Dr. Peter Krohn zwangsweise verlassene Manager-Stelle an. Nach kurzer Bedenkzeit sagte Netzer zu.

Er fand eine Mannschaft vor, die mit großen Hoffnungen in die Spielzeit 1977/78 gestartet und dann eingebrochen war. 1977 hatte der HSV den Europapokal der Pokalsieger durch ein 2:0 gegen den RSC Anderlecht geholt. Ein paar Monate später war man gegen den gleichen Club im Achtelfinale des Europapokals ausgeschieden. Gegen den FC Liverpool verlor man das Rückspiel um den europäischen Supercup mit 0:6. Obwohl mit Kevin Keegan inzwischen eine der Säulen des Vorjahresteams der Reds beim HSV spielte. Der Transfer der „Mighty Mouse“, so der Spitzname des kleinen Superstars, war der größte Coup von Netzers Vorgänger Krohn und gleichzeitig auch Symbol seines Scheiterns. Krohns Maxime: „Hollywood ist tot. Es muss Ersatz her, zum Beispiel Fußball.“ Sein Plan: Fußball als Show inszenieren. Und Keegan war Teil dieses Vorhabens. Doch „Mighty Mouse“ war in Hamburg zunächst eher ein ohnmächtiges Mäuschen – innerhalb der Mannschaft isoliert und unfähig, an seine große Zeit an der Anfield Road anzuknüpfen.

Als der HSV am 22. Oktober 1977 zuhause gegen den 1. FC Saarbrücken mit 1:2 verlor, war es um Dr. Peter Krohn geschehen. Auch Trainer Rudi Gutendorf musste gehen. Assistenztrainer Arkoc Özcan übernahm die Mannschaft.

Günter Netzer kam wenig später und zog am Ende der Saison einen Schlussstrich unter die Ära Krohn. Die Leistungsträger Georg Volkert, Ferdinand Keller und Arno Steffenhagen mussten gehen. Sie waren zu satt, befand Netzer. Es kamen die Mittelfeldspieler Jimmy Hartwig von 1860 München, Bernd Wehmeyer von Hannover 96 und das zukünftige Kopfballungeheuer Horst Hrubesch von Rot-Weiß Essen. Besonders umstritten war die Verpflichtung Hrubeschs. Dortmund und Bochum hatten den gelernten Dachdecker nicht haben wollen: zu übergewichtig, zu ungelenk lautete jeweils die Begründung. Netzer ließ sich nicht beirren und verpflichtete den Hünen. Ein Baustein des Netzerschen Masterplans fehlte noch: ein neuer, ein großer Trainer.

Wunschkandidat Ernst Happel konnte und wollte nicht. Netzer entschied sich für Branko Zebec. Der Jugoslawe hatte die Bayern 1969 zur ersten Meisterschaft nach 1932 geführt – mit nüchternem, diszpliniertem, ausschließlich am Erfolg orientierten Fußball. Das gleiche Konzept verfolgte Zebec auch in Hamburg – der Paradigmenwechsel war vollzogen. Von wegen

Nachfahren der Rocker

War das, was da am Samstag im Hamburger Volksparkstadion geschah, Ausdruck von Siegesfreude, ein Zeichen überschwenglicher Fußballbegeisterung? Mit Sicherheit nicht. Der Fußball diente zu nichts mehr als einem Tarnmantel, unter dem sich ganz andere Absichten verbergen. Das, was sich als „Fan-Unwesen“ seit Jahren in und um unsere Stadien ausbreitet und in Hamburg zu einem neuen, traurigen Höhepunkt eskalierte, hat mit Sport, mit Fußball nichts zu tun. Denn diese oft betrunkenen, immer aber absichtlich gewalttätigen Horden wollen ja überhaupt kein Fußballspiel sehen, sondern sich austoben. (...) Die Nachfahren der Rockerbanden, die sich einst ihre Kraft damit bewiesen, alte Menschen in Parks und Straßen zu terrorisieren, haben ihr Kampffeld nun in die Stadien, vor und nach den Spielen in Züge, Busse und Einkaufsstraßen verlegt.

Der kicker am 11.06.1979

kicker Sportmagazin

Beendeten die 19 Jahre währende Hamburger Durststrecke: Ivan Buljan, Uwe Beginski, Horst Hrubesch, Ditmar Jakobs, Caspar Memering, Holger Hieronymus, Aleksandar Ristic, Manfred Kaltz, Willi Reimann, Thomas Bliemeister, Felix Magath, Kevin Keegan, Jimmy Hartwig, Peter Nogly, Branko Zebec, Betreuer Freytag, Peter Hidien, Hans-Günther Plücken, Jürgen Stars, Rudi Kargus, Bernd Wehmeyer, Uwe Gorski, Herrmann Rieger (von links oben)

Kallis eifrige Gipfelstürmer

Abschlusstabelle									Heim-Bilanz					Auswärts-Bilanz				
	Mannschaft	Sp	g.	u.	v.	Tore	Diff.	Punkte	g.	u.	v.	Tore	Punkte	g.	u.	v.	Tore	Punkte
1	Hamburger SV	34	21	7	6	78:32	+46	49:19	13	3	1	50:13	29:5	8	4	5	28:19	20:14
2	VfB Stuttgart	34	20	8	6	73:34	+39	48:20	14	2	1	45:8	30:4	6	6	5	28:26	18:16
3	1. FC Kaiserslautern	34	16	11	7	62:47	+15	43:25	13	3	1	41:16	29:5	3	8	6	21:31	14:20
4	Bayern München	34	16	8	10	69:46	+23	40:28	11	4	2	44:17	26:8	5	4	8	25:29	14:20
5	Eintracht Frankfurt	34	16	7	11	50:49	+1	39:29	12	3	2	34:19	27:7	4	4	9	16:30	12:22
6	1. FC Köln	34	13	12	9	55:47	+8	38:30	8	6	3	32:21	22:12	5	6	6	23:26	16:18
7	Fortuna Düsseldorf	34	13	11	10	70:59	+11	37:31	10	6	1	47:23	26:8	3	5	9	23:36	11:23
8	VfL Bochum	34	10	13	11	47:46	+1	33:35	7	6	4	26:19	20:14	3	7	7	21:27	13:21
9	Eintracht Braunschweig	34	10	13	11	50:55	-5	33:35	8	7	2	26:14	23:11	2	6	9	24:41	10:24
10	Borussia Mönchengladbach	34	12	8	14	50:53	-3	32:36	9	3	5	34:26	21:13	3	5	9	16:27	11:23
11	Werder Bremen	34	10	11	13	48:60	-12	31:37	8	7	2	34:23	23:11	2	4	11	14:37	8:26
12	Borussia Dortmund	34	10	11	13	54:70	-16	31:37	10	5	2	33:16	25:9	0	6	11	21:54	6:28
13	MSV Duisburg	34	12	6	16	43:56	-13	30:38	10	3	4	27:21	23:11	2	3	12	16:35	7:27
14	Hertha BSC Berlin	34	9	11	14	40:50	-10	29:39	7	5	5	26:20	19:15	2	6	9	14:30	10:24
15	FC Schalke 04	34	9	10	15	55:61	-6	28:40	7	6	4	36:26	20:14	2	4	11	19:35	8:26
16	Arminia Bielefeld	34	9	8	17	43:56	-13	26:42	6	6	5	23:19	18:16	3	2	12	20:37	8:26
17	1. FC Nürnberg	34	8	8	18	36:67	-31	24:44	7	6	4	24:24	20:14	1	2	14	12:43	4:30
18	SV Darmstadt 98	34	7	7	20	40:75	-35	21:47	6	4	7	25:31	16:18	1	3	13	15:44	5:29

Nach fünf Jahren Dauerpräsenz im Titelkampf, war Mönchengladbach 1978/79 das erste Mal nicht dabei. Zu viel Substanz hatte das Team in den vergangenen Jahren verloren. Vor der Saison war Rainer Bonhof zum FC Valencia gewechselt. Berti Vogts hatte das Ende seiner Karriere zum Saisonende angekündigt. Er trat mit einem Titel ab: Die Borussia gewann das UEFA-Pokalfinale gegen Roter Stern Belgrad, und Vogts prophezeite, dass dies für lange Zeit der letzte Titel der Fohlenelf gewesen sei. Er sollte Recht behalten. In der Liga bestimmten jetzt andere die Pace: der Hamburger SV, der VfB Stuttgart und die Überraschungsmannschaft der Saison, der 1. FC Kaiserslautern. Karl-Heinz Feldkamp trainierte die Pfälzer seit Saisonbeginn. Und seine erste Station als Cheftrainer in der Bundesliga entwickelte sich prächtig. Der schwedische Nationaltorhüter Ronnie Hellström, der ehemalige Zehnkämpfer Hans-Peter Briegel (die Walz aus der Pfalz), Hannes Bongartz, Rainer Geye und Klaus Topmöller setzten an zum Gipfelsturm, wurden Herbstmeister und lagen auch nach der 0:3-Niederlage beim HSV am 25. Spieltag noch mit einem Punkt Vorsprung an der Tabellenspitze. Erst ab dem 27. Spieltag ging es abwärts. Von den letzten acht Spielen gewann der FCK eins, vier wurden verloren. Dennoch war der dritte Platz die bis dahin beste Platzierung der roten Teufel in der Bundesligageschichte.
Es gab nur noch eine Mannschaft, die den HSV auf der Zielgeraden hätte abfangen können. Doch ausgerechnet der schwächelnde Vorjahresmeister, der 1. FC Köln, bremste den VfB Stuttgart auf den letzten Metern aus. Mit einem 4:1 im Neckarstadion beendeten die Domstädter am 33. Spieltag alle Hoffnungen der Schwaben und machten den HSV vorzeitig zum Meister.

Torjäger

1.	Klaus Allofs	Fortuna Düsseldorf	22
2.	Klaus Fischer	Schalke 04	21
3.	Rüdiger Abramczik	Schalke 04	18
4.	Kevin Keegan	Hamburger SV	17
	Klaus Toppmöller	1. FC Kaiserslautern	17
6.	Dieter Hoeneß	VfB Stuttgart	16
	Harald Nickel	Eintracht Braunschweig	16
8.	M. Burgsmüller	Borussia Dortmund	15
9.	K.-H. Rummenigge	Bayern München	14
	Georg Volkert	VfB Stuttgart	14

Hollywood: Der HSV spielte keinen attraktiven, dafür aber einen äußerst erfolgreichen Fußball und hatte in Kevin Keegan den überrageden Spieler der Saison. Endlich integriert in die Mannschaft, entfaltete der Engländer nach einem Jahr Anlaufschwierigkeiten sein ganzes Können, war der Antreiber des HSV-Spiels und erzielte 17 Tore. Horst Hrubesch traf 13 Mal, bestrafte die Aussagen seiner Kritiker mit gekonnten Vorlagen für seine Mitspieler und lobte seinen Trainer: „Ich habe unter Herrn Zebec sehr viel dazu gelernt."
Nach dem 1:2 am 20. Spieltag beim VfL Bochum verloren die Hamburger 13 Spiele lang nicht mehr. 23:3 Punkte holten sie in dieser Phase und am 23. Spieltag schickten sie den Titelverteidiger aus Köln vor 62.000 begeisterten Zuschauern mit 6:0 nach Hause. Ausgerechnet zur Meisterschaftsfeier am 34. Spieltag verloren die Hamburger wieder einmal. Doch das 1:2 gegen die Münchner Bayern störte niemanden mehr – den Titel hatte der HSV schon vorher klargemacht. Die Westkurve sang ohne Unterlass das unvermeidliche Lied vom Ha-Ha-Ha-Ha-Es-Vau und machte sich nach dem Schlusspfiff auf, das Spielfeld zu stürmen. Zu dumm, dass der Zaun im Weg war. 71 teilweise schwer verletzte Fans wurden in die Hamburger Krankenhäuser gebracht. Kapitän Peter Nogly erreichte mit viel Mühe, ohne Trikot, Schuhe, Strümpfe, zerkratzt und erschöpft die Kabine. Immerhin: Die Schale hatte er sich nicht abnehmen lassen. *Bodo Höche*

Der blonde Engel

Auf dem Platz war Bernd Schuster ein Naturtalent – abseits des grünen Rasens weniger

Engelchen“ - so nannte Gaby Schuster ihren sieben Jahre jüngeren Ehemann Bernd. Klar, dass ihn seine Mannschaftskameraden beim 1. FC Köln damit aufzogen. In der Domstadt hielt man den blonden Jüngling gegen Ende seiner Dienstzeit beim FC eher für den Gegenspieler der himmlischen Wesen. Wobei man die Hauptschuld für seine Querulanz dem „Teufelsweib“ an seiner Seite gab. Von den falschen Leuten beraten – bei Bernd Schuster war damit hauptsächlich seine Ehefrau und Managerin Gaby gemeint. Auf dem Platz fehlte Schuster zumindest ein typischerweise teuflisches Merkmal: Einen Klumpfuß hatte er nun wirklich nicht. Ob rechte oder der linke Klebe, mit dem Ball konnte der Junge umgehen, der 1978 als 18-Jähriger vom FC Augsburg zum 1. FC Köln wechselte. Bernd Schuster war einer dieser Spieler, von denen es in Deutschland in einer Generation gerade mal einen gibt. Bernd Schuster konnte das Spiel lesen, konnte mit seiner Extraklasse eine Partie ganz alleine entscheiden. Bernd Schuster war der legitime Nachfolger von Franz Beckenbauer. Doch obwohl er eine glänzende Karriere hinlegte, die deutsche Nationalmannschaft 1980 in Italien zum Europameistertitel, den FC Barcelona 1985 zur ersten spanischen Meisterschaft nach elf Jahren führte, bei Real Madrid für neuen Glanz sorgte – ein echter Weltstar, ein neuer Beckenbauer, wurde Schuster nie. Er war so genial wie schwierig, so begabt wie sensibel. Einer, der heute dieses und morgen jenes behauptete. Mal fühlte er sich in Köln zuhause, wenig später gab er von sich, in Köln nicht mehr leben zu können. Ein echter Querkopf eben.

Bernd Schuster im Dress des 1. FC Köln. Nur zwei Jahre hielt es den besten deutschen Spieler der 80er in der Bundesliga

1993 kehrte Schuster in die Bundesliga zurück. Und auch in Leverkusen sorgte er für beides: große Spiele und viel Aufregung

Das Drama „Schuster“ begann eigentlich schon, als er den Vertrag bei den Kölnern unterschrieb. Kurz zuvor war er sich bereits mit Borussia Mönchengladbach handelseinig gewesen und hatte Gladbachs Manager Helmut Grashoff mit seiner Unterschrift beglückt. Der bestand auf Vertragserfüllung. Der Fall landete vor dem Kadi. Und auch wenn Schuster letztendlich keinen Schadensersatz leisten musste, der Makel des Vertragsbruchs blieb. Zwei Jahre später sollte es der 1. FC Köln sein, der mit seinem exzentrischen Jungstar Probleme bekam.

Zunächst aber schien es, als hätten die Kölner mit Schuster die Zukunft gekauft. Unter Hennes Weisweiler schlüpfte er immer mehr in die Rolle des Spielgestalters. Schuster spielte groß auf und gab mit 19 Jahren sein Debüt in der Nationalelf. Und in der Saison 79/80 war der 1. FC Köln ein Titelanwärter – nicht zuletzt ein Verdienst Bernd Schusters. Doch dann kündigte sein Ziehvater Weisweiler an, noch im April zu Cosmos New York zu wechseln. Er hatte sich mit Präsident Weiand verkracht. Fortan machte Schuster Probleme. Als die Bayern im März 1980 nach Köln kamen, wurde seine Unzufriedenheit erstmals öffentlich. Die Kölner verloren das wichtige Spiel mit 2:4, aber für mindestens genauso viel Verdruss sorgte Bernd Schuster. Er wolle zu den Bay-

Kölner Stadt-Anzeiger

Zwischenruf

Über den Fall Schuster, der seit ein paar Wochen nicht nur die Kölner Fußballfans erregt, wird in den nächsten Tagen wohl das vorerst letzte Kapitel geschrieben. Wohin immer der Weg dieses noch unerfahrenen jungen Mannes führt, seine sportliche Zukunft muss ungewiss bleiben. Beraten von Personen, die ihm das Nachdenken offenbar gänzlich abnehmen, hat sich der nicht zuletzt auch durch den Erfolg der Nationalmannschaft überbewertete Spieler zwischen etliche Stühle gesetzt.
Ob der Junge, der von seiner Frau „Engelchen“ gerufen wird und von den Kollegen entsprechend gefoppt wurde, Mitleid verdient - weil er ja selbst so wenig nachdenkt -, ist eine Frage, die innerhalb der FC-Mannschaft strikt verneint wird. Es müsste Bernd Schuster zu denken geben, dass ihm beim 1. FC Köln niemand mehr eine Träne nachweint, wenn er demnächst seinen Abschied nimmt. (...)
Bernd Schuster hat sich mit seinem Verhalten in der nahen Vergangenheit selbst ins Abseits gestellt. Jene, die ihn da herausholen, kaufen gewiss ein paar Fragezeichen mit.
Der Kölner Stadtanzeiger am 11.10.1980

ern. Lieber heute als morgen. Mit der Kölner Mentalität käme er einfach nicht klar. „Von einem unzufriedenen Spieler hat der FC doch nichts." Es gäbe schon ein Angebot. Bayern-Manager Uli Hoeneß bestätigte das. Von zwei Millionen DM Ablöse war die Rede. Er forderte den 1. FC Köln auf, sich einsichtig zu zeigen – all dies in der entscheidenden Meisterschaftsphase, in der der 1. FC Köln, der HSV und eben die Bayern um die Meisterschaft rangen. Kölns Präsident Peter Weiand sprach von „Raubrittertum", pochte auf Vertragserfüllung und weigerte sich, den Hoffnungsträger freizugeben. Schuster blieb.

Es folgte die Europameisterschaft 1980, und Schusters Stern strahlte heller als je zuvor. Jetzt wollten sie ihn alle: der FC Barcelona, Real Madrid und auch Cosmos New York. Erneut weigerten sich die Kölner. Aber Köln war zu Beginn der Saison 1980/81 in eine tiefe Krise geschlittert und Trainer Karl-Heinz Heddergott fühlte sich alsbald genötigt, seinen aufmüpfigen Star zu suspendieren. Es wurde immer offensichtlicher, dass der FC ohne Schuster nicht richtig, mit ihm in der Mannschaft aber gar nicht mehr konnte. Man beschloss, Schuster zu verkaufen. Nach New York, zurück in Weisweilers Schoß – dies schien zunächst die wahrscheinlichste Variante. Doch der Deal mit den Amerikanern platzte. Schuster ging schließlich für 3,6 Millionen Mark zum FC Barcelona. Deutschland war das Teufelchen los – und einen Fußballgott ärmer. *Bodo Höche*

Nach sechs Jahren Pause hievten sie den FC Bayern München wieder an die Spitze: Dieter Hoeneß, Karl-Heinz Rummenigge, Paul Breitner, Klaus Augenthaler, Walter Junghans, Wolfgang Dremmler, Präsident Willi O. Hoffmann (hinten, von links), Hans Weiner, Udo Horsmann, Norbert Janzon, Bernd Dürnberger, Kurt Niedermayer (vorne, von links)

Mit Breitnigge zum Titel

Abschlusstabelle									Heim-Bilanz					Auswärts-Bilanz				
	Mannschaft	Sp	g.	u.	v.	Tore	Diff.	Punkte	g.	u.	v.	Tore	Punkte	g.	u.	v.	Tore	Punkte
1	Bayern München	34	22	6	6	84:33	+51	50:18	14	2	1	54:12	30:4	8	4	5	30:21	20:14
2	Hamburger SV	34	20	8	6	86:35	+51	48:20	15	1	1	54:10	31:3	5	7	5	32:25	17:17
3	VfB Stuttgart	34	17	7	10	75:53	+22	41:27	11	3	3	44:18	25:9	6	4	7	31:35	16:18
4	1. FC Kaiserslautern	34	18	5	11	75:53	+22	41:27	13	3	1	49:16	29:5	5	2	10	26:37	12:22
5	1. FC Köln	34	14	9	11	72:55	+17	37:31	9	5	3	47:26	23:11	5	4	8	25:29	14:20
6	Borussia Dortmund	34	14	8	12	64:56	+8	36:32	11	4	2	43:21	26:8	3	4	10	21:35	10:24
7	Borussia Mönchengladbach	34	12	12	10	61:60	+1	36:32	9	7	1	40:24	25:9	3	5	9	21:36	11:23
8	FC Schalke 04	34	12	9	13	40:51	-11	33:35	9	4	4	22:17	22:12	3	5	9	18:34	11:23
9	Eintracht Frankfurt	34	15	2	17	65:61	+4	32:36	11	1	5	45:26	23:11	4	1	12	20:35	9:25
10	VfL Bochum	34	13	6	15	41:44	-3	32:36	9	5	3	24:13	23:11	4	1	12	17:31	9:25
11	Fortuna Düsseldorf	34	13	6	15	62:72	-10	32:36	10	2	5	45:31	22:12	3	4	10	17:41	10:24
12	Bayer 04 Leverkusen	34	12	8	14	45:61	-16	32:36	11	5	1	30:14	27:7	1	3	13	15:47	5:29
13	TSV 1860 München	34	10	10	14	42:53	-11	30:38	9	4	4	28:16	22:12	1	6	10	14:37	8:26
14	MSV Duisburg	34	11	7	16	43:57	-14	29:39	7	5	5	26:16	19:15	4	2	11	17:41	10:24
15	KFC Uerdingen 05	34	12	5	17	43:61	-18	29:39	11	1	5	31:24	23:11	1	4	12	12:37	6:28
16	Hertha BSC Berlin	34	11	7	16	41:61	-20	29:39	9	4	4	24:18	22:12	2	3	12	17:43	7:27
17	Werder Bremen	34	11	3	20	52:93	-41	25:43	10	2	5	39:32	22:12	1	1	15	13:61	3:31
18	Eintracht Braunschweig	34	6	8	20	32:64	-32	20:48	6	5	6	23:21	17:17	0	3	14	9:43	3:31

Breitnigge. So lautete die Formel, mit der die Bayern nach sechsjähriger Abstinenz erstmals wieder den deutschen Fußballthron bestiegen. Nach seiner Zeit in Madrid und einem Jahr in Braunschweig war Paul Breitner wieder an die Isar zurückgekehrt. Zusammen mit Karl-Heinz Rummenigge, der die Torjägerkanone ergatterte und zu „Europas Fußballer des Jahres" gewählt wurde, bildete er das neue Traumduo der Münchener. Breitnigge war geboren. Trainer Pal Csernai schaffte es, die Cliquenwirtschaft in der Startruppe zu beenden und ein Team zu formen, das sein System, Pal-System genannt, eine Mischung aus agressiver Mann- und Raumdeckung gepaart mit Forechecking, mit Erfolg praktizierte.

Der große Verlierer der Saison war der Titelverteidiger, der HSV. Keegan, Kaltz und Co. lagen nach 32 Spieltagen noch auf Platz eins. Erst eine 1:2-Niederlage am vorletzten Spieltag in Leverkusen machte die Hoffnungen der Hamburger zunichte. Vier Tage später verloren sie auch noch das Endspiel im Landesmeistercup in Madrid gegen Nottingham Forrest mit 0:1 - nachdem sie im Halbfinale Real Madrid mit 5:1 auseinander genommen hatten. Trainer Branko Zebec machte Schlagzeilen durch seine Alkoholabhängigkeit, und Superstar Kevin Keegan zog es zurück auf die Insel.

Auch der 1. FC Köln rechnete sich lange Zeit gute Chancen aus, im Titelkampf ein Wörtchen mitzureden. Bis zum 22. Spieltag waren sie dicht dran am HSV und den Bayern. Zwei Heimspiele gegen die beiden Konkurrenten standen an. Beide verlor man unglücklich, gegen den HSV mit 2:3, gegen die Bayern mit 2:4. Aus dem Dreikampf war ein Zweikampf geworden.

In Mönchengladbach machte der 18-jährige Lothar Matthäus auf sich aufmerksam. In 28 Spielen schoss er vier Tore und bei der Europameisterschaft in Italien machte er gegen die Niederlande sein erstes Länderspiel.

Torjäger			
1.	K.-H. Rummenigge	Bayern München	26
2.	Horst Hrubesch	Hamburger SV	21
	Dieter Müller	1. FC Köln	21
4.	M. Burgsmüller	Borussia Dortmund	20
	Harald Nickel	Borussia M'gladbach	20
6.	Reiner Geye	1. FC Kaiserslautern	17
7.	Klaus Allofs	Fortuna Düsseldorf	16
	Dieter Hoeneß	Bayern München	16
9.	Friedhelm Funkel	Bayer Uerdingen	14
	Hans Müller	VfB Stuttgart	14

Lebenslänglich – vom S04 kommt man nicht mehr los. Einmal königsblau, immer königsblau. Und wenn es noch so weh tut ...

Schicht im Schacht

Eine Welt geht unter: Schalke steigt zum ersten Mal aus der Fußball-Bundesliga ab

Schalke", das hat einer seiner Präsidenten einmal gesagt, „ist ein wertvolles Gemälde, das von Generation zu Generation weitergereicht und immer in der guten Stube aufgehängt wird." So freilich kann man es wohl nur sehen, wenn man – und auch das hat Günter Siebert von sich behauptet – „den königsblauen Vereins-Bazillus quasi mit der Muttermilch in sich aufgesogen hat". Dann nämlich verliert man bisweilen den Blick für die Realität. Realität aber ist die sehr wechselvolle Geschichte des Traditionsclubs aus dem Kohlenpott: Der sportliche Abstieg gleich im zweiten Jahr nach Gründung der Bundesliga, der erst durch eine Entscheidung am „grünen Tisch" repariert wurde, gehört genauso zu den Negativerscheinungen wie das absichtlich verlorene Heimspiel gegen Arminia Bielefeld mit all seinen unrühmlichen Folgen. Der absolute Tiefpunkt kam im Juni 1981. Da stiegen die „Königsblauen", zusammen mit 1860 München und Bayer 05 Uerdingen, zum ersten Mal „richtig" ab. Ein bitterer Moment für alle Königsblau-Infizierten. Wie sehr und auf welch tragische Weise die Anhängerschar mit Schalke vernabelt ist, macht ein Blick in den Gelsenkirchener Polizeibericht vom 30. Mai deutlich. Schalke hatte beim 1:1 im Parkstadion gegen den 1. FC Nürnberg den Punkt verloren, der ihnen die letzte Hoffnung auf den Klassenverbleib nahm. Schweigend verließ die Menge die Arena. Ein 18-Jähriger war dermaßen aufgewühlt, dass er sich von der Fußgängerbrücke direkt gegenüber dem Stadion kopfüber auf die Straßenbahnschienen stürzte. Er starb am nächsten Tag im Krankenhaus. In seinen Taschen fanden die Beamten später einen Zettel, auf dem stand: „Schalke ist tot, da will auch ich nicht mehr leben ..."

Es passt irgendwie ins bizarre Bild Schalker Kontraste, dass Selbstmord und Abstieg an einem strahlend schönen Frühlingstag stattfanden. Und auch das mag belegen, wie schnell gerade in Schalke die Stimmungen umschlagen können: Nach dem letzten Meisterschaftsspiel der Saison, am 13. Juni nach der 1:2-Niederlage gegen den 1. FC Köln, durchbrachen Hunderte von Fans die Absperrungen. Sie stürmten den Rasen, feierten die Spieler und gaben ihrer Hoffnung Ausdruck: „Wir kommen wieder."

Klaus Fischer, der zum letzten Mal das Schalker Trikot trug und dann zum Gegner Köln wechselte, stand tränenüberströmt inmitten der Menge. Und fassungslos sagte er: „Die Lebenskraft dieses Vereins wird immer ungebrochen bleiben."

Schalke überstand das Abstiegsjahr, obwohl es schon vor Fischer zwei andere wichtige Leistungsträger aus finanzieller Not verkaufen musste: Rolf Rüssmann an Borussia Dortmund und Wolfram Wuttke an Borussia Mönchengladbach. Am Tag, nachdem diese Transfers vollzogen wurden, musste der damalige Vorsitzende Dr. Hans-Joachim Fenne Polizeischutz beantragen, weil sogar Morddrohungen bei ihm zu Hause eingegangen waren. Drei Jahre später, als der Club 1984 unter seiner Ägide nach direktem Wiederauf-, sofortigem Wiederab- und erneutem Aufstieg in die höchste Klasse zurückgekehrt war, wurde er auf einer Jahreshauptversammlung als „Retter des Vereins" fast in den Himmel gehoben. Er hatte die Finanzen des Vereins saniert und Manager Rudi Assauer kurz vor dem Ab-

Aus der Traum

Als Schalkes Libero Vilson Dzoni in der Schlussminute des Spiels gegen Nürnberg einen Volleyschuss ans Lattenkreuz jagte, zerstoben mit dem zurückspringenden Leder alle Schalker Hoffnungen auf den in den letzten Wochen so häufig beschworenen Klassenerhalt. Die letzte Chance im Spiel und wohl auch in dieser Saison war vergeben, was Schalkes Schatzmeister Dr. Ingo Westen zu der durchaus realistischen Äußerung veranlasste: Aus der Traum!

Im Spiel gegen Nürnberg, dem letzten einer Kette von Schicksalsspielen, spiegelte sich im Grunde eine ganze Saison wider. Um alles auf ein kurzes Fazit zu bringen: Erst wollten die Schalker nicht, und als sie wollten, konnten sie nicht ...

Die WAZ am 01.06.81

Meister: Bayern München

stieg 1981 verpflichtet. Auf Schalke dreht sich das Rad der Geschichte schneller und wohl auch leidenschaftlicher als anderswo. Weiterer lebender Beweis für diese These: Manager Assauer. Seine erste Amtszeit in Gelsenkirchen endete 1986. Als der umtriebige Präsident hinter Assauers Rücken Rolf Schafstall auf dem Trainersessel inthronisierte, zog der Manager selbst die Konsequenzen und ging. Auf Schalke war Assauer fortan persona non grata. „Eigentlich“, so sagt er heute, „hatte ich mit Schalke abgeschlossen.“ Als „Sonnenkönig“ Günter Eichberg Assauer 1993 wieder ins Revier holte, tat er dies gegen heftigsten Widerstand aus den eigenen Reihen. Eichberg und die 20 Millionen Mark Schulden, die er hinterließ, sind Geschichte. Assauer ist 2003 der unumschränkte Herrscher rund um die „Arena auf Schalke“. Doch wer weiß, was morgen ist. Die Zukunft ist unsicher. Das gilt für das gesamte Universum. Aber ganz besonders für und auf Schalke.

Schalke-Kenner *Bernd Weber* beschrieb im Sonderheft „25 Jahre Fußball-Bundesliga“der „Sport-Illustrierten“ die bizarre Welt dieses Vereins. Die Entwicklung danach wurde hinzugefügt.

Begräbnis erster Klasse: S04 wird zu Grabe getragen

Und täglich grüßt das Murmeltier. Meister Bayern München mit Fritz Scherer, Präsident Willi O. Hoffmann, Dr. Müller-Wohlfarth, Paul Breitner, Dieter Hoeneß, Karl-Heinz Rummenigge, Norbert Janzon, Udo Horsmann, Wolfgang Dremmler, Walter Junghans, Manfred Müller, Fan (hinten, von links), Bernd Dürnberger, Calle Del'Haye, Wolfgang Kraus, Hans Weiner, Klaus Augenthaler, Kurt Niedermayer, Reinhold Mathy, Hans Pflügler, Ludwig Trifellner

Bayern contra Beckenbauer

Abschlusstabelle									Heim-Bilanz					Auswärts-Bilanz				
	Mannschaft	Sp	g.	u.	v.	Tore	Diff.	Punkte	g.	u.	v.	Tore	Punkte	g.	u.	v.	Tore	Punkte
1	Bayern München	34	22	9	3	89:41	+48	53:15	13	4	0	57:18	30:4	9	5	3	32:23	23:11
2	Hamburger SV	34	21	7	6	73:43	+30	49:19	14	2	1	42:17	30:4	7	5	5	31:26	19:15
3	VfB Stuttgart	34	19	8	7	70:44	+26	46:22	15	1	1	45:19	31:3	4	7	6	25:25	15:19
4	1. FC Kaiserslautern	34	17	10	7	60:37	+23	44:24	12	4	1	39:18	28:6	5	6	6	21:19	16:18
5	Eintracht Frankfurt	34	13	12	9	61:57	+4	38:30	10	6	1	37:20	26:8	3	6	8	24:37	12:22
6	Borussia Mönchengladbach	34	15	7	12	68:64	+4	37:31	10	4	3	40:28	24:10	5	3	9	28:36	13:21
7	Borussia Dortmund	34	13	9	12	69:59	+10	35:33	9	6	2	47:30	24:10	4	3	10	22:29	11:23
8	1. FC Köln	34	12	10	12	54:55	-1	34:34	8	4	5	33:23	20:14	4	6	7	21:32	14:20
9	VfL Bochum	34	9	15	10	53:45	+8	33:35	5	8	4	25:20	18:16	4	7	6	28:25	15:19
10	Karlsruher SC	34	9	14	11	56:63	-7	32:36	7	8	2	33:20	22:12	2	6	9	23:43	10:24
11	Bayer 04 Leverkusen	34	10	10	14	52:53	-1	30:38	9	5	3	34:17	23:11	1	5	11	18:36	7:27
12	MSV Duisburg	34	10	9	15	45:58	-13	29:39	8	4	5	30:24	20:14	2	5	10	15:34	9:25
13	Fortuna Düsseldorf	34	10	8	16	57:64	-7	28:40	7	6	4	34:27	20:14	3	2	12	23:37	8:26
14	1. FC Nürnberg	34	11	6	17	47:57	-10	28:40	8	2	7	24:21	18:16	3	4	10	23:36	10:24
15	Arminia Bielefeld	34	10	6	18	46:65	-19	26:42	8	3	6	28:25	19:15	2	3	12	18:40	7:27
16	TSV 1860 München	34	9	7	18	49:67	-18	25:43	7	5	5	27:24	19:15	2	2	13	22:43	6:28
17	FC Schalke 04	34	8	7	19	43:88	-45	23:45	6	5	6	25:34	17:17	2	2	13	18:54	6:28
18	KFC Uerdingen 05	34	8	6	20	47:79	-32	22:46	8	3	6	28:26	19:15	0	3	14	19:53	3:31

Die ersten Wochen der neuen Saison hatten es in sich. In Köln probte Bernd Schuster den Aufstand, er wollte weg. Hennes Weisweiler, inzwischen Trainer bei Cosmos New York, sollte seinen Ziehsohn Schuster in den Big Apple lotsen - die Amerikaner wollten Ersatz für ihren Libero, denn Franz Beckenbauer zog es zurück in die Bundesliga. Schuster wechselte schließlich zum FC Barcelona. Beckenbauer ging zum HSV. Günter Netzer, alter Rivale Beckenbauers und Hamburgs Manager, hatte den Deal eingefädelt. Am 15. November 1980 war es soweit. In der 46. Minute wurde Franz Beckenbauer im Stuttgarter Neckarstadion eingewechselt. Der HSV verlor trotzdem 2:3. Bei den Hamburgern ging es in den nächsten Wochen turbulent zu: Am 18. Dezember musste Erfolgstrainer Branko Zebec gehen – der Alkohol. Co-Trainer Aleksandar Ristic übernahm das Training.

In der Meisterschaft lieferten sich die Bayern und der HSV lange Zeit ein Kopf-an-Kopf-Rennen. Die Münchener starteten imposant: 22:2 Punkte und ein 2:1-Sieg am achten Spieltag gegen den direkten Konkurrenten um den Titel. Dann mussten sie auf den Betzenberg, wo sie, wie Paul Breitner einmal scherzte, „die Punkte am besten gleich per Post hinschicken sollten“. 2:4 hieß es aus Bayern-Sicht. Der HSV war wieder dran.

Entschieden wurde das Duell am 25. Spieltag im Hamburger Volksparkstadion. Der HSV führte bereits mit 2:0, ein Fünf-Punkte-Vorsprung in der Tabelle war greifbar nahe. Karl-Heinz Rummenigge (67.) und Breitner (89.) machten noch den Ausgleich. „Wir haben den Sack nicht zugemacht“, sagte Beckenbauer später. Alles Kopfsache. Die Bayern nutzten den Schub des späten Glücks und die Verunsicherung der Hamburger und wurden doch noch Meister.

Torjäger			
1.	K.-H. Rummenigge	Bayern München	29
2.	M. Burgsmüller	Borussia Dortmund	27
3.	Klaus Allofs	Fortuna Düsseldorf	19
4.	Paul Breitner	Bayern München	17
	Horst Hrubesch	Hamburger SV	17
	Dieter Müller	1. FC Köln	17
	Kurt Pinkall	VfL Bochum	17
8.	Wilfried Hannes	Borussia M'gladbach	16
	Gerd-V. Schock	Arminia Bielefeld	16
	Arne-L. Økland	Bayer Leverkusen	16

Pitter, Eia, Bim und Bum

Die Zebras waren die Unabsteigbaren der 70er. 1982 waren sie schließlich doch dran

Ennatz. Was für ein Spitzname. Warum bloß riefen die Kollegen beim MSV nach „Ennatz", wenn sie ihren Kapitän Bernhard Dietz meinten? Spitznamen sind im Fußballgeschäft meist selbsterklärend. Das Duisburger Angriffsduo 1963/64, „Boss" Helmut Rahn und Werner Krämer, nannte man „Bim und Bum". Noch Fragen? Die Vize-Meisterschaft erreichte der Meidericher SV mit Hilfe dieser beiden in der ersten Bundesliga-Saison. Das hatte dem Duisburger Vorortverein niemand zugetraut. Noch im Frühjahr 1963 hatten die Mitbewerber um einen der letzten Plätze in der sich konstituierenden Bundesliga, Preußen Münster und Alemannia Aachen, lautstark protestiert: Der MSV sei wirtschaftlich wie sportlich nicht konkurrenzfähig. Der DFB könne gar nicht anders, als gegen den MSV zu entscheiden. Und auch die Kicker von Hamborn 07, die Hamborner Löwen, hatten etwas gegen den „Aufstieg" des Lokalrivalen und hielten im entscheidenden Spiel gegen die Zebras – so wurden die Meidericher schon früh ob ihrer blau-weiß-quer-gestreiften Trikots genannt – lange ein 1:1. Doch dann foulte Löwe Rolf Schafstall Werner „Eia" Krämer in der 89. Minute kurz vor der Strafraumgrenze. So zumindest hatte es der Schiedsrichter gesehen. Der Freistoß fiel nach Faustabwehr des Hamborner Torwarts und einem Nachschuss von der Strafraumgrenze Dieter „Pitter" Danzberg vor die Füße. „Pitter" hämmerte den Ball in die Maschen, die Fans stürmten den Platz und wenig später erhielt der Meidericher SV ein Telegramm vom DFB: „Ihrem Aufnahmeantrag in die Bundesliga wurde stattgegeben."
„Ennatz", „Pitter", „Eia" – Spitznamen so burschikos wie das Ruhrgebiet. Dass Werner Krämer „Eia" gerufen wurde, erklärt sich angeblich so: Ein Klassenkamerad zu Grundschulzeiten trieb den kleinen Werner so zur Weißglut, dass der den Provokateur mit einer Ladung weich gekochter Eier bedachte. Den Nachschub aus den Provianttaschen seiner Mitschüler organisierte er mit der nachdrücklichen Forderung: „Eia her, los Eia her!" Erst am 7. Januar 1967 wurde aus dem Vorortverein, aus dem Meidericher SV, ein echter Repräsentant der Stadt Duisburg. Die Vereinsoberen beschlossen die Umbenennung des Klubs in MSV Duisburg. Ein äußerst umstrittener Schritt, denn die lokalen Rivalitäten zwischen den Hamborner Löwen, dem Duisburger SV, dem TuS 48/99 Duisburg und den Meiderichern spielten zu dieser Zeit noch eine große Rolle.
1981/82 war der Name längst etabliert und der permanente Kampf des Traditionsvereins gegen den Abstieg triste Gewohnheit. Je tiefer das Ruhrgebiet in den 70ern in die Krise schlitterte, je grauer das Bild war, das seine stillgelegten Zechen abgaben, desto mehr versank auch so mancher Fußballklub in der allgemeinen Agonie. Übrig blieben vereinzelte Identifikationsfiguren, die mit ihrem unerschütterlichen Glauben an scheinbar überkommene Ideale beinahe schon wirkten wie Verkörperungen des Ritters aus der Mancha – Typen wie der „Ennatz", wie Bernhard Dietz. Ehrlichkeit, Loyalität, Maloche, Begriffe, für die der größte Duisburger Fußballspieler stand – und heute

Immer mit letztem Einsatz: Bernhard Dietz im April 1982 - den Abstieg vor Augen

Bio-Rhythmus

Bei den Bayern-Akteuren (...) herrschte nach dem 3:4 Begräbnisstimmung. Auch Dieter Hoeneß war eher zum Weinen zumute. Dabei war der Mittelstürmer Münchens bester Offensivspieler, köpfte zwei Tore und erfüllte damit exakt die Prognose, die ein Institut für Bio-Rhythmogramme für alle Spieler dieser Schlagerpartie erstellt hatte. (...) Dieter Hoeneß hatten die Bio-Rhythmiker ein „Superspiel" prophezeit und dem HSV-Keeper Uli Stein einen absoluten Tiefpunkt. Spätestens in jenem Augenblick, da Stein bei einem Hoeneß-Kopfball zum 3:1 den Torwartschnitzer des Jahres fabrizierte, mochten auch hartgesottene Zeitgenossen die Theorie vom Bio-Rhythmus nicht mehr als totalen Humbug abtun.
Der kicker am 26.04.1982

Meister: Hamburger SV

noch steht. 1970 kam er aus dem westfälischen Bockum-Hövel in die Wedau. Er war der Motor der tollen Duisburger Erfolge in den 70ern: Einzug ins Pokalfinale 1975, Einzug ins UEFA-Cup-Halbfinale 1979. Seinen größten sportlichen Triumph feierte er im Sommer 1980 als Kapitän der deutschen Nationalmannschaft. Deutschland wurde Europameister.

„Solange ich in Duisburg spiele, steigen wir nicht ab", hatte er einmal prophezeit. Und doch passierte es 1982. Am 31. Spieltag hatte der MSV „Dietzburg", wie der Klub zeitweise spöttisch genannte wurde, die letzte Chance, das drohende Unheil doch noch abzuwenden. Aber die Zebras verloren mit 1:2 in Leverkusen, der Abstieg war besiegelt. Dabei hatte der MSV extra einen Diplom-Psychologen engagiert. Ottmar Klauß sollte den Zaudernden eintrichtern, dass sie viel besser wären als Platz zwölf oder 13. Dietz hatte sofort Zweifel: „Da stellt sich ein Psychologe hin und behauptet, auf lange Sicht könnten wir sogar so gut wie die Bayern werden, wenn wir uns nur oft genug sagen würden: „Ich will den Pass gut spielen, ich will, ich will." Das hört sich ja alles sehr schön an. Nur: Den Pass muss ich ja auch täglich üben."

Dietz wechselte zum S04. Eigentlich eine Todsünde für einen Meidericher. Doch dem „Ennatz" nahmen die Fans nichts übel. Ein kleines Mädchen aus der Nachbarschaft hatte einst den Namen des noch nicht viel größeren Bernhard nicht richtig aussprechen können. Und ein Markenzeichen geprägt. *Bodo Höche*

Titelhamster Ernst Happel holt seine erste Trophäe in Deutschland mit Jimmy Hartwig, Uli Stein (verdeckt), Horst Hrubesch, Ditmar Jakobs, Felix Magath (verdeckt), Aleksandar Ristic, Lars Bastrup, Trainer Ernst Happel, Holger Hieronymus, Herrmann Rieger (hinten, von links), Jürgen Milewski, Jürgen Groh, Bernd Wehmeyer, Thomas von Heesen, Franz Beckenbauer, Michael Schröder (dahinter), Jupp Koitka, Zeugwart Mayer, Bernhard Scharold, Werner Dreßel (vorne, von links)

Showdown in München

Abschlusstabelle									Heim-Bilanz					Auswärts-Bilanz				
	Mannschaft	Sp	g.	u.	v.	Tore	Diff.	Punkte	g.	u.	v.	Tore	Punkte	g.	u.	v.	Tore	Punkte
1	Hamburger SV	34	18	12	4	95:45	+50	48:20	11	6	0	59:17	28:6	7	6	4	36:28	20:14
2	1. FC Köln	34	18	9	7	72:38	+34	45:23	13	2	2	43:12	28:6	5	7	5	29:26	17:17
3	Bayern München	34	20	3	11	77:56	+21	43:25	13	3	1	52:20	29:5	7	0	10	25:36	14:20
4	1. FC Kaiserslautern	34	16	10	8	70:61	+9	42:26	12	5	0	47:23	29:5	4	5	8	23:38	13:21
5	Werder Bremen	34	17	8	9	61:52	+9	42:26	11	4	2	36:17	26:8	6	4	7	25:35	16:18
6	Borussia Dortmund	34	18	5	11	59:40	+19	41:27	11	1	5	38:21	23:11	7	4	6	21:19	18:16
7	Borussia Mönchengladbach	34	15	10	9	61:51	+10	40:28	10	3	4	42:25	23:11	5	7	5	19:26	17:17
8	Eintracht Frankfurt	34	17	3	14	83:72	+11	37:31	14	1	2	56:26	29:5	3	2	12	27:46	8:26
9	VfB Stuttgart	34	13	9	12	62:55	+7	35:33	9	2	6	40:27	20:14	4	7	6	22:28	15:19
10	VfL Bochum	34	12	8	14	52:51	+1	32:36	10	5	2	33:18	25:9	2	3	12	19:33	7:27
11	Eintracht Braunschweig	34	14	4	16	61:66	-5	32:36	12	3	2	41:19	27:7	2	1	14	20:47	5:29
12	Arminia Bielefeld	34	12	6	16	46:50	-4	30:38	9	4	4	28:14	22:12	3	2	12	18:36	8:26
13	1. FC Nürnberg	34	11	6	17	53:72	-19	28:40	10	4	3	34:24	24:10	1	2	14	19:48	4:30
14	Karlsruher SC	34	9	9	16	50:68	-18	27:41	8	5	4	30:24	21:13	1	4	12	20:44	6:28
15	Fortuna Düsseldorf	34	6	13	15	48:73	-25	25:43	6	8	3	32:22	20:14	0	5	12	16:51	5:29
16	Bayer 04 Leverkusen	34	9	7	18	45:72	-27	25:43	6	5	6	20:23	17:17	3	2	12	25:49	8:26
17	SV Darmstadt 98	34	5	11	18	46:82	-36	21:47	4	6	7	27:37	14:20	1	5	11	19:45	7:27
18	MSV Duisburg	34	8	3	23	40:77	-37	19:49	8	1	8	28:26	17:17	0	2	15	12:51	2:32

Der Hamburger SV wartete mit einem neuen Trainer auf: Günter Netzer hatte seinen Wunschkandidaten Ernst Happel nach Hamburg geholt. Am 5. Spieltag besiegten die Hamburger den 1. FC Köln mit 3:1, am 12. den FC Bayern mit 4:1. Jeweils unter den Torschützen: Lars Bastrup. Der Däne, umsonst von Aarhus GF gekommen, war der einzige Neuzugang, der sich auf Anhieb in die Stammelf spielte und sich als ideale Ergänzung zum Kopfballgiganten Horst Hrubesch profilierte. Trotz des guten Hamburger Starts waren es zunächst die Kölner, die den Ton angaben.

Unter dem während der Katastrophensaison 80/81 geholten Rinus Michels mauserte sich Köln zum Titelanwärter. Toni Schumacher, Tony Woodcock, Pierre Littbarski und die für viel Geld verpflichteten Klaus Allofs und Klaus Fischer wurden Herbstmeister und fertigten am 10. Spieltag den Titelverteidiger aus München mit 4:0 ab. In der Rückrunde aber patzten die Kölner zu oft und fielen zunächst auf Platz drei zurück.

Die Bayern ihrerseits ließen sich durch die Niederlagen gegen die direkten Mitkonkurrenten um den Titel nicht entmutigen. Schließlich mussten sowohl der 1. FC Köln als auch der HSV in der Rückrunde ins Münchner Olympiastadion. Der erste Showdown am 27. Spieltag gegen die Kölner endete 1:1. Zwei Wochen später gingen Rummenigge, Breitner und Co. mit einem Punkt Rückstand in die vorentscheidende Partie gegen den HSV. In einem hochdramatischen Spiel vor 78.000 Zuschauern führten die Bayern nach 64 Minuten durch Treffer von Dieter Hoeneß (2) und Udo Horsmann mit 3:1. Die Partie schien gelaufen. Doch Thomas von Heesen und zwei Mal Hrubesch bogen das Spiel noch um. Und obwohl die Bayern nach dem Spiel vorgaben, noch an die Titelverteidigung zu glauben: Hrubeschs Siegtreffer in der 90. Minute hatte ihren Widerstand gebrochen. Am 26. Mai 1982 verloren sie auch noch das Endspiel im Landesmeistercup gegen Aston Villa mit 0:1.

Torjäger			
1.	Horst Hrubesch	Hamburger SV	27
2.	M. Burgsmüller	Borussia Dortmund	22
3.	Dieter Hoeneß	Bayern München	21
4.	Paul Breitner	Bayern München	18
	Uwe Reinders	Werder Bremen	18
6.	Ronald Worm	Eintracht Braunschweig	17
7.	Peter Cestonaro	Darmstadt 98	16
8.	Pierre Littbarski	1. FC Köln	15
	Norbert Meier	Werder Bremen	15
	Kurt Pinkall	Borussia M'gladbach	15

Der begnadete Schweiger von Hamburg

Typische Haltung, typischer Gesichtsausdruck: Selten hat man den ewig grübelnden Grantler Ernst Happel lächeln sehen

Ernst Happel – Grantler, Fußballphilosoph und Disziplinfanatiker. Ein Wiener erobert die Liga

Die Hamburger stritten sich noch heute. „Er hat sein Gesicht nicht verzogen", sagen die einen. „Doch, er hat den Anflug eines Lächelns gezeigt, so zwei Sekunden lang", schwören die anderen. Die Rede ist von Trainer Ernst Happel. Der Wiener Brummbär mit der Schwäche für Spielcasinos und grantig ausgestoßene Wortfetzen bescherte dem Hamburger SV das erfolgreichste Jahr seiner 96-jährigen Geschichte.
100.000 Zuschauer säumten die Straßen rund um die Moorweide im noblen Stadtteil Harvestehude, als die Beute der Spielzeit 1982/83 der Hamburger Öffentlichkeit präsentiert wurde. Die Stimmung erreichte ihren Höhepunkt, als Mannschaftskapitän Felix Magath die Meisterschale und – Sekunden später – den Europapokal der Landesmeister nach oben reckte. Und exakt in diesem Moment soll Ernst Happel kurz gelächelt haben. Sagen die einen …
Dem bärbeißigen Taktiker, dem großen Schweiger war es gelungen, den HSV nach seinen Vorstellungen zu formen. Zu Beginn der Spielzeit 81/82 holte Günter Netzer den Österreicher nach Hamburg. Gewarnt worden war der Manager des HSV vor dem verschrobenen Trainer, der sei ein ganz extremer Mensch, ein typischer Wiener, kurz: mit Vorsicht zu genießen. Doch Netzer ließ sich nicht abbringen von dem Plan, dem Hamburger Publikum etwas Neues zu bieten, den Fußball in der Bundesliga zu revolutionieren. Happel, das hieß Raumdeckung, und Abseitsfalle – Dinge, die man in Deutschland zu dieser Zeit allenfalls aus dem Fernsehen kannte, wenn die Spiele der holländischen Nationalmannschaft über den Bildschirm flimmerten. Eben jener Nationalmannschaft, die der Österreicher 1978 zum Vizeweltmeistertitel in Argentinien geführt hatte. Happel, das war Pressing: Wie beim Eishockey-Forechecking griffen Kaltz, Hartwig, Hieronymus & Co. den Gegner bereits in dessen Hälfte an, setzten ihn früh unter Druck und entfalteten einen schwungvollen Angriffswirbel. Happel, das hieß, lieber 3:5 zu verlieren als ein 1:1 zu ermauern. Das zumindest sagte Netzer einmal über seinen Trainer.
Happel, dem Leben durchaus zugewandt – seine nächtlichen Exkursionen an die Spieltische, seine Vorliebe für guten Wein und Zigarren waren allgemein bekannt – verlangte seinen Spielern preußische Disziplin ab. Ein „menschlicher Schleifer" – eine erfolgreiche Kombination. In seinem ersten Jahr holte Happel sofort den Meistertitel nach Hamburg und im UEFA-Cup scheiterte der HSV erst im Finale an IFK Göteborg. Ein Jahr darauf folgt der ganz große Triumph. Im Finale des Meistercups in Athen ist der HSV nur Außenseiter, Juventus Turin mit Dino Zoff im Tor, WM-Torschützenkönig Paolo Rossi und Superstar Michel Platini der klare Favorit. Happel hält die Spielbesprechung auf dem Golfplatz ab, ganz nebenbei. Dennoch: Der HSV ist selbstbewusst. Wer hat in der Bundesliga eine Serie von 36 Spielen ohne Niederlage hingelegt? Ein Rekord für die Ewigkeit. Felix Magath, dem damaligen Hamburger Spielmacher und heutigen Trainer des VfB Stuttgart, gelingt schon in der 9. Minute das entscheidende Tor. Der HSV gewinnt mit 1:0.
Lange gefeiert wird nicht. Schließlich soll die Meisterschaft verteidigt werden. Am Donnerstag morgens um sechs Uhr früh ist geheime Abreise. Die vielen Fotografen, die noch einen Schnappschuss von den Triumphatoren machen wollen, sollen keine Gelegenheit erhalten, die Konzentration der Mannschaft zu stören. Ernst Happels Beziehung zur Presse war schwierig. Legendär die Pressekonferenzen nach Bundesliga-Spielen, in denen er ein Zwanzig-Sekunden-Statement in dem ihm eigenen wienerisch-flämischen Kauderwelsch absonderte und entschwand. „Schreiben's was wolln, is mir eh wurscht", ein Meister in Sachen Öffentlichkeitsar-

Ernst Happel und zwei seiner Leistungsträger: Horst Hrubesch (Mitte) und Regisseur Felix Magath (rechts)

DER SPIEGEL

Knochenlos

Über einem mit Weinbrand verschnittenen schwarzen Kaffee hat er ein Zuckerstückchen zerkrümelt. Alsdann greift er gierig zur Zigarette, die ihm unentbehrlich geworden ist. Während er raucht und wie selbstvergessen in der Tasse rührt, enthüllt der scharfe Schein der Jupiterlampen, dass ihm die Hände ein wenig zittern. (...) „So a Krimi, so a Spiel wie auf Leben und Tod ... !" (...)
Ein kurzes Aufschnaufen, in der strapazierten Kehle ein undefinierbarer Gurgelton – und unvermittelt straffen sich im knochenlos wirkenden Rundgesicht des 57-jährigen Österreichers wieder die Züge. Herauf ziehen, wie ein jähes Ungewitter, Grantigkeit und Abweisung, ehe die gewohnte Jalousie herunterknallt. Aus. Ende der Fahnenstange. Was soll's Gequatsche? „Is ja sowieso alles für Arsch und Friederich."
Der Spiegel am 16.05.1983

beit war Happel nie. Kein Wunder, dass der HSV einen Ruf genoss, der sich nicht großartig von dem des großen Konkurrenten, dem FC Bayern, unterschied. Für arrogant hielt man die Hamburger. Anderthalb Wochen nach dem Sieg von Athen macht der HSV den Triumph komplett, gewinnt bei Schalke 04 mit 2:1 und holt sich auch noch die Schale. Den punktgleichen Bremern, die dem HSV bis zum letzten Spieltag arg zusetzen, fehlen zum Schluss acht Tore zur Meisterschaft. Ernst Happel blieb noch vier Jahre in Hamburg und holte 1987 zum Abschluss noch einmal den DFB-Pokal. Er starb am 14. November 1992 in Innsbruck.

Jens Meyer / Bodo Höche

Den Titel verteidigten: Felix Magath, Wolfram Wuttke, Allan Hansen, Wolfgang Rolff, Ditmar Jakobs (hinten, von links), Co-Trainer Ohlhausen, Dieter Schatzschneider, Jürgen Groh, Uwe Hain, Michael Schröder, Uli Stein, Jimmy Hartwig, Manfred Kaltz, Ernst Happel (Mitte, von links), Herrmann Rieger, Holger Hieronymus, Bernd Wehmeyer, Jürgen Milewski, Thomas von Heesen, Zeugwart Thomaschei (vorne, von links)

Im Schatten des HSV

Abschlusstabelle									Heim-Bilanz					Auswärts-Bilanz				
	Mannschaft	Sp	g.	u.	v.	Tore	Diff.	Punkte	g.	u.	v.	Tore	Punkte	g.	u.	v.	Tore	Punkte
1	Hamburger SV	34	20	12	2	79:33	+46	52:16	12	5	0	45:11	29:5	8	7	2	34:22	23:11
2	Werder Bremen	34	23	6	5	76:38	+38	52:16	15	2	0	52:16	32:2	8	4	5	24:22	20:14
3	VfB Stuttgart	34	20	8	6	80:47	+33	48:20	12	4	1	48:21	28:6	8	4	5	32:26	20:14
4	Bayern München	34	17	10	7	74:33	+41	44:24	11	3	3	43:9	25:9	6	7	4	31:24	19:15
5	1. FC Köln	34	17	9	8	69:42	+27	43:25	13	3	1	45:18	29:5	4	6	7	24:24	14:20
6	1. FC Kaiserslautern	34	14	13	7	57:44	+13	41:27	13	2	2	43:18	28:6	1	11	5	14:26	13:21
7	Borussia Dortmund	34	16	7	11	78:62	+16	39:29	10	4	3	53:28	24:10	6	3	8	25:34	15:19
8	Arminia Bielefeld	34	12	7	15	46:71	-25	31:37	11	3	3	36:21	25:9	1	4	12	10:50	6:28
9	Fortuna Düsseldorf	34	11	8	15	63:75	-12	30:38	10	2	5	43:35	22:12	1	6	10	20:40	8:26
10	Eintracht Frankfurt	34	12	5	17	48:57	-9	29:39	11	3	3	36:13	25:9	1	2	14	12:44	4:30
11	Bayer 04 Leverkusen	34	10	9	15	43:66	-23	29:39	7	6	4	21:18	20:14	3	3	11	22:48	9:25
12	Borussia Mönchengladbach	34	12	4	18	64:63	+1	28:40	9	3	5	39:22	21:13	3	1	13	25:41	7:27
13	VfL Bochum	34	8	12	14	43:49	-6	28:40	6	7	4	30:19	19:15	2	5	10	13:30	9:25
14	1. FC Nürnberg	34	11	6	17	44:70	-26	28:40	9	5	3	31:23	23:11	2	1	14	13:47	5:29
15	Eintracht Braunschweig	34	8	11	15	42:65	-23	27:41	6	7	4	26:21	19:15	2	4	11	16:44	8:26
16	FC Schalke 04	34	8	6	20	48:68	-20	22:46	6	3	8	28:28	15:19	2	3	12	20:40	7:27
17	Karlsruher SC	34	7	7	20	39:86	-47	21:47	6	7	4	23:21	19:15	1	0	16	16:65	2:32
18	Hertha BSC Berlin	34	5	10	19	43:67	-24	20:48	5	6	6	27:25	16:18	0	4	13	16:42	4:30

Kuriose Tore bereicherten diese Saison – zweimal war Vizemeister Werder Bremen beteiligt. Erster Spieltag, 21. August: Nord-Süd-Duell Werder gegen Bayern – Bremens Stürmer Uwe Reinders katapultiert einen Einwurf von der Seitenauslinie in Richtung Bayern-Tor. Jean-Marie Pfaff berührt den Ball noch, dennoch trudelt die Kugel ins Netz. 1:0 für Werder und gleichzeitig der Endstand. 16. Spieltag, 4.Dezember: Werder gegen Eintracht Frankfurt. Eintracht-Keeper Pahl will den Ball nach vorne werfen, dreht sich um die eigene Achse, rutscht aus und wirft den Ball unbedrängt ins eigene Tor. Leider hat keine Fernsehkamera das „Tor des Jahres" festgehalten.
Werder Bremen war 1982/83 die einzige Mannschaft, die mit dem Hamburger SV Schritt halten konnte. Ihre fantastische Rückrunde von 29:5 Punkten setzte Happels Truppe gehörig unter Druck. Und die Werderaner waren es auch, die der unheimlichen, 36 Spiele dauernden Siegesserie der Hamburger ein Ende bereiteten. Mit 3:2 wurde der HSV am 28. Januar 1983 im Weser-Stadion geschlagen. Der Torschütze zum 1:0 war Rudi Völler, der zu Beginn der Saison von den Sechzigern an die Weser gekommen war. „Tante Käthe" absolvierte am 17.November 1982 sein erstes Länderspiel, wurde Torschützenkönig und zum Fußballer des Jahres 1983 gewählt. Zwei Große verließen am Ende der Spielzeit die Liga: Paul Breitner stellte die Kickstiefel für immer in den Schrank und startete seine Karriere als Dauerkritiker, und Kopfballungeheuer Horst Hrubesch wechselte zu Standard Lüttich.
Schalke gelang am 33. Spieltag ein 1:0-Sieg bei den Bayern und rettete sich auf den 16. Platz – die Relegationsspiele gegen Uerdingen waren erreicht. Und in denen, da war man sich auf Schalke sicher, würde man sich durchsetzen. Doch am 15. Juni 1983 setzte es ein 1:3 in der Grotenburg-Kampfbahn. Und im Rückspiel, vier Tage später im Parkstadion, gelang den Königsblauen nur ein 1:1. Schalke war erneut abgestiegen.

Torjäger			
1.	Rudi Völler	Werder Bremen	23
2.	Karl Allgöwer	VfB Stuttgart	21
	Atli Edvaldsson	Fortuna Düsseldorf	21
4.	K.-H. Rummenigge	Bayern München	20
5.	Horst Hrubesch	Hamburger SV	18
6.	M. Burgsmüller	Borussia Dortmund	17
	Dieter Hoeneß	Bayern München	17
8.	Rüdiger Abramczik	Borussia Dortmund	16
	Pierre Littbarski	1. FC Köln	16
10.	Bum-kun Cha	Eintracht Frankfurt	15

Durchgeknallt

und doch von weißen Linien gefesselt

Sepp Maier, Toni Schumacher, Uli Stein, Oliver Kahn, Jens Lehmann oder Frank Rost: Wie wahnsinnig darf ein Torwart sein? VON ANDREAS ECKHOFF

Rechte Klebe: Hamburgs Torhüter Stein verpasste Bayern-Stürmer Wegmann einen Kinnhaken. Wer ihm zu nahe kam, musste mit dem Schlimmsten rechnen

Nahkampf: Kölns Torwart Toni Schumacher und Schiedsrichter Pauly bewiesen, dass man sich sehr nahe sein kann und doch der eine den anderen einfach nicht versteht

Hinterher ist viel geredet worden über diese wenigen Sekunden des Spiels, und noch mehr gelacht. Es sei vielleicht ein Reflex gewesen wie beim Schalten und Kuppeln beim Autofahren, referierte ein schlauer Psychologe. Na und?
Ganz sicher war es eine der schönsten Lachnummern aller Ligazeiten, wie dieser Kerl im orange-farbenen Sweater von der anderen Seite des Platzes herüber stapfte, kaum im gegnerischen Strafraum angekommen mit einem mächtigen Satz vom Boden abhob, über die Köpfe seiner Mit- und Gegenspieler segelte, die Fäuste hochriss und den Ball an dem verdutzten Kollegen des gegnerischen Teams vorbei ins Tornetz boxte.
Die Diagnose kam schnell und trefflich: Eben wieder mal ein typischer Fall von „Kahn-Sinn"!?
Aussetzer dieser gegen Hansa Rostock und anderer Art passieren dem Welttorhüter Oliver Kahn vom FC Bayern München ja immer mal wieder; aber auch nicht nur ihm. Torhüter sind eben doch anders, oder wie es der ungarische Keeper des Berliner Bundesligaklubs Hertha BSC, Gabor Kiraly, zu formulieren pflegt: „Wir sind durchgeknallt."
Über Fehl- und andere Zündungen von Torleuten wird deshalb herzhaft debattiert seit Menschengedenken, und seitdem ist auch die Frage immer noch nicht hinlänglich beantwortet worden, ob Torhüters Merkwürdigkeiten damit erklärbar sind, dass sie eben Torhüter sind, oder ob sie Torhüter geworden sind, weil sie so sind, wie sie sind. Eine schwierige Frage.

„Manchmal frage ich mich, was mache ich da?" Bayern-Torwart Oliver Kahn griff sich spontan den Bayer-Angreifer Brdaric

Sepp Maier hatte immer seinen Spaß, wenn er andere zum Lachen bringen konnte. So klärte der frühere Bayern-Torwart schon mal mit einer abenteuerlichen Fußabwehr (links) oder testete eine monströse High-Tech-Brille mit Scheibenwischern, die auch bei Regen den nötigen Durchblick verschaffte

Die Drei von der Torlinie: Jens Lehmann, Sepp Maier und Oliver Kahn eint ein aufregendes Schicksal: Manchmal sind sie einfach nicht mehr kontrollierbar

Psychologisch ist die Sache zumindest in Teilen erklärbar, denn der Torwart ist ein Torwart und in dieser Eigenschaft ein Gefangener seines Jobs. Gefesselt zwischen den weißen Linien, deren rechteckige Form Strafraum genannt wird, und das gilt im übertragenen Sinn auch für ihn, den Torwart. Denn während seine Kollegen 90 Minuten lang in Bewegung bleiben müssen, zumindest dürfen, Adrenaline und Endorphine, die Botenstoffe von Stress, Wut und Angespanntheit auf diese Weise im Wortsinn „aus dem Körper laufen", steht er einfach nur da. 89 von 90 Minuten vielleicht völlig unbeachtet und dann – von einer Sekunde auf die andere ist die Situation da, die ein ganzes Spiel entscheidet.

Jens Lehmann beschreibt es so: „Ich steh' da rum und kriege, wenn ich Pech habe, in der 90. Minute einen rein. Womit das Saisonziel vielleicht schon wieder gefährdet sein kann."

Weil kein Torwart der Welt den Druck, der auf ihm lastet, auf natürliche Weise abbauen kann, sucht dieser sich auf seine Weise ein Ventil, durch das er – im übertragenen Sinne – bestenfalls zischend entweicht.

Manchmal sich aber auch platzend Bahn bricht. Und das sind dann die Situationen, in denen am nächsten Tag in der Zeitung Sätze stehen wie diese: „Wie wahnsinnig darf ein Torwart sein?"

Wirklich wahnsinnig ist ja keiner von ihnen je gewesen. Radenkovic nicht, Schumacher nicht, Stein nicht, Kahn, Lehmann, Rost auch nicht.

Aber ein Torwart schießt keine Tore. Er kann keinen Fehler wieder wettmachen wie etwa ein Stürmer, der mit einem erfolgreichen Schuss ins Tor hundert Schüsse in den Himmel vergessen machen kann. Für den Torwart gilt: Alles oder nichts. Held oder Versager. Hinter dem Torwart ist nichts mehr als das Netz. Wenn der Ball da drin ist, ist alles vorbei. „Wenn du den Ball aus dem Netz holst, bist du der einsamste Mensch auf der Welt", sagt Oliver Kahn, „da kommt keiner mehr, der sagt, komm, wir fangen noch mal an. Das Tor zählt nicht."

Vielleicht müssen sie deshalb so sein, wie viele von ihnen sind.

Mönchengladbachs Wolfgang Kleff: Mampfte seelenruhig Schokolade auf der Auswechselbank

Wie Uli Stein, der seinen Hamburger Trainer Ernst Happel zuweilen verzweifeln ließ am „Steinmann". Weil er zum Beispiel, als ihm eine Elfmeterentscheidung gegen seinen HSV ungerecht zu sein schien, sich an den Pfosten lehnte und den Strafstoß des Kontrahenten widerstandslos passieren ließ. Weil er nie zimperlich war in seinem Duktus und Kollegen wie den polnischen Nationalstürmer Jan Furtok schon mal als „Wichser, Penner, Arschloch" bezeichnete und es nie für nötig hielt, sich dafür zu entschuldigen. Weil er ein andermal in einem Spiel des sogenannten Supercups seines HSV gegen Bayern München den Kollegen Jürgen Wegmann, Schütze des späten und entscheidenden Gegentreffers gegen ihn, aus Wut mit einem geraden Faustschlag mitten ins Gesicht niederstreckte. Weil er bei der WM 1986 den damaligen Teamchef Franz Beckenbauer einen „Suppenkasper" nannte, dafür nach Hause geschickt wurde und diese Strafe überhaupt nicht verstehen wollte. Oder die Geschichte… kein Ende mit Stein. Darf man das alles entschuldigen? Muss man das alles verstehen? Weil Torwart sein, wie Oliver Kahn sagt, „ein Frustjob ist".

Kein Fußballer, der nicht eine Geschichte beisteuern könnte zum Thema „Verrückte Torhüter". Geschichten, die dramatisch sein können, unglaublich, skandalös, bizarr, aber auch einfach liebenswürdig. Wie die des Weltmeisters Sepp Maier, der während eines Spiels seiner Bayern eine Ente, die auf dem Rasen des Münchner Olympiastadions gelandet war, mit einem Hechtsprung zu fangen versuchte, nicht einmal, sondern mehrmals. Oder die Geschichte des Gladbacher Torhüters Wolfgang Kleff, der nicht nur wie der Komiker Otto Waalkes aussah, sondern auch ebensolche Scherze auf Lager hatte. Seine Einwechslung bei einem Länderspiel verhinderte Kleff einst, weil er in dem Moment, als er aufs Feld laufen sollte, seelenruhig auf der Ersatzbank saß und eine Tafel Schokolade verspeiste.

Weniger lustig wird die Sache, wenn sich der heilige Zorn der Torleute bewusst oder unbewusst gegen die Gesundheit der Kollegen richtet. Wie im Fall Toni Schumacher, der bei der Weltmeisterschaft 1982 für einen weltweiten Skandal sorgte, als er dem Franzosen Battiston bei einer völlig unüberlegten Rettungsaktion mit dem angezogenen Knie fast das Genick brach, letztendlich zum Glück aber nur einige Zähne des Gegners traf. Statt sich reumütig zu entschuldigen, befand Schumacher: „Die Jacketkronen zahl ich ihm."

Oder Oliver Kahn, der in einem Spiel gegen Borussia Dortmund den Borussen-Stürmer Chapuisat ähnlich rüde ansprang, ihn aber glücklichweise nicht traf. Dafür aber in einer anderen Situation

Chapuisats Kollegen Herrlich zu fassen kriegte und diesem in bester Frankenstein-Manier in den Hals biss. Aber nicht immer trifft Kahns Zorn auf gegnerische Profis, manchmal sind auch die eigenen Kollegen nicht sicher, wie einmal der sensible Österreicher Herzog, den Kahn für eine verunglückte Abwehraktion derart am Kragen packte und über den Platz stieß, dass dieser die Welt nicht mehr verstand. Wenige Monate später flüchtete der aus Bremen gekommene Mittelfeldstratege zurück an die Weser.

Auch Jens Lehmann ist so ein Fall. Während er in den ersten Jahren seiner Karriere bei Schalke 04 als Sensibelchen galt – nach einer Auswechslung fuhr er einmal noch während des Spiels mit der U-Bahn nach Hause –, hat sich der Schlussmann bei Borussia Dortmund zu einem Mann gewandelt, der keinen Spaß versteht.

Lehmann wurde in der Saison 2002/2003 sogar einmal vom Platz gestellt, weil er 30 Meter aus seinem Tor gerannt war, nur um seinen Mannschaftskollegen Amoroso zu rüffeln und zu schubsen. Lehmann bleibt bei seiner Version, dass der Platzverweis nicht berechtigt war, gibt andererseits aber zu, sich bei Szenen wie diesen „für mein Verhalten zu schämen“.

Lehmann: „Manchmal bin ich nicht kontrollierbar.“ So ähnlich denkt im übrigen auch Kahn, der sich zuweilen fragt, „was ich da eigentlich tue, wenn ich es im Fernsehen sehe“.

Kahn oder Lehmann – welcher der beiden ist verrückter?, pflegte die Liga eine Zeit lang zu diskutieren. Und bekam aus Schalker Kreisen sofort die Antwort kam: „Vergesst Lehmann und Kahn – wir haben Rost.“

Auch Torwart Frank Rost ist nämlich einer von jenen, die ihr Temperament nicht immer voll im Griff haben, was schon mal der Kollege Böhme erleben konnte, als Rost ihn nämlich in eine handfeste Keilerei verwickelte.

Es ist tatsächlich ein schwierig Ding mit den Torhütern, oder wie der Trainer Eduard Geyer sagt: „Die Typen haben 'ne Macke.“

Kiraly übrigens weiß, warum sie alle nicht richtig ticken: „Wer immer zwischen diesen Pfosten stehen muss, während die anderen draußen rumlaufen, der muss doch auch verrückt werden.“ Wahrscheinlich.

Putscht sich selbst zu Höchstleistungen und entschied sich für ein Leben hart am Limit: Bayern-Schlussmann Oliver Kahn

Wehe, wenn er wütet: Dann müssen sich auch die Mannschaftskameraden von Schalkes Torwart Frank Rost möglichst schnell in Sicherheit bringen

Café Bodega. Basel.

Helmut Benthaus ist Westfale und spricht Schwyzerdütsch. 1984 führte er Stuttgart zum Titel. Und stieg aus. VON OSKAR BECK

Helmut Benthaus, Meistermacher im Schwabenland, der sich vor der handgreiflichen Zuneigung der völlig ausgeflippten Anhängerschaft kaum retten kann

Die Spurensuche endet im Café Bodega. Wie oft und gerne Helmut Benthaus dort sitzt und es sich gut gehen lässt, ist durch Zufall herausgekommen, oder durch Rene C. Jäggi, wie man's nimmt. Der Jäggi ist hierzulande besser bekannt als der Boss von der Pfalz, doch am besten weiß er immer noch über seine Basler daheim Bescheid – und als ein Reporter der Zeitschrift „Facts" schrieb, dass der Benthaus wöchentlich im Wirtshaus Bodega sitzt und mit der Lesebrille vor der Brust Teigwaren isst, hat ihn Jäggi mittels eines Briefs schnurstracks korrigiert und die Fakten zurechtgerückt: „Er sitzt täglich dort, ja eigentlich wohnt er schon fast dort."

Café Bodega. Basel. Schweiz.

Helmut Benthaus ist, wie man sieht, kein Westfale. Früher war er Westfale – in einem anderen Leben. Jetzt ist er bald Siebzig, spricht Schwyzerdütsch, besitzt den dazugehörigen Pass mit dem Schweizerkreuz und wird in Basel als Volksheld und Legende geführt. Fast zwanzig Jahre lang war er dort Spieler und Meistertrainer und hat die Titel gesammelt wie Anstecknadeln. Der FC Basel ist sein Verein, und in dieser Stadt hat er seine erste Frau nach einer schweren Krankheit verloren und seine zweite gefunden.

Basel ist seine Heimat. Doch manchmal, samstags, setzt sich Helmut Benthaus kurz vor Mittag ins Auto. Dann hat ihn die Wehmut am Wickel, und er muss den Klub spielen sehen, der, wenn auch nur kurz, die Hauptrolle gespielt hat in seinem sportlichen Leben. Und je weiter er auf der Autobahn Freiburg, Karlsruhe und Pforzheim hinter sich lässt, um am Ende hinunterzukurven in den Stuttgarter Talkessel, desto stärker kommt dieses Gefühl zurück, das auch mit Heimat zu tun hat, nur mit einer anderen. „Wenn ich am VfB-Klubheim vorbeifahre", sagt er, „und im Stadion auf der Tribüne sitze, weiß ich: Du gehörst auch hier mit dazu, du bist ein Stück von diesem Verein."

Helmut Benthaus und der VfB. Wenn man spontan den typischsten Satz nennen müsste, mit dem dieser Trainer die Kultur und Denkstruktur der Bundesliga bereichert hat, wäre es dieser: „Der Tag beginnt mit dem Fußball – doch er muß nicht mit dem Fuß-

Schweiz

Der VfB Stuttgart ist Meister: Trainer Benthaus und sein Assistent Entenmann 1984 als Jubel-Paar

ball enden." Womit er sagen wollte: Ein erweiterter Horizont hindert keinen, Deutscher Meister zu werden.
Er hat es bewiesen – damals, anno `84.
Die Guten werden so schnell nicht vergessen, und das Telefon hat später immer mal wieder bei ihm gebimmelt, mit einem Vereinsmanager am anderen Ende des Drahts, der vorsichtig fragte: Wie wär's noch einmal, keine Lust? Benthaus hat sich dann jedesmal erfolgreich bemüht, dem anderen zu erklären, dass es vorbei ist. Dass er sich auch mit viel Geld zum Comeback nicht zwingen lässt. Dass er kein Trainer mehr ist. Das, er jetzt Angestellter ist bei der Schweizer Nationalversicherung, „und dass das keine Furzidee von mir ist, sondern das, ich es ernst meine".
Das war nicht lange danach.
Benthaus, der Meistermacher. Benthaus, der Aussteiger. Wer soll das begreifen? Dass da einer über Nacht genug hat auf dem Höhepunkt seiner Karriere, voll im Saft, im besten Alter, um die 50. Die Löffel hat er weggeworfen, alles hingepfeffert, einfach so, weil er mit seinem Berufsbild nicht mehr klargekommen ist. Der Preis war ihm zu hoch, die Zwänge des Geschäfts zuwider – weder war er willens, den Clown auf der Schaubühne und das HB-Männchen an der Seitenlinie zu machen, noch sich den Launen des Schicksals, der Profis und des sonstigen Umfelds zu beugen. „Für mich ist im Trainerberuf auch eine Lehrerfunktion integriert, im Sinne des alten Herberger", hat Benthaus gesagt. Und, um es kurz zu machen: „Mein Stil kam nicht mehr rüber."
Ende der Durchsage.
Samstags in Basel. Wenn es auf halb vier zugeht, wird er kribbelig. Radio, Fernsehen, natürlich lässt ihn der Fußball nicht los. Und montags liest er die Zeitungen. Er will wissen, wie es dem Klub geht, mit dem er seinen größten Erfolg gefeiert und alle Experten widerlegt hat, die bis dahin dachten, die Bundesliga hätte den Fußball erfunden und die Schweizer nur die Kuhglocken, oder die Löcher im Käs.
„Was will denn der VfB mit Benthaus", hat ihn Max Merkel damals begrüßt, „der kennt doch die Bundesliga nur aus der Peep-Show." Tatsächlich lag die Saison 63/64, in der der achtmalige deutsche Nationalspieler Benthaus als rechter Läufer mit dem 1. FC Köln Meister geworden war, lange zurück. Auch seine vielen Basler Meistertitel und Pokalsiege machten Merkels offene Frage und alle sonstigen Zweifel nicht hinfällig. Und dann diese unfassbare Antwort: Benthaus kam als Schweizer in die geheiligte Liga zurück – und zeigte den Deutschen wie in den Jahren zuvor der Österreicher Ernst Happel beim HSV, wie Fußball geht. Der VfB spielte taktisch fortschrittlich, klug, modern. Hinten zog der Abwehrchef Niedermayer mit den Förster-Brüdern die Maschen dicht, und nach vorne der Routinier Ohlicher mit dem Isländer Sigurvinsson, dem überragenden Spielmacher der Liga, die Fäden.
„Unsere Mannschaft spielt so, wie der Trainer ist", erkannte VfB-Manager Ulrich Schäfer. „Kühl. Überlegt. Intelligent."
Das Zürcher Fachblatt „Sport" ging in Form eines Liebesbriefs ins Detail: „Benthaus ist eine Persönlichkeit mit einem guten Schulsack, Matura, Studium, ein Mann, dessen Interessen nicht beim Ball aufhören, ein Trainer außergewöhnlichen Formats und hohen intellektuellen Niveaus."
So wie sich dieser Intelligenz des Trainers schon die Basler Spieler angepasst hatten, allen voran ein gewisser Hitzfeld, taten es auch die des VfB. Dritter im ersten Jahr, Meister im zweiten – und der FC Barcelona war hinter Benthaus her wie der Teufel hinter der armen Seele.
Barcelona. Für das nur die Größten gut genug waren. Die Gurus. Michels. Weisweiler. Menotti. Lattek. Doch der VfB stellte sich quer – man lässt einen Meistermacher höchst ungern gehen. Und der Präsident Mayer-Vorfelder bockte gleich noch einmal – denn auch der DFB wollte Benthaus. Als Bundestrainer. Als Retter nach dem bei der EM '84 gerade schmählich gescheiterten Jupp Derwall. „Die VfB-Fans würden uns die Scheiben einwerfen", lehnte Mayer-Vorfelder ab. Benthaus blieb.
„Bundestrainer? Natürlich hätte es mich gereizt", hat er danach gesagt. „Aber was sollen wir darüber reden. Es ist vorbei."
Ein Jahr später war auch seine Bundesligazeit vorbei. Der Meister war nur noch Mittelmaß. Der VfB hatte vom Teamgeist gelebt, die ersten Egoismen machten alles zunichte. Und wie es so ist, wenn der Wind dreht: Die Fachzirkel und Stammtische nahmen die Biographie von Benthaus noch einmal unter die Lupe, und über Nacht verwandelte sich seine Stärke in seine Schwäche. Er spreche nicht die Sprache der Spieler, hieß es nun, er lebe in einer anderen Welt – plötzlich kam es den meisten doch eher verdächtig vor, dass er in Münster einst Philologie studiert hatte, abends ins Theater und ins Ballett ging, Hermann Hesse las oder sich Bilder von Jean Tinguely an die Wand hängte. Auf einer Amerikareise war den VfB-Profis ein Skat im Hotel in Toronto jedenfalls lieber als die von Benthaus empfohlene Henry-Moore-Ausstellung, und wenn er ihnen auf der Busfahrt ins Stadion die Sehenswürdigkeiten erklärte, kam als Echo von hinten schon mal ein Schnarcher. Der Trainer, hieß es, schwebt über der Sache.
„Elitär?", schüttelte Benthaus den Kopf. „Ich könnte ohne Fußball nicht sein, selbst wenn ich mit Picasso per du wäre."
Deutschlands „Trainer des Jahres 1984" hat sich unnötigen Stress erspart und ist 1985 zum FC Basel zurückgekehrt, wo es ihm allerdings nicht gelang, den Faden dort wieder aufzunehmen, wo er ihn einst hatte fallen lassen. 1986 war seine Karriere vorbei – und der Mann, der zwei Jahre zuvor den FC Barcelona oder das Amt des Bundestrainers hätte übernehmen können, wurde Verkaufsleiter einer Versicherung und sagte mit Blick auf sein Rückgrat, das ihm keiner gebrochen hatte: „Ich kann weiter in den Spiegel schauen."
Heute schaut er im Café Bodega täglich durch die Lesebrille auf seine Teigwaren. Und wenn sich bei der Vernissage „Magie der Bäume" die Schweizer Kulturszene ein Stelldichein gibt und sich um einen Mondrian oder van Goghs „Sämann" schart, zählt zur Gästeliste neben den Verpackungskünstlern Christo und Jeanne-Claude oder der US-Botschafterin durchaus auch Benthaus. „Ich bin gerne mit Menschen zusammen, die mehr wissen als ich, nur von denen kann ich etwas lernen", hat er schon damals seinen Profis beim VfB erklärt.
Der Fußball war nie alles in seinem Leben. Aber wenn ihm danach ist, tritt Helmut Benthaus noch heute in der Basler AH ein bisschen gegen die Kugel.
Und manchmal, samstags, steigt er kurz vor Mittag ins Auto.

Der Erzengel mit dem Dolch im Gewande

Rücksichtslos und voller Wärme beginnt Uli Hoeneß 1979, das Produkt Bayern zu erschaffen. Nach zwei Stunden war der erste Arbeitstag beendet. VON OLIVER TRUST

Am Anfang herrschte Stille. Fest wie Beton. Einsamkeit, fast quälend und wieder Stille. Irgendwann Ende April 1979 geht Uli Hoeneß wieder heim. Raus auf die Säbener Straße, unter den Bäumen mit den ersten grünen Blättern entlang. Nach zwei Stunden schon. Dienstende. Sakko über den Schultern, Notizblock in der Hand. „Meine Sekretärin kam nach sechs Wochen zu mir und sagte: ‚Es ist nichts zu tun hier.' Ich hab nur gesagt, warten Sie mal ab". Die Angestellte des FC Bayern München war wohl die erste Zeugin, die damals diese Mischung aus Funkeln und bedrohlichem Glimmen in den Augen von Hoeneß sah. 27 Jahre alt ist er. Der jüngste Manager der Bundesliga. Einer, der etwas beweisen will. Seinen letzten Elfmeter als Profi drosch er im EM-Finale 1976 über die Querlatte in die Wolken, sank ins Gras und trauerte.

Das alles trug sich in seinem ersten Leben zu, lange bevor er der „Mister FC Bayern" wurde, die Speerspitze der „Abteilung Attacke", der „Agent provocateur", der gnadenlose Haudrauf, der ein „paar" von der Stadt München, „an die Wand knallen" wollte, weil sie die Pläne für ein neues

Gewinnen wollte er immer, ob als Spieler oder als Manager. Verlieren ist ihm verhasst, doch er hat ein Herz für Verlierer – und das ist keine Floskel. Uli Hoeneß ist ein Mensch mit einem großen sozialen Gewissen. Deshalb unterstützte er auch eine Obdachlosenzeitung

Was flüstert der Manager dem Präsidenten da ins Ohr? Uli Hoeneß und Franz Beckenbauer bei einer Gipfelkonferenz unter vier Ohren

Stadion kritisch hinterfragten. Bevor er als Einziger einen Flugzeugabsturz überlebte und mit ein paar Schrammen aus dem Wrack kletterte. Oder, wenn es um Fernsehgelder, Nationalspieler, den DFB oder nur die Klorollen ging. Hoeneß kämpfte. Für seinen FC Bayern. Oft genug profitierte die Liga von seinen Vorstößen. Die Fernsehgelder stiegen für alle. Er war die treibende Kraft.
Hoeneß trauerte nie lange. „Ich bin privat nicht der Mensch, den ich hier spiele. Aber es ist notwendig, der FC Bayern ist neben meiner Familie mein Lebensinhalt, den ich verteidige bis aufs Messer." Hoeneß der Schauspieler, der Showmaster, der Mann mit neuen Visionen, der als „Erzengel Gabriel" an die Schwachen der Gesellschaft denkt und mit der ganzen Mannschaft zum Benefizspiel anrückt, wenn irgendwo ein Unglück passierte und so Millionen an den Mann brachte. Er holte ehemalige Spieler von der Straße zurück. Den alkoholkranken Gerd Müller oder Lars Lunde, der in lichten Momenten zwischen Koma und Erwachen in einem Schweizer Krankenhaus vom FC Bayern sprach.
Die gelangweilte Sekretärin bekam bald neue Kolleginnen. Früh hat ihr Chef erzählt, aus dem FC Bayern müsse eine Marke werden. Coca-Cola, Boss, Mercedes, Adidas, Jil Sander, FC Bayern. Er ist der Architekt. Krauses Haar, fliehende Stirn, rücksichtslos, drohend, oft erpressend und dabei immer verständnisvoll, direkt, ehrlich, verschlagen und schlitzohrig. „Wir sind ein Unternehmen der Unterhaltungsbranche. Wir müssen uns davon lösen, die sportliche Qualifikation für entscheidend zu halten. Das entscheidende ist der Unterhaltungswert, leider. Das ist die Entwicklung", sagte er vor allen anderen.
Eine Entwicklung, die er prägt. „FC Hollywood" sein Konstrukt? Unschuldig ist der Ex-Nationalspieler nicht. Hoeneß hat seine Vorstellungen. Unabhängig sein. Das schwor er sich, als er seine Eltern sah. Metzgersleute aus Ulm. „Jeden Tag Sorgen. Reichen die Bratwürste? Verkaufen sich genug?" Wenn er wach im Bett lag, dachte er nach. In die Zukunft, mit dem „Em-

Jugendsünden: Zwei Youngsters und ein Oldie. Uli Hoeneß und Paul Breitner am Anfang ihrer Karriere beim FC Bayern München

Altersweisheit: Uli Hoeneß und der FC Bayern München. Eine Liaison, die nun schon fast 25 erfolgreiche Jahre dauert. Ende offen

Ein Gespann, das den Erfolg fixierte: Udo Lattek und Hoeneß

„Würden Sie von diesem Manager ein gebrauchtes Auto kaufen?" Der junge Hoeneß trieb's bunt

blem" seines Klubs „fest ins Herz" gebrannt wie einmal ein Spieler behauptete.

„Der FC Bayern hat das größte Potenzial, das ein Verein in Europa, ja in der ganzen Welt haben kann. Wir kriegen jede Türe auf", meinte er. Ein wenig Dichtung und noch mehr Wahrheit. Auf dem schmalen Grat tänzelte er zum Titel „Branchenführer" und 1999 zum Titel „Manager des Jahres" eines Wirtschaftsmagazins. Polternd manchmal, aber erfolgreich. Sie hassen oder lieben ihn. Ihn selbst und seinen Klub. Über 80000 Mitglieder, fast 2000 offizielle Fanklubs, die jedes Jahr zu Weihnachten von einem Profi besucht werden. Nähe zu Prominenten, die den Klub suchen wie die Mücken das Licht, fest verwobene Kontakte zur Wirtschaft und Sponsoren. Keiner bekommt 40 Millionen von der Telekom. Keiner 150 Millionen von adidas für die FC Bayern Aktiengesellschaft. Die Klubs in Spanien und Italien respektiert er, aber Hoeneß belächelt sie auch. Ihre Schuldenberge auf alle Fälle. Nur Manchester United, das gibt er doch zu, „ist der einzige Verein, von dem wir etwas lernen können".

„Diese Polarisierung in Liebe und Hass, Herr Hoeneß, war Ihre genialste Werbeidee", warf ihm einst Bremens Manager und Dauerrivale Willi Lemke an den Kopf. Mönchengladbach, Bremen, Hamburg, Dortmund waren die Verfolger – immer gegen die Bayern und ihn. Die Spieler in Lederhosen beim Oktoberfest. Bestimmt seine Idee. Der erste Klub mit Marketingstrategie, der Erste im Internet, der Erste, der 84/85 die 20 Millionen Umsatzmarke knackt und 97/98 fast 250 Millionen erreicht. Er ist das Hirn, die anderen wie Kalle Rummenigge heißen „Außenminister" und der „Kaiser" Franz Beckenbauer.

Anzug und Krawatte die Führungskollegen, er im groß karierten, bequemen, legeren Hemd. Keine Rechte am Klub abgeben, „das ist unsere Leitlinie" sagt er. „Wenn irgend ein AG-Klub einen teuren Spieler kauft, dann kommen die Aktionäre und fragen nach." Bei ihm nicht. Er löst das Problem Geldbeschaffung anders. Ein stiller Teilhaber, der Rest ist er, der FC Bayern.

„Ich bin ehrgeizig, zuverlässig, ehrlich und sozial", sagt er. Und aufbrausend, verletzend. „Ich habe noch nie von hinten geschossen, ich gehe immer frontal auf die Leute zu. Auf die, die uns mögen, aber auch auf die, die uns bekämpfen", sagt Hoeneß. Seine Rolle steht fest. Der Frontmann in roten Hosen. Oft genug ist er der Einzige, der nach zahlreichen Affären der Männer der FC Bayern-Familie noch vor die Mikrofone treten kann, ohne selbst peinliche Fragen gestellt zu bekommen. Er schützt seine Bayern.

Auch als Kölns Trainer Christoph Daum in der Saison 1989/90 Bayern-Trainer Jupp Heynckes öffentlich als Langweiler abstempelt und ihm vor laufender Kamera den Vogel zeigt. Hoeneß schießt zurück. Mit allen Mitteln. Der Schlagabtausch eskaliert und sogar Bundespräsident Richard von Weizsäcker mahnt die keilenden Parteien zur Besonnenheit.

Eine Spur Arroganz unterstellen ihm viele auf seinem Weg, den FC Bayern zum Mitglied des europäischen Fußballadels zu machen, der den „Rest der Liga" immer wieder wissen ließ, eigentlich würden die Bayern lieber in einer europäischen Liga mit Madrid, Mailand und Barcelona spielen.

Der Inbegriff bayrischer Arroganz verstärkte sich. Hoeneß, so warfen ihm seine Kritiker vor, kaufe den nationalen Konkurrenten stets die stärksten Spieler weg. Matthäus (Gladbach), Wohlfarth (Duisburg), Kögl (1860), Brehme (Kaiserslautern), Sternkopf (Karlsruhe), Laudrup (Uerdingen), Effenberg (Mönchengladbach), Scholl (Karlsruhe), Thon (Schalke), Reuter, Grahammer (Nürnberg).

Als die Weihnachtskarten des FC Bayern einmal zu spät aus der Druckerei kommen, werden sie im Gefängnis ins Kuvert gesteckt. Es ging Hoeneß noch nie nur um das Wie, sondern vor allem, um die Umsetzung. Reiten auf der Bugwelle.

„Warten sie mal ab", sagte er damals im April 1979. Er hat Wort gehalten.

„Wer nicht handelt, wird

In Nürnberg probten die Spieler 1884 den Aufstand gegen den Trainer. Präsident Schmelzer feuerte die Rebellen. VON FRIEDRICH STANGE

Als Mitläufer erlebt Udo Horsmann, wie Revoluzzer Paul Breitner in den 70er Jahren beim FC Bayern München Trainer Gyula Lorant stürzt und Präsident Hermann Neudecker gleich mit. Das ist einmalig im deutschen Fußball.

Mit 32 als Mann erfahren und als Fußballer in die Jahre gekommen, versucht Horsmann 1984, die beim FC Bayern theoretisch erworbenen Erkenntnisse in Nürnberg praktisch anzuwenden. Dort kann man die Revolution ja mal proben. Bei den Franken ist alles eine Nummer kleiner. Es wird schon gehen. Nürnberg ist zwar zu der Zeit noch deutscher Rekordmeister, aber mittlerweile in die zweite Liga abgestiegen. Und Platz acht schmeckt eher nach Abstieg als nach Aufstieg. Dazu wirkt dort Heinz Höher als Trainer, ein kauziger Typ.

Die Lage ist also unbefriedigend. Mannschaft und Trainer treffen sich deshalb zur Krisensitzung im Klubheim am Valznerweiher, im Stuhlfauth-Zimmer, benannt nach Nürnbergs ehemaligem Nationaltorwart.

Udo Horsmann, Tischler mit Abitur auf dem zweiten Bildungsweg, formuliert die Kritik an Höher: falsches Training. Außerdem wollen die Profis langfristige Trainingspläne. Höher gibt sie aber gern kurzfristig bekannt, damit Spieler keine Autogrammstunden geben können, die nur vom Job ablenken.

Höher, der immer dreinschaut, als wollte er gleich losweinen, bleibt knallhart: „Jeder Deutsche muss täglich acht Stunden arbeiten. Sie verdienen hier so viel, dass Sie sich auch für einen längeren Zeitraum zur Verfügung zu halten haben." Gute Voraussetzung, die schlechte Stimmung weiter zu vermiesen.

Doch ist es nicht so, dass die Spieler die wahren Mächtigen in dem Spiel sind?

Im Match gegen Oberhausen steht es zur Halbzeit 1:0. In der Kabine, Trainer Höher nicht da, verlangt Kapitän Horsmann, zurückhaltender zu spielen und nicht blindlings zu stürmen. Da fliegt die Tür auf, Höher platzt

Nürnbergs Trainer Heinz Höher: „Warum sollen Fußballprofis morgens nicht früh aus dem Bett?"

behandelt“

herein. Er hatte im Duschraum nebenan alles abgehört.
Er poltert los: „Ich fordere aggressive Spielweise, damit die Zuschauer wieder ins Stadion kommen. Daran haben Sie sich zu halten.“
Nürnberg stürmt wie befohlen weiter und verliert einen Punkt (1:1). Beim gemeinsamen Sonntags-Frühstück warnt Präsident Gerd Schmelzer die Spieler, die Differenzen intern zu halten. Und droht am Ende ziemlich nebulös: „Wer nicht handelt, wird behandelt.“
Höher, der Kauz, setzt das Montags-Training für 7 Uhr morgens an. „20 Millionen Deutsche“, doziert er, „müssen morgens früh aus dem Bett. Warum nicht auch Fußballprofis?“
Nach harter Morgen-Fron – nomen est omen – versammeln sich die Spieler im Bistro „dolce vita“, das die Freundin von Torwart Kargus betreibt.
Abiturient Horsmann und Stefan Lottermann, der gerade an seiner Doktorarbeit büffelt, schreien Protest und stimmen die Kollegen auf einen Trainingsstreik ein.
Zugleich wird eine Meldung für die heimische Presse formuliert, in der man Höher falsches Training vorwirft und als Folge dessen viele Verletzte, Versagen im taktischen Bereich – und Zynismus des Trainers.
Horsmann erklärt die Vorgehensweise: „Hier in Nürnberg redet die Presse nur mit dem Trainer oder Präsidenten. Mit uns spricht keiner ein Wort. Deshalb mussten wir so vorgehen.“
Die Zeilen erscheinen in der Nürnberger Presse, und zum Training erscheinen nur vier Spieler. Paul Breitner konnte stolz auf seinen Lehrling Horsmann sein …
Doch Nürnberg ist nicht München. Die Revolution von unten geht nicht auf, die Klubführung antwortet mit einer Revolution von oben.
Der Präsident setzt seine Maxime um, die er angedeutet hatte: „Wer nicht handelt, wird behandelt.“ Und so handelt er lieber selbst. Er schickt Horsmann wie Lottermann die fristlose Kündigung.
Da ist selbst der erfahrene Nationaltorwart Kargus verblüfft: „Ich dachte, nach unserem Protest tritt das Präsidium zurück.“ Es kommt noch schlimmer: Wenige Stunde vor der Mitgliederversammlung des Vereins wirft Schmelzer noch vier weitere Spieler raus: Kargus, Krella, Weyerich und Walz.
Die Mitglieder bejubeln die Revolution von oben, eine Hilfswelle weht durch die gesamte Fußball-Landschaft.
Bayer Leverkusens Trainer Dettmar Cramer zeigt Bereitschaft, die aus der DDR geflüchteten Spieler Falko Götz und Dirk Schlegel nach Nürnberg auszuleihen. Kölns Trainer Hannes Löhr offeriert gleich fünf Spieler. Aus der DFB-Zentrale signalisiert Ligasekretär Straub, den gescheiterten Rebellen drohe eine lebenslange Sperre.
Nürnbergs Präsident Schmelzer stellt den verbliebenen Spielern ein Ultimatum: „Entweder Sie fahren mit zum Spiel nach Aachen, oder Sie können auch gehen.“
Bis auf die Gefeuerten fahren alle mit. Dort schart Trainer Höher, plötzlich wie verwandelt, die Kicker um sich und plauderte amüsant über vergangene Zeiten.

Sie forderten den Rauswurf des Trainers („taktisches Versagen“) und wurden von der Konsequenz des Präsidenten überrascht: Udo Horsmann (oben) und Rudi Kargus mussten gehen

Neuer Höher, neue Behandlung, neue Einstellung.
Nürnberg verliert trotz harten Kampfes 1:2. Der Trainer und der Präsident, die Gegen-Revoluzzer, gehen dennoch zufrieden Arm in Arm vom Platz. Schmelzer: „Die erste Niederlage, die nicht schmerzt.“
Rebell Lottermann, der später Chef der Profifußballer-Gewerkschaft werden soll, hatte vorher geglaubt: „Die Solidarität ist nicht zerbrochen.“ Doch nach dem Spiel erklärte Mittelfeldspieler Hansi Dorfner: „Wir haben a) für den Trainer, b) für den Verein und c) für uns gespielt.“
Er wird so zum Nationalspieler und darf später beim großen FC Bayern München kicken.
Horst Heese, ehemaliger Club-Trainer, der die Nürnberger Verhältnisse gut kennt: „Bei so einem starken Präsidium sind die Spieler nur kleine Wanzen.“
Die gescheiterten Revoluzzer beantragen Arbeitslosenunterstützung, der brave Rest wird sportlich immer frecher und schafft den Aufstieg in die Bundesliga …

In leidenschaftliche

Udo Lattek und Otto Rehhagel: Zwei Fußballlehrer, zwe

Ein Herz und eine Seele, und das Wange an Wange: Udo Lattek und Lothar Matthäus hatten bei den Bayern oft einen Grund, sich selber ausgiebig zu feiern

Zwei Tage vor dem schweren Auswärtsspiel in Bremen hatte Trainer Udo Lattek seine Spieler in den Biergarten Kreitmair einbestellt. Vor Pressefotografen ließen die Profis des FC Bayern München demonstrativ das Bier fließen und die Krüge krachen, dass es bis in den hohen Norden donnerte. Dort hockte Latteks ärgster Widersacher Otto Rehhagel und verstand die Welt nicht mehr. Mit Werder führte er mit fünf Punkten Vorsprung vor den Bayern die Tabelle der Bundesliga an, nach zwei verpassten Titeln schien er endlich seinen Bayern-Fluch besiegen zu können, und was machte der Lattek nun? „Alles Kalkül. Mit dem Biergartenbesuch habe ich meiner Mannschaft Schuldgefühle eingeimpft, und von diesem Gefühl mussten sie sich auf dem Platz befreien", sagte Lattek später. Da war der schöne Bremer Vorsprung längst wieder weg und die Bayern zum dritten Mal in Folge Meister: 1985, 1986, 1987. Und Rehhagel, der immer geglaubt

Feindschaft verbunden

Rivalen und ein Disput, der nie enden wird. VON ANDREAS ECKHOFF

Mario Basler an der Hand und den ganzen Verein im Griff: In Bremen dozierte viele Jahre lang nur einer über Fußball, die anderen hörten Otto Rehhagel zu

hatte, „wenn du redlich und fleißig arbeitest, wird dich der liebe Gott irgendwann dafür belohnen", musste erkennen, dass ihn das Schicksal offenbar ganz einfach vergessen hatte.

Aggressionen, Alkohol, Verhöhnung des Konkurrenten als Mittel zum Sieg, Udo Lattek hat sich in den 80er Jahren gerade mit der liebevollen Pflege seines immerwährenden Zwistes mit Rehhagel seinen Ruf als Meister der Giftpfeile in Beton gegossen.

Lattek – das ist Emotion und Erfolg pur. Kein deutscher Trainer war je zuvor oder hernach erfolgreicher als er: Sechsmal Meister mit Bayern München, Gewinner des Europapokals der Landesmeister, zweimal Meister mit Borussia Mönchengladbach, Trainer beim ruhmreichen FC Barcelona, wo sie ihn übrigens „La Gamba" nannten, den Krebs. Wenn Latteks Team schlecht spielt und er wütend ist, steigt ihm die Zornröte derart ins Gesicht, dass sich dieses feuerrot verfärbt. Lattek jedenfalls – das war und ist

Maß der Dinge in der Bundesliga.
Dagegen Rehhagel, der Sohn eines Anstreichers aus Essen. Zu Beginn seiner Karriere mit dem eher zweifelhaften Ruf eines Feuerwehrmannes von Abstiegskandidat zu Abstiegskandidat gereicht, ehe er bei Werder Bremen sein Engagement (fast) auf Lebenszeit beginnt. „Rehhagel fühlte sich Lattek unbewusst immer unterlegen“, befand der Bremer Sportpsychologe Fritz Stemme 1987 dann auch zu Recht, „und das hat sich auf beide Mannschaften übertragen. Werder hat vor den Bayern regelrecht gezittert.“
Es ist, man kann es sich denken, keine lebenslange Freundschaft aus den Jahren der Rivalität entstanden zwischen den Fußballlehrern Udo Lattek und Otto Rehhagel; im Gegenteil. Lattek und Rehhagel sind sich auch nach Jahren ohne echte Berührungspunkte immer noch in leidenschaftlicher Feindschaft verbunden. Selbst jetzt, da Lattek längst als sportiver Rentner zum Fernsehen gewechselt ist und Rehhagel weit ab vom Schuss in Griechenland als Nationaltrainer an den mäßigen Fertigkeiten seiner mediterranen Nationalspieler leidet, kommt kein gutes Wort des einen über den anderen über ihre Lippen. „Siege täuschen nicht darüber hinweg, wenn du im zwischenmenschlichen Bereich zu viele Defizite hast, um als Vorbild dazustehen“, keilt Rehhagel, „es kann nicht das Ziel eines Menschen sein, dass man es sich am Ende seiner Karriere mit allen Menschen verdorben hat.“ Lattek bevorzugt meist die Kurzform: „Der Rehhagel spinnt.“ Rehhagel wirft Lattek Unsportlichkeit vor, weil der „nie anerkannt hat, wenn der Gegner gut gespielt“ habe: „Dann sagt er immer: Wir haben uns selbst geschlagen.“
Lattek wiederum veralbert gern Rehhagels Hang zum Philosophischen: „Otto sagt immer, Goethe hätte bei ihm einen Stammplatz. Schade, dass der Mann keine Tore schießt.“
Es sind eben zwei Menschen und Karrieren, die unterschiedlicher nicht sein könnten: Der Fußballlehrer Lattek sitzt auf Anhieb im richtigen Sattel. Schon zu Beginn der 70er Jahre beim FC Bayern München zementiert er seinen Ruf als derber Erfolgsgarant („Ich verliere nicht gern“). Mit der glorreichen Dreifaltigkeit Beckenbauer, Müller, Maier war die Mannschaft zwar ohnehin eine narrensichere Bank für Erfolge, Lattek aber presste mit seiner Art der psychologischen Kriegsführung auch die letzten Anstrengungen aus seinem Team. „Wissens was“, fragte Beckenbauer eines Tages den Platzwart, „mit uns würden auch Sie Meister werden. Nur erzählen Sie es dem Lattek nicht.“ Was hat der Lattek da gelacht! Er wusste es ja auch besser. Eine Dekade später, in der zweiten bayerischen Lattek-Ära sind dann Breitner, Rummenigge, Lerby die Garanten der Siege. Und Lattek endgültig anerkannt als Erfinder der Abteilung Attacke, die später von Uli Hoeneß meisterhaft weiter geführt wird. Der blonde Stürmer muss, bevor er an den Schreibtisch der Bayern-Leitzentrale wechselte, bei seinem Trainer nicht nur in den Fächern Spannstoß und Torschuss gut aufgepasst haben.
Latteks persönliches Verdienst ist es, dass er immer zum richtigen Zeitpunkt die richtigen Mannschaft trainiert hat. Als er nach der dramatischen Meisterschaft mit den Bayern 1987 dort seinen laufenden Vertrag aufkündigt, tut er auch das ja nicht aus Jux und Dollerei. Vielmehr weiß er, dass die erfolgreiche Zeit beim Meister nun zuende geht. Nach dem verlorenen Endspiel im Finale des Europacups der Landesmeister höhnt Lattek: „Ich gratuliere mir, dass ich hier aufhören darf. Ich habe es satt, hier nur noch zu kitten und zu reden. Meinen Nachfolger kann ich wirklich nicht beneiden.“ Tatsächlich muss der auf Lattek folgende Jupp Heynckes bald erkennen, dass seine Spieler durchweg schlapp und satt waren und „nach den Siegen mit dem Udo wohl zu viel gefeiert haben“.
Rehhagel ist ein völlig anderer Typ als der geschickte Jobhopper Lattek. Nachdem er 1981 eher durch einen unglücklichen Zufall zu Werder Bremen kommt, bleibt er fast eineinhalb Jahrzehnte. Werder-Trainer Kuno Klötzer ist 1981 bei einem Verkehrsunfall verletzt, Rehhagel springt als Ersatz ein, führt das Team

Längst ist Udo Lattek nur noch Kritiker, doch was soll er bloß über den Rivalen Rehhagel sagen?

Nationaltrainer Griechenlands ist Otto Rehhagel geworden, dabei hätte der Fußballlehrer die Berufung zum Bundestrainer ganz bestimmt nicht überhört

von der zweiten in die erste Liga und setzt sich nieder bis 1995. Bremen wird Rehhagel-Stadt.
Auch Rehhagels Art zu arbeiten ist vollkommen anders als die seines ungeliebten Kollegen Lattek, aber letztendlich ebenso erfolgreich. Während Lattek den Boulevard zu seinem Arbeitsplatz erklärt, mit Fernsehen und Presse spielt und über den Weg der Schlagzeile seine Spieler beeinflusst, tut Rehhagel das Gegenteil. Igelt sich für gewöhnlich mit seinem Team wie in einer Trutzburg ein: Alle sind gegen uns, nur wenn wir zusammenhalten, können wir Erfolg haben. Den er endlich auch findet, als er im Jahr nach Latteks Demission in München den Bayern endlich die Meisterschale abjagt. Sogar ein Angebot des FC Bayern erhält er schließlich und kann unglücklicherweise nicht widerstehen. 1995 wechselt er – wieder mal als Vizemeister – nach München. Und scheitert binnen eines Jahres. Nach nicht einmal zehn Monaten wird Rehhagel am 27. April 1996 von Bayern-Chef Franz Beckenbauer fristlos entlassen. Der enttäuschte Rehhagel flieht zum Bundesliga-Absteiger 1. FC Kaiserslautern und erlebt dort zwei märchenhafte Jahre: Er führt den Klub sofort wieder in die Bundesliga und wird im Jahr darauf Meister. Nun hat auch Rehhagel seinen Platz in der Geschichte des deutschen Fußballs.
Lattek wiederum lässt sich zwei Jahre später (2000) noch einmal von Borussia Dortmund an den Spielfeldrand bitten. Der Klub ist in diesem Jahr bedenklich in die Abstiegsregion gerutscht, Meister Lattek soll „Feuer machen unterm Dach" und den jungen Trainer Matthias Sammer unterstützen. Wenige Wochen später ist die Borussia gerettet und Lattek zieht mit einem sechsstelligen Scheck von dannen. Lattek und Rehhagel – eben doch zwei Siegertypen. Die sich zufällig nicht mögen. Zufälle gibt's …

Mit Werder Bremen ganz oben: Glücklicher Rehhagel mit den Spielern Ordenewitz (li.) und Sauer

FRANZ BECKENBAUER ERINNERT SICH

„Mit 36 Jahren beinahe noch einmal Nationalelf"

„Als ich 1977 in die USA ging, waren mehrere Dinge zusammen gekommen, die ein Abbrechen der Zelte nicht bedingten, aber die Entscheidung erleichterten. Wir von der großen Mannschaft des FC Bayern hatten den Zenit überschritten. Der Paul Breitner war schon 1974 weg nach Madrid, der Gerd Müller, Sepp Maier, Uli Hoeneß, Katsche Schwarzenbeck oder ich konnten nicht mehr garantieren, dass es besser wird. Das war das eine. Hinzu kam meine private Situation mit der bevorstehenden Trennung von meiner Frau. Da dachte ich, wenn du weit weg bist, das könnte in der Situation helfen.
Und da war noch die Herausforderung Cosmos New York. Der damalige DFB-Präsident hatte zwar etwas verächtlich von Operetten-Liga gesprochen. Er hat die Disney-Figuren am Spielfeld rumhüpfen sehen und wohl gemeint, das sei der Fußball in den USA.
Aber ich hatte einen sportlichen Grund: Die Aussicht mit dem großen Pele, mit Carlos Alberto oder Chinaglia in einer Mannschaft zu spielen, sah ich als echten Anreiz.
Aber das waren schon kuriose Zeiten damals. Deutschland war ja amtierender Weltmeister, doch ich war bei der Titelverteidigung in Argentinien nicht dabei. Selbst wenn ich gewollt hätte, ich hätte nicht gedurft. Denn der DFB hatte zum Gesetz erhoben: Wer im Ausland spielt, der spielt nicht in der Nationalelf.
Aus heutiger Sicht erscheint uns das schon etwas seltsam. Wenn ich mir die Weltmeister-Mannschaft 1990 in Italien vorstelle, ohne unseren 'italienischen' Spieler …
So ändern sich die Zeiten und Ansichten.
New York war schon großartig. Die prächtigen Spieler-Persönlichkeiten um mich herum, wir gewannen Titel, und später kam noch der Hennes Weisweiler als Trainer dazu. Es war eine gute Zeit. Ich konnte mich in der Stadt völlig frei bewegen. Was in Deutschland so ja nicht möglich war.
Dass mich meine Heimkehr nach Hamburg und nicht nach München führte, lag an drei Männern: Dr. Wolfgang Klein, dem Präsidenten des Hamburger SV, Ernst Happel, dem Trainer, und Günter Netzer, dem Manager. Das war geballte Überredungskraft. Und Hamburg hat mir auch gut getan.
Ich sollte sogar in die Nationalelf zurück kehren. Die ersten Spiele hatten so gut gefallen, dass eine Zeitung schrieb: Beckenbauer in die Nationalelf. Und Jupp Derwall, der damalige Bundestrainer, war tatsächlich bei mir in Hamburg, um über das Thema zu reden. Ich habe aber abgewiegelt: 'Ich muss mich erst mal wieder an das Tempo gewöhnen.' Und so weiter.
Na, und dann kam diese Verletzungsserie. Erst in New York auf diesem harten Kunstrasen gespielt, dann direkt in die Bundesliga; schließlich hatte ich am Stück 16 Monate durchgespielt. Und das mit Mitte 30. Trainer Happel wollte mich zwar zum Weitermachen überreden: 'Franz, das ist nur Pech. Die Verletzungen dauern nicht ewig.' Aber ich habe ihm geantwortet: 'Nein, ich hatte hier in einem Jahr mehr Verletzungen als zuvor in 19 Jahren.'
Dabei kam das Schmerzlichste erst noch: Horst Hrubesch, das Kopfballungeheuer, ist mir ins Kreuz gesprungen, und ich erlitt einen Nierenriss.
Es war gut, als Fußballer nach Deutschland zurückgekommen zu sein, aber es war dann auch der richtige Zeitpunkt aufzuhören."

Nach dem Gastspiel bei Cosmos New York beendete Franz Beckenbauer seine Spieler-Karriere in Hamburg. 1982 wurde er zum 3. Ehrenspielführer der Nationalmannschaft ernannt, Fritz Walter (li) und Uwe Seeler gratulierten

Irgendwo zwischen Herumflippern und erotischer Ballbehandlung : Stuttgarts Torjäger Jürgen Klinsmann

Ball paradox

Jürgen Klinsmann

„Der Druck entlädt sich beim Torschuss – ein Wahnsinns-Feeling. So ähnlich wie beim Sex."

„Es war eine lange, Kraft raubende Saison und ich werde mich erst mal regen..., regener... - ich fahr erst mal in Urlaub.
(Bremens Karlheinz Riedle zur Fremdwort-Problematik)

Zwei Chancen, ein Tor. Das nenne ich hundertprozentige Chancenverwertung."
(Bayerns Stürmer Roland Wohlfahrt frei nach Adam Riese)

„Immer die Castroper Straße rauf!"
(Thorsten Legat im ZDF-Sportstudio auf die Frage, wie er eigentlich zum Bodybuilding gekommen sei?)

„Haste Scheiße am Fuß, haste Scheiße am Fuß."
(Nationalspieler Andreas Brehme will das Wort „Pech" einfach nicht benutzen)

„Ich habe ihn nur ganz leicht retuschiert!"
(Grafikexperte Olaf Thon)

„Mann, wir Schwatten müssen doch zusammenhalten!"
(Düsseldorfs gebürtiger Ghanaer Anthony Baffoe nach einer Gelben Karte zum Schiedsrichter)

„Das größte Problem beim Fußball sind die Spieler. Wenn wir die abschaffen könnten, wäre alles gut."
(Lösungsvorschlag von St. Paulis Trainer Helmut Schulte)

„Die Bayern sind gespickt mit Weltmeistern, wir haben nur ein paar Hausmeister."
(Uerdingens Trainer Timo Konietzka zur Übermacht der Münchner)

„Die Sanitäter haben mir sofort eine Invasion gelegt."
(Stuttgarts Angreifer Fritz Walter)

„Das wird doch alles von den Medien hochsterilisiert!"
(Bayerns Angreifer Bruno Labbadia)

Der Papst auf Schalke

Es war keine gute Zeit für den FC Schalke 04. Mal wieder. Am Nikolaustag 1986 gab Präsident Hans-Joachim Fenne sein Amt auf, Manager Rudi Assauer wurde beurlaubt. Schalke stand vor einem Trümmerhafen. Am 2. Februar wurde im Rahmen der Jahreshauptversammlung in einer Kampfabstimmung überraschend Günter Siebert zum Präsidenten gekürt. Zum dritten Mal. Eine Woche zuvor hatte der in seiner Kneipe „Oscars Pub" auf Gran Canaria noch die Pilschen gezapft. Doch nach dem ersten Rausch sah Siebert nur noch rote Zahlen – der Klub hatte Verbindlichkeiten, deren Höhe irgendwo zwischen fünf und acht Millionen Mark lagen. „Ein Schuldenberg, vor dem sogar Luis Trenker erschrecken würde", wie Siebert bekannte. Er beorderte Ex-Spieler Rolf Rüssmann zum – zunächst unentgeltlichen – Manager. Der saß in seinem Büro, feilschte mit den Gläubigern um Aufschub und sah immer tiefere Löcher vor sich auftauchen. Nicht einmal die 70 Mark für Waschpulver zum Reinigen der Trikots wären noch da gewesen, hieß es später. „Wir brauchten eine Idee, irgendeine Aktion, um mal wieder positiv in die Schlagzeilen zu kommen", erinnert sich Rüssmann an die trüben Tage. Es kam ihm – buchstäblich – die Erleuchtung: „Wir machen den Papst zum Schalker."
Siebert war begeistert von dieser spontanen – und vor allem beinahe kostenlosen - Idee: „Kauf die größte und schönste Urkunde, die es gibt", befahl Siebert seinem Kompagnon. Am 2. Mai 1987 schließlich machte Papst Johannes Paul II. auf seiner Deutschlandreise Halt in Gelsenkirchen. Vor 100.000 Gläubigen im Parkstadion zelebrierte das Kirchenoberhaupt eine Messe. Pech nur, dass aus dem schmucken Gruppenbild mit Siebert und Karel Wojtyla nichts wurde. Schließlich war Ruhrbischof Dr. Franz Hengsbach (auch ein Schalke-Mitglied) dafür zuständig, Präsente aller Art entgegenzunehmen. Und so drückten die Spieler Olaf Thon, Klaus Täuber und Walter Junghans gemeinsam mit Vizepräsident Herbert Schmitz und Rüssmann dem Vertreter des Vertreters die DIN-A-3-Pappe in die Hand. Immerhin: Vier Wochen später lag zwischen den Zahlungsaufforderungen der Gläubiger auch ein Brief des Vatikans. Der Papst, hieß es dort, nimmt die Schalker Ehrenmitgliedschaft gerne und dankend an. Viel gebracht hat der Beistand von oben dann aber doch nichts. Ein Jahr später stieg der Traditionsklub wieder aus der Bundesliga ab.

Mit dem Fußballvolk eng verbunden: Schalke-Ehrenmitglied und höchster Vertreter des göttlichen Bodenpersonals Karel Wojtyla

Abschied einer Lichtgestalt

Karl-Heinz Rummenigge sagt der Bundesliga nach zehn Jahren beim FC Bayern München Servus und sorgt für einen neuen Rekordtransfer

Vielleicht war alles nur dem Zufall geschuldet, damals im Sommer 1974. Deutschland war gerade Weltmeister geworden, das Gerüst der Mannschaft setzte sich vorwiegend aus Spielern des FC Bayern München zusammen, und nun stand plötzlich dieser schmächtige Stürmer auf dem Trainingsplatz und sagte den Etablierten den Kampf an. Karl-Heinz Rummenigge, gerade einmal 1,82 Meter groß und just aus dem provinziellen Lippstadt nach München gewechselt, verkörperte nicht gerade den Spielertyp, dem man zutraute, den damaligen Europapokalsieger aufmischen zu können. Hänfliche 74 Kilogramm wog der Außenstürmer vor seiner ersten Übungseinheit mit Franz Beckenbauer, Paul Breitner, Gerd Müller und Co. Nach einer Woche waren es nur noch 70 Kilo. Physisch musste der damals 19-Jährige Abstriche machen, doch sein Ehrgeiz blieb ungebrochen. Ohne eine vertraglich fixierte Kleinigkeit indes wäre Rummenigges Engagement möglicherweise anders verlaufen.

Der findige Bayern-Trainer Udo Lattek nämlich hatte in seinem Kontrakt eine Klausel einbauen lassen, wonach er eine zusätzliche Zahlung von 25.000 Mark erhalten würde, sobald ein junger Spieler zu fünf Pflichtspieleinsätzen käme. Lattek guckte sich Rummenigge aus, beorderte ihn immer mal wieder aufs Feld und strich die nette Prämie ein. So begann die Karriere eines Stürmers, der durch seine technischen Fähigkeiten, seine Dribbelkunst und seine Eleganz schnell zu einem Spieler der Extra- und dann der Weltklasse wurde.

Und wieder grätscht einer ins Leere: Karl-Heinz Rummenigge (rechts) verzauberte die Fans mit seinen Dribblings und trieb die Gegner bisweilen zur Weißglut

Dabei taten seine neuen Kollegen zunächst alles, um dem Emporkömmling den vermeintlich adäquaten Platz im Starensemble zuzuweisen. Schnell hatten sie den passenden Spitznamen für Rummenigge gefunden. Je nach Laune seiner Kollegen wurde der Blondschopf in seiner Münchener Anfangszeit gern als „Rotbäckchen“ oder „Rummelfliege“ bezeichnet. Das entsprach zwar seiner nach sportlicher Belastung eigenwilligen Gesichtsröte respektive seiner Spielweise auf dem Feld, ließ aber auch eine gewisse Geringschätzung durch die Kollegen erkennen. Beckenbauer, in Rummenigges erster Saison bei Bayern absoluter Führungsspieler, urteilte über den gebürtigen Lippstädter gar: „Das wird nie einer“.

21 Spiele bestritt Rummenigge in seiner ersten Saison für die Münchener und erzielte dabei fünf Tore. Das war zwar nicht allzu aufregend, bildete jedoch nur den Auftakt einer Epoche, die den Stürmer zu einem der begehrtesten Spieler auf diesem Kontinent werden ließ. Als Rummenigge zehn Jahre später einen Schlussstrich unter seine Zeit bei den Bayern zog, beteten passionierte Statistiker sogleich die Erfolgsliste des Nationalspielers herunter: 310 Bundesligaspiele, 162 Tore, je zwei Mal deutscher Meister, Pokalsieger und Europapokalsieger der Landesmeister, dazu noch Weltpokalsieger 1976 und Europas Fußballer der Jahre 1980 und 1981. Eine beeindruckende Bilanz, die nur schwer zu steigern war und dem Stürmer zu einer Popularität verhalf, die im Song des weitgehend unbekannten Duos

Wie ein Stehgeiger beim Tanztee

Das Geld hat längst das Kommando übernommen. In Bochum, noch stärker in München, wo der FC Bayern sage und schreibe zwölf Millionen durch den Transfer des Karl-Heinz Rummenigge in Bewegung gebracht hat. Und der Zuschauer soll sich „identifizieren“. Soll sich in seiner Freizeit mit Siebenstelligem befassen, wo sie in seinem Job um Prozentpunkte hinter dem Komma feilschen. Oder versteht einer, dass Schalke 04 für Schatzschneider, den die Hamburger nicht mehr haben wollten, 1,2 Millionen Mark hinblättert? Für einen Mittelstürmer, dem der Ruf vorausgeht, in 90 Minuten nicht mehr zu leisten als ein Stehgeiger beim Tanztee?

Die Westdeutsche Allgemeine am 28.05.1984

WAZ

Meister: VfB Stuttgart

Alan & Denise gipfelte. „Talking about a man with sexy knees“, heißt es in dem wenig mitreißenden Stück, und der Besungene Karl-Heinz Rummenigge wusste fortan, worauf Frauen neben seinen fußballerischen Fähigkeiten sonst noch bei ihm achteten.
In dieser Phase, auf dem Zenit seines Schaffens, entschloss sich der eloquente Spieler, das Angebot des italienischen Spitzenklubs Inter Mailand anzunehmen. 11,4 Millionen Mark musste Mailands Präsident Ernesto Pellegrini im Sommer 1984 für seinen Wunschspieler bezahlen und bescherte der Bundesliga damit einen neuen Rekordtransfer. Rummenigge selbst sah seinen Wechsel später unter pragmatischen Gesichtspunkten. „Das war damals für beide Seiten gut“, sagte er. „Ich konnte in Italien viel verdienen, und der FC Bayern war mit der Ablöse auf einen Schlag schuldenfrei.“
Seinen Abschied gestaltete der Dribbelkönig, wie es sich für eine Lichtgestalt geziemt: mit einem Titelgewinn. Durch ein 8:7 im Elfmeterschießen gegen Borussia Mönchengladbach holten Rummenigges Bayern den DFB-Pokal, der Stürmer selbst hatte sich zuvor mit 26 Treffern die Torjägerkanone gesichert. Einen neuen Spitznamen hatte er da schon längst erhalten. Fans wie Medien nannten Rummenigge und seinen genialen Passgeber Breitner nur noch in einem Atemzug „Breitnigge“. Das war zwar nicht unbedingt originell, verglichen mit seiner Anfangszeit bei den Bayern aber allemal eine Verbesserung. *Jens Bierschwale*

Ende der Leidenszeit – Stuttgart ist nach 32 Jahren wieder Meister: Dan Corneliusson, Asgeir Sigurvinsson, Achim Glückler, Thomas Kempe, Hans-Peter Makan, Karl Allgöwer, Günther Schäfer, Helmut Roleder, Peter Reichert, Guido Buchwald, Kurt Niedermeyer, Bernd Förster, Hermann Ohlicher, Trainer Helmut Benthaus (hinten, von links); Rainer Zietsch, Co-Trainer Willi Entenmann, Armin Jäger, Karlheinz Förster, Andreas Müller, Walter Kelsch, Geschäftsführer Schäfer, Präsident Gerhard Mayer-Vorfelder (vorne, von links)

Überraschung aus dem Schwabenland

Abschlusstabelle									Heim-Bilanz					Auswärts-Bilanz				
	Mannschaft	Sp	g.	u.	v.	Tore	Diff.	Punkte	g.	u.	v.	Tore	Punkte	g.	u.	v.	Tore	Punkte
1	VfB Stuttgart	34	19	10	5	79:33	+46	48:20	12	4	1	49:12	28:6	7	6	4	30:21	20:14
2	Hamburger SV	34	21	6	7	75:36	+39	48:20	12	2	3	49:20	26:8	9	4	4	26:16	22:12
3	Borussia Mönchengladbach	34	21	6	7	81:48	+33	48:20	15	2	0	54:16	32:2	6	4	7	27:32	16:18
4	Bayern München	34	20	7	7	84:41	+43	47:21	14	3	0	59:14	31:3	6	4	7	25:27	16:18
5	Werder Bremen	34	19	7	8	79:46	+33	45:23	13	2	2	49:14	28:6	6	5	6	30:32	17:17
6	1. FC Köln	34	16	6	12	70:57	+13	38:30	11	1	5	39:23	23:11	5	5	7	31:34	15:19
7	Bayer 04 Leverkusen	34	13	8	13	50:50	0	34:34	10	4	3	32:16	24:10	3	4	10	18:34	10:24
8	Arminia Bielefeld	34	12	9	13	40:49	-9	33:35	8	5	4	25:18	21:13	4	4	9	15:31	12:22
9	Eintracht Braunschweig	34	13	6	15	54:69	-15	32:36	10	4	3	39:20	24:10	3	2	12	15:49	8:26
10	KFC Uerdingen 05	34	12	7	15	66:79	-13	31:37	9	3	5	37:30	21:13	3	4	10	29:49	10:24
11	SV Waldhof Mannheim	34	10	11	13	45:58	-13	31:37	5	7	5	29:26	17:17	5	4	8	16:32	14:20
12	1. FC Kaiserslautern	34	12	6	16	68:69	-1	30:38	9	5	3	41:22	23:11	3	1	13	27:47	7:27
13	Borussia Dortmund	34	11	8	15	54:65	-11	30:38	10	3	4	35:17	23:11	1	5	11	19:48	7:27
14	Fortuna Düsseldorf	34	11	7	16	63:75	-12	29:39	9	4	4	46:23	22:12	2	3	12	17:52	7:27
15	VfL Bochum	34	10	8	16	58:70	-12	28:40	9	4	4	38:25	22:12	1	4	12	20:45	6:28
16	Eintracht Frankfurt	34	7	13	14	45:61	-16	27:41	5	8	4	24:19	18:16	2	5	10	21:42	9:25
17	Kickers Offenbach	34	7	5	22	48:106	-58	19:49	7	3	7	33:36	17:17	0	2	15	15:70	2:32
18	1. FC Nürnberg	34	6	2	26	38:85	-47	14:54	6	2	9	29:39	14:20	0	0	17	9:46	0:34

Gestärkt durch zwei Meisterschaften in Serie und wohl auch ein wenig geblendet durch den Gewinn des Europapokals der Landesmeister, hatte HSV-Trainer Ernst Happel schon vor Saisonbeginn hehre Ziele bekannt gegeben. „Wenn wir nicht Meister werden“, meinte der Österreicher, „ist es ein verlorenes Jahr.“
Dabei hatte Happel wohl kurzzeitig verkannt, dass seine Mannschaft geschwächt in das Unternehmen abermalige Titelverteidigung starten musste. Vor der Saison hatten mit Horst Hrubesch und Lars Bastrup zwei „Helden von Athen“ den HSV verlassen und ein sportliches Loch erzeugt, das die hoch eingeschätzten Zugänge Dieter Schatzschneider und Wolfram Wuttke nicht zu füllen vermochten. Am Ende sprang für die Hamburger Platz zwei hinter dem VfB Stuttgart heraus. Die Schwaben errangen dank der besseren Tordifferenz ihren ersten Meistertitel seit 32 Jahren – daran änderte auch die 0:1-Niederlage am letzten Spieltag gegen den HSV nichts mehr. Die Hanseaten hätten 5:0 gewinnen müssen, um den VfB noch vom Thron zu stoßen.
Überraschend stark agierte Borussia Mönchengladbach, wobei sich ein 23-Jähriger besonders hervortat: Lothar Matthäus. Der gelernte Raumausstatter wechselte nach der Saison zu den Bayern und blieb den Fans vom Bökelberg in schlechter Erinnerung: Im Pokalfinale verschoss Matthäus einen Elfmeter – ausgerechnet gegen seinen zukünftigen Verein. Für negative Schlagzeilen sorgte auch Kickers Offenbach. Mit 106 Gegentoren stellte der Absteiger die zweitschlechteste Abwehr in der Geschichte der Bundesliga. Schwächer war nur Tasmania Berlin in der Saison 1965/66 mit 108 Gegentreffern gewesen.

Torjäger			
1.	K.-H. Rummenigge	Bayern München	26
2.	Klaus Allofs	1. FC Köln	20
3.	Frank Mill	Borussia M'gladbach	19
4.	Christian Schreier	VfL Bochum	18
	Rudi Völler	Werder Bremen	18
6.	Pierre Littbarski	1. FC Köln	17
7.	Fritz Walter	SV Waldhof Mannheim	16
8.	Thomas Allofs	1. FC Kaiserslautern	15
	Friedhelm Funkel	Bayer Uerdingen	15
	D. Schatzschneider	Hamburger SV	15

Die Mickymaus der Liga

Klaus Schlappner etabliert Waldhof Mannheim im oberen Tabellendrittel und überrascht die Konkurrenten mit eigenwilligen Sprüchen

Erfolgreicher Sprücheklopfer aus Mannheim: Klaus Schlappner

Es hätte nicht viel gefehlt, und der Mann mit dem auffallenden Pepita-Hut wäre auch noch ein Schlagerstar geworden. Als Klaus Schlappner vor dem Heimspiel gegen den Hamburger SV am 18. Mai 1985 sein Schallplatten-Erstlingswerk mit dem bezeichnenden Titel „Schlappi-Räp" per Stadionlautsprecher intonierte, war die Euphorie um den Trainer von Waldhof Mannheim jedenfalls so groß, dass gar das eher schaurige Liedgut hernach reißenden Absatz fand. Kein Wunder. Schließlich galt es für die Anhänger, sich zu identifizieren mit dem Klub und seinem eigenwilligen Übungsleiter, der in so krassem Gegensatz stand zu all den etablierten Kollegen auf den Trainerbänken der Bundesliga. Und in eben jenem Bemühen nahm man seinerzeit als geneigter Fußballfan auch schon mal den einen oder anderen Rap in Kauf, selbst wenn er mit kurpfälzisch gefärbtem Idiom äußerst gewöhnungsbedürftig klang.

Überrascht hatte Klaus Schlappner seine Anhänger wie auch seine Kritiker allerdings schon weit vor seinem Ausflug in musikalische Sphären. Mit bescheidenen Mitteln hatte er den SV Waldhof Mannheim 1983 in die Bundesliga geführt, war in seiner ersten Saison in der Eliteklasse gleich Elfter geworden und hatte nun, drei Spieltage vor dem Ende der Saison 1984/85, sogar realistische Chancen auf einen Uefa-Pokalplatz. Am Ende langte es zu Rang sechs, womit die Teilnahme am europäischen Wettbewerb zwar knapp verpasst wurde, der Verein aber den größten Erfolg der Klubgeschichte feiern durfte.

Wesentlich beeindruckender als seine sportliche Bilanz war allerdings das öffentlichkeitswirksame Auftreten des gebürtigen Lampertheimers. Er lief am Spielfeldrand auf und ab, zerknitterte seinen Hut oder warf ihn wahlweise in die Luft, schrieb während eines Spiels Autogramme und avancierte so binnen kürzester Zeit zum Idol einer ganzen Region. Dabei war für ihn die Rolle als Bindeglied zwischen Anhängerschaft und Mannschaft mindestens genauso wichtig wie die Jagd nach Punkten. „Zwischen den Spielern auf dem Rasen und den Fans hinter dem Zaun darf menschlich keine Distanz herrschen", sagte er einmal und formulierte damit treffend sein eigenes Verständnis vom Trainerberuf in Mannheim. Zur gesteigerten Popularität verhalf ihm auch sein besonderes Auge für Talente: Spielern aus dem Umland, wie etwa Alfred Schön, Jürgen Kohler oder Maurizio Gaudino, wies er den Weg und verhalf ihnen zu veritablen Karrieren.

Die Rolle als lokale Größe und plappernder Sympathikus versetzte Schlappner letztlich in eine Position, die ihm sogar einige Fehltritte gewährte. So konnte eine von ihm zugegebene Mitgliedschaft bei der NPD nur wenig an dem Ansehen des Fußballlehrers kratzen. 1968 hatte Schlappner bei der Kommunalwahl in seiner Heimatstadt Lampertheim für die NPD kandidiert, spä-

Neid und Bewunderung

Was der deutsche Meister FC Bayern München in dieser abgelaufenen Saison der Fußball-Bundesliga geleistet hat, umschreibt man gemeinhin mit Start-Ziel-Sieg. Vom ersten bis zum letzten Tag „top", das macht den Bayern so schnell niemand nach. Vielleicht keimt hie und da Neid, weil die Bayern ihren Karl-Heinz Rummenigge für elf Millionen Mark nach Italien hatten ziehen lassen und es sich leisten konnten, mit 27 Profis die Saison anzugehen. Vielleicht kommt hie und da auch so etwas wie Bewunderung auf, dass die Bayern es trotz allem geschafft haben, Meister zu werden. Nicht unbedingt spektakulär, aber in dieser Beziehung sind die Münchner ein Spiegelbild der Bundesliga, der in diesem Jahr das Schillernde fehlte, trotz Schlappners Sprüchen, der das Illustre fehlte, trotz Latteks selbst auferlegtem Alkoholverbot, der die Ausstrahlung einer Ausnahmemannschaft abging, trotz des Münchner Alleingangs.

Die Frankfurter Allgemeine Zeitung am 10.06.1985

Karrieresprung: Mannheims Abwehrspieler Jürgen Kohler

ter aber Abstand von der rechtsradikalen Partei genommen. „Heute weiß ich, es war ein Irrtum", meinte er, „und man wird doch einen Irrtum korrigieren dürfen." Er durfte, denn radikales Gedankengut passte so gar nicht zu dem Bild, das die Fans von Schlappner in Mannheim gewonnen hatten.
Die ungeahnte Bewunderung forderte aber auch ihren Preis. Von vielen wurde Schlappner nach seinen jähen Erfolgen eher als Fußballclown denn als seriöser Trainer gesehen, manche sprachen ihm gar das notwendige Wissen ab, um sich in der Liga dauerhaft zu behaupten. Sichtweisen, die der Trainer mit markigen Sprüchen („Ich bin e kle Mickymaus") noch unterstrich, statt ihnen vehement zu begegnen. Das mag zwar authentisch gewesen sein und führte dazu, dass Schlappi eine Besetzungslücke in der Riege der Trainer schloss. Auf der anderen Seite aber nutzten sich auch schon in den achtziger Jahren solche Sprücheklopfer sehr viel schneller ab als die Leisetreter der Liga. Klaus Schlappner musste dies drei Jahre später spüren, als er in Mannheim aufhörte. Einmalig ist er dennoch bis heute geblieben.

Jens Bierschwale

Meisterfeier in Braunschweig: Die Spieler des FC Bayern München jubeln nach der 34. und letzten Runde mit der just eroberten Meisterschale: Hans Pflügler, Ludwig Kögl, Sören Lerby, Norbert Eder, Lothar Matthäus, Bernd Dürnberger, Raimond Aumann (hinten, von links); Reinhold Mathy, Jean-Marie Pfaff, Roland Willmer, Bertram Beierlorzer sowie Dieter Hoeneß (vorne, von links)

Fehlprognose eines Champions

Abschlusstabelle									Heim-Bilanz					Auswärts-Bilanz				
	Mannschaft	Sp	g.	u.	v.	Tore	Diff.	Punkte	g.	u.	v.	Tore	Punkte	g.	u.	v.	Tore	Punkte
1	Bayern München	34	21	8	5	79:38	+41	50:18	13	3	1	50:18	29:5	8	5	4	29:20	21:13
2	Werder Bremen	34	18	10	6	87:51	+36	46:22	13	4	0	58:21	30:4	5	6	6	29:30	16:18
3	1. FC Köln	34	18	4	12	69:66	+3	40:28	10	3	4	36:27	23:11	8	1	8	33:39	17:17
4	Borussia Mönchengladbach	34	15	9	10	77:53	+24	39:29	8	6	3	45:22	22:12	7	3	7	32:31	17:17
5	Hamburger SV	34	14	9	11	58:49	+9	37:31	12	4	1	42:15	28:6	2	5	10	16:34	9:25
6	SV Waldhof Mannheim	34	13	11	10	47:50	-3	37:31	9	5	3	30:17	23:11	4	6	7	17:33	14:20
7	KFC Uerdingen 05	34	14	8	12	57:52	+5	36:32	12	3	2	38:21	27:7	2	5	10	19:31	9:25
8	FC Schalke 04	34	13	8	13	63:62	+1	34:34	11	3	3	43:23	25:9	2	5	10	20:39	9:25
9	VfL Bochum	34	12	10	12	52:54	-2	34:34	7	5	5	24:19	19:15	5	5	7	28:35	15:19
10	VfB Stuttgart	34	14	5	15	79:59	+20	33:35	12	1	4	51:21	25:9	2	4	11	28:38	8:26
11	1. FC Kaiserslautern	34	11	11	12	56:60	-4	33:35	10	6	1	45:18	26:8	1	5	11	11:42	7:27
12	Eintracht Frankfurt	34	10	12	12	62:67	-5	32:36	9	6	2	36:22	24:10	1	6	10	26:45	8:26
13	Bayer 04 Leverkusen	34	9	13	12	52:54	-2	31:37	8	6	3	32:22	22:12	1	7	9	20:32	9:25
14	Borussia Dortmund	34	13	4	17	51:65	-14	30:38	9	2	6	32:21	20:14	4	2	11	19:44	10:24
15	Fortuna Düsseldorf	34	10	9	15	53:66	-13	29:39	7	6	4	30:25	20:14	3	3	11	23:41	9:25
16	Arminia Bielefeld	34	8	13	13	46:61	-15	29:39	7	5	5	34:31	19:15	1	8	8	12:30	10:24
17	Karlsruher SC	34	5	12	17	47:88	-41	22:46	3	9	5	24:30	15:19	2	3	12	23:58	7:27
18	Eintracht Braunschweig	34	9	2	23	39:79	-40	20:48	7	2	8	25:26	16:18	2	0	15	14:53	4:30

Es mag so etwas wie ein kleiner Hoffnungsschimmer der Konkurrenz gewesen sein, als Bayern München am siebten Spieltag auch endlich mal strauchelte. Ausgerechnet gegen den SV Waldhof Mannheim verloren die bis dato verlustpunktfreien Süddeutschen daheim mit 1:2. Ihre Tabellenführung indes behielten sie – bis zum Saisonende. Dabei hatte Bayern-Trainer Udo Lattek vor dem ersten Spieltag noch gemutmaßt, „dass es in dieser Saison keine ausgesprochene Spitzenmannschaft geben wird, die allen anderen überlegen ist". Er sollte sich gewaltig irren.
Zu den Garanten des Münchner Durchmarsches avancierten zwei Neuzugänge: Lothar Matthäus, der vor der Saison von Borussia Mönchengladbach zu den Bayern gewechselt war, traf 16 Mal, und auch der Ex-Duisburger Roland Wohlfarth überzeugte als Ersatz für Karl-Heinz Rummenigge im Sturm mit zwölf Toren auf Anhieb.
Spannung kam ob der Überlegenheit der Münchener aber nicht auf, was auch die Zuschauer quittierten, die der Liga mit einem Schnitt von 18.961 Besuchern pro Spiel die schwächste Bilanz seit zwölf Jahren einbrachten. Daran konnte auch die Brisanz am Tabellenende nur wenig ändern. Trotz der unausweichlichen Trainerwechsel beim Karlsruher SC (Lothar Buchmann kam für Werner Olk) und in Braunschweig, wo Heinz Patzig den glücklosen Aleksandar Ristic ablöste, mussten beide Vereine den Gang in die Zweite Liga antreten.
Ihnen folgte auch der Drittletzte Arminia Bielefeld. In den beiden Relegationsspielen gegen den 1. FC Saarbrücken zogen die Ostwestfalen den Kürzeren (0:2; 1:1). Ein Stern ging dagegen am Rhein auf: Thomas Häßler absolvierte seine erste Saison für die Kölner und kam immerhin zu sechs Einsätzen – der Beginn einer großen Karriere.

Torjäger			
1.	Klaus Allofs	1. FC Köln	26
2.	Rudi Völler	Werder Bremen	25
3.	Karl Allgöwer	VfB Stuttgart	19
	Thomas Allofs	1. FC Kaiserslautern	19
5.	Siegfried Reich	Arminia Bielefeld	18
	Klaus Täuber	Schalke 04	18
7.	Günter Thiele	Fortuna Düsseldorf	17
8.	Klaus Fischer	VfL Bochum	16
	Pierre Littbarski	1. FC Köln	16
	Lothar Matthäus	Bayern München	16

Ein Fehlschuss mitten ins Herz

Bremen wird auf der Zielgeraden noch abgefangen – weil Kutzop gegen Bayern den entscheidenden Elfmeter vergibt

Die Einsamkeit des Schützen beim Elfmeter – Michael Kutzop bekam sie gegen Bayern München auf dramatische Weise zu spüren

Es war eine einzige Sekunde. Nach 34 Spieltagen, nach 306 Partien und insgesamt 27.540 Minuten kulminierte die Entscheidung in einer einzigen Sekunde. Eine Winzigkeit.

Es war der 33. Spieltag, der 22. April 1986, ein lauer Dienstagabend. Oben im ausverkauften Bremer Weserstadion zeigte die Anzeigetafel 21.44 Uhr. Unten, der Spielplan des DFB hatte es so gewollt, standen sich die beiden Protagonisten dieser Saison gegenüber: Werder Bremen und Bayern München. Die Bremer hatten während der vergangenen Monate die Liga bestimmt, mit Ausnahme des dritten und des 13. Spieltages auch stets an der Tabellenspitze geglänzt. Vier Spieltage vor Schluss hatte Werder schon mit vier Zählern vor den Bayern gelegen, dazu das bessere Torverhältnis. Dann aber schwächelten die Norddeutschen, verloren in Uerdingen (0:1), schafften auch gegen Mönchengladbach nur ein Remis (1:1). Nun sollte er im direkten Duell perfekt gemacht werden, der erste Titelgewinn seit 1965. Zwei Punkte lagen sie noch vor den Bayern, ein Sieg würde den Triumph sichern.

Es war ein mäßiges Spiel. Es war vielleicht gar ein typisches 0:0. Dann kam der Auftritt von Rudi Völler. Der Nationalstürmer gab sein Comeback nach fünf Monaten. Der erste Auftritt ausgerechnet seit dem Hinspiel gegen die Bayern, als ihn Verteidiger Klaus Augenthaler rüde umgetreten hatte – Adduktorenriss. Augenthaler rechtfertigte seine Attacke mit dem Hinweis, Völler sei eben „zu schnell“. Der Bayern-Profi erhielt daraufhin von aufgebrachten Werder-Fans Morddrohungen. Und jener Völler, von Coach Otto Rehhagel in der 77. Minute eingewechselt, lief dann neben Gegenspieler Sören Lerby in den Bayern-Strafraum, spitzelte den Ball in die Mitte. Lerby bekam das Leder an den Kopf, Schiedsrichter Volker Roth aber entschied urplötzlich auf Elfmeter. Da war sie, die historische Chance.

Es folgten minutenlange Tumulte. Bayerns Co-Trainer Egon Coordes trat den Ball auf die Tribüne, „Hans Pflügler zog mich am Ohr, ein anderer Bayern-Spieler spuckte mir ins Gesicht“, erzählte Michael Kutzop später. Er hatte die Hauptrolle in dem Drama zugewiesen bekommen. Kutzop war ein sehr passabler Verteidiger, die ideale Nummer vier, ein Handwerker – aber auch einer der sichersten Elfmeterschützen der Liga. Bei jedem Strafstoß kam er immer nach vorne, behäbig wie ein Bär, der Witterung zu seiner Beute aufgenommen hat. Und dann traf er immer auf dieselbe Art: „Den letzten Schritt größer gemacht, gewartet, bis der Torwart sich bewegt, und dann mit der Innenseite in die andere Ecke geschoben.“ So einfach, so unendlich schwer. Acht Mal war ihm das mit dem letzten, großen Schritt in jener Saison gelungen. Es war wie immer. Wieder fünf Schritte Anlauf. Dann die Verzögerung – Bayern-Keeper Jean-Marie Pfaff beugt sich in die linke Ecke, Kutzop zielt nach rechts. Der Ball fliegt, Schütze und Torwart sehen ihm nach. Genau wie die 40.800 Zuschauer im Weserstadion auch. Sie sehen, wie der Ball sich dem Pfosten nähert, hören das Klatschen des Leders ans Aluminium. „Dieses Scheißgeräusch vergesse ich nie“, bekennt Kutzop. Das Spiel ist längst aus.

Einige Werder-Spieler weinten auf dem Rasen. Kutzop wankte in die Kabine. Otto Rehhagel kümmerte sich persönlich um den Pechvogel: „Michael, es gibt einen Fußballgott. Verrichten Sie Ihre Arbeit weiter so, dann wird er Sie belohnen.“ Kutzop und Rehhagel aber mussten sich noch gedulden. Denn vier Tage später, am letzten Spieltag, als sie es noch immer selbst in der Hand hatten, mit einem mickrigen Pünktchen aus der

Meister: Bayern München

Präsident Fritz Scherer, Jean-Marie Pfaff, Lothar Matthäus, Norbert Eder, Ludwig Kögl, Hans-Dieter Flick (vorne, von links), Trainer Udo Lattek, Dieter Hoeneß, Hans Pflügler, Klaus Augenthaler, Bertram Beierlorzer, Frank Hartmann (verdeckt), Michael Rummenigge, Roland Wohlfahrt, Robert Dekeyser, Reinhold Mathy, Manfred Schwabl (hinten, von links)

Bild UNABHÄNGIG · ÜBERPARTEILICH

Spaß beim Vertragspoker

Bayern und ich – das waren im Januar schon geschiedene Leute. Uli Hoeneß ist ein toller Partner, der mir viel abnimmt. Aber der Manager und ich fanden plötzlich Spaß am Pokern um einen neuen Vertrag. Aus dem Spaß wurde plötzlich Ernst. Es ging um ein Jahr oder mehr. Beide wussten wir, dass wir uns brauchen. Aber keiner wollte sein Gesicht verlieren. „Viel Glück bei der Suche nach einem neuen Trainer. Ich unterschreibe jetzt einen fertigen Vertrag bei einem neuen Verein", sagte ich und verließ wütend das Vereinsheim. Eine Stunde später klingelte das Telefon. „Kommen Sie, unterschreiben Sie. Wir haben einen Kompromiss." Ich kam.

Bayerns Coach Udo Lattek am 7.05.1986 in der Bild

Partie beim VfB Stuttgart den Titel zu sichern, versagten ihnen Kopf und Beine – 1:2. Alles verloren. Denn die Münchner taten das, was sie so meisterhaft beherrschen: Schwächen eiskalt ausnutzen. Gegen Mönchengladbach gewannen sie 6:0 – und standen nach dem 34. Spieltag auf Platz eins. Das einzige Mal in dieser Saison.

Für Kutzop aber war das Drama nicht zu Ende. Bayern-Fans riefen ihn an, um ihm zu gratulieren. Er musste seine Nummer ändern. Elfmeter aber hat er weiterhin geschossen. In der Klubstatistik steht hinter dem Namen Michael Kutzop „Elfmeter verschossen: 1". Zahlen vermitteln kein Gefühl.

Dirk Graalmann

Dortmund in der Relegation

Abschlusstabelle									Heim-Bilanz					Auswärts-Bilanz				
	Mannschaft	Sp	g.	u.	v.	Tore	Diff.	Punkte	g.	u.	v.	Tore	Punkte	g.	u.	v.	Tore	Punkte
1	Bayern München	34	21	7	6	82:31	+51	49:19	14	1	2	58:14	29:5	7	6	4	24:17	20:14
2	Werder Bremen	34	20	9	5	83:41	+42	49:19	13	4	0	55:13	30:4	7	5	5	28:28	19:15
3	KFC Uerdingen 05	34	19	7	8	63:60	+3	45:23	13	2	2	38:24	28:6	6	5	6	25:36	17:17
4	Borussia Mönchengladbach	34	15	12	7	65:51	+14	42:26	10	5	2	39:18	25:9	5	7	5	26:33	17:17
5	VfB Stuttgart	34	17	7	10	69:45	+24	41:27	11	3	3	39:14	25:9	6	4	7	30:31	16:18
6	Bayer 04 Leverkusen	34	15	10	9	63:51	+12	40:28	13	3	1	42:18	29:5	2	7	8	21:33	11:23
7	Hamburger SV	34	17	5	12	52:35	+17	39:29	12	2	3	35:11	26:8	5	3	9	17:24	13:21
8	SV Waldhof Mannheim	34	11	11	12	41:44	-3	33:35	9	5	3	29:16	23:11	2	6	9	12:28	10:24
9	VfL Bochum	34	14	4	16	55:57	-2	32:36	10	3	4	38:23	23:11	4	1	12	17:34	9:25
10	FC Schalke 04	34	11	8	15	53:58	-5	30:38	9	4	4	37:21	22:12	2	4	11	16:37	8:26
11	1. FC Kaiserslautern	34	10	10	14	49:54	-5	30:38	8	6	3	26:14	22:12	2	4	11	23:40	8:26
12	1. FC Nürnberg	34	12	5	17	51:54	-3	29:39	8	3	6	31:22	19:15	4	2	11	20:32	10:24
13	1. FC Köln	34	9	11	14	46:59	-13	29:39	7	6	4	31:22	20:14	2	5	10	15:37	9:25
14	Fortuna Düsseldorf	34	11	7	16	54:78	-24	29:39	8	5	4	31:28	21:13	3	2	12	23:50	8:26
15	Eintracht Frankfurt	34	7	14	13	35:49	-14	28:40	6	8	3	23:18	20:14	1	6	10	12:31	8:26
16	Borussia Dortmund	34	10	8	16	49:65	-16	28:40	8	5	4	34:24	21:13	2	3	12	15:41	7:27
17	1. FC Saarbrücken	34	6	9	19	39:68	-29	21:47	5	7	5	25:28	17:17	1	2	14	14:40	4:30
18	Hannover 96	34	5	8	21	43:92	-49	18:50	4	4	9	20:33	12:22	1	4	12	23:59	6:28

Die Saison begann mit einer Überraschung, als Bayer Uerdingen den Titelverteidiger Bayern München zum Auftakt mit 1:0 bezwang. Genauer gesagt, schlugen sich die Bayern allerdings eher selbst, weil Helmut Winklhofer ein faszinierendes Eigentor gelang, als er die Kugel aus 30 Metern in den eigenen Winkel bugsierte. Verdienter Lohn: die Wahl zum „Tor des Monats".

Aber die Krefelder überraschten in jener Saison auch ohne fremde Hilfe. Am Ende der Spielzeit lag das Team von Trainer Karlheinz Feldkamp nach einem imposanten Schlussspurt (zwölf Spiele ohne Niederlage) auf Rang drei hinter dem Führungsduo aus München und Bremen. Frühzeitig aussichtslos war dagegen der Kampf der beiden Aufsteiger Saarbrücken und Hannover 96. Bereits zur Halbzeit der Saison waren beide Teams in akuter Not, am Ende stand der Abstieg.

Dagegen rettete sich überraschend noch Fortuna Düsseldorf. Nach 17 Spieltagen rangierte die Elf von Ex-Profi Dieter Brei mit gerade einmal neun Zählern aussichtslos auf dem letzten Tabellenplatz. Doch die Klub-Verantwortlichen verzichteten auf einen Trainerwechsel, die Elf um den alten Gerd Zewe und den jungen Holger Fach stabilisierte sich und rettete sich letztlich auf Platz 14. Dafür musste Borussia Dortmund als Drittletzter in die Relegation gegen den Dritten des Unterhauses – Fortuna Köln. Die Duelle waren an Dramatik kaum zu überbieten. Das Hinspiel gewannen die Kölner mit 2:0, im Rückspiel im Dortmunder Westfalenstadion führten der BVB nur mit 2:1, ehe Stürmer Jürgen Wegmann in letzter Minute das 3:1 gelang. Nach der damaligen Regelung bedeutete dies ein Wiederholungsspiel, das die Borussia gegen eine personell arg dezimierte Kölner Elf dann locker mit 8:0 gewann.

Torjäger			
1.	Stefan Kuntz	VfL Bochum	22
2.	Karl Allgöwer	VfB Stuttgart	21
3.	Frank Neubarth	Werder Bremen	20
4.	Bum-kun Cha	Bayer Leverkusen	17
5.	Thomas Allofs	1. FC Kaiserslautern	16
	Jürgen Klinsmann	VfB Stuttgart	16
	Klaus Täuber	Schalke 04	16
8.	Dieter Hoeneß	Bayern München	15
9.	Herbert Waas	Bayer Leverkusen	14
	Jürgen Wegmann	Borussia Dortmund	14

Die Langweiler aus München

Bayern holt den dritten Titel in Serie, agiert dabei aber so emotionslos, dass sich die wegweisenden Geschichten abseits des Feldes abspielen

Bestimmt wäre alles ganz anders gelaufen, wenn dieser kleine Stürmer von Borussia Dortmund sein Tageswerk nur etwas aufmerksamer verrichtet hätte. Vielleicht wäre dann sogar seine Mannschaft deutscher Meister geworden, möglicherweise hätte man den Gegner gar in eine tiefe Depression gestürzt und nachhaltig am Selbstbewusstsein des Kontrahenten gekratzt. Ja, all das hätte man sich vorstellen können, wenn, ja, wenn Frank Mill am ersten Spieltag doch nur ins verwaiste Tor der Bayern geschossen und nicht – wie unter dem ungläubigen Staunen seiner Mitspieler geschehen – nur den Pfosten getroffen hätte.
Dabei hatte Mill doch alles richtig gemacht, hatte Bayern-Keeper Jean-Marie Pfaff ausgespielt, war aufs leere Tor zugerannt und hatte vermutlich gar schon seinen Jubellauf in die Fankurve antizipiert. Doch dann war ihm irgendetwas eingefallen, vielleicht, dass es sich nicht geziemt hätte, dem Titelträger schon am ersten Spieltag der Saison ein Bein zu stellen. Vielleicht aber auch, dass Kumpel Lothar Matthäus, mit dem Mill einst bei Gladbach gespielt hatte, vermutlich ziemlich traurig gewesen wäre über eine Niederlage zum Auftakt. Eventuell hat ihn sogar die Sonne geblendet und so das hehre Unterfangen entscheidend beeinflusst.

Harald Schumacher und sein ganz persönlicher Anpfiff

Geneigte Fußball-Fans jedenfalls haben sich die Szene danach einhundert Mal angeguckt und mochten selbst danach keinen Grund erkennen, warum der Ball nur an den Pfosten flog. Wohl aber hatten die ausgewiesenen Bayern-Hasser unter ihnen (und davon gab es damals sehr viele) schon früh in der Saison eine böse Vorahnung: Wer so viel Glück hat wie der amtierende Meister schon am ersten Spieltag, der kann am Ende seinen Titel nur verteidigen. Eine Prognose, die sich schließlich bewahrheiten sollte.
Die Bayern verloren nicht gegen Dortmund, sondern erreichten noch ein 2:2, machten acht Monate später den Hattrick perfekt und spielten während der Saison so emotionslos, dass selbst der eher hausbackene Libero Klaus Augenthaler schon zum Star stilisiert werden musste – freilich aus Ermangelung an echten Persönlichkeiten im Kader des Meisters.
Das mag auch der Grund dafür gewesen sein, dass sich die bei weitem interessantesten Geschichten der Saison jenseits des Feldes abspielten. Harald Schumachers Ausflug ins Literarische etwa fand sehr viel mehr Beachtung als der Titel-Hattrick der Münchner Bayern. Er wollte „endlich einmal mit den Tabus im deutschen Fußball brechen“, ließ Schumacher wissen und veröffentlichte sein epochales Werk „Anpfiff“. Als Auszüge des zumeist aus Banalitäten bestehenden Buches vorab im *Spiegel* veröffentlicht wurden, war der Aufschrei in der Liga groß. Die teilweise naiven Plaudereien des Kölner Torhüters bedeuteten nicht nur sein Karriereende in der Nationalmannschaft, sondern auch im Verein. Schumacher wechselte zum FC Schalke 04 und stieg ein Jahr später in die Zweite Liga ab. Von Reue war beim Kölner Urgestein aber auch hernach nicht viel zu spüren. „Ich würde alles genauso wieder machen“, sagte er.
Während die vom Autor sicherlich provozierend formulierten Interna aus dem Kreis der Nationalmannschaft – Schumacher sprach sich dafür aus, Callgirls ins Trainingslager bestellen zu dürfen – nach wenigen Wochen verpufften, fand ein Kapitel des Buches besondere Beachtung. Die gemutmaßten Dopingvorwürfe innerhalb der Liga führten wenigstens dazu, dass ab der Saison 1988/89 bei den Spielern Proben auf Einnahme verbotener Stimulanzien angeordnet wurden. Ein wesentlicher Wunsch des Torhüters war somit er-

Meister: Bayern München

füllt. Direkt nach der Veröffentlichung des Buches hatte Schumacher gepoltert: „Wenn wirklich Dopingkontrollen eingeführt werden, bezahle ich sogar die Uniform für die Doping-Polizei.“ Was nicht nötig war. Die Kontrolleure erschienen unauffällig in Zivil. *Jens Bierschwale*

Göttliche Hilfe

Den schwarzen Schriftzug „FC Bayern“ haben sie von der eisernen Tür entfernt und schlicht „Papst“ drübergemalt. Und die Umkleidekabine, in der sonst die strammen Meisterkicker ihre Stiefel schnüren, wurde in eine provisorische Sakristei für Johannes Paul II. umdekoriert. Der hat die ungewohnte Örtlichkeit bestens zu nutzen gewusst, auch wenn der reisefreudige eilige Vater aus Termingründen dem Entmüdungsbecken entsagen musste. Ansonsten aber hat sich JP II. auf spezielle Weise für die gastfreundliche Haltung der Münchner Fuß-

Süddeutsche Zeitung

baller bedankt. Augenthaler, Matthäus und Kollegen hatten den Rasen des Olympiastadions dem Papst überlassen und sich selbst ein paar freie Tage genehmigt (...), was die Münchner nicht hinderte, auch spielfrei zum Gewinner des Wochenendes zu werden. Denn weil der VfB Stuttgart und der Hamburger SV sich um ein popeliges 1:1 stritten, freuten sich Trainer Latteks Musterknaben sozusagen als Dritte über einen weiteren Punkt Vorsprung. Davon haben sie jetzt fünf, was locker reichen müsste, um den Titel zu verteidigen. Wenn nicht, dann werden sie am 17. Juni, dem letzten Tag der Liga, zu den Deppen der Nation ausgerufen. Da hülfe auch kein Papst.

Die Süddeutsche Zeitung am 4.05.1987

Gewohntes Bild: die Bayern mit Schale. Hier freuen sich Co-Trainer Werner Olk, Jean-Marie Pfaff, Klaus Augenthaler, Hans Pflügler, Helmut Winklhofer, Norbert Nachtweih, Holger Willmer, Lars Lunde, Dieter Hoeneß, Trainer Udo Lattek, Raimond Aumann (stehend, von links) sowie Roland Wohlfarth, Lothar Matthäus, Michael Rummenigge, Andreas Brehme, Norbert Eder, Ludwig Kögl, Hans-Dieter Flick und Robert Dekeyser (hockend, von links) über den Titel

In generöser Manier zum Hattrick

Abschlusstabelle									Heim-Bilanz					Auswärts-Bilanz				
	Mannschaft	Sp	g.	u.	v.	Tore	Diff.	Punkte	g.	u.	v.	Tore	Punkte	g.	u.	v.	Tore	Punkte
1	Bayern München	34	20	13	1	67:31	+36	53:15	14	2	1	41:14	30:4	6	11	0	26:17	23:11
2	Hamburger SV	34	19	9	6	69:37	+32	47:21	14	2	1	38:12	30:4	5	7	5	31:25	17:17
3	Borussia Mönchengladbach	34	18	7	9	74:44	+30	43:25	11	2	4	42:18	24:10	7	5	5	32:26	19:15
4	Borussia Dortmund	34	15	10	9	70:50	+20	40:28	10	5	2	40:17	25:9	5	5	7	30:33	15:19
5	Werder Bremen	34	17	6	11	65:54	+11	40:28	13	3	1	45:19	29:5	4	3	10	20:35	11:23
6	Bayer 04 Leverkusen	34	16	7	11	56:38	+18	39:29	10	3	4	34:19	23:11	6	4	7	22:19	16:18
7	1. FC Kaiserslautern	34	15	7	12	64:51	+13	37:31	11	3	3	41:21	25:9	4	4	9	23:30	12:22
8	KFC Uerdingen 05	34	12	11	11	51:49	+2	35:33	8	6	3	30:22	22:12	4	5	8	21:27	13:21
9	1. FC Nürnberg	34	12	11	11	62:62	0	35:33	8	7	2	39:25	23:11	4	4	9	23:37	12:22
10	1. FC Köln	34	13	9	12	50:53	-3	35:33	8	6	3	27:19	22:12	5	3	9	23:34	13:21
11	VfL Bochum	34	9	14	11	52:44	+8	32:36	7	7	3	30:16	21:13	2	7	8	22:28	11:23
12	VfB Stuttgart	34	13	6	15	55:49	+6	32:36	10	4	3	41:18	24:10	3	2	12	14:31	8:26
13	FC Schalke 04	34	12	8	14	50:58	-8	32:36	10	3	4	36:24	23:11	2	5	10	14:34	9:25
14	SV Waldhof Mannheim	34	10	8	16	52:71	-19	28:40	10	6	1	36:20	26:8	0	2	15	16:51	2:32
15	Eintracht Frankfurt	34	8	9	17	42:53	-11	25:43	8	4	5	29:20	20:14	0	5	12	13:33	5:29
16	FC Homburg	34	6	9	19	33:79	-46	21:47	6	6	5	24:23	18:16	0	3	14	9:56	3:31
17	Fortuna Düsseldorf	34	7	6	21	42:91	-49	20:48	6	4	7	24:35	16:18	1	2	14	18:56	4:30
18	Blau-Weiß 90 Berlin	34	3	12	19	36:76	-40	18:50	2	8	7	20:31	12:22	1	4	12	16:45	6:28

Normalerweise ist es ja ein Zeichen von Ausgeglichenheit oder gar ein Indiz für eine abwechslungsreiche Liga, wenn es nach drei Spieltagen schon drei verschiedene Tabellenführer gab. In der Saison 1986/87 hießen die Spitzenreiter Eintracht Frankfurt, Hamburger SV und Bayer Leverkusen. Doch den meisten Fans war trotz des schönen Fußballs, den eben jene Teams anfangs boten, klar, dass am Ende der Spielzeit nur ein Vereinsname würde ganz oben stehen können: Bayern München.
Und so kam es dann auch, obwohl sich die Süddeutschen mächtig viel Zeit ließen, um ihre Übermacht auch im Tabellenbild deutlich hervortreten zu lassen. Fast schon generös überließen sie dem HSV die Herbstmeisterschaft, um dann in der Rückrunde eine Serie von 29:5 Punkten zu starten und sich schon am 32. Spieltag vorzeitig den Titel zu sichern. Dabei kassierten sie nur eine Niederlage (0:3 im Heimspiel gegen Bayer Leverkusen).
Sehr viel ernüchternder gestaltete sich die Saison für Fortuna Düsseldorf. Erst am vierten Spieltag gelang den Rheinländern ihr erster Treffer (Michael Preetz erzielte gegen Waldhof Mannheim das 1:0), und auch danach wollte nicht besonders viel gelingen. Düsseldorf musste zum zweiten Mal in die Zweite Liga absteigen, da nützte auch der Trainerwechsel (Gerd Meyer kam für Dieter Brei) nichts mehr. Begleitet wurde die Fortuna von Blau-Weiß 90 Berlin.

Torjäger			
1.	Uwe Rahn	Borussia M'gladbach	24
2.	Fritz Walter	SV Waldhof Mannheim	23
3.	Rudi Völler	Werder Bremen	22
4.	Norbert Dickel	Borussia Dortmund	20
5.	Frank Hartmann	1. FC Kaiserslautern	17
	Frank Mill	Borussia Dortmund	17
7.	Jürgen Klinsmann	VfB Stuttgart	16
	Harald Kohr	1. FC Kaiserslautern	16
9.	Herbert Waas	Bayer Leverkusen	15
10.	Klaus Allofs	1. FC Köln	14

Beim abgeschlagenen Hauptstadtklub machte nur ein Spieler auf sich aufmerksam: Karlheinz Riedle schoss zehn Tore und wechselte nach der Saison zu Werder Bremen. Ein Jahr später wurde er deutscher Meister.

Eine Papierkrone für den König

Werder Bremen wird erstmals seit 1965 wieder Meister und feiert seinen Magier – Rehhagel dankt und genießt

Der König und sein Altstar: Werder Bremens Trainer Otto Rehhagel herzt den 38-jährigen Stürmer Manfred Burgsmüller nach dem erfolgreichen Titelgewinn in Frankfurt

DIE WELT

Paradebeispiel für eine erfolgreiche Aufbauarbeit

Was schnell künstlich nach oben gepuscht wird, hat selten längeren Bestand. Die Erfahrung hat es immer wieder bestätigt: Mit Geld lässt sich im Fußball anders als im normalen Geschäftsleben nichts erzwingen. Gerade der neue Meister Werder Bremen ist ein Paradebeispiel dafür. Für meinen Kollegen Otto Rehhagel habe ich mich deshalb besonders gefreut, weil sein Erfolg der Beweis dafür ist, dass man mit kontinuierlicher Aufbauarbeit durchaus etwas erreichen kann. Ich glaube, dass mir mit Bayer Leverkusen Ähnliches gelungen ist. Schon allein die Tatsache, dass es Otto Rehhagel über Jahre verstanden hat, seine Mannschaft ganz oben zu halten, ist schon eine großartige Leistung, die volle Anerkennung verdient. Wer denn außer den Bayern kann so etwas von sich behaupten?

Der damalige Leverkusener Trainer Erich Ribbeck am 24.05.1988 in der Welt

Als die erschöpften Helden mit der Lufthansa-Maschine „Wiesbaden" aus Frankfurt heimkehrten, hatten sich sogar die Altmeister auf dem kleinen Bremer Flughafen eingefunden. Pico Schütz, Max Lorenz, Gerd Zebrowski und Horst-Dieter Höttges legten einen Sprint über die Gangway hin, um ihre legitimen Nachfolger gebührend zu empfangen. 23 Jahre nachdem sie selbst die letzte Meisterschale nach Bremen geholt hatten, gab es nun endlich wieder Grund zum Jubeln: Werder war Champion – und das schon nach dem 31. Spieltag.

1:0 hatten die Bremer in Frankfurt gewonnen und damit jeglichen Zweifel daran erstickt, dass sie – wie schon zwei Jahre zuvor – eine sicher geglaubte Meisterschaft noch verspielen könnten. Damals war Bayern München am letzten Spieltag noch an den Bremern vorbeigezogen, und auch diesmal hätten die eiskalten Kicker des Rekordmeisters von einer etwaigen Schwächephase der Hanseaten profitieren können. Dass es am Ende aber langte für die Bremer, lag vor allem an einer außergewöhnlichen Abwehr. 22 Gegentore in 34 Spielen bildeten die Grundlage für die Meisterschaft. Die Abwehrrecken Gunnar Sauer, Rune Bratseth und Uli Borowka erwiesen sich als kaum zu überwindende Mauer, und hinter ihnen ließ Nachwuchstorhüter Oliver Reck mit seinen starken Leistungen sogar die Bremer Keeper-Legende Dieter Burdenski vergessen.

Als Vater des Triumphes durfte sich indes jemand feiern lassen, der schon fast zum Bremer Inventar gehörte: Trainer Otto Rehhagel war es gelungen, junge Spieler und alte Hasen zu einem schlagkräftigen Team zu formieren. Und das, obwohl sich der ehrgeizige Übungsleiter durchaus der Gefahr bewusst war, nach den Abgängen von Rudi Völler und Bruno Pezzey auf eine komplette Runderneuerung zu setzen. „Wenn ich heute fünf Talente einbaue und mehrere Spiele hintereinander verliere, dann lassen die Leute an den Blumen, die sie mir zuwerfen, plötzlich die Töpfe dran", hatte Rehhagel vor Saisonbeginn gemutmaßt. Eine verfrühte Sorge, der Trainer blieb unverletzt. Entsprechend ekstatisch und damit ganz entgegen der vornehmen, hanseatischen Zurückhaltung verlief die Meisterfeier. Im feinen Hotel *Aukamm* setzten einige Bremer Fans ihrem Erfolgstrainer Rehhagel eine goldene Papierkrone auf und hoben ihn somit in den Status eines Magiers. Zuletzt war Vlado Stenzel solch eine Ehre zuteil geworden, als er mit der deutschen Handball-Nationalmannschaft 1978 in Dänemark überraschend Weltmeister wurde. „Der schönste Traum eines jeden Fußball-Lehrers ist für mich in Erfüllung gegangen“, sagte Rehhagel und tanzte ausgelassen durch die Hotel-Lobby. Zuvor hatte schon Kapitän Mirko Votava den verdutzten Kameraleuten aus dem Entmüdungsbecken des Frankfurter Waldstadions seine persönliche Meisterschaftsbotschaft verkündet: „Grüßt unsere Frauen über das Fernsehen, wir kommen später.“

Vizepräsident Klaus-Dieter Fischer war derweil bemüht, bereits die Planungen für die neue Saison voranzutreiben. Noch im Meistertaumel verhandelte er mit Mittelfeldspieler Günter Hermann über einen neuen Vertrag. Gegen zwei Uhr in der Früh konnte er Vollzug melden. „Leute, Günter bleibt bei uns, er hat gerade bis 1991 unterschrieben.“ Dann ließ sich auch Fischer feiern. „Heute“, sagte der Bremer Vizepräsident, „ist für mich ein 18-jähriger Dienst am Verein belohnt wurden.“ Er sagte es leise, aber mit viel, viel Stolz in der Stimme.

Jens Bierschwale

Endlich am Ziel ihrer Träume: Manfred Burgsmüller; Christoph Hanses, Dieter Eilts, Frank Ordenewitz, Mirko Votava, Michael Kutzop, Trainer Otto Rehhagel, Rune Bratseth, Uli Borowka, Thomas Wolter, Johnny Otten, Olaf Rose, Co-Trainer Karl-Heinz Kamp (hinten, von links), Matthias Ruländer, Günter Hermann, Oliver Reck, Gunnar Sauer, Norbert Meier, Karlheinz Riedle, Dieter Burdenski, Thomas Schaaf (vorne, von links)

Schalke muss wieder runter

Abschlusstabelle									Heim-Bilanz					Auswärts-Bilanz				
	Mannschaft	Sp	g.	u.	v.	Tore	Diff.	Punkte	g.	u.	v.	Tore	Punkte	g.	u.	v.	Tore	Punkte
1	Werder Bremen	34	22	8	4	61:22	+39	52:16	13	3	1	42:12	29:5	9	5	3	19:10	23:11
2	Bayern München	34	22	4	8	83:45	+38	48:20	15	1	1	55:17	31:3	7	3	7	28:28	17:17
3	1. FC Köln	34	18	12	4	57:28	+29	48:20	13	4	0	38:9	30:4	5	8	4	19:19	18:16
4	VfB Stuttgart	34	16	8	10	69:49	+20	40:28	11	3	3	41:15	25:9	5	5	7	28:34	15:19
5	1. FC Nürnberg	34	13	11	10	44:40	+4	37:31	7	7	3	26:18	21:13	6	4	7	18:22	16:18
6	Hamburger SV	34	13	11	10	63:68	-5	37:31	9	7	1	42:27	25:9	4	4	9	21:41	12:22
7	Borussia Mönchengladbach	34	14	5	15	55:53	+2	33:35	9	2	6	31:18	20:14	5	3	9	24:35	13:21
8	Bayer 04 Leverkusen	34	10	12	12	53:60	-7	32:36	8	6	3	25:19	22:12	2	6	9	28:41	10:24
9	Eintracht Frankfurt	34	10	11	13	51:50	+1	31:37	8	4	5	31:18	20:14	2	7	8	20:32	11:23
10	Hannover 96	34	12	7	15	59:60	-1	31:37	9	2	6	36:26	20:14	3	5	9	23:34	11:23
11	KFC Uerdingen 05	34	11	9	14	59:61	-2	31:37	9	4	4	38:25	22:12	2	5	10	21:36	9:25
12	VfL Bochum	34	10	10	14	47:51	-4	30:38	8	4	5	33:20	20:14	2	6	9	14:31	10:24
13	Borussia Dortmund	34	9	11	14	51:54	-3	29:39	5	6	6	30:26	16:18	4	5	8	21:28	13:21
14	1. FC Kaiserslautern	34	11	7	16	53:62	-9	29:39	9	5	3	39:25	23:11	2	2	13	14:37	6:28
15	Karlsruher SC	34	9	11	14	37:55	-18	29:39	7	7	3	19:14	21:13	2	4	11	18:41	8:26
16	SV Waldhof Mannheim	34	7	14	13	35:50	-15	28:40	5	6	6	20:23	16:18	2	8	7	15:27	12:22
17	FC Homburg	34	7	10	17	37:70	-33	24:44	6	8	3	25:25	20:14	1	2	14	12:45	4:30
18	FC Schalke 04	34	8	7	19	48:84	-36	23:45	7	5	5	29:25	19:15	1	2	14	19:59	4:30

Fast hätte man ein wenig Mitleid haben können mit diesem armen Torhüter des Hamburger SV: Zehn Spiele war die Saison erst alt, doch die Hanseaten – im Vorjahr immerhin noch Vizemeister – hatten schon 30 Gegentore gefangen. Ein Schuldiger für diese Misere wurde schnell ausgemacht: Mladen Pralija, jugoslawischer Torsteher, machte eine derart unglückliche Figur zwischen den Pfosten, dass sein Name in Hamburg bis heute als Synonym für einen Fliegenfänger gilt. Nach dem 15. Spieltag wurde Pralija erlöst. Der neu installierte HSV-Trainer Willi Reimann schaute sich den Keeper gar nicht erst an, sondern schickte ihn noch vor dem ersten gemeinsamen Training nach Hause. Mit Pralija-Ersatz Heinz-Josef Koitka lief es besser. Am Ende errang der HSV immerhin noch Platz sechs. Gleich hinter dem 1. FC Nürnberg, der Überraschungself der Saison. Die Franken wurden mit Trainer Heinz Höher Fünfter und schafften damit ihr bestes Saisonergebnis seit 1968. Damals war der Club Meister geworden.

Ein anderer Traditionsverein hatte weniger Glück: Schalke 04 stieg trotz der Verpflichtung des Weltklasse-Torhüters Harald Schumacher sang- und klanglos ab. Und auch das Abenteuer des FC Homburg endete nach zweijähriger Zugehörigkeit im Oberhaus eher trostlos. Der Drittletzte SV Waldhof Mannheim dagegen konnte sich in letzter Minute retten. Das dritte Relegationsspiel gegen Zweitligist Darmstadt 98 gewannen die Mannheimer äußerst glücklich im Elfmeterschießen

Torjäger			
1.	Jürgen Klinsmann	VfB Stuttgart	19
2.	Karlheinz Riedle	Werder Bremen	18
3.	Lothar Matthäus	Bayern München	17
	Siegfried Reich	Hannover 96	17
5.	Harald Kohr	1. FC Kaiserslautern	16
	Fritz Walter	VfB Stuttgart	16
7.	Dieter Eckstein	1. FC Nürnberg	15
	Frank Ordenewitz	Werder Bremen	15
9.	Olaf Thon	Schalke 04	14
10.	Stefan Kuntz	Bayer Uerdingen	13

Lajos Detari und die Zwietracht in Frankfurt

Als der ungarische Spielmacher die Hessen verlässt, stürzt der Verein gnadenlos ab – fast bis in die Zweite Liga

Da standen sie nun, die Helden von Eintracht Frankfurt, an jenem 29. Mai 1988 auf dem Römer. Umjubelte Heimkehrer, die tags zuvor im DFB-Pokalfinale den VfL Bochum glücklich mit 1:0 bezwungen hatten. Zwei aber ragten heraus, Arm in Arm mit dem Pokal in der Hand: Trainer Karlheinz Feldkamp und sein Star, Lajos Detari. Der Ungar, Regisseur und Vollstrecker, mit elf Treffern erfolgreichster Frankfurter der abgelaufenen Saison – und „Pokalheld", der das Finale mit einem seiner gezirkelten Freistöße entschieden hatte. Erst zu Saisonbeginn war der damals 25-Jährige für 3,5 Millionen Mark von Honved Budapest an den Main gekommen, obwohl auch Klubs wie Real Madrid und der FC Barcelona um ihn gebuhlt hatten. Der Nationalspieler verzauberte in seinen bunten Schuhen mit den ungarischen Landesfarben (rot, weiß, grün) Ball, Gegner und die Fans. „Ich bleibe bei der Eintracht", verkündete Detari den begeisterten Anhängern vom Balkon aus. Es war gelogen. Zehn Tage vor Saisonbeginn flüchtete der Mittelfeldspieler aus dem Trainingslager der Eintracht in Timmendorf, flog nach Griechenland und unterschrieb trotz eines laufenden Vertrages bei Olympiakos Piräus. Frankfurt kassierte dafür eine Ablöse von 15 Millionen Mark – und verlor im Gegenzug seine spielerische Seele. Alle Planungen, auch die wenigen glanzlosen Neueinkäufe, waren auf einen Verbleib des Stars zugeschnitten. Nun war reichlich Geld da, aber keine Spieler mehr zu haben. Zudem versickerten die Ablösemillionen nutzlos, allein ein Drittel floss in die Eishockey-Abteilung des Klubs.

Zwei Mittelfeldstrategen im Duell: Lajos Detari (rechts), ungarischer Spielmacher in Diensten der Frankfurter Eintracht, und Lothar Matthäus, sein kämpferisches Pendant aus München

Feldkamp, der die Mannschaft erheblich verstärken wollte, bereitete enttäuscht seinen Abgang vor („Bandscheibenprobleme"). Doch nach dem achten Spieltag kam ihm der Klub zuvor. Mit ihm musste auch Manager Wolfgang Kraus gehen. Die pikante Pointe: Kraus erhielt seine fristlose Kündigung von Vize-Präsident Klaus Mank durchs Toilettenfenster zugesteckt! Die Trennung vom sportlichen Führungsduo beschleunigte ein Personalkarussell, das in 40 Jahren Fußball-Bundesliga selten so eindrucksvoll rotierte. Für Kraus kam Jürgen Friedrich an den Riederwald (der im Mai 1989 wieder kündigte), Feldkamp wurde durch Pal Csernai ersetzt. Der frühere Bayern-Trainer, nie akzeptiert und obendrein erfolglos, musste nach 88 Tagen und nur zwei Siegen in neun Partien wieder gehen. Es kam Jörg Berger.

Negativer Höhepunkt der Schlammschlacht aber war die Jahreshauptversammlung am 14. November. Die Uhr zeigte 23:37, als sich unter den 886 anwesenden Mitgliedern blankes Entsetzen

Konturenlos

Die Verpflichtung eines ausländischen Superstars galt in der Bundesliga schon immer als probates Mittel, um den Betrieb aus dem Trott der Gewohnheiten herauszuführen. Ein Vierteljahrhundert lang entsprach die Ausstrahlungskraft

Frankfurter Allgemeine
ZEITUNG FÜR DEUTSCHLAND

der Liga zuweilen auch der Leuchtkraft ihrer Protagonisten aus dem Ausland. Im 26. Jahr ihres Bestehens liegt in der Bundesliga, freilich auch in dieser Beziehung, immer mehr im Argen. (...) Wie die Liga insgesamt, so stellt sich auch die Gilde der Ausländer mittlerweile als eine konturenlose Gruppe dar. Endgültig vorbei scheinen die Zeiten, als in ihr Genie und Gauklertum vertreten waren, da Fußball von den ausländischen Fußball-Gastarbeitern nicht selten als Weltklasse-Varieté zelebriert wurde.

Die Frankfurter Allgemeine am 08.05.1989

breit machte. Als ein Redner von einem Ordner vom Podium geholt werden sollte, schickte der den verdutzten Wachmann per Fausthieb aufs Parkett. Gewählt wurde dennoch: In einer Kampfabstimmung wurde der amtierende Vorstand um Dr. Klaus Gramlich und Klaus Mank abgewählt, statt dessen Dr. Joseph Wolf und Legende Bernd Hölzenbein zum Führungsteam gekürt. Doch Wolf sah sich persönlichen Anfeindungen ausgesetzt, im ZDF-Sportstudio attackierte ihn Konkurrent Matthias Ohms öffentlich: „Dr. Wolf hat Leichen im Keller." Wolf kapitulierte, und neun Tage nach der Versammlung wurde mit Ohms bereits der nächste Klubchef gewählt. Der hatte in Fan-Kreisen schnell seinen Spitznamen weg: „Rotlicht-Präsident".

Das Chaos bei der „Zwietracht" spiegelte sich naturgemäß auf dem Rasen wider. Während der gesamten Spielzeit rangierte das Team, dem nach dem Detari-Weggang jegliches Gefüge und Hierarchie abgingen, nie besser als auf Rang 15. Am letzten Spieltag sah Frankfurt schon wie ein Absteiger aus, lag in Hannover mit 0:1 zurück. Erst ein Treffer von Kapitän Karl-Heinz Körbel („So lange ich spiele, wird die Eintracht nicht absteigen") rettete dem Team Platz 16 und damit die Chance auf die Relegationsspiele. Vier Tage später besiegte die Eintracht Saarbrücken im Hinspiel mit 2:0, beim Rückspiel im Ludwigspark genügte eine 1:2-Niederlage. Der Bundesligaverbleib war gesichert – mehr aber auch nicht.

Dirk Graalmann

Meister: Bayern München

Meister mit Schale und Blumensträußen: Klaus Augenthaler, Trainer Jupp Heynckes, Co-Trainer Egon Coordes, Roland Wohlfarth, Hans Pflügler, Stefan Reuter, Roland Grahammer, Mannschaftsarzt Dr. Hans-Wilhelm Müller-Wohlfahrt, Physiotherapeut Fredi Binder, Physiotherapeut Wolfgang Gebhardt, Norbert Nachtweih, Sven Scheuer, Erland Johnsen (stehend, von links); Hans-Dieter Flick, Hans Dorfner, Jürgen Wegmann, Olaf Thon, Ludwig Kögl, Raimond Aumann, Armin Eck, Thomas Kastenmaier, Helmut Winklhofer, Peter Sirch, Johnny Ekström

Verjüngungskur auf der Bank

Abschlusstabelle									Heim-Bilanz					Auswärts-Bilanz				
	Mannschaft	Sp	g.	u.	v.	Tore	Diff.	Punkte	g.	u.	v.	Tore	Punkte	g.	u.	v.	Tore	Punkte
1	Bayern München	34	19	12	3	67:26	+41	50:18	14	3	0	44:8	31:3	5	9	3	23:18	19:15
2	1. FC Köln	34	18	9	7	58:30	+28	45:23	12	3	2	40:16	27:7	6	6	5	18:14	18:16
3	Werder Bremen	34	18	8	8	55:32	+23	44:24	14	2	1	35:10	30:4	4	6	7	20:22	14:20
4	Hamburger SV	34	17	9	8	60:36	+24	43:25	9	5	3	32:15	23:11	8	4	5	28:21	20:14
5	VfB Stuttgart	34	16	7	11	58:49	+9	39:29	12	3	2	39:17	27:7	4	4	9	19:32	12:22
6	Borussia Mönchengladbach	34	12	14	8	44:43	+1	38:30	9	7	1	31:17	25:9	3	7	7	13:26	13:21
7	Borussia Dortmund	34	12	13	9	56:40	+16	37:31	8	6	3	35:20	22:12	4	7	6	21:20	15:19
8	Bayer 04 Leverkusen	34	10	14	10	45:44	+1	34:34	7	7	3	26:16	21:13	3	7	7	19:28	13:21
9	1. FC Kaiserslautern	34	10	13	11	47:44	+3	33:35	8	7	2	29:11	23:11	2	6	9	18:33	10:24
10	FC St. Pauli	34	9	14	11	41:42	-1	32:36	9	4	4	22:13	22:12	0	10	7	19:29	10:24
11	Karlsruher SC	34	12	8	14	48:51	-3	32:36	7	6	4	26:20	20:14	5	2	10	22:31	12:22
12	SV Waldhof Mannheim	34	10	11	13	43:52	-9	31:37	6	7	4	26:28	19:15	4	4	9	17:24	12:22
13	KFC Uerdingen 05	34	10	11	13	50:60	-10	31:37	7	6	4	28:22	20:14	3	5	9	22:38	11:23
14	1. FC Nürnberg	34	8	10	16	36:54	-18	26:42	7	6	4	23:22	20:14	1	4	12	13:32	6:28
15	VfL Bochum	34	9	8	17	37:57	-20	26:42	7	5	5	21:20	19:15	2	3	12	16:37	7:27
16	Eintracht Frankfurt	34	8	10	16	30:53	-23	26:42	6	7	4	17:17	19:15	2	3	12	13:36	7:27
17	Stuttgarter Kickers	34	10	6	18	41:68	-27	26:42	6	2	9	20:26	14:20	4	4	9	21:42	12:22
18	Hannover 96	34	4	11	19	36:71	-35	19:49	2	8	7	24:36	12:22	2	3	12	12:35	7:27

Es waren zu jenem Zeitpunkt nur zwei Punkte, die den Tabellenführer FC Bayern München vom 1. FC Köln trennten. Und wieder reichte dem Rekordmeister ein einziges Spiel, um die Verhältnisse festzuschreiben. Am 31. Spieltag beantwortete Bayern-Stürmer Roland Wohlfarth mit drei Treffern im Müngersdorfer Stadion (Entstand 3:1) im Alleingang alle Fragen nach dem Meister. Verwundern konnte das niemanden.

Für eine Überraschung sorgten dagegen zwei Aufsteiger. Während die Stuttgarter Kickers sich frühzeitig mit dem Abstieg abfinden mussten, überzeugte der FC St. Pauli mit dem damals 31-jährigen Jungcoach Helmut Schulte durchweg. Während der gesamten Spielzeit stand der Kiez-Klub nicht einmal auf den Abstiegsrängen. Und Waldhof Mannheim, zur Winterpause mit nur einem Sieg abgeschlagen Letzter, überraschte in der Rückrunde als viertbestes Team und sicherte noch souverän den Klassenverbleib.

Den schaffte letztlich auch Uefa-Cup-Sieger Bayer Leverkusen – aber erst, nachdem Jürgen Gelsdorf am 13. April auf die Trainerbank beordert worden war. Er setzte damit auch den Jugendtrend an der Seitenlinie fort. Zehn Trainer waren am Saisonende 40 Jahre oder jünger. Dafür mussten ältere Semester wie Pal Csernai (Frankfurt), Felix Latzke (Mannheim) oder Jürgen Wähling (Hannover) weichen. In Leverkusen aber war einer gescheitert, den man trotz des Alters für einen hochmodernen Übungsleiter gehalten hatte. Rinus Michels, im Sommer noch mit Traumfußball mit dem Team der Niederlande souverän Europameister geworden, schaffte in 25 Spielen als Bayer-Coach nur sieben Siege. Nach dem 0:2 auf St. Pauli war Schluss.

Torjäger

1.	Thomas Allofs	1. FC Köln	17
	Roland Wohlfarth	Bayern München	17
3.	Uwe Bein	Hamburger SV	15
4.	Hans-Jörg Criens	Borussia M'gladbach	13
	Jürgen Klinsmann	VfB Stuttgart	13
	Harald Kohr	1. FC Kaiserslautern	13
	Stefan Kuntz	Bayer Uerdingen	13
	Uwe Leifeld	VfL Bochum	13
	Frank Neubarth	Werder Bremen	13
	Karlheinz Riedle	Werder Bremen	13

Ein Strauß Blumen und ein bisschen Tralala

Wie Bayer Leverkusen die Wirrungen der Wendezeit auszunutzen weiß und den Ost-Berliner Thom verpflichtet

Objekt der Begierde: Andreas Thom wechselte als erster ostdeutscher Spieler auf legalem Wege in die Bundesliga

DER SPIEGEL

Eigenwillige Entscheidung

Spiegel: Herr Kirsten, Sie haben bei Borussia Dortmund per Handschlag zugesagt und bei Bayer Leverkusen unterschrieben. Sind Sie ein Falschspieler?
Kirsten: Nein, auf keinen Fall. Ich habe gar nicht verhandelt. Das hat alles mein Verein Dynamo Dresden gemacht. Da wurde viel über meinen Kopf hinweg entschieden.
Spiegel: Sie haben also nur bei Leverkusen unterschrieben?
Kirsten: Nein, ich habe auch einen Optionsvertrag mit dem VfL Bochum abgeschlossen. Aber dann sind Leverkusens Manager Calmund und sein Kollege Hilpert offenbar einig geworden.
Spiegel: Sind die Dortmunder getäuscht worden?
Kirsten: Ja, aber nicht von mir. Ich war mit Dortmund schon seit vielen Wochen einig. Aber nach dem ersten und einzigen Gespräch zwischen Borussia-Manager Michael Meier und Dynamo hieß es plötzlich: Die Dortmunder können nicht zahlen, die steigen aus. Da habe ich dann bei Leverkusen zugesagt.

Der Spiegel am 07.05.1990

Es gibt wenige Menschen, die Anekdoten so bunt erzählen können wie Reiner Calmund. Der Manager von Bayer Leverkusen kennt viele dieser absonderlichen Geschichten. Bei einer verfällt er gern in seinen typischen rheinischen Sing-Sang, so gut gefällt sie ihm: Sie beginnt am 15. November 1989, sechs Tage nach dem Mauerfall. Im entscheidenden WM-Qualifikationsspiel musste die DDR-Auswahl im Wiener Praterstadion gegen Österreich antreten (und verlor nach drei Treffern von Toni Polster mit 0:3). Unter den DDR-Nationalspielern: Andreas Thom, Jahrgang 1965, zuvor Torschützenkönig der DDR-Oberliga und zum „Fußballer des Jahres 1988" gewählt. Nur einen Monat zuvor war Thom mit seinem Klub Dynamo Berlin im Europacup der Landesmeister gegen Werder Bremen nach zwei dramatischen Partien ausgeschieden. „Den kannte danach in Deutschland jedes Kind", sagt Calmund. Er selbst natürlich auch.

Und Calmund, ausgestattet mit feinem Geschäftssinn, wusste, wie er einen Transfer des Angreifers einzufädeln hatte. Er schickte A-Jugend-Betreuer Wolfgang Karnath nach Wien: „Den haben wir mit 'nem Fotoleibchen in den Innenraum geschleust." Als einziger West-Mann hatte Karnath plötzlich Kontakt zu den abgeschirmten DDR-Stars. „Nachher saß er sogar auf der Auswechselbank und flog mit Thom in der Interflug zurück nach Berlin", so Calmund. Dort wartete der Manager höchstpersönlich auf seinen Wunschspieler. Calmund war in den Osten Berlins gereist, hatte über Thoms Mitspieler und Freund Frank Rohde die Adresse des Stürmers organisiert. „Es war gar nicht so einfach, ein Hochhaus ohne Namensschild", frotzelt Calmund gern. Als Thom kam, stand er schon vor der Tür; bepackt mit dem im Osten eher seltenen Spielzeug für die einjährige Tochter Janina. „Der Dicke mit dem Koffer ist wieder da", sollen sie damals im Osten geraunt haben. Calmund selbst beschreibt seine Verhandlungstaktik plastischer: „Man fährt in die Wohnung zu den Eltern, bringt 'ne Tafel Schokolade und ein Sträußchen Blumen mit und macht ein bisschen Tralala." Es hat ganz gut funktioniert. Was folgte, waren zähe Verhandlungen mit dem Fußball-Verband der DDR. Damals mit am Tisch: Der heutige Deisler-Berater Jörg Neubauer, der als Pressesprecher des DDR-Fußball-

Meister: Bayern München

verbandes involviert war. Am Ende der Gespräche hatte Calmund für seinen Klub ein ordentliches Paket geschnürt. Neben Thom hatte sich Bayer en passant auch die Dienste zweier Spieler von Dynamo Dresden gesichert. Ihre Namen: Ulf Kirsten und Matthias Sammer. Doch die avisierten Verpflichtungen erhielten in den Wirren des Umbruchs plötzlich eine politische Dimension, wie Calmund erfahren musste: „Aus dem Lager von Bundeskanzler Kohl kam die Bitte, dass wir als Konzern nicht gleich alle drei Top-Stars abgreifen sollten." Also verzichtete Bayer notgedrungen auf einen sofortigen Wechsel Kirstens, der erst zur Saison 1990/91 an den Rhein kam. Sammer hingegen wurde zum VfB Stuttgart transferiert. Thom aber war zu diesem Zeitpunkt bereits da. Für rund drei Millionen Mark Ablöse.

Alle waren zufrieden, auch Thom: „Ich finde es gut, der erste Legale zu sein, denn abgehauen wäre ich nie." Am 17. Februar 1990 debütierte er im Spiel gegen den FC Homburg. Er benötigte 15 Minuten, um endgültig im Westen anzukommen: Thom schoss das 1:0. Insgesamt erzielte er in seiner Premieren-Saison drei Treffer in 13 Partien. Er war auch der erste DDR-Spieler, der ein Tor für das vereinigte Deutschland schoss – am 19. Dezember 1990 gegen die Schweiz. Mit der ersten Ballberührung. Er war eingewechselt worden – für Sammer. Jener machte später Stuttgart zum Meister. Und ausgerechnet auf ihn hatte Calmund 1989 verzichtet. Er hat es später bereut: „Im Nachhinein war das fast schon etwas zu nett von uns." *Dirk Graalmann*

Trainer Jupp Heynckes, Co-Trainer Egon Coordes, Klaus Augenthaler, Hans Pflügler, Roland Wohlfarth, Jürgen Kohler, Thomas Strunz, Manfred Bender, Stefan Reuter, Hans Dorfner, Physiotherapeut Fredi Binder, Mannschaftsarzt Dr. Hans-Wilhelm Müller-Wohlfahrt, Physiotherapeut Wolfgang Gebhardt (stehend, von links). Hans-Dieter Flick, Radmilo Mihajlovic, Ludwig Kögl, Roland Grahammer, Cordes, Sven Scheuer, Raimond Aumann, Alan McInally, Thomas Kastenmeier, Manfred Schwabl, Olaf Thon (hockend, von links)

Kein Interesse an der Übermacht

Abschlusstabelle									Heim-Bilanz					Auswärts-Bilanz				
	Mannschaft	Sp	g.	u.	v.	Tore	Diff.	Punkte	g.	u.	v.	Tore	Punkte	g.	u.	v.	Tore	Punkte
1	Bayern München	34	19	11	4	64:28	+36	49:19	14	2	1	41:8	30:4	5	9	3	23:20	19:15
2	1. FC Köln	34	17	9	8	54:44	+10	43:25	9	4	4	32:21	22:12	8	5	4	22:23	21:13
3	Eintracht Frankfurt	34	15	11	8	61:40	+21	41:27	11	3	3	38:16	25:9	4	8	5	23:24	16:18
4	Borussia Dortmund	34	15	11	8	51:35	+16	41:27	11	5	1	28:8	27:7	4	6	7	23:27	14:20
5	Bayer 04 Leverkusen	34	12	15	7	40:32	+8	39:29	7	8	2	23:15	22:12	5	7	5	17:17	17:17
6	VfB Stuttgart	34	15	6	13	53:47	+6	36:32	13	3	1	38:8	29:5	2	3	12	15:39	7:27
7	Werder Bremen	34	10	14	10	49:41	+8	34:34	8	7	2	34:11	23:11	2	7	8	15:30	11:23
8	1. FC Nürnberg	34	11	11	12	42:46	-4	33:35	8	6	3	26:13	22:12	3	5	9	16:33	11:23
9	Fortuna Düsseldorf	34	10	12	12	41:41	0	32:36	6	8	3	26:15	20:14	4	4	9	15:26	12:22
10	Karlsruher SC	34	10	12	12	32:39	-7	32:36	8	7	2	21:11	23:11	2	5	10	11:28	9:25
11	Hamburger SV	34	13	5	16	39:46	-7	31:37	10	3	4	26:12	23:11	3	2	12	13:34	8:26
12	1. FC Kaiserslautern	34	10	11	13	42:55	-13	31:37	8	4	5	29:23	20:14	2	7	8	13:32	11:23
13	FC St. Pauli	34	9	13	12	31:46	-15	31:37	6	8	3	18:14	20:14	3	5	9	13:32	11:23
14	KFC Uerdingen 05	34	10	10	14	41:48	-7	30:38	7	4	6	29:24	18:16	3	6	8	12:24	12:22
15	Borussia Mönchengladbach	34	11	8	15	37:45	-8	30:38	8	5	4	27:14	21:13	3	3	11	10:31	9:25
16	VfL Bochum	34	11	7	16	44:53	-9	29:39	8	5	4	27:19	21:13	3	2	12	17:34	8:26
17	SV Waldhof Mannheim	34	10	6	18	36:53	-17	26:42	7	5	5	27:19	19:15	3	1	13	9:34	7:27
18	FC Homburg	34	8	8	18	33:51	-18	24:44	6	3	8	23:26	15:19	2	5	10	10:25	9:25

Der Spielplan hatte es nicht gut gemeint mit dem VfL Bochum. Tatenlos mussten die Ruhrstädter am letzten Spieltag mit ansehen, wie sich Bayer Uerdingen und Borussia Mönchengladbach, denen jeweils ein Remis für den Klassenverbleib reichte, daran machten, das Skandalspiel der WM 1982 zwischen Deutschland und Österreich nachzuspielen. Es ist ihnen eindrucksvoll gelungen. Die Partie endete selbstverständlich 0:0.

Länger zittern musste der Hamburger SV. Erst das späte 1:0 des Polen Jan Furtok (88.) am letzten Spieltag gegen Absteiger SV Waldhof Mannheim sicherte dem Gründungsmitglied ein weiteres Jahr Erstklassigkeit. Dennoch: Das Ende der Erfolgs-Ära, in der sich die Hanseaten in zehn der zurückliegenden elf Jahre für einen internationalen Wettbewerb qualifiziert hatten, war eingeläutet. Dagegen reüssierte Eintracht Frankfurt nach dem glücklichen Klassenerhalt in der Spielzeit 1988/89 überraschend als Dritter. Dafür mitverantwortlich: Spielmacher Uwe Bein, der vom Hamburger SV an den Main gewechselt war und die Lücke nach den Abgängen von Lajos Detari und Andreas Möller schloss.

An der Spitze souverän die Münchner. Während es zur Winterpause noch nach einem Vierkampf aussah (Bayern, Leverkusen, Frankfurt und Köln lagen nur zwei Punkte auseinander), machten die Bayern im Kalenderjahr 1990 ernst – und verloren kein einziges Spiel mehr. Als die Bayern am 32. Spieltag durch einen 1:0-Heimerfolg gegen den FC St. Pauli den Titelgewinn vorzeitig sicherten, interessierte das kaum noch jemanden. Im Olympiastadion hatten sich gerade einmal 15.000 Zuschauer eingefunden.

Torjäger			
1.	Jörn Andersen	Eintracht Frankfurt	18
2.	Stefan Kuntz	1. FC Kaiserslautern	15
3.	Fritz Walter	VfB Stuttgart	13
	Roland Wohlfarth	Bayern München	13
5.	Falko Götz	1. FC Köln	11
6.	Hans-Jörg Criens	Borussia M'gladbach	10
	Uwe Freiler	SV Waldhof Mannheim	10
	Jan Furtok	Hamburger SV	10
	André Golke	FC St. Pauli	10
	Uwe Leifeld	VfL Bochum	10

Die heulenden Helden vom Betzenberg

Überrascht von der eigenen Courage stürmt Kaiserslautern zum ersten Meistertitel seit 38 Jahren

Ein merkwürdiger Moment war das im Weserstadion, als sich die 21.000 Anhänger des SV Werder nach Spielschluss mit den Gäste-Fans verbrüderten. Sie sangen zusammen, sie jubelten gemeinsam – und das, obwohl die Bremer doch verloren hatten. Eine groteske Szenerie. 2:1 hatte der Gast aus Kaiserslautern gewonnen am 32. Spieltag der Saison 1990/91. Offensichtlich auch ganz nach dem Willen der unterlegenen Fans. Bereits vor der Partie hatten in einer Umfrage 59 von 60 Werder-Fans gesagt, ihr Klub solle – obwohl selbst im Kampf um einen Uefa-Cup-Platz – verlieren, damit die Bayern nicht Meister werden. Dessen Manager Uli Hoeneß polterte: „Das ist eine neue Form der Bayern-Feindlichkeit." Dabei gönnten die meisten vielleicht auch einfach dem David aus der Pfalz den Titel. Und nun, zwei Spieltage vor Ende, hatten die Lauterer – dank der Bayern-Schlappe in Wattenscheid (2:3) – plötzlich vier Zähler Vorsprung. Es war die vorläufige Krönung einer fünfzehnmonatigen Renaissance des Traditionsvereins.

Ende Februar 2000 hatte sich der Klub von Coach Gerd Roggensack getrennt – der FCK stand auf Rang 17. Karlheinz Feldkamp kehrte auf den Betzenberg zurück, schaffte den Klassenerhalt, führte das Team nebenher noch ins DFB-Pokalfinale – und holte den „Pott" mit einem 3:2 gegen Werder Bremen. In der Folgesaison hatte er mit dem eher mediokren Spielermaterial der Not gehorchend auf die klassische Melange aus Kampfgeist, Leidenschaft und Kameradschaft gesetzt. So war es nur folgerichtig, dass die Frankfurter Rundschau ausgerechnet Defensivspieler Thomas Dooley zum Exponenten dieses Teams adelte, weil er eben jene Eigenschaften verkörpere, welche die Lauterer anno 1991 auszeichneten: „Strebsam, ehrgeizig, willensstark, kameradschaftlich, sympathisch." Doch die Wandlung vom Abstiegskandidaten zum Titelanwärter ging selbst für die Akteure zu schnell.

Als der Klub im Wintertrainingslager weilte, holte sich Feldkamp seinen Kapitän Stefan Kuntz aufs Zimmer, um ihn auf die bevorstehende Aufgaben einzuschwören: „Stefan", sagte Feldkamp, „weißt du eigentlich, dass wir Meister werden können?" In jenem Moment, erzählte Kuntz später, „war ich so konsterniert, das ich am Trainer gezweifelt habe".

Erst nach dem Heimerfolg gegen die Bayern (am 22. Spieltag) realisierte das Team sein Potenzial. Der 1. FC Kaiserslautern war durch den Erfolg gegen die Münchner neuer Tabellenführer der Fußball-Bundesliga – zum ersten Mal seit knapp zwei Jahren. Die historische Chance schlich sich in das Bewusstsein der Spielerköpfe. Bis hin zum kollektiven Rausch von Bremen. Und eine Woche später war alles angerichtet zur Meisterfeier, 38.000 Zuschauer waren auf den

Ein wunderbarer Traum

Bild – UNABHÄNGIG · ÜBERPARTEILICH

Bernhard Winkler schlief in der Nacht vor dem großen Spiel ganz tief. Und er hatte einen wunderbaren Traum: „Ich schieße ein Tor im Endspiel." Der Traum wurde Wirklichkeit – und das doppelt: „Dass ich gleich zweimal getroffen habe, ist der absolute Wahnsinn." (...) Bis dahin war Winkler immer der Joker, hatte nur Kurzeinsätze auf dem Konto. „Und jetzt das", jubelte Berni, „unfassbar, Wahnsinn!" Immer wieder musste der gelernte Großhandelskaufmann auf dem Schiff erzählen, wie er die zwei Dinger gegen Nationaltorwart Bodo Illgner gemacht hatte: „Ich bin halt Torjäger und war im richtigen Zeitpunkt zur Stelle. Und der Bodo liegt mir anscheinend. Gegen den habe ich schon im Hinspiel getroffen."

Die Bild am 17.06.1991

Der legitime Nachfolger von Kaiserslauterns Fußballer-Legende Fritz Walter: Stefan Kuntz half mit, die Meisterschale nach 38 Jahren wieder auf den Betzenberg zu holen

Meister: 1. FC Kaiserslautern

Betzenberg gepilgert, um zu sehen, wie die Lauterer mit einem simplen Pünktchen gegen Mönchengladbach das Märchen vollendeten. Es sollte doch kein ernstliches Problem sein. Die Feldkamp-Elf hatte in der gesamten Spielzeit keines der 16 Heimspiele verloren, zudem die letzten fünf Partien in der Pfalz allesamt gewonnen. Die letzte Heimpleite datierte aus dem März 1990. Das Spiel gegen Gladbach endete schließlich 2:3. Der Frust war groß, die Angst kroch hoch. Sollte ausgerechnet Stefan Effenberg Recht behalten, der schon vorab getönt hatte: „Die anderen sind einfach zu blöd. Allein deshalb werden wir Meister."
Dann, so erinnert sich Kuntz, „haben wir uns bei Monique, der Freundin von Markus Schupp, getroffen. Da haben wir uns in einer Sektlaune den ganzen Frust raus geschüttelt." Sie mussten zum 1. FC Köln – doch die strauchelnden Pfälzer deklassierten, ja demütigten die Kölner mit 6:2. Und das, obwohl der zweitbeste Torschütze Bruno Labbadia frustriert auf der Bank saß. Der Stürmer hatte Ende April seinen Wechsel bekannt gegeben – ausgerechnet zum FC Bayern. Feldkamp wechselte ihn erst in der Schlussminute ein. Dafür war Labbadia von Beginn an dabei, als die Lauterer ihren Titel feierten – auf dem Rheindampfer *MS Rüdesheim* fuhr das Meister-Team von Köln nach Koblenz. Und erst dort hatte auch Kuntz das Lauterer Wunder realisiert: „Ich habe bei meiner Frau Sabine im Arm gelegen und geheult wie ein kleines Kind."

Dirk Graalmann

Michael Serr, Rainer Ernst, Markus Kranz, Physiotherapeut König, Demir Hotic, Reinhard Stumpf, Gerald Ehrmann, Thomas Richter, Miroslav Kadlec (hinten, von links), Uwe Scherr, Roger Lutz, Kay Friedmann, Stefan Kuntz, Guido Hoffmann, Bernhard Winkler, Marco Haber, Thomas Dooley, Markus Schupp

Abschied vom „treuen Charly"

Abschlusstabelle									Heim-Bilanz					Auswärts-Bilanz				
	Mannschaft	Sp	g.	u.	v.	Tore	Diff.	Punkte	g.	u.	v.	Tore	Punkte	g.	u.	v.	Tore	Punkte
1	1. FC Kaiserslautern	34	19	10	5	72:45	+27	48:20	11	5	1	33:18	27:7	8	5	4	39:27	21:13
2	Bayern München	34	18	9	7	74:41	+33	45:23	9	5	3	46:19	23:11	9	4	4	28:22	22:12
3	Werder Bremen	34	14	14	6	46:29	+17	42:26	10	5	2	32:14	25:9	4	9	4	14:15	17:17
4	Eintracht Frankfurt	34	15	10	9	63:40	+23	40:28	11	3	3	44:21	25:9	4	7	6	19:19	15:19
5	Hamburger SV	34	16	8	10	60:38	+22	40:28	11	3	3	36:13	25:9	5	5	7	24:25	15:19
6	VfB Stuttgart	34	14	10	10	57:44	+13	38:30	8	5	4	34:24	21:13	6	5	6	23:20	17:17
7	1. FC Köln	34	13	11	10	50:43	+7	37:31	8	5	4	25:23	21:13	5	6	6	25:20	16:18
8	Bayer 04 Leverkusen	34	11	13	10	47:46	+1	35:33	7	7	3	29:23	21:13	4	6	7	18:23	14:20
9	Borussia Mönchengladbach	34	9	17	8	49:54	-5	35:33	6	10	1	25:16	22:12	3	7	7	24:38	13:21
10	Borussia Dortmund	34	10	14	10	46:57	-11	34:34	4	7	6	22:27	15:19	6	7	4	24:30	19:15
11	SG Wattenscheid 09	34	9	15	10	42:51	-9	33:35	5	7	5	19:21	17:17	4	8	5	23:30	16:18
12	Fortuna Düsseldorf	34	11	10	13	40:49	-9	32:36	7	3	7	26:25	17:17	4	7	6	14:24	15:19
13	Karlsruher SC	34	8	15	11	46:52	-6	31:37	7	7	3	31:22	21:13	1	8	8	15:30	10:24
14	VfL Bochum	34	9	11	14	50:52	-2	29:39	5	6	6	19:16	16:18	4	5	8	31:36	13:21
15	1. FC Nürnberg	34	10	9	15	40:54	-14	29:39	6	4	7	27:30	16:18	4	5	8	13:24	13:21
16	FC St. Pauli	34	6	15	13	33:53	-20	27:41	4	10	3	19:18	18:16	2	5	10	14:35	9:25
17	KFC Uerdingen 05	34	5	13	16	34:54	-20	23:45	3	7	7	20:27	13:21	2	6	9	14:27	10:24
18	Hertha BSC Berlin	34	3	8	23	37:84	-47	14:54	1	7	9	14:28	9:25	2	1	14	23:56	5:29

Den ersten Knalleffekt der Saison 1990/1991 gab es schon 44 Tage vor dem Start, als der Präsident des 1. FC Köln, Dietmar Artzinger-Bolten, ins WM-Quartier der deutschen Nationalelf nach Erba flog und der erstaunten Öffentlichkeit wegen des „gestörten Vertrauensverhältnisses" die Entlassung von Trainer Christoph Daum verkündete. Es war bei weitem nicht die letzte Trennung der Saison. Elf weitere Trainer folgten. Besonders eifrig: Rückkehrer Hertha BSC Berlin. Nacheinander wurden Aufstiegscoach Werner Fuchs (nach dem 13. Spieltag), Nachfolger Pal Csernai (nach weiteren sechs Partien) und dessen Erbe Peter Neururer (nach 76 Tagen und zehn Niederlagen in zwölf Spielen) beurlaubt. Assistenz-Coach Karsten Heine musste am Ende dieser Pleitensaison (abgeschlagen Tabellenletzter mit nur drei Siegen!) schließlich den Konkursverwalter mimen.
Andere verabschiedeten sich für immer: Manfred Kaltz (Hamburger SV), Karl Allgöwer (VfB Stuttgart) – und Frankfurts Karl-Heinz Körbel. Der „treue Charly" ging mit einem Rekord für die Ewigkeit: 602 Bundesliga-Einsätze absolvierte er. Bittere Pointe: Die letzte Partie seiner Abschieds-Saison musste Körbel von der Bank aus miterleben. Er war gegen den VfB Stuttgart wegen der vierten Gelben Karte gesperrt. Dafür gab es am Ende ein Wiedersehen mit einem alten Bekannten. Der Traditionsklub FC Schalke 04 stieg zum dritten Mal in die Bundesliga auf.

Torjäger			
1.	Roland Wohlfarth	Bayern München	21
2.	Jan Furtok	Hamburger SV	20
3.	Andreas Möller	Eintracht Frankfurt	16
4.	Thomas Allofs	Fortuna Düsseldorf	15
	Wynton Rufer	Werder Bremen	15
6.	Maurice Banach	1. FC Köln	14
7.	Souleyman Sané	SG Wattenscheid 09	13
8.	Hans-Jörg Criens	Borussia M'gladbach	12
	Fritz Walter	VfB Stuttgart	12
10.	Ulf Kirsten	Bayer Leverkusen	11

„Lebbe geht weider"

Eintracht Frankfurt verliert in Rostock die Meisterschaft – und „Diego" Buchwald köpft seinen VfB Stuttgart zum Titel

Wenn Sekunden zu Stunden werden: Stuttgarts Guido Buchwald (Zweiter v. re.) avanciert mit diesem Treffer zum lokalen Helden

Süddeutsche Zeitung

Schweigender Lautsprecher

Jetzt hat Christoph Daum, der Lautsprecher der Liga, bewiesen, dass er kein Maulheld ist, große Klappe nix dahinter. Daum ist Meister, Mitglied im exklusiven Zirkel der ganz Großen. Namen sind das, an die sich ganze Legenden knüpfen: Merkel, Weisweiler, Lattek, Heynckes. Und jetzt auch Christoph Daum. Geschafft, der verzweifelte Aufsteiger, dem bislang kurz vor dem Gipfel stets die Luft ausging, hat den höchsten Berg erklommen. (...) Ein Gefühl unendlicher Genugtuung muss das gewesen sein.

Die Süddeutsche Zeitung am 18.05.1992

Es war ein heißer Tag, dieser 16. Mai 1992. Fast 30 Grad Celsius zeigte das Thermometer in Leverkusen an, und auch in Duisburg und Rostock war es ungewöhnlich warm für diese Jahreszeit. Aber: Das Wetter bildete nur den adäquaten Rahmen für die ohnehin schon aufgeheizte Atmosphäre, die in diesen drei Städten herrschte. Leverkusen, Duisburg und Rostock, sonst weitgehend befreit vom großen Glamour der Fußballwelt, standen ab 15.30 Uhr für kurze Zeit im Fokus des öffentlichen Interesses: In einem der drei ansässigen Stadien würde knapp zwei Stunden später der 29. Meister der Bundesliga feststehen.

Die Ausgangslage war klar: Eintracht Frankfurt führte die Tabelle dank des deutlich besseren Torverhältnisses (+ 36) gegenüber dem Zweiten Stuttgart (+ 29) und dem Dritten Borussia Dortmund (+ 18) an. Ein Sieg beim Tabellenvorletzten Hansa Rostock vorausgesetzt, und die Frankfurter hätten ihre erste Meisterschaft seit 1959 feiern können. Doch an diesem denkwürdigen Final-Spieltag sollten die Gesetzmäßigkeiten des Fußballs außer Kraft gesetzt werden.

Den Anfang machte Borussia Dortmund. Durch Stéphane Chapuisats Treffer in der neunten Minute beim MSV Duisburg setzte sich die Mannschaft von Ottmar Hitzfeld zunächst an die Spitze. Die von den BVB-Anhänger eilends herbeigeschafften Getränke wurden entweder konsumiert oder im Kampf gegen die Sonne schlicht über dem Kopf entleert.

Nach 20 Minuten drang die Kunde vom Leverkusener Führungstreffer gegen den VfB Stuttgart durch: Martin Kree hatte per Elfmeter getroffen und die ohnehin schon tiefen Sorgenfalten im Gesicht des VfB-Übungsleiters Christoph Daum zu tiefen Furchen anwachsen lassen. Kurz darauf war der emsige Trainer dem Kollaps nahe, als sein Abwehrspieler Günther Schäfer in letzter Sekunde einen Heber von Andreas Thom von der Linie kratzte – derart akrobatisch, dass VfB-Präsident Gerhard Mayer-Vorfelder später loben sollte: „Schäfer hat uns den Sieg gerettet, kein anderer." Dass die Süddeutschen allerdings überhaupt noch einmal ins Spiel zurückfanden, lag auch an Torschützenkönig Fritz Walter. Den letzten seiner 22 Treffer erzielte der kleine Stürmer kurz vor dem Wechsel zum 1:1.

Wesentlich entspannter ging es derweil in Rostock zu, wo es zur Halbzeit 0:0 stand. Wäre nun Schluss, hätte Dortmund den Titel sicher, Frankfurt wäre Zweiter, Stuttgart Dritter. Es sollte anders kommen. An der Ostsee passierte etwas, was Reporter nur allzu gern den „Aufstand der Kleinen" nennen. Hansa Rostock, nur noch mit geringen Hoffnungen auf den Klassenverbleib behaftet, ging durch Jens Dowe in Führung. Scheinbar unbeeindruckt ob dieser Majestätsbeleidigung glichen die Frankfurter allerdings im Gegenzug durch Axel Kruse aus. Doch das war noch immer zu wenig, noch fehlte den Frankfurtern wie auch den Stuttgartern ein Tor. In Duisburg besannen sich die Dortmunder darauf, das 1:0 über die Zeit zu schaukeln, auf der Tribüne hatte man die Aufmerksamkeit eh schon längst auf die mitgebrachten Radios verlagert. Und was die BVB-Fans dort hörten, erfreute sie: Stuttgarts Sam-

Die Last des späten Tores: Guido Buchwald (unten) wird von seinen Kollegen geherzt

mer flog vom Platz, Kollege Kastl traf nur den Pfosten. Noch zehn Minuten. Dortmund würde gewinnen, daran zweifelte an der Wedau niemand, doch was war mit Stuttgart und Frankfurt? Die Eintracht rannte an, Uwe Bein bediente Ralf Weber, der spitzelte den Ball an Stefan Böger vorbei und wurde von diesem – für jeden Zuschauer im Stadion deutlich sichtbar – gefoult. Nur einer hatte wohl nicht so genau hingeschaut: Schiedsrichter Alfons Berg gab den berechtigten Elfer nicht.

Mitten hinein in die tumultartige Protestwelle an der Ostsee meldeten sich die Reporter aus Stuttgart. Ludwig Kögl, dieser kleine Wirbler auf der linken Seite, hatte eine Flanke geschlagen, die genau den Kopf von Guido Buchwald fand. Der Abwehrspieler, seit der WM 1990 ob seines ungeahnt eleganten Spiels nur noch „Diego" gerufen, nickte ein und löste bei seiner dezimierten Mannschaft einen kollektiven Freudentaumel aus. „Ich wusste vor lauter Glück gar nicht, was ich machen sollte", gestand der Meisterschütze hernach. Stuttgart war plötzlich Champion, Dortmund musste sich mit der Vizemeisterschaft zufrieden geben, und Frankfurt, das in der letzten Minute gar noch das 1:2 (ausgerechnet durch Böger) hinnehmen musste, rutschte auf Platz drei ab.

Den passenden Epilog zum dramatischen Finale lieferte dennoch ein Mitglied der Eintracht-Fraktion. Frankfurts Trainer Dragoslav Stepanovic besann sich nach dem 1:2 schnell wieder auf die wesentlichen Dinge: „Lebbe geht weider", sagte Steppi – und konnte da schon wieder lachen. *Jens Bierschwale*

Meistergesänge in der Stuttgarter Kabine: Masseur Gerhard Wörn, Alexander Strehmel, Eyjölfur Sverrisson, Jovica Simanic, Fritz Walter, Manager Dieter Hoeneß, Guido Buchwald, Eike Immel und Slobodan Dubajic freuen sich über den kaum für möglich gehaltenen Titelgewinn der Schwaben

Hektische Betriebsamkeit

Abschlusstabelle									Heim-Bilanz					Auswärts-Bilanz				
	Mannschaft	Sp	g.	u.	v.	Tore	Diff.	Punkte	g.	u.	v.	Tore	Punkte	g.	u.	v.	Tore	Punkte
1	VfB Stuttgart	38	21	10	7	62:32	+30	52:24	14	3	2	40:16	31:7	7	7	5	22:16	21:17
2	Borussia Dortmund	38	20	12	6	66:47	+19	52:24	13	6	0	44:18	32:6	7	6	6	22:29	20:18
3	Eintracht Frankfurt	38	18	14	6	76:41	+35	50:26	10	7	2	40:16	27:11	8	7	4	36:25	23:15
4	1. FC Köln	38	13	18	7	58:41	+17	44:32	6	11	2	32:16	23:15	7	7	5	26:25	21:17
5	1. FC Kaiserslautern	38	17	10	11	58:42	+16	44:32	13	6	0	45:16	32:6	4	4	11	13:26	12:26
6	Bayer 04 Leverkusen	38	15	13	10	53:39	+14	43:33	11	4	4	35:16	26:12	4	9	6	18:23	17:21
7	1. FC Nürnberg	38	18	7	13	54:51	+3	43:33	11	5	3	32:19	27:11	7	2	10	22:32	16:22
8	Karlsruher SC	38	16	9	13	48:50	-2	41:35	10	5	4	28:20	25:13	6	4	9	20:30	16:22
9	Werder Bremen	38	11	16	11	44:45	-1	38:38	7	7	5	25:21	21:17	4	9	6	19:24	17:21
10	Bayern München	38	13	10	15	59:61	-2	36:40	9	3	7	35:32	21:17	4	7	8	24:29	15:23
11	FC Schalke 04	38	11	12	15	45:45	0	34:42	9	8	2	32:12	26:12	2	4	13	13:33	8:30
12	Hamburger SV	38	9	16	13	32:43	-11	34:42	6	7	6	15:17	19:19	3	9	7	17:26	15:23
13	Borussia Mönchengladbach	38	10	14	14	37:49	-12	34:42	8	8	3	21:16	24:14	2	6	11	16:33	10:28
14	1. FC Dynamo Dresden	38	12	10	16	34:50	-16	34:42	10	5	4	24:13	25:13	2	5	12	10:37	9:29
15	VfL Bochum	38	10	13	15	38:55	-17	33:43	6	7	6	23:29	19:19	4	6	9	15:26	14:24
16	SG Wattenscheid 09	38	9	14	15	50:60	-10	32:44	7	5	7	29:22	19:19	2	9	8	21:38	13:25
17	Stuttgarter Kickers	38	10	11	17	53:64	-11	31:45	5	6	8	21:23	16:22	5	5	9	32:41	15:23
18	Hansa Rostock	38	10	11	17	43:55	-12	31:45	9	6	4	33:18	24:14	1	5	13	10:37	7:31
19	MSV Duisburg	38	7	16	15	43:55	-12	30:46	6	8	5	29:22	20:18	1	8	10	14:33	10:28
20	Fortuna Düsseldorf	38	6	12	20	41:69	-28	24:52	4	7	8	21:28	15:23	2	5	12	20:41	9:29

Knapp zwei Jahre nach der politischen Wende wurde auch in der Bundesliga eine Neuorientierung vorgenommen. Mit Hansa Rostock und Dynamo Dresden spielten erstmals zwei Vereine aus den neuen Bundesländern mit – und das in der auf 20 Mannschaften aufgeblähten Liga zeitweise durchaus beachtlich. Rostock, letzter Titelträger der DDR, führte zu Beginn gar die Tabelle an, konnte dieses Erfolgserlebnis aber nicht über die gesamte Saison konservieren. Am Ende stieg die Mannschaft ab – daran vermochte auch der neue Trainer Erich Rutemöller, der für Uwe Reinders gekommen war, nichts mehr zu ändern.

Überhaupt: In dieser Saison wurden die Trainer ziemlich hektisch gewechselt. In Düsseldorf kam Schafstall für Hickersberger, Gede für Schafstall und schließlich Köppel für Gede. In Hamburg löste Möhlmann den glücklosen Schock ab, der in Rostock geschasste Reinders wiederum übernahm in Duisburg das Amt von Kremer.

Selbst die großen Bayern verloren in dieser Spielzeit ihre Souveränität und tauschten zwei Mal den Übungsleiter aus. Jupp Heynckes, dessen Gesicht selbst nach Siegen so herrlich rot leuchten konnte, musste nach dem 1:4 gegen Aufsteiger Stuttgarter Kickers gehen. Es kam Sören Lerby, als Spieler in den achtziger Jahren Erfolgsgarant der Münchner, als Trainer jedoch völlig überfordert, wie sich schnell zeigen sollte. Nach dem 0:4 auf dem Betzenberg in Kaiserslautern folgte Lerbys unfreiwillige Demission, weil die Bayern-Verantwortlichen gar den erstmaligen Abstieg fürchten mussten. Lerbys Nachfolger Erich Ribbeck führte die Mannschaft dann immerhin noch auf Rang zehn. Dennoch: Es war die zweitschlechteste Platzierung der Bayern seit ihrem Aufstieg 1965.

Torjäger			
1.	Fritz Walter	VfB Stuttgart	22
2.	S. Chapuisat	Borussia Dortmund	20
3.	Roland Wohlfarth	Bayern München	17
4.	Anthony Yeboah	Eintracht Frankfurt	15
5.	Lothar Sippel	Eintracht Frankfurt	14
6.	Marcus Marin	Stuttgarter Kickers	13
	Michael Spies	Hansa Rostock	13
	Michael Tönnies	MSV Duisburg	13
9.	Marco Bode	Werder Bremen	12
	Dieter Eckstein	1. FC Nürnberg	12

Säbelrasseln in Köln: Pierre Littbarski bei einem seiner typischen Dribblings

Sayonara Litti-san

Kölns Dribbelkönig Pierre Littbarski wechselt nach Japan – und mit ihm die schönsten Säbelbeine der Liga

Am Ende war es wohl eine Mischung aus Frust und Geldgier, die den kleinen Spielmacher zu seinem Abschied bewog. Irgendwie lief es ja schon seit Monaten nicht mehr so richtig rund in seinem Verein, dem 1. FC Köln. Und dann kam dieses Angebot, ja fast paradiesisch muss es Pierre Littbarski vorgekommen sein. Aus drei verschiedenen Offerten, jede mit einem Gehalt von mehr als einer Million Mark versehen, konnte er auswählen. Tokio, Yokohama oder Osaka lauteten plötzlich die großen Fragen im Leben des kleinen Fußballers.

Nach Wochen der Ungewissheit entschied sich Litti, wie der 73-malige Nationalspieler gerufen wurde, im März 1993 schließlich für einen Wechsel zum hierzulande weitgehend unbekannten Klub JEF United Furukawa. „Das viele Geld wirkt eben magnetisch", sagte er. „Man wäre nicht normal, würde man eine solche Chance nicht wahrnehmen." Zwei Monate später war er weg; wieder einer aus der großen Spielergeneration, die 1990 in Italien Weltmeister geworden war. Doch während die Abgänge seiner Nationalmannschaftskollegen Klaus Augenthaler (Karriereende) und Karlheinz Riedle (zu Lazio Rom) zuvor weitgehend geräuschlos verlaufen waren, hinterließ der Wechsel von Littbarski ein großes Loch in der Liga. Der gebürtige Berliner hatte seit 1978 die Fans nicht nur mit seinen Dribblings und krummen Flanken verzückt, sondern war aufgrund seiner Lockerheit und seines verschmitzten Wesens zu einer Persönlichkeit geworden. Und davon hatte es zuletzt immer weniger gegeben.

Vor zunehmenden Anfeindungen hat ihn aber selbst der Status als Ausnahmespieler nicht bewahrt. Nach vermeintlich schlechten Auftritten des 1. FC Köln war es stets Littbarski, der im Zentrum der Kritik stand. Selbst bei den eigenen Fans war er zunehmend umstritten, wenn es mal nicht so lief. Er, der an guten Tagen seine Gegner in einer Telefonzelle ausspielte, drohte auf einmal, nur noch einer unter vielen zu sein. Zuletzt war er damit nicht mehr klar gekommen. „Bei jedem missglückten Dribbling werde ich ausgepfiffen", sagte er vor seinem Abschied nach Japan und fügte verärgert an: „Einzelkünstler haben in der Bundesliga keine Lobby mehr."

Eine vernichtende Kritik, die den 406-maligen Bundesligaspieler jedoch nicht daran hinderte, einen versöhnlichen Schlussstrich unter seine Zeit in Köln zu ziehen. In seinem letzten Heimspiel gegen den 1. FC Nürnberg erzielte Littbarski beide Tore zum 2:0-Sieg und verhalf seiner Mannschaft vorzeitig zum Klassenerhalt. Es war eine nachträgliche Liebeserklärung an jenen Klub, für den er bis auf eine saisonale Unterbrechung (1986/87 bei Racing Sport Paris) 15 Jahre lang ge-

dpa Deutsche Presse-Agentur GmbH

Fauxpas auf der Bank

Mit dem fatalen Wechselfehler von Eintrachts Drei-Monats-Trainer Horst Heese, der irrtümlicherweise einen vierten Ausländer aufs Feld schickte, erhielt der 32. Spieltag eine Verlängerung. Das Sportgericht des DFB muss nun entscheiden, wie die Partie zu werten ist. Nach Aussagen des DFB-Pressesprechers Wolfgang Niersbach, der sich mit Mitgliedern des Gremiums beriet, lässt die Spielordnung wohl nur den Urteilsspruch zu, dass die Partie mit 0:2 Punkten und 0:2 Toren gegen Frankfurt gewertet wird. (...) Heese war ein Wechselfehler unterlaufen wie seinem Kollegen Christoph Daum am 1. Oktober 1992 im Europapokal der Landesmeister mit dem VfB Stuttgart beim 1:4 gegen Leeds United und dem inzwischen verstorbenen Hennes Weisweiler 1977 mit dem 1. FC Köln beim 0:4 im Bundesligaspiel bei Eintracht Frankfurt. Für den durch einen unbeabsichtigten Tritt des Uerdingers Laessig im Gesicht verletzten Slobodan Komljenovic wechselte Heese in der 20. Spielminute den Slowaken Marek Penksa ein – hatte aber in dem Georgier Kachaber Zchadadse, dem Nigerianer Augustine Okocha und dem Ghanaer Anthony Yeboah bereits drei Ausländer im Spiel. Drei Minuten später bemerkten die Hessen ihren Fauxpas, holten Penksa wieder vom Spielfeld – wegen einer Zerrung, behauptete hinterher Heese – und schickten Michael Anicic ins Treffen, der auch gleich das Tor zum 3:1 erzielte.

Die Deutsche Presse-Agentur am 23.05.1992

spielt hatte. Dabei war der Dribbelkönig mit den auffallenden Säbelbeinen nur zufällig bei den Kölnern gelandet. Damals, im Frühjahr 1978, hatte er mit seinem Klub Hertha Zehlendorf im Zwischenrundenspiel um die deutsche A-Jugendmeisterschaft den Nachwuchs des 1. FC Köln schwindelig gespielt. 3:0 und 4:2 lauteten die Ergebnisse, und der damalige FC-Manager Karl-Heinz Thielen zeigte sich derart beeindruckt von dem kleinen Spielmacher des Gegners, dass er ihn heftig umwarb. Lange reden musste Thielen nicht, schließlich war Littbarski schon immer ein Freund klarer Zahlen gewesen und angesichts seines schmalen Ausbildungsgehalts als Finanzbeamter von 250 Mark schnell von der Kölner Offerte überzeugt. Für eine Ablöse von 25.000 Mark wechselte er mit 18 Jahren in die Domstadt.

Dort kümmerte sich Trainer-Legende Hennes Weisweiler fast väterlich um seinen Youngster, verordnete dem technisch begabten, aber körperlich schwachen Littbarski Hanteltraining und setzte ihn bereits in der ersten Spielzeit als Profi 16 Mal ein. 15 Saisons und 390 Bundesligaspiele später mag sich Littbarski auch an eben jene Anfangsphase erinnert haben, als er sich mit etwas Wehmut verabschiedete: „Es war eine tolle Zeit in Köln", sagte er, „trotz aller Negativ-Erlebnisse zuletzt." In Japan wurde er kurz darauf euphorisch empfangen und standesgemäß als „Litti-san" begrüßt – der ehrenwerte Herr Litti. In der Bundesliga hatte man das fast schon vergessen.

Jens Bierschwale

Durch das 3:0 am letzten Spieltag in Stuttgart Meister: Werder Bremen mit Frank Neubarth, Uwe Harttgen, Bernd Hobsch, Thomas Schaaf, Klaus Allofs, Dietmar Beiersdorfer, Rune Bratseth, Dieter Eilts, Uli Borowka und Hans-Jürgen Gundelach (hinten, von links), Oliver Reck, Marco Bode, Andreas Herzog, Stefan Kohn, Thomas Wolter (gebeugt), Mirko Votava, Wynton Rufer, Manfred Bockenfeld und Frank Rost (vorne, von links)

„Nicht zu den Deppen gehören"

Abschlusstabelle									Heim-Bilanz					Auswärts-Bilanz				
	Mannschaft	Sp	g.	u.	v.	Tore	Diff.	Punkte	g.	u.	v.	Tore	Punkte	g.	u.	v.	Tore	Punkte
1	Werder Bremen	34	19	10	5	63:30	+33	48:20	14	3	0	38:5	31:3	5	7	5	25:25	17:17
2	Bayern München	34	18	11	5	74:45	+29	47:21	12	4	1	43:16	28:6	6	7	4	31:29	19:15
3	Eintracht Frankfurt	34	15	12	7	56:39	+17	42:26	9	6	2	38:19	24:10	6	6	5	18:20	18:16
4	Borussia Dortmund	34	18	5	11	61:43	+18	41:27	12	1	4	41:18	25:9	6	4	7	20:25	16:18
5	Bayer 04 Leverkusen	34	14	12	8	64:45	+19	40:28	10	6	1	43:17	26:8	4	6	7	21:28	14:20
6	Karlsruher SC	34	14	11	9	60:54	+6	39:29	11	6	0	40:16	28:6	3	5	9	20:38	11:23
7	VfB Stuttgart	34	12	12	10	56:50	+6	36:32	10	3	4	35:22	23:11	2	9	6	21:28	13:21
8	1. FC Kaiserslautern	34	13	9	12	50:40	+10	35:33	9	5	3	30:15	23:11	4	4	9	20:25	12:22
9	Borussia Mönchengladbach	34	13	9	12	59:59	0	35:33	6	7	4	33:30	19:15	7	2	8	26:29	16:18
10	FC Schalke 04	34	11	12	11	42:43	-1	34:34	5	9	3	22:18	19:15	6	3	8	20:25	15:19
11	Hamburger SV	34	8	15	11	42:44	-2	31:37	5	6	6	22:17	16:18	3	9	5	20:27	15:19
12	1. FC Köln	34	12	4	18	41:51	-10	28:40	10	2	5	30:17	22:12	2	2	13	11:34	6:28
13	1. FC Nürnberg	34	10	8	16	30:47	-17	28:40	7	5	5	19:16	19:15	3	3	11	11:31	9:25
14	SG Wattenscheid 09	34	10	8	16	46:67	-21	28:40	8	5	4	29:21	21:13	2	3	12	17:46	7:27
15	1. FC Dynamo Dresden	34	7	13	14	32:49	-17	27:41	7	6	4	21:13	20:14	0	7	10	11:36	7:27
16	VfL Bochum	34	8	10	16	45:52	-7	26:42	7	7	3	32:19	21:13	1	3	13	13:33	5:29
17	KFC Uerdingen 05	34	7	10	17	35:64	-29	24:44	5	6	6	20:29	16:18	2	4	11	15:35	8:26
18	1. FC Saarbrücken	34	5	13	16	37:71	-34	23:45	4	5	8	18:31	13:21	1	8	8	19:40	10:24

Im wegweisenden Spiel war der Mann mit dem Wiener Schmäh gleich zwei Mal zur Stelle. Andreas Herzog, österreichischer Spielmacher in Diensten des SV Werder Bremen, erzielte am vorletzten Spieltag der Saison beim 5:0 seiner Mannschaft gegen den Hamburger SV das Führungstor und auch den Endstand. Dennoch umgab ihn hernach ein schlechtes Gefühl, weil sein Klub nun plötzlich vom Jäger zum Gejagten geworden war. Denn durch den klaren Sieg hatte Werder den bisherigen Tabellenführer Bayern München abgelöst und lag vor dem Saisonfinale nun plötzlich um die Winzigkeit von zwei Toren vorn.

Doch angesichts der schweren Aufgabe, im letzten Spiel beim VfB Stuttgart bestehen zu müssen (während Bayern mit Schalke 04 ein scheinbar leichterer Gegner bevorstand), bekam es Herzog mit der Angst zu tun. „Bloß nicht schon wieder zu den Deppen gehören", fuhr es ihm in den Tagen vor dem Aufeinandertreffen mit den Schwaben unentwegt durch den Kopf. Hintergrund der wirren Gedankenspiele: Drei Jahre zuvor hatte Herzog jener österreichischen Versagerelf angehört, die gegen die Färöer-Inseln mit 0:1 unterlag.

Eine Wiederholung dieser Schmach in der Bundesliga blieb Herzog, der vor der Saison für eine Ablöse von drei Millionen Mark von Rapid Wien nach Bremen gekommen war, allerdings erspart. Sein Team gewann in Stuttgart 3:0, während die Bayern beim 3:3 auf Schalke patzten. Besonders bitter für den Rekordmeister: 31 Spieltage lang hatten die Münchner die Tabelle angeführt, wurden dann noch abgefangen. Sieben Jahre zuvor war dieses Kunststück den Bayern noch selbst gelungen – zum Leidwesen der Bremer.

Torjäger			
1.	Ulf Kirsten	Bayer Leverkusen	20
	Anthony Yeboah	Eintracht Frankfurt	20
3.	Wynton Rufer	Werder Bremen	17
4.	S. Chapuisat	Borussia Dortmund	15
5.	Andreas Thom	Bayer Leverkusen	13
	Fritz Walter	VfB Stuttgart	13
	Uwe Wegmann	VfL Bochum	13
8.	Sergej Kirjakow	Karlsruher SC	11
	Bruno Labbadia	Bayern München	11
10.	Ingo Anderbrügge	Schalke 04	10

Ein bisschen schubsen muss man IHN schon

Aber wenn er etwas macht, dann richtig. Bis hin zur Perfektion. „Dabei habe ich einen Hang zur Bequemlichkeit“. VON WOLFGANG GOLZ

Der Präsident spricht, die Bayern-Gemeinde lauscht. Beckenbauer am 24. November 2000 auf der Jahreshauptversammlung in der Münchner Olympiahalle - zum dritten Mal wiedergewählt

Seine letzten Spiele in der Bundesliga bestritt Beckenbauer für den Hamburger SV – 1982 machte er dann endgültig Schluss

Beckenbauer als Bayern-Trainer: 1994 musste er ran und es wurde natürlich ein Einsatz mit Erfolg – die 13. Meisterschaft

Die zweite Krönung des Kaisers: 1974 wurde er als Spieler Fußball-Weltmeister, 1990 in Rom führte der Teamchef Franz Beckenbauer die deutsche Nationalmannschaft zum WM-Titel

Franz ist Pilzkind, hat immer Glück."

In putzigem Deutsch brachte Tschik Cajkovski, der ehemalige Bayern-Trainer, die Person Beckenbauer auf den Punkt.

Glückspilz. Schoßkind des Glücks. Franz im Glück.

„Wenn ich unzufrieden wäre, würde man mir im Himmel sicher böse sein", befürchtet Franz Beckenbauer denn auch. Deshalb steht er zu seiner Zufriedenheit.

Als Spieler hatte er einen genialen Fuß. Als Team-Chef das golden Händchen. Als Funktionär den kühlen Kopf.

Beckenbauer – so einer bringt sich allenfalls selbst zum Stolpern. Ein anderer wagt das nicht.

Wenn doch – wehe ihm.

Folgende Begebenheit mag wie eine Randnotiz wirken, verdeutlicht aber Wesenszüge.

Beim Bundesligaspiel Kaiserslautern gegen Bayern München begegnen sich auf dem Platz der körperlich kleine Hannes Riedl und der große Beckenbauer. Rechts kommt Riedl nicht mit dem Ball vorbei, links auch nicht. Der Ausweg liegt in der Mitte. Da spielt er das Leder dem Kaiser Franz einfach zwischen den Beinen durch: Beinschuss – ein beliebtes Fußballerspiel. „Eine Verhöhnung für jeden Abwehrspieler", so Karl-Heinz Rummenigge.

Kaum taucht Riedl, mutig geworden, erneut vor Beckenbauer auf, hebt der das spitze Knie und verpaßt Riedl einen Pferdekuss, eine schmerzhafte Prellung am Oberschenkel.

Man kann mit Beckenbauer spaßen, aber Majestätsbeleidigungen verzeiht er nicht.

Einem, dem alles gelingt, einer, der alles erreicht – wo sind dem Grenzen gesetzt? Wann keimt Demut bei einem wie ihm?

Franz Beckenbauer muss schon die sportliche Disziplin wechseln, um Ohnmacht zu spüren. Beim Golfen etwa. Der Ball ist viel kleiner als der gewohnte, viel zickiger. Viel schwerer beherrschbar, verdammt.

„Es gibt Situationen, da könnte ich platzen", sagt er einmal. „Wenn ich da einen Revolver bei mir hätte" – er führt den rechten Zeigefinger wie einen Pistolenlauf an die Schläfe – „peng!"

Dieser kleine Ball, den er mit seinem einstelligen Handicap durchaus passabel beherrscht, bei diesem kleinen Ball kann dieser große Sportsmann demütig werden.

Warum?

„Wenn du etwas tust", sagt Beckenbauer, „ dann musst du das so gut machen wie du es eben kannst." Und auch die Grundregel gilt: Der Mensch ist so, wie er seinen Sport betreibt – gelassen oder ungeduldig, engagiert oder larifari.

Wer im Sternkreiszeichen der Jungfrau geboren ist, dem scheint die Sucht nach Perfektion in die Windeln gewirkt. Und wenn ein Beckenbauer etwas macht, dann strebt er nach Perfektion. „Obwohl ich auch einen gewissen Hang zur Bequemlichkeit habe", gibt Beckenbauer zu.

Berti Vogts, zu Beckenbauers Teamchef-Zeiten in der Nationalelf sein Assistent, litt manche Nachtstunde unter dem Perfektionisten Beckenbauer. „Die ganze Nacht durch musste ich mit dem Franz Videos von den Spielen gegnerischer Mannschaften ansehen", klagte Vogts bei der WM 1986 in Mexiko. „Oft wurde es draußen schon hell."

Deutschland wurde mit einem der schwächsten deutschen Nationalteams Vize-Weltmeister.

Doch ehe sie es war – oh je ...

Er, Beckenbauer, der geniale Spieler, fühlt sich in Mexiko von Unfähigkeit umzingelt. Und das macht ohnmächtig. Es folgt der Zorn, am Ende der Jähzorn.

„Der furchtbarste Stress ist die Inaktivität", sagt der Sport-Psychologe Professor Stemme, „das macht den Mann verrückt."

So scheint's. Denn Bekkenbauer ledert los: Die Bundesliga sollte auf 14 Teams reduziert werden, „weil da zu viel Schrott ist". Den Verteidiger Berthold kanzelt er ab: „Wenn der das Kämpfen nicht lernt, ist der nur ei-

Franz Beckenbauer 2003: Und jetzt Präsident des Organisationskomitees für die Fußball-Weltmeisterschaft 2006 in Deutschland

Auch wenn er nur telefoniert, ist das offensichtlich ein Ereignis, das die Blicke bannt – Franz Beckenbauer bei der Inspektion des Berliner Olympiastadions

ner für die Kreisklasse." Journalisten blafft er an: „Stellt's nicht immer so dämliche Fragen."

Alles vergessen, aber wütend kann der Mann schon noch werden.

„Jähzorn wie bei mir, so unkontrolliert, dann wird's gefährlich. Im Affekt kann's ins Auge gehen." Doch er beruhigt: „Das ist heute anders."

Aber solche Erlebnisse hinterlassen Spuren. Äußerlich. Falten. Ernstes Gesicht. Graue Haare.

„Stress in extremer Form kann zu vorzeitigem Altern führen", sagt Professorin Ursula Lehr, Psychologin und Altersforscherin und später Bundesministerin.

Als einer schreibt, Beckenbauer sei in vier Jahren um acht Jahre gealtert, frozzelt er eher amüsiert: „Schmarrn. Hatten's nix Besseres zum Schreiben?"

Franz Beckenbauer hat nicht alles machen wollen, was er gemacht hat. Man musste ihn meistens schubsen. Was mitunter auf die seltsamste Weise geschah.

Als Jugendlicher wurde er von seinem Trainer bei 1860 München geohrfeigt – aus Zorn ging er zum FC Bayern.

Bei der Weltmeisterschaft 1974 wollte er lediglich auf dem Platz Weltmeister werden. Doch nach dem 0:1 gegen die DDR zwang man ihn in die Chefrolle, und er übernahm an Bundestrainer Schön vorbei die Macht.

Dass er Team-Chef der Nationalelf wurde, kungelten sein Manager Robert Schwan und BILD-Mann Jörg F. Hüls hinter seinem Rücken aus. 1984, nach Jupp Derwalls Scheitern bei der EM in Frankreich, schlagzeilte BILD Beckenbauers Ankündigung: „Ich bin bereit." Beckenbauer: „Ich war am meisten überrascht davon."

Auf den Posten des Bayern-Präsidenten schob ihn Ministerpräsident Edmund Stoiber, Wirtschaftsbeirat beim FC Bayern. Er kolportierte, es stünde eine Schlammschlacht zwischen Professor Scherer und Karl-Heinz Rummenigge bevor. Also machte Beckenbauer es.

Nur als es um die WM-Bewerbung Deutschlands für 2006 geht, endet Beckenbauer zwangsläufig auf dem Posten des Chefs, erst im Bewerbungs-, dann im Organisations-Komitee.

Irgendwie zieht der Mann das Große an, das Größte. Und wenn irgendetwas noch nicht das Größte ist, macht er es dazu. Seinen FC Bayern München trimmte er zum deutschen Rekordmeister und sechsfachen Europacup-Sieger (als Spieler, Trainer und Präsident). Weltmeister wird er als Spieler wie Trainer. Damit ist praktisch der Weg vorgegeben, auch als Funktionär den Cup zu holen. Das Münchner Olympia-Stadion war einst von innovativster Architektur, weltweit bewundert. Nun läßt Beckenbauer für die WM 2006 das gigantische Stadion in München-Fröttmaning bauen – gleich einem schwebenden Schiff.

Franz-Josef Strauß' Wirkung war mehr oder weniger regional. Er gab dem neuen Münchner Flughafen seinen Namen. Was müssen sie da erst nach dem weltweit wirkenden Franz Beckenbauer benennen … ?

„Beim Franz ist eben

Ein Gipfeltreffen der besonderen Art. Franz Beckenbauer trifft Berti Vogts mit Blick auf den Wilden Kaiser (2334 Meter). „Wir bei Bayern dienen dem Fußball". Wolfgang Golz durfte den beiden lauschen

Ja, Servus, Burschi, wie geht's? Zu Hause alles in Ordnung?" Franz Beckenbauer begrüßt Berti Vogts mit der Gelassenheit des Weltmannes. Ein Gipfeltreffen der besonderen Art. Zwei Männer, die den deutschen Spitzenfußball in den vergangenen Jahrzehnten geprägt haben wie niemand anders sonst: Deutsche Meister, Nationalspieler, Weltmeister 1974. Beckenbauer trieb die deutsche Elf 1990 zum Weltmeistertitel, Vogts holte die Europameisterschaft 1996.

Sie treffen sich in Beckenbauers Bauernhaus in Kitzbühel zum Plausch über Fußball, der Gegenwart und der gemeinsamen Vergangenheit. 1965 steigen Mönchengladbach und der FC Bayern zusammen auf. Schon im ersten Spiel der Clubs gegeneinander sind die beiden dabei.

Wie war das damals noch? „Ich weiß das Ergebnis gar nicht mehr", überlegt Beckenbauer. „Meistens haben wir bei euch ja verloren." Vogts hilft aus: „Damals leider nicht, 2:1 für euch." Er nennt die Torschützen: „1:0 Netzer, 1:1 Ohlhauser, 1:2 Gerd Müller."

Und die Aufstellungen? Beckenbauer legt vor: „Maier, Drescher, der Borutta, weißt noch? Brenninger, Koulmann, Olk, Kupferschmidt, Ohlhauser, Nafziger, Müller." Korrekt.

Vogts legt nach: „Orzessek, Jansen, Lowin, Milder, Waddey, Laumen, Netzer, Rupp, Heynckes – und Pöggeler?" Pöggeler ist falsch. Vogts rätselt. Vergeblich. Es war Heinz Wittmann. Dann Detail-Erinnerung: „Zum Probetraining hatte Wittmann einen Klaus Fischer mitgebracht. Aber der Lange (Netzer; d. Red.) wollte ihn nicht." Fischer wurde später bei Schalke Nationalspieler …

Begegnet sind sie sich seinerzeit während des Matches nicht. „So weit habe ich mich nicht nach vorne getraut", lächelt Vogts. „Nicht im ersten Bundesligajahr." Aber Franz und Berti kannten sich aus den Spielen im UEFA-Jugendpokal. „'64 ham mir gegen die Schweiz g'spuilt, da unten, wo die mit di krummen Fiaß herkommen, in Lörrach", bayert Beckenbauer. Wo Trainer Ottmar Hitzfeld herkommt. „Na, der nicht", grinst Beckenbauer. Keine krummen Fiaß, der do.

„Das werd ich nie vergessen", meint Beckenbauer spitzbübisch: „Wie ham mer g'spuilt, Berti?" „2:0 gewonnen, beide Tore von dir." Franz : „Genau, so wollt ich's hör'n. Nach dem Spiel stand noch ein Fernseh-Kameramann da, und ich sollte noch was sagen. Zum ersten Mal in meinem Leben was zu einem Reporter. Ich komm danach in die Kabine, und alle stehen aufgereiht. Der Sepp Herberger war da, der Helmut Schön. Und ich glaubte, die klopfen mir auf die Schulter. Aber der Dettmar Cramer, unser Trainer, der hat mich vielleicht zusammen gehauen: „Was bildest du dir ein? Alle müssen auf dich warten!"

Berti Vogts, Autor Golz und Franz Beckenbauer im Garten des Beckenbauer-Anwesens in Kitzbühel Fotos:Sybille Beckenbauer

Ein Jahr später war Beckenbauer Nationalspieler.

Auf der Terrasse ist eine bayrische Brotzeit angerichtet. Ringsum Natur pur mit Blick auf das mächtige Massiv des Wilden Kaiser (2334 Meter). „Beim Franz ist alles Kaiser", lacht Berti Vogts, „sogar die Straße hier rauf: Kaiserweg." „Aber nicht wegen mir", korrigiert Beckenbauer.

„250 Mark Siegprämie haben wir damals im Monat bekommen", kramt Vogts tief im Gestern seiner Fußballzeit. „1200 Mark Grundgehalt. Nach dem ersten Länderspiel gab's 250 Mark drauf, nach zehn Länderspielen noch mal 250." Franz: „Uwe Seeler war damals der Älteste, der bekam 1800 Mark Grundgehalt." Berti: „Unsere erste Meisterprämie 1970 waren 15.000 Mark. Das muss man sich mal vorstellen." Franz: „Und das war viel Geld damals."

Könnten die Trainer von damals – Tschik Cajkovski bei Bayern und Hennes Weisweiler in Gladbach – heute noch bestehen? Berti, Weisweilers Ziehsohn: „Mit den heutigen Spielern, nein." „Ah, geh", raunzt der Franz, „der Tschik hat nur improvisiert. Der wusste gar nicht, was er macht. Der hatte überhaupt kein Konzept. Aber es war einfach so."

Zur Jahrtausend-Wende verdienen viele Spieler acht Millionen Mark im Jahr. Leverkusens Nowotny gar elf Millionen, Effenberg zuletzt bei den Bayern zwölf Millionen Mark. Beckenbauer: „Das geht schon an die Belastbarkeit der Vereine. Aber machst nicht mit, spielst keine Rolle. Machst mit, gehst womöglich pleite." „Wenn mir Onkel Dagobert den Spieler finanziert, dass er mir als Klub nicht auf der Tasche liegt, dann nehme ich ihn doch", sagt Berti Vogts.

Berti Vogts folgte Franz Beckenbauer 1990 als Chef der Nationalelf. Bietet sich als nächster Nachfolgeschritt an, auch Klub-Präsident zu werden …

„Das muss er einfach machen", konstatiert Bekkenbauer klar. Kontert Vogts: „Aber nicht in Gladbach. Ich habe andere Vorstellungen."

22 Uhr, es ist kühl gewor-

alles Kaiser“

Franz Beckenbauer und Berti Vogts – ein Treffen voller Nostalgie und Andekdoten ohne Ende. „Fußball ist eben doch das Einzige, wovon wir eine Ahnung haben“

den auf dem Berg. Franz Beckenbauer bittet in die Stube. Im Hergottswinkel, unterm Kruzifix, ist der gemütlichste Platz. Der Hausherr serviert gehaltvollen Bordeaux.
Felix Magath, der Europacup-Sieger mit dem HSV, vertritt die These, man müsse den Fußball lieben, um ihn zu fördern. Beckenbauer, leicht knurrig: „Die meisten ziehen was raus aus dem Fußball, die wollen nur Geld verdienen. Wir bei Bayern dienen dem Fußball.“ Vogts: „Ihr zahlt zurück.“ Franz: „Aber was sich da alles an Managern tummelt.“ Bei Berti kommen seine Trainertage von Leverkusen hoch: „Die Sache hat mir lange weh getan.“ Seine vorzeitige Entlassung. „Ich hatte noch so viel vor. Ich wollte zum Beispiel eine Fußballerlehre einführen.“
Der Bayern-Präsident wird's nie verstehen, das BMW, die Bayerischen Motorenwerke, sich nie mit dem Klub verbandelt haben. „Es gab ja Verhandlungen, aber die wollten nicht wirklich. Also kam Opel.“ Später Audi, wenigstens die bayrisch. Berti Vogts: „Irgendwann werden auch kluge Köpfe von BMW sagen: Die goldene Kuh steht vor der Tür, warum holen wir uns nicht die Milch?“
Zumal Beckenbauer irgendwann alles gelingt. Siehe seine letzten Coup, die WM 2006 nach Deutschland zu holen. Da wird Berti fast poetisch: „Das Herz des deutschen Fußballs hat bei allen Krankheits-Symptomen immer noch geschlagen. Aber jetzt ist wieder frisches Blut drin.“
Deutschland wird 2006 auch Weltmeister, so lautet die Voraussage von Uli Hoeneß. Dummschwätzerei oder ist er ein guter Prophet?
Vogts: „Wenn unsere Mannschaft mit dem Druck fertig wird …“
Franz Beckenbauer hat gerade beobachtet, wie Argentinien Weltmeister der U-20 geworden ist: „Die spielen Fußball, ja servus. Die kombinieren, das ist eine Show. Jeder kann Fußball spielen, selbst die Innenverteidiger, die sonst Blinde sind. Die bei uns in den U-Nationalteams Fußball spielen können, sind ja leider meist Türken mit deutschem Pass.“
Der Zeiger der antiken Pendeluhr in der Stube geht auf 24 Uhr. Der Boden der zweiten Flasche Bordeaux ist frei gelegt. Sie könnten bis zum Morgengrauen über Fußball plaudern.
„Das ist doch das Einzige“, lächelt der Kaiser, „wovon wir Ahnung haben …“

Als der Samstag plötzlich

Für die „Sportschau" gingen die Lichter aus. Fußball war nun Privat-Sache. Begann damit wirklich eine neue Fußball- und eine neue Fernsehepoche? VON RAIMUND WITKOP

Der erste Satz sollte wohl gleich ein Klassiker werden: „Herzlich willkommen zu Anpfiff! Beginnt jetzt eine neue Fußballepoche? Ich weiß es nicht." So begrüßte der Moderator Uli Potofski am 27. Juli 1988 die Zuschauer von RTL zur ersten Bundesliga-Show der „Privaten", der damals erst wenige Jahre alten Konkurrenz zu den Öffentlich-Rechtlichen Sendern ARD und ZDF. Bei RTL und später SAT.1 sind die Bundesliga-Rechte bis zum Sommer 2003 geblieben, ehe die Karten im Zeichen der Krise neu gemischt wurden. Vieles hat sich allerdings geändert. Aber gleich eine neue Epoche?

Damals hat es sich so angefühlt, als für den Fan ein scheinbar für alle Zeiten zementierter Samstag plötzlich anders war. Seit 1961 gab es die „Sportschau" der ARD, seit 1965 mit umfassenden Bundesliga-Berichten. Von Beginn an vermittelte die Riege der seriösen Herren Huberty, Furler, Rauschenbach und Co. ein abgewogenes und kühles Bild der Liga: eine Stunde ab sechs, alle Spiele, alle Tore, alle Phrasen aus dem Arsenal der Reporter. Wer damit nicht genug hatte, sah später am Abend das „Aktuelle Sportstudio" im ZDF; ebenso seriös, aber etwas munterer aufbereitet und mit Studiogästen. Dann kam jener Juli 1988, und die alten, nunmehr abservierten Herren erschienen manchen – sicher etwas ungerecht – in der Rückschau als steife Fußball-Verwalter mit Beamtensprache. Der Jurist Heribert Faßbender mit seinem „Guten Abend allerseits!" war die passende Symbolfigur.

Andere sehnten sich bald – und manche bis heute – genau danach zurück, weil sie Stimmungsrhetorik, Witzchen, kumpelhafte Ansprache und natürlich die Werbeblöcke enervierend finden.

Diese Geschmacksunterschiede haben sich insofern erübrigt, als heute alle ungefähr das Gleiche machen – und zwar auf die forschere Art der Privaten. Die Angleichung erklärt sich schon daraus, dass die meisten Reporter und Moderatoren, beginnend mit Wontorra und Reif, den Arbeitgeber wechselten, später wechselten viele auch wieder in die andere Richtung; allen voran die Multi-Moderatoren und -talker Beckmann und Kerner. Uli Potofski und seine Nachfolger waren stilprägend, epochal möchte man das nicht nennen.

Was der Moderator der ersten Stunde vermutlich nicht im Hinterkopf hatte, aber wirklich den Fußball veränderte – das spielte sich auf den Bankkonten aller am Geschäft Beteiligten ab. RTL erwarb die Senderechte 1988 für rund 40 Millionen Mark, das war beinahe das Vierfache der Summe, die davor aus den Gebühren der Fernseh-Besitzer an die Vereine geflossen war. 40 Millionen, das erschien seinerzeit exorbitant – wenige Jahre später nahm es sich aus wie ein Taschengeld. 1991 kam der Pay-TV-Sender „Premiere" mit auf den Markt, der für exklusive Live-Rechte extra zahlte, um die Spiele verschlüsselt für Abonnenten zu zeigen. Da waren es schon 80 Millionen Mark, eine Verdoppelung in drei Jahren. 1992 übernahm SAT.1 („ran"), die Gesamtsumme wuchs auf knapp 150 Millionen Mark. Die weiteren Marksteine des für den Fußball so lukrativen Sender-Pokers, jetzt in Euro gerechnet: 100 Millionen 1996, 169 Millionen 1999. Für die Saison 2000/01 wurden 355,35 Millionen Euro gezahlt: Der Höhepunkt war erreicht, die Finanzkrise der Firmen des Leo Kirch ließ den Preis der „Ware Bundesliga" auf derzeit 290 Millionen Euro schrumpfen.

Die gern „Explosion" genannte Entwicklung der Einnahmen bewirkte – zusammen mit dem „Bosman-Urteil" – den gleichen Effekt bei den

anders wurde

Schöne, neue Fußball-Welt: Alle Spiele live, jeder kann sich seine Wunschbegegnung gönnen – wenn er sich Pay-TV leistet. Die Liga ließ sich die Sendeware Fußball fürstlich honorieren. Als Medienmogul Kirch in die Pleite schlitterte, bekamen viele Vereine die Krise

Spielergehältern, was den Tonfall für manche Klagen über „Millionarios" und deren Leistungsbereitschaft im Vergleich zu ihrem Einkommen vorgab. Die Befürchtung, das könnte langfristig die Identifikation der Fans mit ihren Stars untergraben, scheint aber durch die Zuschauerzahlen einstweilen widerlegt. Mehr Sorgen macht, dass der durchschnittliche Schuldenstand der Liga trotz des Geldsegens vom Fernsehen gestiegen ist. Vernünftige Investitionen – zum Beispiel in Leistungszentren für den Nachwuchs – sind bei vielen Klubs erst erfolgt, als der Dachverband das vorschrieb.

Auch den Sendern machten die Rechte nicht durchweg Freude. „Im Grunde genommen hat keiner in Deutschland im Free-TV seit 1992 mit der Fußballbundesliga eine Mark verdient", sagt Reinhold Beckmann, der ehemalige Sportchef von SAT.1. Offenbar waren die Kosten – wie auch bei RTL mit der Champions League – nicht unmittelbar zu refinanzieren. Allerdings haben RTL und SAT.1 gerade in der Anfangszeit sehr vom Imagegewinn durch den exklusiven Fußball profitiert; ein Effekt, der nicht wirklich zu berechnen ist. Gleiches gilt für „Premiere", wo man die erhofften Sprünge in den Abonnentenzahlen nur durch Investitionen in den Sport erreichen konnte. Dass der Medienunternehmer Kirch dabei überreizt hatte, erzwang ein neues Austarieren des Marktwerts der Liga.

Eine neue Epoche des Fußballs? Das wohl doch nicht. Eine Art Bürgerbewegung der Fans provozierten die Privaten nur einmal, als nämlich SAT.1 im Sommer 2001 die „ran"-Zeit – zugunsten der Exklusivität von „Premiere" – vorübergehend auf 20.15 Uhr legte. Drei Stunden Warten vom Abpfiff im Stadion bis zum Anpfiff im TV – das ging zu weit.

Christoph Daum, der Einpeitscher, der Motivator, der Irrwisch und der Sünder

Aus der Daum. Oder doch nicht?

Er verdrängt, vertuscht, lügt. Christoph Daum und die Koks-Affäre. Und der Weg zurück. VON WOLFGANG GOLZ

Wie man sich doch täuschen kann. Der Munzinger, Bibel unter den deutschen Sportarchiven, schreibt zum Start des Christoph Daum als Bundesliga-Trainer beim 1. FC Köln: „Er ist kein Mann großer Worte, sondern ein einsilbiger Praktiker."

Da lachen die Heinzelmännchen von Köln. Denn Daum poltert, posaunt und provoziert vom ersten Arbeitstag an. Bei Daum gibt es nie ruhige See, immer nur riesige Wellen. Bis er am Ende, den Aggregatzustand des Elements wechselnd, im Schnee umkommt.

„Fußball ist auch ein Show-Geschäft", trompetet er von Anfang an. „Wer das noch nicht gemerkt hat, der hat die Zeit verpasst. Ich jedenfalls kann das 08/15-Gerede der meisten Trainer nicht hören."

Er beißt um sich wie ein Pitbull. Bestärkt von seinen Club-Oberen. „So gefallen Sie mir, Trainer", stützt Schatzmeister Hans Neukirch ihn, „so wird das Müngersdorfer Stadion voll."

In Köln rechnet man bald in „Daums", die Maßeinheit für Zuschauerzugewinn.

Ein in der ganzen Republik zitierter Poltersatz von Daum bedeuten für Neukirch am Wochenende 10.000 Fans mehr im Stadion: Das ist ein Daum.

Selbst aus München, wo es gern bayrisch-robust zugeht, dringt Beifall bis zum Dom. Präsident Dr. Fritz Scherer, Professor in seiner Profession, zeigt sich zugeneigt: „Dieser Daum ist mir lieber als ein Duckmäuser."

Doch dann entdeckt dieser Daum den Psychokrieg als Mittel der Auseinandersetzung gegen Trainerkollegen. Und da er 1989 Meister werden will, kommt er an Jupp Heynckes als Fußball-Feindbild Nummer eins nicht vorbei.

Und Daum holt die Axt raus.

- „Die Wetterkarte ist interessanter als ein Gespräch mit Heynckes."
- „Wenn einer so dünnhäutig ist, hat er hier nichts zu suchen."
- „Der bekommt von mir noch reichlich Saures."

Ich arbeite damals als Chef-Reporter bei der „Welt am Sonntag". Es ist die erste Begegnung mit Daum an einer Schnittstelle seiner Karriere.

Der FC Bayern, Gegner im Titelkampf, hat eine Sensation geschafft: Nach dem 0:2 zu Hause im UEFA-Cup gegen Inter Mailand (mit Matthäus und Brehme) siegen die Münchner in Mailand 3:1 und kommen weiter.

Aus Köln attackiert Daum mir in den Notizblock: „Nach dem Sieg über Inter ging's Heynckes mal für ein paar Stunden besser. Da war eine Hirnwindung mehr durchblutet. Im Grunde ist der völlig kaputt."

Verstimmung in München, Verärgerung auch beim 1. FC Köln. Zum ersten Mal. Daum sind die Gäule durchgegangen, klar. Bayern verlangt Korrektur der Aussage. Daum bestreitet sie sofort. Der 1. FC Köln verlangt eine Gegendarstellung. Die Redaktion ignoriert sie, für den 1. FC Köln ist der Fall damit erledigt.

Nicht für die Bayern.

Das „Aktuelle Sportstudio" erlebt den Showdown. Auf der einen Seite sitzen vom FC Bayern Uli Hoeneß und Jupp Heynckes, auf der anderen Christoph Daum in Begleitung von Kölns damaligem Sportdirektor Udo Lattek. Wieder bestreitet Daum das Zitat von der durchbluteten Hirnwindung. Da greift Hoeneß in die Sakkotasche und holt ein Briefkuvert heraus: „Hier ist die Eidesstattliche Erklärung von Wolfgang Golz, dass du das exakt so gesagt hast."

Daum bestreitet weiter. In kritischen Situationen wird immer wieder eine Standardhaltung erkennbar werden: verdrängen, vergessen, verleugnen.

Rotterdam, April 1989, Vorabend des Länderspiels Holland gegen Deutschland. Christoph Daum betritt ein Speiserestaurant. Er sieht mich mit Kollegen beim Essen. Er bittet um ein kurzes Gespräch. „Entschuldigen Sie die Sache damals mit Jupp Heynckes. Ich musste alles abstreiten. Der Verein hat mich derart unter Druck gesetzt, dass ich nicht anders konnte." Ich entgegne: „Sie kennen die Wahrheit, ich kenne die Wahrheit – Sie sind es, der mit der Lüge leben muss."

Keine schwere Last für Daum, wie sich später erweisen sollte …

Begegnung zwei an einer weiteren Schnittstelle in Daums Karriere. Der Trainer ist mit Besiktas Istanbul türkischer Pokalsieger geworden. Und es tauchen Hinweise auf, Bayer Leverkusen wolle ihn als Trainer.

Ich veröffentliche damals eine Meldung von zwölf Zeilen: In der Bayer-Spitze gäbe es Bedenken gegen Daum. Weil in der Kölner Szene Gerüchte kursierten, Daum würde koksen, also Kokain schnupfen. Damit ist erstmals öffentlich gemacht, was sich später zum Skandal auswächst.

Die Reaktionen: Bayer Leverkusen bleibt stumm. Kein Kommentar. Daum meldet sich telefonisch aus dem Luxushotel

Endstation Landgericht Koblenz? Rolf Stankewitz (hinten links) und Nikolaus Schmitt sind zwei der fünf Verteidiger im Drogenprozess um den Fußballtrainer Christoph Daum. Die langwierigen und zähen Verhandlungen setzen Daum sichtlich zu

„Bühler Höhe": „Ich muss ausspannen. Der Stress in der Türkei macht einen kaputt." Dann die entscheidende Frage: „Von wem wissen Sie, dass ich kokse?" Natürlich offenbare ich keine Informanten, entgegne nur: „Das erzählt man doch schon lange im Kölner Raum."

„Ja", sagt Daum, „das weiß ich auch. Doch wer das behauptet, setzt sich selbst in ein schlechtes Licht."

Für jeden Psychologen ist es ein verräterisches Zeichen, dass Daum nicht einmal abwehrt, er nehme keine Drogen. Das alles stimme nicht. Nur Drogenexperten könnten sagen, ob seine Wahrnehmung schon damals getrübt war. Oder ob schon damals sein Leben konsequent auf Lügen aufgebaut war.

Daum wird Pokalsieger und Meister in der Türkei – und danach Trainer bei Bayer Leverkusen. Und nach dem kläglichen Ausscheiden der deutschen Nationalelf bei der Europameisterschaft in Holland/Belgien steht er vor der Pforte seines Traumreiches: Daum soll Bundestrainer werden. Da erklärt in München Uli Hoeneß – der Racheengel von Freund Heynckes? – in einem Interview wie nebenbei: „Wenn es stimmt, was über Christoph Daum behauptet wird, darf er nicht Bundestrainer werden." Wenn was stimmt? Dass er kokst? Das stand schon 1995 in der „Welt am Sonntag".

Aber keiner hat's gewusst, hinterher. Angeblich. Verleumder, Rufmörder, dieser Hoeneß.

Daum geht zur Haarprobe – freiwillig. Und ist bis in die letzte Haarspitze total verkokst.

Wieder lügt er, inszeniert Verschwörungs-Theorien. Er flüchtet in die USA, um durch ein unabhängiges Labor seine Unschuld zu beweisen. Und gesteht am Ende seine Drogensucht ein.

Der dicke Calmund, Manager von Leverkusen und am engsten dran an Daum: „Davon han isch nix jewußt." Franz Beckenbauer dagegen: „Jo mei, die Gerüchte gibt's doch seit Jahren."

Seit Jahren hat Daum verdrängt und vertuscht und sich auf Verdränger und Vertuscher in seinem Umfeld verlassen können. Deshalb hielt sein Lügengebäude so lange.

Jetzt arbeitet Daum in Wien. Die Österreicher haben ihm eine zweite Chance gegeben. Daum hat sie verdient. Er hat sie genutzt.

Die Ära der Arenen

Eng, steil, geschlossen, laut und nur dem Fußball geweiht. Eine neue Stadionkultur überzieht das Land. VON RAIMUND WITKOP

Das neue Schmuckstück des Nordens: Die AOL-Arena. Egal was auf dem Rasen passiert, in der Schüssel ist immer Stimmung

Das ist Service: Im Westfalenstadion wird auch dem Unkundigen angezeigt, dass jetzt ein Eckball droht. Also aufgepasst!

Wer noch zweifelt, wird mit Zahlen zum Schweigen gebracht. Am besten, weil am eindrucksvollsten, mit denen aus dem Hamburger Volksparkstadion – Verzeihung, der AOL-Arena: über 40.000 im Schnitt. Der Hamburger SV hat seit der Fertigstellung (und Umbenennung) seines neuen Fußballtempels im Dezember 2000 nicht immer toll gespielt, manchmal sogar zum Wegschauen. Tabellarisch ging es ab und auf, meist irgendwo durch die Mitte. Egal: Die Zuschauer kamen, viel mehr als zu besten Zeiten des Vereins, sie waren fröhlich und genossen den Tag, und sie kommen gern wieder. Offenbar ein Selbstläufer, für den es mangels anderer Gründe nur eine Erklärung gibt – das Stadion selbst.

Solche Beispiele sind beflügelnd für Investoren, Architekten und Klubmanager überall im Land, die dabei sind, Deutschland mit einem engmaschigen Netz modernster Spielstätten zu überziehen. Meist heißen sie „Arena“, ein Signalwort für den neuen Typ: eng, steil, geschlossen, laut, dabei aber komfortabel. Und vor allem: sportlich nur und ausschließlich dem Fußball geweiht. Vorbild – außer beim Komfort –

Gleich neben dem altehrwürdigen, zugigen Gelsenkirchener Parkstadion wurde die neue Arena auf Schalke platziert. Zwei Stadionkulturen, die 30 Jahre trennen

waren die traditionellen englischen Stadien: meist mitten im Wohngebiet, vier steile Tribünen im Rechteck hart an den Rasen gestellt – fertig ist der „Hexenkessel“. Natürlich bieten die neuen Arenen mehr. Eine Mantelbebauung mit Hotels, Gaststätten und Läden gehört ebenso zum Standard, wie „Business-Logen“ im Stadion, in denen man konferieren, dinieren und eben auch Fußball schauen kann.

Der jetzt vollzogene Generationen-Sprung in der Stadionarchitektur hat das Verschwinden der leichtathletischen Laufbahnen als gemeinsamen Nenner, zugleich rücken die Tribünen näher an und steiler über das Spielfeld. Die Wirkung ähnelt einer gewaltigen Dose mit mehr oder minder geschlossenem Deckel, die sich von den Emotionen der Besucher rasch atmosphärisch aufheizt.

Natürlich sind Weltmeisterschaften ein großer Katalysator für die Fortentwicklung der sportlichen Infrastruktur, deshalb wird an vielen Orten das typische „74er-Modell“ an gleicher Stelle nach den Bedürfnissen von 2006 umgebaut. Das gleicht einer Operation am offenen Herzen, nämlich bei laufendem Spielbetrieb: rund die Hälfte der Bundesligaspiele der jeweils vergangenen und der kommenden Jahre zwei bis drei Jahre haben eigentlich Baustellen als Schauplatz. Hamburg war wiederum ein faszinierendes Beispiel: über einen Zeitraum von eineinhalb Jahren schälte sich aus dem alten und tristen Betonoval nach und nach die moderne Arena heraus. Mittendrin wurde die Spielfläche um 90 Grad gedreht; ein ingeniöser Kunstgriff, um die neue Nähe in die alte Weite hineinbauen zu können. Ähnliches geschah und geschieht in Hannover, Berlin, Stuttgart, Köln, Frankfurt und Leipzig. Etwas weniger umwälzende Renovierungen geschehen in Dortmund, Kaiserslautern, Leverkusen, Bremen und Nürnberg.

Wenige können sich einen kompletten Neubau leisten. Die „Arena Auf Schalke“ entstand neben dem alten Gelsenkirchener Parkstadion, die „Volkswagen-Arena“ nahe dem alten Wolfsburger Stadion. Selbstredend hat München die spektakulärste Variante: das Olympiastadion, schönstes und repräsentativstes Modell des alten Typs, dämmert einer Zukunft als Freiluftmuseum seiner selbst entgegen. Im Stadtteil Fröttmaning entsteht ein Neubau von standesgemäßem Champions-League-Format; die extravagante „Allianz Arena“ heißt im Volksmund schon „Schlauchboot“ und kann je nach Gastgeber in Rot (Bayern), Blau (1860) oder neutralem Weiß erscheinen.

Das Münchner Projekt war ein Politikum ersten Ranges, die Diskussionen hatten etwas von einem Kulturkampf und endeten in einem Bürgerentscheid. Hier wurden die unterschiedlichen Vorstellungen über eine zeitgemäße Stadionarchitektur fast schon symbolisch ausgetragen: der Architekt des Olympiastadions von 1972 beharrte auf seinem Urheberrecht und verweigerte sich im wesentlichen allen Änderungswünschen.

Tatsächlich ist das luftig und elegant in den Olym-

Schalke-Manager Assauer machte Dampf, sonst wäre die neue Arena wohl nichts geworden

Da die kleine Lücke im Dach zu wenig Licht spendiert, rückt in Hamburg oft der Rasenleger an

Volle Hütte in Dortmund: Für die Fans eine Festung ihrer Gefühle. Gäste fühlen sich eher mulmig

Ein bisschen Fußballplatz, ein bisschen Stadion, ein bisschen Superdome. Die ganz besondere Atmosphäre der Arena auf Schalke

piapark gebettete Stadion mit dem berühmten Plexiglasdach ja ein einsamer Höhepunkt seiner Ära: wer aus dem Park ins Stadion geht, fühlt sich wie von selbst in eine beschwingte, aber doch gelassene Stimmung versetzt – was augenscheinlich das genaue Gegenteil der heutigen Erwartungen ist. Da soll die Atmosphäre geladen sein und nicht gelassen. Womöglich war die Trennung die einzige Lösung für München: im Olympiapark bleibt eines der letzten Refugien für die Leichtathletik, in Fröttmaning kocht die Stimmung über. Warum allerdings ein Stadion für einen Leichtathletik-Höhepunkt alle paar Jahre oder gar Jahrzehnte mitkonzipiert sein müsse, war den Bundesligafans seit langem nicht mehr zu vermiteln. Die Pointe der Trennung setzte man unfreiwillig beim Umbau des Bremer Weserstadions: Dort wurde, wie in anderen Stadien auch, der Rasen um einige Meter abgesenkt, um mit unten angebauten Tribünen näher ans Geschehen zu rücken. In Bremen wurden diese Tribünen aber einschiebbar auf Rollen gesetzt, um die Tartanbahnen bei Bedarf wieder freilegen zu können – bis man feststellte, dass Läufer auf den Außenbahnen dann von der Tribüne kaum noch sichtbar wären.

Die Fußballer dafür um so besser – nach heutiger Auffassung ist ein Profiklub mit altem Stadion nicht mehr lange konkurrenzfähig. Dafür haben sich viele Investoren, Kommunen und Vereine mit erheblichen finanziellen Risiken belastet. Das Investitionsvolumen für etwas richtig Modernes bewegt sich zwischen den Polen Hamburg (rund 100 Millionen Euro) und Gelsenkirchen (200 Millionen), je nach Größe und Austattung. „Auf Schalke“ etwa kann sich in 30 Minuten wahlweise das Dach komplett schließen oder der Rasen auf Teflon komplett hinausrollen. Beides dient der „multifunktionellen“ Einsetzbarkeit der Arena; für Konzerte, Kongresse oder Shows aller Art. Da aber Stadionfüller wie die Rolling Stones oder die „Drei Tenöre“ nicht monatlich zur Verfügung stehen, hat ein heftiger Konkurrenzkampf bei der Vermarktung der Kapazitäten eingesetzt – zumal die Stadien mit ebenfalls neuen und multifunkionellen Hallen wie in Hamburg, Köln oder Berlin rivalisieren.

Auch sportlich ist die Sache nicht risikofrei – jedenfalls wurden Schalke 04 und der VfL Wolfsburg nach der Eröffnung ihrer Arenen jeweils von unerklärlicher Heimschwäche befallen – so, als seien sie von den Erwartungen im Tempel überfordert.

Manchmal spielt der Berg der Mythen auch verrückt

Die Geschichte des 1. FC Kaiserslautern liest sich wie ein Märchen. Von König Otto, Palastrevolution und Großmannssucht. VON OLIVER TRUST

Hoch über Kaiserslautern. Neunter, zehnter Stock. Lange Gänge, schmucklose Türen, wie überall auf dem Amt. Die Dame im Vorzimmer zieht die Brauen hoch. Sie kennt Gerhard Piontek genau. Jede Stimmung erahnt sie, gleich, wenn der Oberbürgermeister zum Dienst erscheint. Die ganze Stadt liegt im Frühjahr 1996 unter einer Glocke der Frustration. Mitten drin der administrative Häuptling der „roten Teufel", Kraft Amtes im Aufsichtsrat des Vereins. Der Oberteufel. Tief besorgt, ohnmächtig und ernüchtert. „Wenn wir absteigen, sind wir bald nur noch ein Haltepunkt im europäischen ICE-Netz", sagt er und schaut hinaus auf die Dächer und die Köpfe seiner Untertanen.

Es gibt kaum eine Stadt in Deutschland, die so leidet, wie die im Südwesten, wenn es abwärts geht auf dem Rasen. Der Sport liefert Selbstwertgefühl für den Alltag. Fußball ist Lebensinhalt. Der „FCK" ist Religion. So intensiv wie auf Schalke. Sicher so tief verwurzelt. Die Trainer kommen in diesem Jahr mit viel Hoffnung in der Brust und sie gehen im Akkord und hinterlassen Verzweiflung.

Sie aber steigen ab. Alleine. Heulend wie kleine Kinder kauern die Spieler auf dem Rasen nach dem letzten verhängnisvollen 1:1 in Leverkusen. Die 130.000-Einwohner-Stadt versinkt in Resignation. „Die Leute hatten schlechte Laune, bei allem was sie taten", sagt der Mann im Kiosk gleich unten am Fuß des Berges. Er steht seit 30 Jahren hinter dem Tresen und hört sich als Kummerkasten die Sorgen der Fußballfreunde an.

Wenige Wochen nach dem Absturz wird Kaiserslautern Pokalsieger. Der Erfolg von Berlin kann die Enttäuschungen kaum lindern. Trotzdem gehört er unerschütterlich zur verrückten Geschichte des Berges der Mythen. Auf der Visitenkarte steht nun: Zweitligaklub. Und das hier, wo es kaum Ersatz gibt für den Unterhaltungspark Betzenberg. Wer will schon ins Pfalztheater, wenn der FCK am Boden liegt? Hier, wo sie „wie das kleine gallische Dorf" (Jürgen Friedrich, dreimal Vereinschef) wacker gegen den Rest der Welt kämpfen. Selten zauberhaft, dafür hemdsärmelig, kantig, eckig, würzig wie Saumagen.

Die Pfalz, das sind Wurstmärkte, Weinfeste, Wälder, wunderschöne Landschaften, Fußball und Arbeitslosigkeit. Die Amerikaner ziehen Soldaten ab, die als Kunden verloren gehen. Die Firmen bauen Arbeitsplätze ab. „Strukturschwach" steht im Wirtschaftsteil. Für manche heißt das Provinz, tiefe Provinz. Eine Mischung aus Klischee und Wahrheit. Wanderer, die stundenlang durch die Wälder streifen, ohne eine Menschenseele zu treffen. Gleisweiler gehört zur Pfalz. 30 Kilometer vor Kaiserslautern gelegen und angeblich der „wärmste Ort" Deutschlands. Alles zusammen die „Toskana Deutschlands", in der Provinzfürsten die Regentschaft im Fußball führen. Immer getrieben vom leichten Minderwertigkeitskomplex. Auf und Ab wie an der Börse.

Aufstieg 1997. Mit dem neuen König. Mit Otto Rehhagel. Er schenkt ihnen die Meisterschaft. Zuerst ein Gönner, dann nur noch selbstherrlich. Ein Landstrich, auferstanden aus Ruinen. Ein Triumph für die Ewigkeit. Die wunderbare Welt der Pfälzer bekommt Gestalt. Es ist der ewige zwanghafte Drang nach Anerkennung, der ihnen Energie verleiht. Genau so spielen sie Fußball, so führen sie den Verein. Liebenswert, intensiv, atemberaubend, streitsüchtig, dilettantisch.

Zum Leben gehört die Steuerfahndung, die mit der nächsten Krise im Herbst 2002 tagelang in der Geschäftsstelle die Akten durchforstet. Es ist die schwerste, bedrohlichste Malaise, die jemals in der Vereinschronik stand. Millionen Mark und Euros zahlten die Machthaber für Persönlichkeitsrechte an Spielern auf Konten im Ausland. Ein Hauch von Monopoly und Großmannssucht. Die Zeiten werden düster. Der FCK steht am Abgrund.

Sie wollten Besonderes schaffen. Weltmeisterschaft 2006 in Kaiserslautern, Stadionumbau, eine Mannschaft, die oben mitspielen kann. Zu viel für den Klub, zu durchschaubar für die Finanzämter. Ein Berg von 40 Millionen Euro Schulden türmt sich auf. Steuerhinterziehung lautet der Vorwurf, Nachzahlungen sind die Folge. Die Deutsche Fußball-Liga verhängt einen Punktabzug von drei Zählern und Geldstrafe von 125.000 Euro. „Die Guillotine ist aufgestellt", sagt Rene Charles Jäggi vor den schwierigen Verhandlungen mit den Banken, der Stadt Kaiserslautern und dem Land Rheinland-Pfalz.

Den 54 Jahre alten Schweizer riefen sie als Retter, der den strauchelnden Klub sanierend aus dem Sumpf führen soll. Jäggi „verkauft" das ehrwürdige Fritz-Walter-Stadion. Es ist der letzte Ausweg. Lange steht die Zukunft des FCK auf der Kippe. „Es gibt nur den Stadionverkauf oder die Insolvenz", sagt Jäggi. Auf der Mitgliederversammlung setzt die verzweifelte Suche nach den Schuldi-

1996 weinten sie, nach dem 1:1 in Leverkusen. Das bedeutete den Abstieg, das bedeutete viel Herzschmerz für eine ganze Region

1998 jubelten sie wieder, Kaiserslautern war Meister. Der Aufsteiger schaffte die Sensation, die Pfalz fühlte sich teuflisch gut

gen ein. Ministerpräsident Kurt Beck muss als Versammlungsleiter und ruhender Pol herbeieilen wie die Blauhelme der Vereinten Nationen. Die tiefe Stimme, die imposante Erscheinung und das Talent als Friedensstifter zahlen sich aus. Die Rettung gelingt. In letzter Sekunde. Die Banken stimmen dem Sanierungskonzept mit Bauchschmerzen zu. Es gilt nur für die erste Liga. „Der Abstieg wäre der Super-Gau", sagt Jäggi.

Vor den Gerichten liegen Akten, die zu Verfahren taugen, mit denen der Verein Regressansprüche gegen die „alte Führung" durchsetzen will. Vieles im Sumpf der Anschuldigungen wirkt lächerlich, vieles unglaublich, einiges wie die grausame Wirklichkeit. Jäggi spart, verkleinert den Kader und kürzt die Gehälter. Ein neues Kapitel im fabelhaften Märchenbuch wird geschrieben. Die Pfalz zieht den Kopf aus der Schlinge. Finanziell und auf dem Platz. Eine Objektgesellschaft übernimmt das Stadion, die Schulden und die Kosten für den Ausbau für die WM 2006. Wieder wird der Pokal zum Trostpflaster für einen Volksstamm, der leiden musste und durch ein Wellental der Gefühle schritt. Pokalfinale gegen Bayern München. Diesmal ist es weniger die Aussicht auf den „Pott", der seinen Glanz entfaltet. Die Bayern sind Meister, der FCK deshalb als Finalteilnehmer für den Uefa-Cup qualifiziert. Das garantiert den Platz an internationalen Fleischtöpfen und die Aussicht auf lindernde Einnahmen nach einer Zeit der Dunkelheit.

Wie damals 1996. Als sie eine Palastrevolution anzettelten und den Präsidenten Norbert Thines aus dem Büro jagten. Professioneller, stärker, bunter sollte alles werden. Eben besser. Ein bisschen wie bei anderen, großen Klubs, die längst zu einer Art multinationaler Konzern im Millionengeschäft Profifußball geworden waren. Vielleicht war genau das der Fehler, der ihnen passierte. Sie hatten wieder einmal ihre unverwechselbare „Identität" vergessen und verkauft. Könnte gut sein, dass auch Oberbürgermeister Gerhard Piontek an diesem Regentag der Seele 1996 hoch über Kaiserslautern darüber nachgedacht hat, was Kaiserslautern, die Pfalz und ihren Fußball so unverwechselbar und zerbrechlich macht.

Bis zur Freundlichkeit

Er bringt Dortmund auf Kurs, besteht das Abenteuer Bayern triumphal. Ottmar Hitzfeld ist Mathematiker. Alles, was er tut, dient der Lösung. VON ANDREAS ECKHOFF

Klaviatur der Gefühle: Bayern-Trainer Ottmar Hitzfeld (rechts) bleibt regungslos, Manager Uli Hoeneß (li.) echauffiert sich mächtig, Co-Trainer Michael Henke taumelt irgendwo dazwischen

Es ist nicht so, dass diese Episode aus dem Leben des Fußball-Lehrers Ottmar Hitzfeld völlig neu wäre. Einmal hat er sie in einem seltenen Moment des Unbedachtseins erzählt, und seitdem geht sie nicht mehr weg. Wer sich auch nur ein bisschen mit dem Leben dieses Mannes beschäftigt, stößt unweigerlich auf diese eine Kinder-Geschichte. Denn sie beschreibt wie keine andere Episode in ein paar Sätzen alles, was diesen Mann ausmacht. Was ihn zum Sieger, zum Helden gemacht, ihn ganz nach oben gespült hat in seinem Job als Fußballtrainer, aber auch, warum sich in sein Gesicht schon in jungen Jahren tiefe Falten der Sorge gegraben haben.

Die Geschichte geht so: „Wir haben mal zu Tisch gesessen und alle haben irgendetwas erzählt. Ich wollte auch, aber man ließ mich nicht, und dann habe ich gesagt, gut, dann rede ich eben gar nicht mehr. Das habe ich dann auch eine Zeit lang durchgehalten“, sagt Hitzfeld. - „So ein, zwei Monate vielleicht.“

Ottmar Hitzfeld also ist auf freundliche Weise absolut mitleidlos, zu sich selbst wie zu anderen. Es gibt Trainer in diesem Geschäft, die eine Lust an der kleinen Gemeinheit pflegen, die es genießen, Spieler leiden zu sehen, wenn sie ihnen mit der Ersatzbank drohen oder aus dem Kader werfen. Nicht so Hitzfeld. Der ist Mathematiker, und alles, was er tut, dient allein der Lösung. Sein früherer Spieler Michael Wiesinger hat einmal beschrieben, wie das ist, wenn man in einer von Hitzfeld trainierten Mannschaft nur die Nummer 20 ist. „So gegen zehn am Abend klopft es an der Tür deines Hotelzimmers. Du öffnest. Hitzfeld. ‚Tut mir leid', sagt er und drückt dir die Karte für den Tribünenplatz in die Hand. Dreht sich um und geht wieder.“ Hitzfeld sagt: „Wenn der Arzt zu mitfühlend ist, geht er kaputt.“

Zwei Strategen, nicht immer eine Meinung: Ottmar Hitzfeld und Matthias Sammer 1997 beim Training von Dortmund

Hitzfeld wird als jüngstes von fünf Kindern geboren. Der Vater Gründungsmitglied der CDU-Ortgruppe. Zahnarzt. Die Mutter streng. Wenn ein Loch in der Hose ist, gibt es Ärger. Wenn der Ball die Blumen von der Fensterbank fegt ebenso. Wenn eine Scheibe zu Bruch geht, erst recht. „Man wurde gestraft für Disziplinlosigkeit“, sagt Hitzfeld. Mit zwölf kommt er aufs Internat. Der Junge leidet an Heimweh, darf wieder nach Hause, baut sein Abitur, studiert Mathematik und Sport. Macht sein Staatsexamen und spielt nebenher Fußball. Was heißt nebenher? Hitzfeld spielt als Profi in Basel, Stuttgart, Lugano, Luzern, wird Schweizer Torschützenkönig und Olympiateilnehmer.

Als Spieler ist er zunächst jähzornig. Schon als Zehn-, Elfjähriger tritt er Gegenspieler kompromisslos um, als gehe es in jedem einzelnen Spiel um die Weltmeisterschaft. Allerdings geht das nicht

disziplniert

Mittendrin statt nur dabei: Ottmar Hitzfeld als einsamer Jubler inmitten roter Euphorie. Wenn ihn seine Umgebung lässt, dann ist er gern der stille Genießer

lange so. „Mit zwölf habe ich eingesehen, dass mein Jähzorn nichts bringt." Mit einer Mannschaft als Gewinner vom Platz gehen, könne man nur, wenn man das Spiel auch beendet und nicht vorzeitig des Feldes verwiesen wird und das um einen Spieler reduzierte Team womöglich noch verliert. So zwingt er sich zu Disziplin, wenngleich er auch später immer ein eher rabiater Torjäger bleibt, einer, dem – wie man so sagt – der Blick für den Mitspieler fehlt. Doch das ist nur die halbe Wahrheit. Vielmehr ist es so, dass es nicht an Übersicht mangelt, sondern Stürmer Hitzfeld „den Ball nicht hergeben wollte", ehe er im Tor war.

1983 tauscht er die Positionen, wird Trainer und gleich zweimal Schweizer Meister mit Grashoppers sZürich. 1991 beginnt sein Aufstieg in der Bundesliga. In 28 Jahren hatte Borussia Dortmund zuvor 23 Trainer verschlissen. Als Hitzfeld seinen Job im Westfalenstadion antritt, ändert sich die Welt. Gelb-schwarz wird augenblicklich zum Symbol des Erfolges, mit Hitzfeld gewinnt die Borussia zweimal die Deutsche Meisterschaft, holt Champions League und Weltpokal.

Doch während die Menge Woche für Woche in Glückseligkeit badet, leidet der Trainer still. Dortmund, das gibt er später zu, sind seine schwierigsten Jahre als Fußball-Lehrer. „Wenn ich in Dortmund gescheitert wäre, was wäre mir denn geblieben?", sagt Hitzfeld, „zurück in die Schweiz vielleicht? Entsprechend groß war der Druck. Ich habe noch mehr gelitten." Und jeder kann zusehen: Hitzfeld magert ab, tiefe Falten durchziehen sein Gesicht. Am Ende erleidet er einen Darmdurchbruch, zieht sich für ein Jahr auf den Posten des Sportdirektors zurück. Dann fragen die Bayern. Ende März 1998 fliegt Hitzfeld nach München, nicht um das Feld zu sondieren, sondern um zu unterschreiben. Er hat sich entschlossen, das Abenteuer Bayern anzunehmen. In München will er die nächste Stufe seiner Karriere erklimmen. Und alles läuft nach Plan. Schon nach den ersten Arbeitstagen in München ein paar Monate später ertönen die ersten Lobes-

Ottmar Hitzfeld mit der Champions League Trophäe, die er 1997 mit Borussia Dortmund gegen Juventus Turin errang. Wo? Es war im Münchner Olympiastadion

Ottmar Hitzfeld 2001 mit der Champions League-Trophäe des FC Bayern München

hymnen aus dem Kreis der Profis. Hitzfeld sei der ideale Bayern-Trainer, melden sich auch die Lenker des Rekordmeisters zu Wort, die Herren Beckenbauer, Rummenigge, Hoeneß. Und tatsächlich: Nach einer Saison ohne Komplikationen wiederholt Hitzfeld bereits in seinem ersten Münchner Jahr die Dortmunder Erfolge: Mit 15 Punkten Vorsprung wird der FC Bayern souverän Deutscher Meister vor Bayer Leverkusen.

30.000 Bayern-Fans reisen kurz darauf trunken vor Freude Richtung Barcelona, denn dort wollen sie ihre Jungs ja erst richtig siegen sehen: Finale der Champions League gegen Manchester United, und bereits nach sechs Minuten kennt der Jubel keine Grenzen mehr: Basler hat das 1:0 erzielt, wenig später trifft Scholl den Pfosten. Es ist ein guter Abend.

In der 67. ersetzt Manchesters Coach Alex Ferguson Blomqvist durch Sheringham und in der 81. Minute Cole durch Solskjaer. Hitzfeld reagiert und bringt Fink für den angeschlagenen Matthäus. Die 90. Minute bricht an, die deutschen Fans im Siegestaumel, nur noch drei Minuten Nachspielzeit. Der vermeintlich letzte Eckball der Engländer wird getreten, Finks Befreiungsschlag misslingt, Giggs schießt, Sheringham lenkt ab – 1:1. Stille im Bayern-Block. Alle glauben an die Verlängerung, da gibt es noch einmal einen letzten Eckball für Manchester. Beckham zirkelt den Ball auf den kurzen Pfosten, Sheringham verlängert, Solskjaer ist da – 2:1 für ManU. 25 Sekunden später ist Schluss. Es ist ein grausamer Abend.

Ottmar Hitzfeld schreitet über den Platz, geht von Spieler zu Spieler, tröstet Kahn, der mit leerem Blick dasteht, nimmt jeden einzelnen in den Arm, lässt keinen aus, ist jetzt nicht mehr Fußball-Lehrer, sondern Seelsorger. Manch ein Trainer verliert an einem solchen Abend die Contenance. Nicht Hitzfeld. „Ich darf ja nicht klein beigeben, ich kann mich nicht zurückziehen. Die Rückschau bringt ja nichts, die bringt nur Leiden und leiden ist jammern, und zum Jammern habe ich keine Zeit", sagt er später.

Also arbeitet er weiter, diszipliniert, als sei nichts passiert. Und wird zwei Jahre später belohnt: Erst das dramatische Finale um die Deutsche Meisterschaft, als die Bayern im Fernduell gegen Schalke schon geschlagen sind und trotzdem alles gewinnen. Und wenige Tage später endlich der Sieg in der Champions League. Hitzfeld ist nun ganz oben, ein Weltstar in seiner Branche. Absolute Spitze, einsame Spitze.

„Trainer sein", sagt Hitzfeld, „ist wirklich ein einsames Geschäft." Vor allem für einen wie ihn.

Training ist nicht nur etwas für die Beine, sondern auch was für den Kopf. Hitzfeld arbeitet mit seiner Mannschaft täglich auf dem Platz, verteilt Hemdchen und macht auch den Vorturner

Hitzfeld gilt, abgesehen von einer ruchbar gewordenen Affäre mit einem brasilianischen Model, als moralisch einwandfreie Instanz. Er ist diszipliniert bis zur Selbstverachtung. Er arbeitet so viel, weil er glaubt, sich nur so von einer eventuellen Schuld an einer eventuellen Niederlage befreien zu können. Siege bereiten ihm weniger Freude denn Erleichterung, nicht verloren zu haben. Als er in der Saison 2002/2003 mit den Bayern in der Champions League bereits in der Vorrunde scheitert, betrachtet er das Ausscheiden als „massiven, persönlichen Makel", den er nur mit noch mehr Arbeit wieder gutmachen kann. Hitzfeld: „Ich muss dann arbeiten. Nur so kann ich meinen Druck kompensieren. Wenn ich arbeite, verspüre ich keinen Druck. Ich verdränge das Ganze."

Nicht das Glück des Triumphes treibt ihn zu Höchstleistungen, sondern die Angst vor der Niederlage. „Die Angst ist allgegenwärtig", sagt Hitzfeld, „das ist der natürliche Antrieb, nicht zu verlieren, weil man dann ja wieder leiden müsste." Mein Gott, was ist das für ein Leben?

„Ja", sagt Hitzfeld, „ich bringe Opfer. Aber ich hoffe, später kann ich einmal alles nachholen. Später will ich mich um die Familie kümmern, dann hat meine Frau einen Ehemann, der auch mal locker sein kann. Vielleicht kann ich mich ja auch in diesem Bereich weiterentwickeln. Mit Disziplin locker werden."

Mit Volldampf voraus – der Antreiber Matthäus 1997 bei den Bayern

Mein Auto, meine Yacht, mein Haus, mein Gelaber

Lothar Matthäus: Verehrt wie kaum ein anderer, verhöhnt wie noch nie einer. Ein Über-Fußballer mit unterirdischer Attitüde. VON WERNER RUDI

Träge begann die Sonne ihr Tagwerk, streichelte die Gesichter der Frühaufsteher, die versuchten – unterbrochen von heftigem Gähnen –, die Anstrengungen der Nacht wegzublinzeln. Plausch auf den blättrigen Blechstühlen vor dem Cafe. Ein Sommermorgen in Gijon. Beschaulich, kleinstädtisch, gemütlich. Der junge Mann mit dem wilden Mop auf dem Kopf bog um die Ecke, sah die Truppe vor dem Cafe, ging auf sie zu und fragte: „Sagt mal Jungs, wo kann ich hier Shampoo kaufen?“
Wo kann man in Gijon am frühen Morgen Haarwaschzeug kaufen? Wir konnten es dem jungen Herrn Matthäus nicht sagen. Fragte einer verwundert: „Ihr logiert im ersten Haus am Platz. Gibt es denn da kein Shampoo?“ Matthäus lächelte halb ertappt, halb schelmisch und schlurfte mit seinen Adiletten weiter. „Werd' schon noch einen Laden finden – servus ihr Schreiberlinge.“
Ein deutscher Fußball-Nationalspieler während einer Fußballweltmeisterschaft auf der Suche nach Shampoo? Wollte der uns verkackeiern? War er ausgebüxt, weil er die Kasernierung satt hatte? War er womöglich die ganze Nacht herumschlawinert und jetzt auf der Suche nach dem Hotel? Hatte er sich mit einem Mitspieler gefetzt und brauchte ein bisschen Luftveränderung? Oder wollte er tatsächlich einen Eimer Shampoo kaufen, weil ihn die winzigen Hoteltuben nervten?
Nichts genaues wusste man nicht. Nicht damals im spanischen Sommer 1982 beim 21jährigen Jung-Nationalspieler Lothar Matthäus und auch nicht später als sich der Shampoo-Sucher in München und Mailand zum Weltstar mit gepflegter Mähne hochgearbeitet hatte. Einerseits fand man es erfrischend, dass einer einfach loszog und eigeninitiativ sein Haarpflegemittel organisierte, andererseits fragte man sich, ob der denn noch alle hatte. Die Krux einer großen Karriere: Einerseits Respekt, andererseits …
Spurensuche. Wie wurde der kleine Lothar aus Erlangen der Matthäus, der von vielen verehrt wurde wie kaum ein anderer und von vielen verhöhnt wie noch nie ein anderer? Also Erlangen. Dort wurde er am 21. März 1961 als Sohn eines Schreiners geboren. Deutschland ist hin und weg vom Wirtschaftswunder. Man kann etwas schaffen, wenn man nur schafft. Ausbildung zum Raumausstatter im väterlichen Betrieb, aber viel mehr Interesse und Talent am Ausgestalten der großen Fußball-Karriere. Er will was Großes schaffen. Mit 18 bei Borussia Mönchengladbach, mit 19 Nationalmannschaft. Gehörte zum National-Team, das 1982 in Spanien Vize-Weltmeister wurde. Und gehörte doch noch nicht so richtig dazu., weil er für die echten Macker in der Mannschaft eine aufgedrehte Quasseltante aus der Provinz war. „Der Breitner beachtet mich überhaupt nicht“, quengelte er. Laut genug für die Presse, leise genug, damit es der Star überhören konnte.

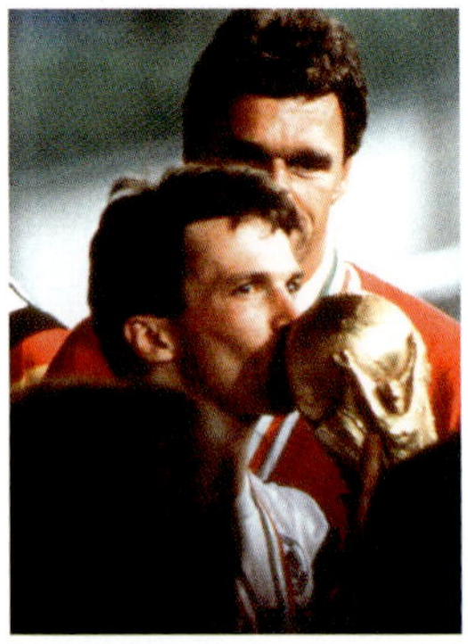
Ein inniger, ruhiger Moment – Weltmeister Matthäus

1984 der Wechsel nach München. 1988 dann Mailand. Endlich die große Fußball-Oper. Jetzt hatte er es geschafft. Oder? „Vor seiner Leistung auf dem Platz muss man Respekt haben“, lobte Mitspieler Jürgen Klinsmann. Mehr sagte er nicht. Mehr gab es nicht zu sagen.
1994 schließlich die Rückkehr nach München. 2000 noch ein kurzer Abstecher nach New York zu den Metro Stars. Mit 39 Jahren dann das feuerwerkumrankte Abschiedsspiel in München. Tschüs Loddar!? Wohin jetzt? Doch nicht einfach in die Ano-

Mit Volldampf voraus – der Antreiber Matthäus in der Saison 1982/1983 bei Borussia Mönchengladbach. Im Hintergrund Wuttke und Schiedsrichter Heitmann

nymität eines anderen Kontinents wie der ohnehin schräge Klinsmann. Ohne Kameras, Mikrofone, Affären. Völlig undenkbar. „Eines Tages würde ich vielleicht mal gerne Trainer beim FC Bayern sein", blickte der verabschiedete Star etwas verunsichert in die Zukunft. Wenig später retournierte Bayern-Manager Hoeness: „So lange der Kalle Rummenigge und ich hier etwas zu sagen haben, wird Matthäus nicht einmal mehr Greenkeeper in unserem neuen Stadion."

Was war geschehen? Matthäus argwöhnte, die Bayern hätten sich bei seinem Abschiedsspiel um ungefähr eine Million Mark zu seinen Ungunsten verrechnet. Ausgerechnet Hoeneß, der frühere Bayern-Spieler aus der Klinik, von der Flasche oder auch nur von der Straße holt, der für die Bayern zwar kleinpieselig um jeden Cent schachert, aber als Geschäftspartner penetrant korrekt ist, wie er es in der elterlichen Metzgerei gelernt hat – ausgerechnet der sollte einen wie Matthäus betuppen?

Matthäus' Passion war es seit jeher, jene anzumachen, die ihm viel verzeihen. Aber eben nicht alles. So gern wäre er ein Beckenbauer, eine Lichtgestalt, der alles nachgesehen und die auch trotz ihrer offenkundigen Schwächen geliebt wird.

„Ich habe gleich gemerkt, das ist ein Druckschmerz, wenn man drauf drückt", diagnostizierte er. „Wichtig ist jetzt erstmal, dass er eine klare Linie in sein Leben bringt", riet er Christop Daum. „Die Frauen haben sich entwickelt in den letzten Jahren. Sie stehen nicht mehr zufrieden am Herd, waschen Wäsche und passen aufs Kind auf. Männer müssen das akzeptieren", erkannte er. Er hatte einen Verdacht: „Manchmal spreche ich wohl zuviel." Was seine Mitspieler bestätigten. Eines Tages war es sogar dem ruhigen Bayern-Verteidiger Lizarazu zu viel. Im Training ohrfeigte er Matthäus. Empört und mit ernster Miene verhängte Trainer Hitzfeld eine drakonische Strafe. Als er von Lizarazus Wutprobe informiert wurde, soll er gegrinst haben.

Matthäus war Weltmeister 1990, Europameister 1980, zweimal UEFA-Pokalsieger, sechs Mal deutscher Meister, dreimal Pokalsieger. Er war Weltfußballer der Jahre 1990 und 1991, Europas Fußballer des Jahres 1990, Deutschlands Fußballer der Jahre 1990 und 1999, Europas Sportler des Jahres 1990. Er bestritt 464 Bundesligaspiele und ist mit 150 Länderspielen Rekordnationalspieler.

Und er sagte: „Das Chancenplus war ausgeglichen."

Respekt vor dem Fußballer Matthäus. Vor dem Rackerer, dem Antreiber, dem Mitreißer. Ratlosigkeit vor dem Typen, der außerhalb des Stadions den großen Matthäus mimt. „Mein Auto, mein Haus, meine Yacht" – er zeigt so gern, was er hat. Warum hat er bloß nie versucht zu verbergen, was er nicht hat? Die Dynamik, der unbändige Wille, das Ungestüme machten ihn zum Über-Fußballer – mit unterirdischen Orientierungsproblemen nach dem Schlußpfiff. Seine zweite Heirat war operettenreif. Er in einem grauen Ensemble mit einer Art Schleppe, sie solariumbraun ganz in weiß und das alles im Rahmen der Schweizer Berge. Wow! „Man darf den Sand nicht in den Kopf stecken", forderte er. Wahrscheinlich sieht man sonst vor lauter Denken nix.

20 Jahre Matthäus. Eine lange Karriere lang imponierte er uns, nervte er uns. Er war so präsent, man hätte ihn eigentlich zur Entziehungskur schicken müssen. Nach der Karriere war für Matthäus vor der Karriere – keine Frage, keine Zweifel. Zuerst Wien, dann Belgrad. Wünschen wir dem Übungsleiter Lothar M., was er sich damals in New York wünschte: „I hope, we have a little bit lucky."

Auf Shampoo-Suche geht er nicht mehr. Seine Haare gehören jetzt in die Hände von Stylisten. Was nicht mit Stil zu verwechseln ist.

Die Volkstümlichkeits-AG

Borussia Dortmund ist an die Börse gegangen, pflegt Fußball aber weiter als Herzensangelegenheit. Die Aktie steckt im Abstiegsstrudel.

VON FELIX MEININGHAUS

Am Anfang war der Fan: Gerd Niebaum ist in Lünen-Brambauer geboren, einem kleinen Ort vor den Toren der Revier-Metropole Dortmund. Bei einer solchen Herkunft ist es fast zwangsläufig, dass man sich als Heranwachsender mit dem Ballsport Verein Borussia Dortmund von 1909 identifiziert. Niebaum bildet da keine Ausnahme. 1965, beim legendären 5:0 des BVB gegen Europas damalige Übermannschaft Benfica Lissabon war Niebaum „tatsächlich im Stadion, obwohl inzwischen 200.000 Leute behaupten, sie hätten das Spiel gesehen." Damals trug das Dortmunder Stadion noch den schönen Namen „Rote Erde", die Anhänger nannten sich „Schlachtenbummler" und der BVB war nichts weiter als ein Fußballverein.

Das hat sich grundlegend geändert: Als erster und bislang einziger Klub in Deutschland ist der BVB an die Börse gegangen. Niebaum steht Borussia Dortmund als Präsident und der Aktiengesellschaft als Geschäftsführer vor. Der 54-jährige promovierte Jurist, Spezialist für Wirtschafts- und Unternehmensrecht, hat den westfälischen Traditionsklub mit großer Beharrlichkeit zu neuen Ufern geführt. Längst ist das Unternehmen Borussia Dortmund hierzulande in Sachen Finanzen Branchenführer in der Sparte Profifußball. Außergewöhnliche Spieler wie die Tschechen Tomas Rosicky und Jan Koller oder die Brasilianer Marcio Amoroso und Henrique Ewerthon bedeuten für den BVB nicht nur eine Garantie auf Erfolg, sondern auch ein Investitionsvolumen von über 50 Millionen Euro, das dem Wertpapier Volumen verschaffen soll.

Die Idee, den Weg an die Börse zu gehen, wurde in den neunziger Jahren geboren, als es darum ging, im Wettbewerb mit den europäischen Spitzenklubs neue Geldquellen zu erschließen. Niebaum und seine Mitstreiter orientierten sich am britischen Markt, wo im Laufe der Fußballgeschichte bereits rund 25 Klubs in Kapitalgesellschaften umgewandelt worden sind. Als leuchtendes Vorbild fungierte Manchester United. Die Aktie des Traditionsklubs schnellte nach ihrer Ausgabe raketengleich nach oben und brachte märchenhafte Gewinne. Beim Streben, den kickenden Geschäftsleuten von der Insel nachzueifern, wurde der BVB jedoch zunächst durch die Statuten des DFB ausgebremst. Die untersagten eingetragenen Vereinen mit ihrem Status der Gemeinnützigkeit den Gang an die Börse. Erst eine Rechtsreform beim DFB-Bundestag 1998 ebnete den Weg.

Auf der BVB-Mitgliederversammlung im November 1999 wurde der Verein in eine Kommanditgesellschaft auf Aktien umgewandelt, seit Februar 2000 wird der Klub als „Borussia Dortmund GmbH & Co KG auf Aktien" im Handelsregister geführt. Ehe der Revierverein indes an der Börse notiert wurde, dauerte es noch bis zum Herbst 2000. Grund für die Verzögerung war die sportliche Krise: Der Weltpokalsieger von 1997 befand sich im tiefsten Abstiegsstrudel, alles andere als ein gutes Signal für Investoren. „Um einen solchen Schritt zu wagen, brauchst du Rückenwind", sagt Niebaum.

Sportlich lohnten die Investitionen: Für die beiden Brasilianer Ewerthon (links) und Amoroso ...

Doch auch mit wieder erstarkten Mannen in schwarz-gelb tat sich das neue Wertpapier von Anfang an schwer. Die mit elf Euro ausgegebene Aktie verlor schnell 30 Prozent ihres Nennwerts, berappelte sich nach dem Dortmunder Wiedereinzug in die Champions League kurzfristig auf 10,10 Euro und ging von da an kontinuierlich bergab. Im Mai 2003 hatte die BVB-Aktie mehr als 75 Prozent eingebüßt und wurde mit 2,80 Euro notiert. Eine Dividende konnte den Aktionären bislang nicht ausgezahlt werden.

Zahlen sind das, die auf dem Rasen längst den Abstieg in die Zweitklassigkeit zur Folge gehabt hätten. Der Sturz hat seine Ursachen natürlich auch in der allgemeinen Rezession. Unter der habe der Börsenneuling besonders gelitten: „Wir haben nun mal nicht die Stammaktionäre, die uns seit 20 Jahren die Treue halten", sagt Niebaum. „Deshalb leiden wir als neues Produkt besonders unter der Talsohle." Dennoch gibt der BVB-Präsident offen zu, sein Klub sei mit wesentlich größerer Zuversicht an die Börse gegan-

millionenschweren Abzocker, die ihr Tagewerk emotionslos herunterspulen.
Genau deshalb bewegen sich Niebaum und seine Geschäftspartner in Sachen BVB auf äußerst sensiblem Terrain: Der Spagat zwischen Volkstümlichkeit und dem rein auf Zahlen basierenden Konstrukt eines börsenorientierten Unternehmens ist längst Teil des unternehmerischen Konzepts des Konzerns Borussia Dortmund. Das Bestreben, auf der ganz großen europäischen Fußballbühne mitzuspielen, ohne dabei die Ursprünglichkeit zu verleugnen, bleibt ein Drahtseilakt.
Dabei ist Borussia Dortmund als Bundesliga-Vorreiter in Sachen Aktien erst einmal an Grenzen gestoßen. Klubs wie Bayer Leverkusen, Hertha BSC Berlin oder Bayern München haben den Schritt der Umwandlung in eine GmbH zwar längst nachvollzogen, den Weg an die Börse jedoch bislang gescheut. Aus gutem Grund: Bei der Tagung des Arbeitskreises Sportökonomie im September 2002 in Paderborn zog Wolfgang Maening, Olympiasieger im Deutschland-Achter und heute Professor an der Universität Hamburg, ein vernichtendes Fazit: „Für diese Aktie wird es nie Rendite geben. Man kann das Geld auch spenden, da gibt es eine Quittung, da hat man mehr davon."
So pessimistisch beurteilt Niebaum die Lage trotz des rapiden Kursverfalls der BVB-Aktie nicht: „Wenn sich die Konjunktur erholt hat, werden uns andere Klubs an die Börse folgen. Da bin ich mir völlig sicher."

... und die beiden Tschechen Koller (links) und Rosicky musste die Aktiengesellschaft über 50 Millionen Euro locker machen

gen: „Wir haben nicht im Entferntesten damit gerechnet, uns so weit unten zu bewegen."
Derweil hat Manager Michael Meier Fehler beim Betreten des neuen Geschäftsfeldes eingestanden: „Ich denke, wir haben bei der Einführung der Aktie eine klare Marketingstrategie vermissen lassen." So sei der von etlichen Medien geprägte Begriff „Fan-Aktie" beim Bemühen, langfristige Investoren zu gewinnen, „tödlich" gewesen: „Unsere Aktie ist doch kein Totoschein."
Während Borussia Dortmund nach dem Zwischentief Ende der neunziger Jahre auf dem Rasen längst wieder Tritt gefasst hat und sich in der Champions League mit Real Madrid oder dem AC Mailand misst, tut sich der Klub auf dem Parkett der Schlipsträger weiterhin schwer. Um neue Geschäftsfelder zu erschließen, die so gewinnträchtig erscheinen, dass sich mehr Börsianer vom Kauf der schwarz-gelben Papiere überzeugen, müssen unerschlossene Pfade betreten werden.
Meier sieht besonders in China Entwicklungspotenzial: „Im asiatischen Raum sind noch nicht alle Claims abgesteckt. Wir brauchen dort eine Penetration von Borussia Dortmund." Das hört sich betont geschäftsmäßig an, wobei es unzureichend wäre, die Dortmunder Philosophie auf das Thema Geld zu reduzieren. Niebaum, der in Dortmund seit 1977 eine Anwaltskanzlei betreibt und seit 1986 Präsident des BVB ist, sagt von sich, er sei „kein Funktionär. Es ist wichtig, dass man selbst Fan war." Wenn der eloquente Medienprofi sich so äußert, klingt das auf den ersten Blick effektheischend. Doch es ist kein Zufall, dass die weltweit größte Stehplatztribüne im Dortmunder Westfalenstadion steht. Die berühmte Südkurve, mit einer Kapazität von 27.000 Zuschauern, ist ein unantastbares Heiligtum, die schwarz-gelben Fans dort genießen Artenschutz. Solcherlei Wertschätzung trägt eindeutig Niebaums Handschrift, der immer wieder betont, wie wichtig die Geschichte, die Tradition und die Wurzeln von Borussia Dortmund für die gesamte Stadt seien.
Wer vor dem Meisterschafts-Showdown der Saison 2001/2002 miterlebt hat, wie innig und ergreifend 70.000 Zuschauer in der westfälischen Fußball-Oper den alt gedienten Fahrensmann Jürgen Kohler verabschiedeten, spürt, was Niebaum damit meint. Fußball ist den Dortmundern weiter eine Herzensangelegenheit. Sie wollen auf der einen Seite Erfolge, andererseits jedoch keine

VON KARL-HEINZ RUMMENIGGE

Erlebniswelt und Fußball

„Der FC Bayern München e.V. ist als eingetragener Verein bereits 102 Jahre alt. Trotzdem ist diese Organisationsform des Gemeinwesens nicht überholt. Als Geschäftsform zur Führung von Clubs der Fußballbundesliga, die längst mittelständische Unternehmen sind, ist sie indes eher nicht mehr geeignet.

Beim FC Bayern München gab es zwei Notwenigkeiten, von der ehrenamtlichen auf die professionelle Führung umzuschalten und dabei die Aktiengesellschaft zu wählen:

1., hatten wir einen hohen Kapitalbedarf, um den Bau der neuen Allianz-Arena in Fröttmaning zu finanzieren. Dafür wurden 75 Millionen Euro benötigt. Sie wurden generiert durch den Verkauf von 10 Prozent der Aktien an unseren strategischen Partner Adidas für 77 Millionen Euro.

2., ist die Leitung des Club bei einem Jahresumsatz von rund 175 Millionen Euro ein Full-time-Job, den niemand nebenher erledigen kann. Das ist irgendwann ungesund für den Verein wie für die handelnden Personen.

Als der DFB die Umwandlung der Vereine in Kapitalgesellschaften gestattete, lautete eine der Grundbedingungen, 50 Prozent plus eine Aktie müssen im Besitz des Clubs bleiben, damit der e.V. jederzeit Herr seiner Entscheidungen bleibt. Entsprechend wurde unsere Vereinssatzung der Bedingung angepasst.

Wie gesund der FC Bayern ist, zeigt, dass immer noch 90 Prozent der Anteile im Besitz des Vereins sind – trotz der hohen, die Zukunft sichernden Investition in das neue Fußballstadion, das einen entscheidenden Schritt in die Richtung Erlebniswelt und Fußball darstellt.

Die Vereins-Pyramide des FC Bayern München gliedert sich folgendermaßen:

Ganz oben stehen die Aktionäre, also unsere Mitglieder.

Darunter ist der Aufsichtsrat mit seinen neun Mitgliedern angesiedelt. Franz Beckenbauer als Bayern-Präsident ist Vorsitzender dieses Aufsichtsrates. Das Gremium bestellt die dritte Ebene im Gefüge des Vereins, den Vorstand.

Diesen Vorstand bilden drei Personen: Karl Hopfner als Mitglied, Uli Hoeneß als Stellvertreter und ich als Vorsitzender.

Wir sind zuständig und verantwortlich für den gesamten operativen Bereich.

Der umfasst alle Geschäftskomplexe, vom Merchandising über die Bundesliga-Profis, von der Regionalliga-Mannschaft bis hin zur A- und B-Jugend.

Der Aufsichtsrat ist, wie alle anderen Bereiche auch, mit hochkarätigen Persönlichkeiten besetzt – darunter Professor Fritz Scherer oder Dr. Martin Winterkorn, dem Vorstandsvorsitzenden unseres wichtigen Sponsors Audi. Das sichert dem Club permanent eine optimale Beratungsmöglichkeit aus vereinseigenen Gremien.

Wohin läuft die künftige Entwicklung?

Going public – die Vergabe von Aktien an einen erweiterten Kreis wäre eine Möglichkeit. Doch daran denkt derzeit niemand.

Denn die Philosophie des FC Bayern lautet: Was wir in Steine investieren, wie zum Beispiel das Großobjekt neues Stadion, wird aus dem AG-Bereich gespeist.

Doch alles, was wir in Beine investieren, ist im operativen Geschäft zu erwirtschaften."

Die Pose des Siegers: In 310 Spielen für Bayern München schoss Karl-Heiz Rummenigge 162 Tore

Ball paradox

„Ich hatte noch nie Streit mit meiner Frau. Bis auf das eine Mal, als sie mit auf's Hochzeitsfoto wollte.“
(Bayern Stürmer Mehmet Scholl über Alltagsprobleme)

„Da hilft nur eins: Bein aufsägen und Jahresringe zählen.“
(Ex-Trainer Otto Pfister auf die Frage, wie alt Anthony Yeboah wirklich sei)

„Früher war ich ein großer Fan von Mönchengladbach. Doch da hatte ich noch keine Ahnung vom Fußball.“
(Kaiserslauterns Marco Reich über Jugendsünden)

„Sylvester Stallone und Arnold Schwarzenegger in der Abwehr, Bruce Willis im Mittelfeld und Jean Claude van Damme im Sturm.“
(Mönchengladbachs Coach Rainer Bonhof auf die Frage, wie er die vielen verletzten Spieler ersetzen wolle)

„Ich habe fertig!“

Giovanni Trapattonis legendäre Rede anlässlich einer weniger überzeugenden Vorstellung seines FC Bayern München

„Es gibt im Moment in diese Mannschaft, oh, einige Spieler vergessen ihren Profi was sie sind. Ich lese nicht sehr viele Zeitungen, aber ich habe gehört viele Situationen. Wir haben nicht offensiv gespielt. Es gibt keine deutsche Mannschaft spielt offensiv und die Namen offensiv wie Bayern. Letzte Spiel hatten wir in Platz drei Spitzen: Elber, Jancker und dann Zickler. Wir mussen nicht vergessen Zickler. Zickler ist eine Spitzen mehr, Mehmet mehr Basler.
Ist klar diese Wörter, ist möglich verstehen, was ich hab' gesagt? Danke. Offensiv, offensiv ist wie machen in Platz. Ich habe erklärt mit diese zwei Spieler: Nach Dortmund brauchen vielleicht Halbzeit Pause. Ich habe auch andere Mannschaften gesehen in Europa nach diese Mittwoch. Ich habe gesehen auch zwei Tage die Training.
Ein Trainer ist nicht ein Idiot! Ein Trainer sehen was passieren in Platz. In diese Spiel es waren zwei, drei oder vier Spieler, die waren schwach wie eine Flasche leer!
Haben Sie gesehen Mittwoch, welche Mannschaft hat gespielt Mittwoch? Hat gespielt Mehmet, oder gespielt Basler, oder gespielt Trapattoni? Diese Spieler beklagen mehr als sie spielen! Wissen Sie, warum die Italien-Mannschaften kaufen nicht diese Spieler? Weil wir haben gesehen viele Male solche Spiel. Haben gesagt, sind nicht Spieler für die italienische Meisters.
Strunz! Strunz ist zwei Jahre hier, hat gespielt zehn Spiele, ist immer verletzt. Was erlauben Strunz?! Letzte Jahre Meister geworden mit Hamann, eh …, Nerlinger. Diese Spieler waren Spieler und waren Meister geworden. Ist immer verletzt! Hat gespielt 25 Spiele in diese Mannschaft, in diese Verein. Muss respektieren die andere Kollegen!
Haben viele Kollegen, stellen sie die Kollegen in Frage! Haben keine Mut an Worten, aber ich weiß, was denken über diese Spieler. Mussen zeigen jetzt, ich will, Samstag, diese Spieler mussen zeigen mich, eh …, seine Fans, mussen alleine die Spiel gewinnen. Muss allein die Spiel gewinnen!
Ich bin müde jetzt Vater diese Spieler, eh …, verteidige immer diese Spieler. Ich habe immer die Schulde über diese Spieler. Einer ist Mario, einer, ein anderer ist Mehmet. Strunz dagegen, egal, hat nur gespielt 25 Prozent diese Spiel!
Ich habe fertig!“

„Wenn bei Auswärtsspielen keiner ruft: ‚Kirsten, du Arschloch', dann weiß ich genau, dass ich schlecht bin.“
(Leverkusens Angreifer Ulf Kirsten)

„Wenn ich den Martin Schneider weiter aufstelle, glauben die Leute am Ende wirklich noch, ich sei schwul.“
(Mönchengladbachs Trainer Friedel Rausch in der Zwickmühle)

Es war ein wunderschöner Augenblick, als der Bundestrainer sagte: „Komm Steffen, zieh deine Sachen aus, jetzt geht's los.“
(Bekenntnisse des Dortmunder Mittelfeldspieler Steffen Freund)

„Wir wollten ihn ja eigentlich umsonst haben, aber Prag wollte das nicht.“
(Dortmunds Trainer Matthias Sammer auf die Frage, ob 25 Millionen Mark für den tschechischen Mittelfeldspieler Tomasz Rosicky nicht zu viel seien)

„Ich halte nix von Sex vor dem Spiel, besonders weil ich mir das Zimmer mit Salou teile.“
(Frankfurts Norweger Jan Age Fjörtoft)

„Ich bleibe auf jeden Fall wahrscheinlich beim KSC.“
(Karlsruhes Sean Dundee 1996 zur eigenen Zukunft)

„Wenn wir ein Quiz machen würden unter den Trainern in Deutschland, wer am meisten Ahnung hat von Trainingslehre, Psychologie, und der Trainer mit den besten Ergebnissen kriegt den besten Klub – dann wäre ich bald bei Real Madrid.“
(Dampfplauderer Peter Neururer zu seinen Fähigkeiten)

„An die fünf lebenswichtigen Bausteine in Nutella.“
(Kölns Horst Heldt auf die Frage, woran er glaube)

„Ich versuche alles, aber Bierhoff, Preetz und Kirsten treffen einfach öfter.“
(Hamburgs Torhüter Hans-Jörg Butt im Bestreben, die Torjägerkanone zu ergattern – in der Saison 1999/2000 erzielt der Keeper neun Tore per Elfmeter.)

„Mein Problem ist, dass ich immer sehr selbstkritisch bin, sogar mir selbst gegenüber.“
(Eingeständnisse des Mittelfeldspielers Andreas Möller)

„Wir haben heute in Adrenalin gebadet.“
(Oliver Kahn in der Saison 2000/01 nach dem 6:2 gegen Dortmund)

„Wir lassen uns beide von unseren Frauen scheiden und ziehen zusammen.“
(Kölns Stürmer Toni Polster über sein Verhältnis zu Trainer Peter Neururer)

„Es ist einfacher, Tore zu schießen als den deutschen Führerschein zu machen.“
(Bremens Brasilianer Ailton)

„Hitlers Tagebuch. Das hat mich dann doch interessiert.“
(Stefan Effenberg auf die Frage, welches Werk der Weltliteratur ihn besonders geprägt habe)

Der Stolz der Ashanti

Anthony Yeboah wird als erster Afrikaner Kapitän einer Bundesligamannschaft und holt sich zum zweiten Mal die Torjägerkanone

Im Training nicht immer ein Weltmeister, aber auf dem Platz ein absoluter Star: Anthony Yeboah (links), hier bei einer Übungseinheit mit seinem Frankfurter Kollegen Maurizio Gaudino

Sein erster Kontakt mit dem harten Bundesligageschäft verlief wenig ermutigend. Anthony Yeboah, dieser Muskel bepackte Stürmer des ghanaischen Klubs Okwahu United Nkawkaw, hatte sich aufgemacht, um in Deutschland den Durchbruch zu schaffen und – was noch viel wichtiger war – eine Menge Geld zu verdienen. Borussia Dortmund sollte der Ort für die Erfüllung seiner Träume werden, doch nach einem Probetraining beim Ruhrpottklub fiel der Nationalspieler durch. Gedanklich schon wieder mit der Abreise nach Afrika beschäftigt, heuerte Yeboah schließlich im Sommer 1988 beim Zweitligisten 1. FC Saarbrücken an und gewann schnell einen Eindruck von dem Land, das ihm als Eldorado aller Fußballschaffenden verkauft worden war. „Wenn du Afrikaner bist, musst du doppelt so hart arbeiten und zweimal so gut sein wie deutsche Spieler.“ Harte Anforderungen für jemanden, der sein wahres Leistungspotenzial stets nur dann abrufen konnte, wenn er die Anerkennung seiner Kollegen oder die seines Trainers spürte. Deshalb dauerte es wohl auch eine Weile, bis Yeboah auch außerhalb des Saarlandes zu einem Begriff wurde. Gehandicapt durch eine Malaria-Erkrankung und mit sprachlichen Problemen behaftet, wusste der stämmige Mann aus Kumasi erst in seiner zweiten Saison beim FC Saarbrücken zu überzeugen. Nicht nur sich selbst und seine Anhänger, sondern auch die Macher von Eintracht Frankfurt, die Yeboah im Sommer 1990 für eine Ablöse von 1,2 Millionen Mark verpflichteten. Es sollte ihr rentabelster Transfer werden.

Mit seiner eleganten Spielweise, seinem harten Linksschuss und seiner geschmeidigen Ballbehandlung gewann der 36-malige Nationalspieler die Herzen der Hessen im Nu. Zum absoluten Star wurde der ghanaische Volksheld vom Stamm der Ashanti aber erst in der Spielzeit 1993/94. Die Torjägerkanone hatte er sich zwar schon in der vorangegangenen Saison gesichert, doch der Mythos Yeboah, der in einem eigenen Fanklub gipfelte („Die Zeugen Yeboahs“), wurde erst in den Monaten nach der Auszeichnung geboren. Entscheidenden Anteil daran besaß ein Mann, der sich schnell als neuer Lautsprecher der Liga verdingen sollte. Klaus Toppmöller hatte vor der Saison das Traineramt in Frankfurt übernommen und ob seines hochkarätigen Stürmers nicht nur die Meisterschaft als Ziel proklamiert, sondern auch den Bruch eines Uralt-Rekordes angekündigt. Yeboah werde, so ließ Toppmöller wissen, die Bestmarke von Gerd Müller brechen. Der Münchner Stürmer hatte in der Saison 1971/72 unglaubliche 40 Tore erzielt und damit Maßstäbe für die Ewigkeit gesetzt.

Anfangs wurde Toppmöller ob seiner vollmundigen Aussage belächelt, doch als Yeboah nach sieben Spielen bereits neun Treffer erzielt hatte, verstummten die Kritiker zunehmend. Allerdings zog sich Yeboah zwei Wochen nach seinem Galaauftritt gegen Freiburg, bei dem der spätere Spielführer der Eintracht drei Tore erzielt hatte, einen Innenbandriss im Knie zu. Fünf Monate lang fiel er aus – und damit auch der Rekord. Dass der Stürmer dennoch in der Rückrunde an seine alte Leistungsstärke anknüpfen konnte und sich zusammen mit Kaiserslauterns Stefan Kuntz (beide 18 Treffer) die Torjägerkanone holte, fassten viele am Riederwald wie ein Wunder auf. Sogar der sonst nicht ge-

rade zum Pathos neigende *Spiegel* stimmte ein in den Jubelgesang auf den Stürmer und nannte Yeboah einen „kämpferischen Bürgerrechtler“.
Der damals 28-Jährige sah seine Rolle als Farbiger in einer fremden Kultur sehr viel differenzierter. „Wäre ich kein Star, müsste ich mich auch verprügeln lassen. Ich möchte nicht in Deutschland um Asyl bitten“, sagte Yeboah. Fünf Monate später war er fort. Nach einem Streit mit dem neuen Eintracht-Trainer Jupp Heynckes wechselte der in seinem Stolz gekränkte Angreifer nach England zu Leeds United.

Jens Bierschwale

Expedition ins Trainerreich

Mit einem Tarzanschrei begleitete der Kapitän den tragenden Moment. Durch einen Dschungel hatte Matthäus seine Mitstreiter taumelnd ins Ziel geführt, gerade mal einen Punkt dem 1. FC Kaiserslautern voraus. Vier Jahre musste sich der FC Bayern zur 13. Meisterschaft durchschlagen, „eine sehr lange Zeit für ei-

Süddeutsche Zeitung

nen Verein mit unseren Ansprüchen“, stellte Karl-Heinz Rummenigge, Vizepräsident der Münchner, fest. Klubpräsident Fritz Scherer präzisierte zu mitternächtlicher Stunde den Charakter der Expedition: „Dieser Titel hatte es in sich. Wir haben auf dem Weg vier Trainer verschlissen. Pardon – vier Trainer gebraucht, und dabei 50 bis 60 Spieler eingesetzt.“

Die Süddeutsche Zeitung am 09.05.1994

Nein, kein Unfall, nur die Feier mit dem Hauptsponsor. Trainer Franz Beckenbauer, Lothar Matthäus, Alexander Zickler, Michael Sternkopf, Oliver Kreuzer (vorne, v. li.), Olaf Thon, Manager Uli Hoeneß, Bruno Labbadia, Jorginho, Dieter Frey, Klaus Augenthaler, Raimond Aumann, Adolfo Valencia, Christian Ziege, Jan Wouters, Thomas Helmer, Sven Scheuer, Mehmet Scholl, Mannschaftsarzt Dr. Hans-Wilhelm Müller-Wohlfahrt, Marcel Witeczek, Christian Nerlinger, Uwe Gospodarek, Markus Schupp und Dietmar Hamann (hinten, v. li.)

Phantomtor mit Folgen

Abschlusstabelle									Heim-Bilanz					Auswärts-Bilanz				
	Mannschaft	Sp	g.	u.	v.	Tore	Diff.	Punkte	g.	u.	v.	Tore	Punkte	g.	u.	v.	Tore	Punkte
1	Bayern München	34	17	10	7	68:37	+31	44:24	13	3	1	44:10	29:5	4	7	6	24:27	15:19
2	1. FC Kaiserslautern	34	18	7	9	64:36	+28	43:25	12	4	1	38:10	28:6	6	3	8	26:26	15:19
3	Bayer 04 Leverkusen	34	14	11	9	60:47	+13	39:29	10	5	2	36:20	25:9	4	6	7	24:27	14:20
4	Borussia Dortmund	34	15	9	10	49:45	+4	39:29	13	2	2	35:15	28:6	2	7	8	14:30	11:23
5	Eintracht Frankfurt	34	15	8	11	57:41	+16	38:30	8	5	4	29:22	21:13	7	3	7	28:19	17:17
6	Karlsruher SC	34	14	10	10	46:43	+3	38:30	11	5	1	29:13	27:7	3	5	9	17:30	11:23
7	VfB Stuttgart	34	13	11	10	51:43	+8	37:31	8	6	3	31:16	22:12	5	5	7	20:27	15:19
8	Werder Bremen	34	13	10	11	51:44	+7	36:32	10	2	5	31:21	22:12	3	8	6	20:23	14:20
9	MSV Duisburg	34	14	8	12	41:52	-11	36:32	7	6	4	21:23	20:14	7	2	8	20:29	16:18
10	Borussia Mönchengladbach	34	14	7	13	65:59	+6	35:33	9	5	3	38:25	23:11	5	2	10	27:34	12:22
11	1. FC Köln	34	14	6	14	49:51	-2	34:34	9	2	6	25:22	20:14	5	4	8	24:29	14:20
12	Hamburger SV	34	13	8	13	48:52	-4	34:34	7	5	5	31:24	19:15	6	3	8	17:28	15:19
13	1. FC Dynamo Dresden	34	10	14	10	33:44	-11	34:34	7	7	3	20:16	21:13	3	7	7	13:28	13:21
14	FC Schalke 04	34	10	9	15	38:50	-12	29:39	7	4	6	23:20	18:16	3	5	9	15:30	11:23
15	SC Freiburg	34	10	8	16	54:57	-3	28:40	6	4	7	29:27	16:18	4	4	9	25:30	12:22
16	1. FC Nürnberg	34	10	8	16	41:55	-14	28:40	7	4	6	25:20	18:16	3	4	10	16:35	10:24
17	SG Wattenscheid 09	34	6	11	17	48:70	-22	23:45	6	5	6	31:27	17:17	0	6	11	17:43	6:28
18	VfB Leipzig	34	3	11	20	32:69	-37	17:51	2	9	6	20:28	13:21	1	2	14	12:41	4:30

Es war ein Tag der Unentschieden, als Bayern München die Spitze erklomm. Lange hatten sie sich Zeit gelassen, die Münchner, hatten die Bemühungen der Lauterer beobachtet, sich im Schatten des Herbstmeisters Frankfurt auf die Lauer gelegt und zwischendurch sogar den Trainer gewechselt (Franz Beckenbauer für Erich Ribbeck). Doch als die Chance da war, endlich nach vorn zu preschen, schlugen die Spieler des Rekordmeisters zu. Das Opfer diesmal: der MSV Duisburg. An jenem 23. Spieltag war der mausgraue Klub aus dem Ruhrgebiet überraschend als Tabellenführer nach München gereist, um binnen 90 Minuten im Olympiastadion die wahre Vorherrschaft anerkennen zu müssen. Mit 4:0 wurde der MSV nach Hause geschickt – ein Schock, der lange nachwirkte: Am Ende wurden die Duisburger nur Neunter. Die Bayern hingegen gaben die Tabellenführung nach diesem 23. Spieltag, an dem sechs von neun Spielen remis endeten, nicht mehr ab.
Auf ihrem Erfolgsweg blieb ein Sieg unvergessen: das 2:1 gegen den 1. FC Nürnberg mit dem Phantomtor von Thomas Helmer. Der Nationalspieler, als eloquenter Interviewpartner so etwas wie das gute Gewissen der Bayern, hatte nach einer Ecke den Ball aus dem Gewühl heraus mit der Hacke neben das Tor befördert. Alle hatten es so gesehen, nur einer nicht: Schiedsrichter Hans-Joachim Osmers. Der Unparteiische entschied auf Tor und trat eine Lawine los. Nach einem Protest der Nürnberger musste das Spiel schließlich wiederholt werden, die Bayern siegten 5:0. Nur vier Tage später musste Nürnberg nach einer weiteren Schlappe (1:4 in Dortmund) den Gang in die Zweite Liga antreten. Kurios dabei: Der SC Freiburg entging dem schon sicher geglaubten Abstieg noch durch drei Siege in Serie.

Torjäger			
1.	Anthony Yeboah	Eintracht Frankfurt	18
	Stefan Kuntz	1. FC Kaiserslautern	18
3.	S. Chapuisat	Borussia Dortmund	17
	Toni Polster	1. FC Köln	17
	Paulo Sergio	Bayer Leverkusen	17
6.	T. von Heesen	Hamburger SV	15
7.	Karsten Bäron	Hamburger SV	13
	Ulf Kirsten	Bayer Leverkusen	13
	Peter Közle	MSV Duisburg	13
	Marek Lesniak	SG Wattenscheid 09	13

Selten gaben sich die Fans des SC Freiburg melodischer als nach jenem 10. Juni 1995. Immer wieder sangen sie das Lied, das sie ihrem argentinischen Spielmacher gewidmet hatten und dessen Intonierung an „Eviva Espana" von Hanna Aroni & Inca Marina angelehnt war. „Die Sonne scheint bei Tag und Nacht, Rodooolfo Caaardoso", dröhnte es an diesem lauen Sommerabend aus zigtausend Kehlen. Und auch die, die sonst immer nur das antiquierte „Badenerlied" angestimmt hatten, sangen plötzlich mit. Die Wandlung vom provinziellen Klub aus dem Breisgau hin zum Vorzeigeverein der Liga war nun auch auf den Rängen des Dreisamstadions vollzogen.

Begehrte Anti-Helden: Freiburgs Andreas Zeyer (vorn) und Uwe Spies lassen sich von den Anhängern feiern. Grund dazu gab es freilich genug: Der SC lehrte die Großen der Liga das Fürchten

Die Breisgau-Brasilianer

Vom Fast-Absteiger zum Titelkandidaten: Der SC Freiburg spielt sich mit attraktivem Fußball in den Uefa-Cup und wird zum Vorbild der kleinen Klubs

Die Spieler des SC hatten ihren Beitrag dazu längst geleistet und an diesem historischen Juni-Tag den Einzug in den Uefa-Cup perfekt gemacht. Ein Erfolg, den einige angesichts des Minimalbudgets gar nicht hoch genug bewerten wollten. Weil der SC ein Jahr zuvor noch fast abgestiegen wäre und nun binnen weniger Monate zum ernst zu nehmenden Meisterschaftsaspiranten mutiert war, sprachen viele Anhänger ehrfurchtsvoll nur noch vom „Freiburger Modell" – und von dessen Vater: Volker Finke. Das fortgesetzte Understatement des charismatischen Übungsleiters mag einer der Gründe dafür gewesen sein, warum keiner seiner Spieler trotz des sportlichen Höhenflugs im Verlauf der Saison abgehoben war. Dabei hätten einige des Ball tretenden Personals durchaus allen Anlass dazu gehabt, bei der attraktiven Spielweise die Bodenhaftung zu verlieren. Wie etwa der überragende Cardoso, der in 30 Spielen 16 Mal traf und Garant des beeindruckenden Kurzpassspiels wurde, das in der Liga seinesgleichen suchte. Doch das Freiburger Modell, dessen Grundannahme darin bestand, dass ein funktionierendes Kollektiv allemal besser ist als eine Mannschaft mit einigen, wenigen herausragenden Diven, erlaubte es eh nicht, übermäßigem Starkult zu frönen. Ein Lied auf den besten Spieler im Kader war da schon das höchste der badischen Gefühle.
Gerade deshalb passte es Trainer Finke auch nicht, dass die Boulevard-Medien immer wieder den Vergleich zum führenden Fußball-Volk zogen und Cardoso und Co. laufend als „Breisgau-Brasilianer" bezeichneten. Und auch die Aussage seines Stürmers Uwe Spies, Freiburg sei das Schlaraffenland der Bundesliga, hat ihm wohl nicht unbedingt gefallen. Schließlich, so hat es Finke stets verkauft, basiere der jähe Erfolg doch immer noch auf harter Arbeit und viel Engagement weit über die Betreuung der Erstligamannschaft hinaus. „Wenn unsere C-Jugend neue Tore braucht, bin ich es, der die Kataloge besorgt und die günstigsten Anbieter raussucht", sagte Finke fast ein bisschen vorwurfsvoll.
Gefallen hat ihm die Rolle als „Mädchen für alles" dennoch. Schließlich hatte er mit seinem FC „ein kleines Gegenmodell zum Establishment des Profifußballs" entworfen, wie die *Süddeutsche Zeitung* anerkennend feststellte.
Nun, in jener Saison 1994/95, durfte er die Früchte seiner Arbeit, die vier Jahre zuvor in Freiburg begonnen hatte, auch endlich ernten. Nicht nur der dritte Platz am Ende der Spielzeit

durfte als Erfolg gewertet werden. Auch der Umstand, dass etwa der bis dato weitgehend unbekannte Jens Todt unter Finke zum Nationalspieler wurde oder Oberligaspieler Jörg Heinrich bereits in seiner ersten Saison einen wichtigen Platz im Team einnahm, wertete der Coach still und heimlich als eigenen Triumph. Wie schnell indes Erfolg und Misserfolg beisammen liegen, musste Finke nur wenige Wochen später erkennen. Im Uefa-Pokal flog Freiburg gegen Slavia Prag raus, und in der Liga stand der Klub zur Winterpause auf dem drittletzten Platz. Dumm nur, dass die Fans noch nicht einmal im stimmungsvollen Cardoso-Song Trost finden konnten. Der Spielmacher war noch vor der Saison nach Bremen gewechselt. Und fast schien es so, als hätte er die Sonne gleich mitgenommen.

Jens Bierschwale

Rekord in der Liga

Die Euphorie um die Fußball-Bundesliga hat für einen Zuschauerrekord gesorgt. Erstmals in der 32jährigen Liga-Geschichte gab es mehr als neun Millionen Besucher: 9.046.953 in 306 Spielen. Die durchschnittliche Zahl von 29.565 Fans übertrifft den im vorigen Jahr aufgestellten Rekord für die Liga mit 18 Vereinen um 2748 Zuschauer – eine Steigerung von 10,2 Prozent.
Bei 87 Partien (28,4 Prozent aller Spiele) war das Stadion ausverkauft.
Der Sport-Informations-dienst am 18.06.1995

Meisterbankett im Sportstudio: Trainer Ottmar Hitzfeld, Michael Zorc, Ibrahim Tanko, Marc Arnold, Wolfgang de Beer, Flemming Povlsen, Ned Zelic, Stéphane Chapuisat, Bodo Schmidt, Lars Ricken, Stefan Reuter, Knut Reinhardt, Günter Kutowski, Martin Kree, Harald Schumacher, Andreas Möller, Zeugwart Hartmut Wiegand (von links)

Schützenhilfe aus München

Abschlusstabelle									Heim-Bilanz					Auswärts-Bilanz				
	Mannschaft	Sp	g.	u.	v.	Tore	Diff.	Punkte	g.	u.	v.	Tore	Punkte	g.	u.	v.	Tore	Punkte
1	Borussia Dortmund	34	20	9	5	67:33	+34	49:19	13	3	1	35:13	29:5	7	6	4	32:20	20:14
2	Werder Bremen	34	20	8	6	70:39	+31	48:20	13	3	1	44:16	29:5	7	5	5	26:23	19:15
3	SC Freiburg	34	20	6	8	66:44	+22	46:22	11	4	2	38:15	26:8	9	2	6	28:29	20:14
4	1. FC Kaiserslautern	34	17	12	5	58:41	+17	46:22	10	7	0	32:16	27:7	7	5	5	26:25	19:15
5	Borussia Mönchengladbach	34	17	9	8	66:41	+25	43:25	10	5	2	37:16	25:9	7	4	6	29:25	18:16
6	Bayern München	34	15	13	6	55:41	+14	43:25	9	7	1	32:19	25:9	6	6	5	23:22	18:16
7	Bayer 04 Leverkusen	34	13	10	11	62:51	+11	36:32	7	5	5	31:23	19:15	6	5	6	31:28	17:17
8	Karlsruher SC	34	11	14	9	51:47	+4	36:32	8	7	2	38:26	23:11	3	7	7	13:21	13:21
9	Eintracht Frankfurt	34	12	9	13	41:49	-8	33:35	10	3	4	28:18	23:11	2	6	9	13:31	10:24
10	1. FC Köln	34	11	10	13	54:54	0	32:36	8	3	6	31:28	19:15	3	7	7	23:26	13:21
11	FC Schalke 04	34	10	11	13	48:54	-6	31:37	7	6	4	28:18	20:14	3	5	9	20:36	11:23
12	VfB Stuttgart	34	10	10	14	52:66	-14	30:38	8	6	3	36:26	22:12	2	4	11	16:40	8:26
13	Hamburger SV	34	10	9	15	43:50	-7	29:39	7	4	6	24:21	18:16	3	5	9	19:29	11:23
14	TSV 1860 München	34	8	11	15	41:57	-16	27:41	7	4	6	26:23	18:16	1	7	9	15:34	9:25
15	KFC Uerdingen 05	34	7	11	16	37:52	-15	25:43	5	7	5	23:22	17:17	2	4	11	14:30	8:26
16	VfL Bochum	34	9	4	21	43:67	-24	22:46	6	2	9	21:23	14:20	3	2	12	22:44	8:26
17	MSV Duisburg	34	6	8	20	31:64	-33	20:48	5	4	8	19:29	14:20	1	4	12	12:35	6:28
18	1. FC Dynamo Dresden	34	4	8	22	33:68	-35	16:52	3	6	8	17:26	12:22	1	2	14	16:42	4:30

Es war ein klares Signal, das die Dortmunder Borussia da bereits am ersten Spieltag abgab. 4:0 besiegte der Klub von Trainer Ottmar Hitzfeld die völlig überforderten Löwen von 1860 München und übernahm die Tabellenführung. Für die Dortmunder und ihren weiteren Werdegang war es ein gutes Omen, schließlich stand am Ende der Saison die erste Meisterschaft nach 32 langen Jahren des Wartens.
Allerdings wurde das Titelrennen erst am letzten Spieltag entschieden, und ausgerechnet der Erzrivale aus dem Süden leistete den Dortmundern entscheidende Schützenhilfe. Bayern München sorgte mit einem 3:1-Sieg über Werder Bremen dafür, dass die Schwarz-Gelben mit der letzten Möglichkeit noch an den Hanseaten vorbeiziehen konnten. Umjubelte Helden in Dortmund: Andreas Möller und Lars Ricken. Die beiden Strategen, abwechselnd mit dem Spielaufbau der Dortmunder beauftragt, schossen die Tore zum 2:0-Erfolg gegen den Hamburger SV.
Enttäuschend verlief die Saison dagegen für Dynamo Dresden. Der einzige Verein aus den neuen Bundesländern stieg mit nur vier Siegen aus 34 Spielen ab und läutete damit unweigerlich den eigenen Niedergang ein. Nach dem Lizenzentzug durch den Deutschen Fußball-Bund, der kurz darauf erfolgte, musste der Traditionsverein der verblichenen DDR gar in der Regionalliga einen Neuanfang starten. 1860 München dagegen – am ersten Spieltag noch willkommenes Opfer des neuen Meisters aus Dortmund – zog den Kopf noch aus der Schlinge. Trotz des miesen Starts von 1:11 Punkten nach sechs Spielen ergatterte der Aufsteiger mit seinem bisweilen recht eigenwilligen Übungsleiter Werner Lorant am Ende einen respektablen 14. Tabellenplatz.

Torjäger			
1.	Mario Basler	Werder Bremen	20
	Heiko Herrlich	Borussia M'gladbach	20
3.	Toni Polster	1. FC Köln	17
4.	Rodolfo Cardoso	SC Freiburg	16
	Pavel Kuka	1. FC Kaiserslautern	16
	Rudi Völler	Bayer Leverkusen	16
7.	Ulf Kirsten	Bayer Leverkusen	15
	Michael Zorc	Borussia Dortmund	15
9.	Marco Bode	Werder Bremen	14
	Stefan Kuntz	1. FC Kaiserslautern	14

DER SPIEGEL

Kulturwandel

Der Einstieg des DFB und seiner Eliteklasse ins Merchandising-Zeitalter markiert einen vorläufigen Höhepunkt im Kulturwandel des Fußballs. Geblendet von den Wachstumschancen der Vermarktung, wird gemeinschaftlich übersehen, dass vorigen Samstag eine sportlich höchst enttäuschende Saison zu Ende gegangen ist. (...) Jeder schlug jeden, alles war möglich, nichts blieb haften: Alle drei Aufsteiger schafften vorzeitig den Klassenerhalt, die Überraschung wurde zum Standard. Die Bundesliga hat ihre althergebrachte Struktur verloren: Der Betzenberg ist keine unüberwindliche Festung mehr, Erfolgstrainer Rehhagel wird als Coach des Tabellenzweiten gefeuert und hernach als ein Auslaufmodell geoutet, das von der Fußball-Lehre keinen Schimmer habe. Weil in der Beliebigkeit der Ereignisse keine Grundwerte mehr auszumachen sind, muss stets ein neuer Name in den medialen Orbit geschossen werden. Heute ist Bobic der Held, gestern Polster, morgen Zickler. Und übermorgen ist Bobic mega-out – nichts ist von Dauer.

Der Spiegel am 20.05.1996

Der blonde Tiger vom Bökelberg

Stefan Effenberg führt Borussia Mönchengladbach auf Platz vier und sorgt auch außerhalb des Spielfeldes für Emotionen

Früher konnte man über Fußballer noch eine ganze Menge erfahren. Etwa, dass Horst Hrubesch als liebstes Hobby schon mal dem Angeln frönt oder Wolfgang Dremmler für sein Leben gern Erbsensuppe isst. Ein Süßigkeitenhersteller hat uns all diese Geheimnisse verraten, wenn er zu kontinentalen oder globalen Titelkämpfen kleine Sammelalben der deutschen Nationalmannschaft herausbrachte. Später dann haben die Infos zu den Kickern drastisch abgenommen, lediglich ausgewiesene Statistik-Freunde kamen bei der Zahl genannter Länderspiele und -tore in den Almanachs noch zu ihrem Genuss. All die anderen aber wurden enttäuscht, weil ihren Heroen trotz der Hochglanz-Klebebildchen ein wenig Glamour genommen wurde.

So konnten sie auch nicht erfahren, weshalb Stefan Effenberg selbst außerhalb des Spielfeldes Spaß daran hatte, stets Krawall zu erzeugen – egal, wo er auftauchte. Dabei wäre ein kleiner Hinweis im Sammelalbum unter der Rubrik Hobby doch ganz hilfreich gewesen. Bei Effenberg hätte dort vermutlich „Egomanie“ gestanden, und alle Fans hätten gleich gewusst, warum dieser geniale Spielmacher ganz gern mal im Mittelpunkt steht. So aber haben seine Anhänger lange gerätselt, nicht nur in jener Saison 1995/96, in der Effenberg seine Mönchengladbacher Borussia auf Platz vier der Liga führte, der Öffentlichkeit aber vor allem deshalb im Gedächtnis blieb, weil er einen Tigerkopf in seine Haarpracht einrasieren ließ. Eine Aktion, die Aufmerksamkeit erzeugte und Effenbergs Selbstverständnis dokumentierte, schließlich sah der Blondschopf viele Gemeinsamkeiten zwischen seiner Person und dem Raubtier. „Der Tiger ist ein starkes und dominantes Lebewesen“, sagte er, „das gefällt mir und passt zu mir.“

Seine Mitspieler hatten sich damals schon längst daran gewöhnt, dass Effenberg innerhalb des Kaders eine exponierte Stellung einnahm. Schließlich hatte er ja schon eine ganze Menge erlebt, bevor er ein zweites Mal an den Bökelberg gekommen war; hatte bei Bayern München gespielt und in Italien beim AC Florenz; war von einer Weltmeisterschaft wieder nach Hause geschickt worden, weil er dem Publikum seinen Unmut via internationalem Handzeichen mitgeteilt hatte. So einen, dachte sich die Borussia seinerzeit, könne man doch gut gebrauchen, weil er polarisiert und eine Mannschaft wachrütteln kann.

Eine Rolle, die Effenberg vor allem in dieser Saison in Mönchengladbach verkörperte. In einem Ensemble, das weitgehend vom Glanz befreit war und in dem solch biedere Fußballer wie Jörg Neun oder Michael Klinkert

Ein Mann, der die Massen polarisiert: Stefan Effenberg (rechts), hier im Zwiegespräch mit Schiedsrichter Hans-Jürgen Kasper

mitwirken durften, stellte der gebürtige Hamburger mit dem losen Mundwerk einen willkommenen Gegenpool dar. Sportlich war sein Wert für das Kollektiv unbestritten, schließlich verband Effenberg mit seiner Dynamik, seiner Zweikampfstärke, den feinen Pässen (selbst unter Bedrängnis) sowie seiner Torgefährlichkeit Eigenschaften in einer Person, wie sie nur selten zu finden waren. Da verzieh man ihm selbst manchen Fehltritt neben dem Spielfeld.
Sieben Tore erzielte der Mittelfeldspieler in der Saison 1995/96, vielleicht seiner besten in insgesamt sieben Jahren Mönchengladbach. Anders als zuvor in München betrachteten die Fans Effenberg hier als einen Revoluzzer, als jemanden, der sich selbst für den Verein opfern würde. Doch meistens dienten die öffentlichkeitswirksamen Auftritte des Chefstrategen nur dem eigenen Drang nach medialer Aufmerksamkeit. So etwa auch der Ausflug in die Pfarrkirche Sankt Franziskus in Mönchengladbach-Rheydt, wo Effenberg im November als Laienprediger auf der Kanzel stand. Viel zu sagen hatte er nicht, aber seine Anhänger liebten ihn trotzdem dafür. „Wenn ich einmal aufhöre, dann sollen die Leute, egal, ob sie mich mögen oder nicht, mit meinem Namen etwas verbinden können", hatte Effenberg schon vorher wissen lassen. „Ich möchte nicht als Unbekannter abtreten." Zumindest in Mönchengladbach gelang ihm dies. Die Anhänger des niederrheinischen Vereins wählten Effenberg in die Jahrhundert-Elf.

Jens Bierschwale

Meister: Borussia Dortmund

Schwarz-gelber Jubel: Thomas Franck, Wolfgang de Beer, Stefan Klos, Günter Kutowski, Stefan Reuter, Carsten Wolters, Karlheinz Riedle, René Tretschok, Stéphane Chapuisat, Michael Zorc, Bodo Schmidt, Ibrahim Tanko, Ruben Sosa, Andreas Möller, Lars Müller, Patrik Berger, Martin Kree, Heiko Herrlich, Zeugwart Hartmut Wiegand, Knut Reinhardt, Matthias Sammer, Lars Ricken, Co-Trainer Michael Henke, Julio Cesar, Steffen Freund, Jürgen Kohler, Jörg Heinrich (v. unten nach oben, v. li.) umringt von Torwart-Trainer Harald Schumacher, Manager Michael Meier, Präsident Dr. Gerd Niebaum und Coach Ottmar Hitzfeld

Spätes Erwachen des Titelträgers

Abschlusstabelle									Heim-Bilanz					Auswärts-Bilanz				
	Mannschaft	Sp	g.	u.	v.	Tore	Diff.	Punkte	g.	u.	v.	Tore	Punkte	g.	u.	v.	Tore	Punkte
1	Borussia Dortmund	34	19	11	4	76:38	+38	68	12	4	1	45:14	40	7	7	3	31:24	28
2	Bayern München	34	19	5	10	66:46	+20	62	11	3	3	35:20	36	8	2	7	31:26	26
3	FC Schalke 04	34	14	14	6	45:36	+9	56	8	7	2	28:16	31	6	7	4	17:20	25
4	Borussia Mönchengladbach	34	15	8	11	52:51	+1	53	8	5	4	29:22	29	7	3	7	23:29	24
5	Hamburger SV	34	12	14	8	52:47	+5	50	7	10	0	29:15	31	5	4	8	23:32	19
6	Hansa Rostock	34	13	10	11	47:43	+4	49	7	5	5	23:19	26	6	5	6	24:24	23
7	Karlsruher SC	34	12	12	10	53:47	+6	48	6	6	5	28:23	24	6	6	5	25:24	24
8	TSV 1860 München	34	11	12	11	52:46	+6	45	8	7	2	31:15	31	3	5	9	21:31	14
9	Werder Bremen	34	10	14	10	39:42	-3	44	7	6	4	22:19	27	3	8	6	17:23	17
10	VfB Stuttgart	34	10	13	11	59:62	-3	43	6	5	6	29:26	23	4	8	5	30:36	20
11	SC Freiburg	34	11	9	14	30:41	-11	42	7	4	6	17:18	25	4	5	8	13:23	17
12	1. FC Köln	34	9	13	12	33:35	-2	40	5	7	5	18:14	22	4	6	7	15:21	18
13	Fortuna Düsseldorf	34	8	16	10	40:47	-7	40	6	8	3	24:19	26	2	8	7	16:28	14
14	Bayer 04 Leverkusen	34	8	14	12	37:38	-1	38	4	8	5	16:15	20	4	6	7	21:23	18
15	FC St. Pauli	34	9	11	14	43:51	-8	38	6	4	7	24:28	22	3	7	7	19:23	16
16	1. FC Kaiserslautern	34	6	18	10	31:37	-6	36	4	9	4	19:16	21	2	9	6	12:21	15
17	Eintracht Frankfurt	34	7	11	16	43:68	-25	32	7	4	6	29:28	25	0	7	10	14:40	7
18	KFC Uerdingen 05	34	5	11	18	33:56	-23	26	4	6	7	26:32	18	1	5	11	7:24	8

Die ultimative Kampfansage erfolgte am achten Spieltag. Sieben Punkte Rückstand auf die Tabellenspitze hatte Meister Borussia Dortmund bereits in der noch jungen Saison – für den Titelverteidiger eine riesengroße Hypothek. Da traf es sich gut, dass Primus Bayern München zum Gastspiel ins Westfalenstadion reiste und sich die Dortmunder in dieser Partie den Frust von der Seele schießen konnten. 3:1 hieß es am Ende; der BVB hatte dem Konkurrenten nicht nur die erste Niederlage zugefügt, sondern auch gleichzeitig die eigene Position im Titelrennen entscheidend verbessert. Die Bayern gerieten anschließend aus dem Tritt, verspielten ihre souveräne Führung und mussten bereits zum Ende der Hinrunde die Vorherrschaft der Dortmunder anerkennen. Und obwohl sich die Münchner redlich mühten, gelang es ihnen in der Rückserie nicht mehr, den BVB vom Thron zu stoßen. Ein Schuldiger wurde schnell gefunden: Trainer Otto Rehhagel musste noch vor dem Saisonfinale und den Uefa-Cup-Endspielen gehen.
Nicht minder interessant verlief der Kampf um die Teilnahme am internationalen Geschäft. Schalke wurde Dritter und schaffte das beste Saisonergebnis seit 19 Jahren. Borussia Mönchengladbach kam dank Tiger Effenberg auf Rang vier. Den letzten Uefa-Cup-Platz sicherte sich der HSV. Obwohl den Hanseaten erst am zehnten Spieltag der erste Saisonsieg gelang, sicherten sie sich am Ende Rang fünf. Im letzten Spiel besiegten sie Frankfurt mit 4:1, zweimaliger Torschütze: der 19-jährige Vertragsamateur Hasan Salihamidzic. Weniger zu lachen gab es für zwei andere Urgesteine der Liga: Kaiserslautern und Frankfurt stiegen erstmals ab. Unvergessen: Kaiserslauterns Andreas Brehme weinte nach dem 1:1 in Leverkusen und dem damit verbundenen Abstieg hemmungslos im Arm von Rudi Völler.

Torjäger			
1.	Fredi Bobic	VfB Stuttgart	17
2.	Sean Dundee	Karlsruher SC	16
	Giovane Elber	VfB Stuttgart	16
	Jürgen Klinsmann	Bayern München	16
5.	Martin Dahlin	Borussia M'gladbach	15
	Michael Zorc	Borussia Dortmund	15
7.	Olaf Bodden	1860 München	14
	Harald Spörl	Hamburger SV	14
9.	Mario Basler	Werder Bremen	11
	Stefan Beinlich	Hansa Rostock	11

Das Jahr der grauen Maus

Abstiegskandidat VfL Bochum zieht mit attraktivem Fußball in den Uefa-Cup ein

Fliegender Spielmacher: Dariusz Wosz (li.) setzt sich energisch gegen Bayerns Christian Ziege ein

Klaus Toppmöller trug einen großen Makel mit sich herum: Er hatte das Image des Lautsprechers, des Sprücheklopfers („Bye, Bye, Bayern"), ja, des Windeis in seiner Zeit bei Eintracht Frankfurt so nachhaltig penetriert, dass es an ihm klebte wie Matsch an den Klamotten. Dann kam er zum VfL Bochum. Und dort, an der schmucklosen Castroper Straße, machte er seine persönliche Katharsis durch, den Reinigungsprozess, der ihn erst in die Untiefen der Zweiten Liga und schließlich in den Uefa-Cup führte.

Es war im November 1994. Und genau dort muss die Geschichte beginnen, die jene Saison 1996/1997 erzählt hat. Toppmöller war für den gefeuerten Jürgen Gelsdorf nach Bochum gekommen, den zweiten Abstieg der Bochumer konnte auch er nicht mehr verhindern. Doch der Mann von der Mosel hatte gelernt, betrieb ganz ruhig, aber nicht weniger konsequent einen kompletten Neuaufbau. Nach dem Abstieg sortierte der Trainer 13 Spieler aus, holte elf neue und schuf sich damit ein Team von seinen Gnaden. Und damit verließ er auch die stets gepflegte „Vereins-Philosophie des bergmännisch geprägten Rustikal-Fußwerks", wie die *Süddeutsche Zeitung* anerkennend bemerkte. Um es plakativ zu formulieren: Der VfL spielte plötzlich Fußball, er kämpfte ihn nicht mehr nur.

Schon zu Zweitliga-Zeiten ließ Toppmöller sein Team durchgängig mit einer Viererkette verteidigen. Zu einer Zeit, als zumindest in Liga zwei alle Klubs glaubten, außer dem AC Mailand beherrsche niemand dieses System. Da brillierte die ansonsten schnell lethargische „Zaubermaus" Dariusz Wosz, den der Trainer neben der Kapitänsbinde zudem mit allen Freiheiten ausstattete. Da gab Tomasz Waldoch den kompromisslosen Verteidiger, entwickelten sich selbst Spieler wie die als Problemfälle verschrieenen Peter Közle oder Thomas Stickroth zu tragenden Säulen.

So startete der VfL Bochum in die Bundesligasaison, legte mit Siegen gegen Duisburg und Karlsruhe sowie drei Unentschieden (u.a. bei den Bayern und Schalke 04) in den Startpartien einen grandiosen Auftakt hin. Erstmals seit 1988 schlugen sie im heimischen Stadion den großen Ruhr-Rivalen aus Dortmund (1:0). Und auch eine zwischenzeitliche Schwächephase mit fünf sieglosen Spielen in Serie (17. bis 21. Spieltag) verleitete den Coach nicht dazu, seine Abkehr von der Bochumer Dreifaltigkeit aus „Kämpfen, Rackern und Malochen" wieder rückgängig zu machen. Die Elf spielte ungerührt weiter, war in der gesamten Saison nie schlechter als Platz neun platziert. Am 24. Mai 1997 war es so weit: Der VfL demontierte den Absteiger FC St. Pauli, eines dieser vor der

Wandlung der Unabsteigbaren: Bochum qualifiziert sich für den Uefa-Cup – für die Fans derart kurios, dass sie das erfreuliche Ergebnis stolz im Stadion präsentieren

WAZ

Wie im Traum

Bochum war außer Rand und Band – kaum einer, der nicht die Formulierung wählte, „das ist alles wie ein Traum". Ist es auch. Vor einem Jahr erst in die Erstklassigkeit zurückgekehrt, hatte Trainer Toppmöller zunächst gemahnt, „ganz eng zusammen zu rücken". Der Kampf gegen den Abstieg war das vorrangige Ziel. Samstag in der Rückblende hat er keinen Zweifel daran gelassen, dass die Erkenntnis „Wir haben eine starke Mannschaft, die mit jedem Spitzenteam mithalten kann" schon recht früh gekommen sei.

Die WAZ am 26.05.1997

Spielzeit als hartnäckigen Konkurrenten um den Klassenerhalt eingestuften Teams, mit 6:0 und zog in den Uefa-Cup. Die Bochumer hatten erstmals (und bis heute einmalig) den Sprung ins internationale Geschäft geschafft. Geadelt wurde das Team auch von den eigenen Berufskollegen: Der VfL Bochum, urteilten die Bundesliga-Profis später per Umfrage, habe nach dem VfB Stuttgart den schönsten Fußball der Saison gespielt.
Für Toppmöller, bekennender Fan des Spielerischen, aber hatte die Rehabilitierung ihren Höhepunkt wohl erreicht, als Dariusz Wosz Nationalspieler wurde. Das war am 26. Februar 1997, beim Freundschaftsspiel in Israel. Deutschland gewann 1:0, Wosz schoss das einzige Tor. Ein Spieler des VfL Bochum mit dem Adler auf der Brust. Eine Rarität. Der letzte, der als Bochumer vom Bundestrainer in die Auswahl geholt worden war, hieß Franz-Josef Tenhagen, genau 20 Jahre zuvor. Sie nannten ihn Jupp. So spielte Tenhagen auch. Dass er nun mit Wosz, diesem gerade 1,68 Meter großen Mann, den der Trainer zwei Jahre zuvor noch als „typischen Ossi" geziehen hatte, weil „er nur unter dem Teppich herkroch", ins Epizentrum des deutschen Fußball geschleust hatte, dies erfüllte Toppmöller mit dem ihm eigenen Vaterstolz: „Er hat den aufrechten Gang gelernt", sagte er über seine Nummer „10". Als Bochumer, das durfte sich Toppmöller auf seine eigene Fahne schreiben, musste man sich nicht mehr verstecken.

Dirk Graalmann

Trainer Giovanni Trapattoni, Klaus Augenthaler, Alexander Zickler, Dietmar Hamann, Stefan Leitl, Thomas Helmer, Thomas Strunz, Sven Scheuer, Markus Babbel, Marcel Witeczek, Frank Gerster, Carsten Jancker, Christian Nerlinger, Christian Ziege, Bernd Dreher (hinten, von links), Frank Wiblishauser, Jürgen Klinsmann, Ruggiero Rizzitelli, Oliver Kahn, Mario Basler, Samuel Kuffour, Lothar Matthäus, Oliver Kreuzer, Markus Münch, Mehmet Scholl (vorne, v. li.)

Trainer gingen, Trainer kamen

Abschlusstabelle									Heim-Bilanz					Auswärts-Bilanz				
	Mannschaft	Sp	g.	u.	v.	Tore	Diff.	Punkte	g.	u.	v.	Tore	Punkte	g.	u.	v.	Tore	Punkte
1	Bayern München	34	20	11	3	68:34	+34	71	13	4	0	37:12	43	7	7	3	31:22	28
2	Bayer 04 Leverkusen	34	21	6	7	69:41	+28	69	15	1	1	47:13	46	6	5	6	22:28	23
3	Borussia Dortmund	34	19	6	9	63:41	+22	63	12	4	1	38:13	40	7	2	8	25:28	23
4	VfB Stuttgart	34	18	7	9	78:40	+38	61	12	2	3	46:17	38	6	5	6	32:23	23
5	VfL Bochum	34	14	11	9	54:51	+3	53	11	5	1	36:17	38	3	6	8	18:34	15
6	Karlsruher SC	34	13	10	11	55:44	+11	49	8	5	4	32:18	29	5	5	7	23:26	20
7	TSV 1860 München	34	13	10	11	56:56	0	49	9	3	5	34:25	30	4	7	6	22:31	19
8	Werder Bremen	34	14	6	14	53:52	+1	48	10	5	2	27:16	35	4	1	12	26:36	13
9	MSV Duisburg	34	12	9	13	44:49	-5	45	6	5	6	25:27	23	6	4	7	19:22	22
10	1. FC Köln	34	13	5	16	62:62	0	44	9	1	7	35:30	28	4	4	9	27:32	16
11	Borussia Mönchengladbach	34	12	7	15	46:48	-2	43	9	5	3	34:17	32	3	2	12	12:31	11
12	FC Schalke 04	34	11	10	13	35:40	-5	43	5	7	5	19:14	22	6	3	8	16:26	21
13	Hamburger SV	34	10	11	13	46:60	-14	41	8	4	5	28:28	28	2	7	8	18:32	13
14	Arminia Bielefeld	34	11	7	16	46:54	-8	40	7	2	8	23:22	23	4	5	8	23:32	17
15	Hansa Rostock	34	11	7	16	35:46	-11	40	6	4	7	20:20	22	5	3	9	15:26	18
16	Fortuna Düsseldorf	34	9	6	19	26:57	-31	33	5	5	7	17:25	20	4	1	12	9:32	13
17	SC Freiburg	34	8	5	21	43:67	-24	29	6	4	7	23:24	22	2	1	14	20:43	7
18	FC St. Pauli	34	7	6	21	32:69	-37	27	5	4	8	24:28	19	2	2	13	8:41	8

Christoph Daum kam zurück. Nach gut zwei Jahren bei Besiktas Istanbul nahm er auf der Bank von Bayer Leverkusen Platz und fegte zum Auftakt den Meister aus Dortmund mit 4:2 vom Feld. Am Ende aber vermasselte ihm ausgerechnet Ex-Klub 1. FC Köln den Triumph. Am vorletzten Spieltag verlor Daum beim FC mit 0:4, Toni Polster traf drei Mal, die Bayern waren zum 14. Mal Deutscher Meister.
Es war das Jahr der ungewöhnlichen Trainerwechsel: Vier Tage vor Saisonbeginn warf Rolf Fringer beim VfB Stuttgart hin, Co-Trainer Joachim Löw übernahm, kreierte das „magische Dreieck" um Balakov, Elber und Bobic und führte den VfB mit attraktivem Fußball auf Rang vier. Beim FC Schalke wurde Jörg Berger so lange vom Team, das er in den Europacup geführt hatte, gemobbt, bis er nach neun Spieltagen gefeuert und von Huub Stevens beerbt wurde. Der Niederländer war mit Roda Kerkrade in der ersten Runde des Uefa-Pokals an den Knappen gescheitert. Doch am Ende durfte Stevens trotz des enttäuschenden zwölften Platzes in der Liga jubeln: Schalke gewann den Uefa-Cup. Weniger Glück hatte Klaus-Peter Nemet, der vor dem 29. Spieltag das Traineramt von Uli Maslo beim FC St. Pauli übernahm. Es reichte nur zum Negativrekord. Nemets Bilanz in sechs Partien: Null Punkte, 1:18 Tore.
Für den größten Knalleffekt aber sorgte Jürgen Klinsmann. Frühzeitig gab der Stürmer, genervt von der Defensivtaktik seines Trainers Trapattoni, seinen Abschied aus München bekannt und wechselte zu Sampdoria Genua. Der Höhepunkt der Auseinandersetzung: Als Trapattoni den Nationalelf-Kapitän gegen Freiburg nach 80 Minuten gegen Amateur Carsten Lakies auswechselte, trat Klinsmann fluchend eine Werbetonne kaputt.

Torjäger

1.	Ulf Kirsten	Bayer Leverkusen	22
2.	Toni Polster	1. FC Köln	21
3.	Fredi Bobic	VfB Stuttgart	19
4.	Sean Dundee	Karlsruher SC	17
	Giovane Elber	VfB Stuttgart	17
	Paulo Sergio	Bayer Leverkusen	17
	Bernhard Winkler	1860 München	17
8.	Andreas Herzog	Werder Bremen	15
	Jürgen Klinsmann	Bayern München	15
10.	J. Akpoborie	Hansa Rostock	14

Ein Publikumsliebling am Ende: Kölns österreichischer Torjäger Toni Polster

Irgendwann geht man so ganz

Mit dem 1. FC Köln steigt der erste Meister der Bundesliga ab – ein Betriebsunfall, für den die Rheinländer vor allem zwei Übeltäter verantwortlich machen

Die wichtigste Entscheidung fällte Präsident Albert Caspers bereits Anfang Dezember auf der Jahreshauptversammlung. Unter Punkt „13. Verschiedenes" entschied der Klubpatron des 1. FC Köln: „Unsere traditionelle Karnevalsveranstaltung am 16. Februar findet ungeachtet des Notstandes statt." So schlimm kann es gar nicht kommen, als dass sich die Jecken das Feiern vermiesen lassen. Es kam noch schlimmer. Am Ende, am 9. Mai 1998, dröhnte nach dem 2:2 gegen Bayer Leverkusen ausgerechnet der Trude-Herr-Klassiker durchs Müngersdorfer Stadion: „Niemals geht man so ganz." Und eigentlich waren die Kölner ja auch gar nicht abgestiegen. Man hatte sie förmlich par ordre de mufti zwangsverwiesen. So sahen das die Fans und Verantwortlichen noch Jahre später. Schließlich empfanden Klub wie Umfeld, so formulierte es der spätere FC-Coach Ewald Lienen, „ein gottgegebenes Recht darauf, in der Bundesliga zu spielen".
Der Abstieg des Gründungsmitglieds, des ersten Bundesliga-Meisters von 1964, des Klubs der Weltmeister Hans Schäfer und Wolfgang Overath war ein Fatum. Die Übeltäter hießen Oliver Held und Uwe Kemmling. Der eine Schalke-Profi, der andere Bundesliga-Schiedsrichter. Es war die Nachholpartie des 27. Spieltages, die Kölner verloren im Gelsenkirchener Parkstadion mit 0:1. In der Tat äußerst unglücklich, weil Radek Latal erst in der Nachspielzeit das entscheidende Tor erzielte. Vor allem aber, weil Schalkes Mittelfeldspieler Held einen Tretschok-Schuss per Faustabwehr über die Latte bugsierte, Kemmling nichts sah, bei Held nachfragte – und dieser von einem handelsüblichen Gedächtnisschwund befallen wurde. Kommentar des Kölner Stürmers Toni Polster: „Held soll sein Leben lang kein Glück mehr haben."
Das ist die Kölner Wahrheit, die in den einschlägigen Medien der Domstadt noch heute immer hervorgeholt wird, sobald Herr Kemmling sich anschickt, ein FC-Spiel zu leiten. Es gibt aber auch eine tiefere, bittere Tatsache. Der Abstieg des 1. FC war eine Notwendigkeit, längst überfällig. Hans-Peter Lehnhoff, früherer FC-Profi und dann in Diensten des Rivalen Leverkusen, formulierte gehässig: „Die Kölner haben einfach die Strafe erhalten, die sie verdient haben. Sie sind über Jahre hinweg auf der gleichen Welle geschwommen und haben gar nicht gemerkt, dass sie bis zum Hals im Dreck stecken." Diese Verbalgrätsche gehört zwar nicht in den Knigge, so ganz vorbei an der Realität aber war sie nicht. Allein: Diese Erkenntnis drang nur stückweise durch.

Kein Kölle Alaaf – nach dem Abstieg herrschte eher Katerstimmung in der Domstadt

Am Ende der 80er Jahre hatte der FC unter der Ägide von Christoph Daum mit zwei zweiten Plätzen, mit Spielern wie Jürgen Kohler, Thomas Häßler, Pierre Littbarski oder Bodo Illgner eine beachtliche Renaissance erlebt. Doch anschließend ließen die Kölner wieder ihren Hang zur Realitätsfremde durchblicken und sprachen jahrelang immer wieder von den baldigen Europacup-Schlachten, obwohl es Jahr für Jahr eher eine Gnade war, im Abstiegskampf nicht letztlich k.o. zu gehen. So erging es in dieser Saison auch Peter Neururer. Der Coach, den sie in Köln nach seiner Last-Minute-Rettung in der Saison 1995/96 (1:0 in Rostock) verehrten, hatte die ungehörige Erwartungshaltung selbst befördert. Drei Millionen gab der Klub allein für zwei Spieler aus, die Neururer wahlweise als „Supereinkauf" oder „Granate" titulierte. Ihre Namen: Alexander Rytschkow und Goran Vucevic. Vucevic kam schließlich vom ruhmreichen FC Barcelona – und nach ganzen acht Spielen für den FC fragten sich die Fans, ob ein Zeugwart je so gut bezahlt worden sei. Rytschkows eindrucksvollste Arbeitsnachweise waren der Führerscheinentzug nach 2,0 Promille am Steuer und eine Anklage wegen versuchter Vergewaltigung. Als Rytschkow längst entlassen war, auch Neururer gehen musste und Lorenz-Günter Köstner kam (den Klub-Boss Caspers als „Herrn Lorenz“ verabschiedete!), war es zu spät. „Der Verein muss umdenken“, sagte Manndecker Karsten Baumann zum Abschluss, „der FC wurde immer an Namen wie Overath oder Flohe gemessen. Und immer wieder wurden solche Typen gesucht.“ Als der Abstieg feststand und es kein Zurück mehr gab, formulierte der FC zum vorerst letzten Mal sein Selbstverständnis: Der Klub stellte beim DFB den Antrag, seine Spiele auch weiterhin überwiegend samstags austragen zu dürfen.

Dirk Graalmann

Kölner Stadt-Anzeiger

Böse Vorahnung

Im Backsteinbau vor dem Müngersdorfer Stadion herrschte andächtiges Schweigen. Das Wort hatte ein Mann, dessen Kompetenz zum Thema 1. FC Köln der aller Anwesenden überlegen war. Er hatte diesen Tag – wie viele andere auch – kommen sehen. (...) Nach 35 Jahren Erstklassigkeit tritt der erste Meister der Bundesliga den Weg in die Zweitklassigkeit an. Christoph Daum war wieder mittendrin in seiner Vergangenheit. (...) Als er dann auf dem Podium saß, mochten Daum, der den FC zwischen '86 und '90 zur zweiten Kraft hinter den Bayern machte, tausend Gedanken durch den Kopf schießen. „Wir waren Zweiter, wir waren im Halbfinale des Uefa-Cups, wir hatten 20 Millionen auf dem Konto. Heute sieht man, was daraus geworden ist.“

Kölner Stadt-Anzeiger am 11.05.1998

Präsident Hubert Keßler, Marco Reich, Marian Hristov, Mirco Bitzer, Co-Trainer Reinhard Stumpf, Torwart-Trainer Gerald Ehrmann, Janos Hrutka, Jürgen Rische, Olaf Marschall, Michael Schjönberg, Miroslav Kadlec, Stefan Ertl, Michael Ballack, Harry Koch, Andreas Buck, Pascal Ojigwe (hinten, von links), Martin Wagner, Thomas Riedl, Trainer Otto Rehhagel, Ciriaco Sforza, Andreas Reinke, Andreas Brehme, Oliver Schäfer, Pavel Kuka, Lajos Szücs, Ratinho, Roger Lutz

Der Aufsteiger klettert zum Titel

Abschlusstabelle									Heim-Bilanz					Auswärts-Bilanz				
	Mannschaft	Sp	g.	u.	v.	Tore	Diff.	Punkte	g.	u.	v.	Tore	Punkte	g.	u.	v.	Tore	Punkte
1	1. FC Kaiserslautern	34	19	11	4	63:39	+24	68	13	2	2	36:19	41	6	9	2	27:20	27
2	Bayern München	34	19	9	6	69:37	+32	66	11	4	2	36:14	37	8	5	4	33:23	29
3	Bayer 04 Leverkusen	34	14	13	7	66:39	+27	55	9	7	1	43:17	34	5	6	6	23:22	21
4	VfB Stuttgart	34	14	10	10	55:49	+6	52	10	5	2	27:12	35	4	5	8	28:37	17
5	FC Schalke 04	34	13	13	8	38:32	+6	52	10	5	2	24:12	35	3	8	6	14:20	17
6	Hansa Rostock	34	14	9	11	54:46	+8	51	9	3	5	35:22	30	5	6	6	19:24	21
7	Werder Bremen	34	14	8	12	43:47	-4	50	8	6	3	27:23	30	6	2	9	16:24	20
8	MSV Duisburg	34	11	11	12	43:44	-1	44	6	6	5	21:20	24	5	5	7	22:24	20
9	Hamburger SV	34	11	11	12	38:46	-8	44	6	5	6	20:20	23	5	6	6	18:26	21
10	Borussia Dortmund	34	11	10	13	57:55	+2	43	8	4	5	36:25	28	3	6	8	21:30	15
11	Hertha BSC Berlin	34	12	7	15	41:53	-12	43	7	6	4	25:22	27	5	1	11	16:31	16
12	VfL Bochum	34	11	8	15	41:49	-8	41	8	4	5	23:20	28	3	4	10	18:29	13
13	TSV 1860 München	34	11	8	15	43:54	-11	41	7	3	7	24:24	24	4	5	8	19:30	17
14	VfL Wolfsburg	34	11	6	17	38:54	-16	39	7	4	6	17:20	25	4	2	11	21:34	14
15	Borussia Mönchengladbach	34	9	11	14	54:59	-5	38	5	8	4	27:22	23	4	3	10	27:37	15
16	Karlsruher SC	34	9	11	14	48:60	-12	38	6	5	6	26:24	23	3	6	8	22:36	15
17	1. FC Köln	34	10	6	18	49:64	-15	36	8	3	6	34:30	27	2	3	12	15:34	9
18	Arminia Bielefeld	34	8	8	18	43:56	-13	32	7	5	5	29:27	26	1	3	13	14:29	6

Die Szene der Saison lieferte Andreas Brehme. Er hielt am 9. Mai als Kapitän des 1. FC Kaiserslautern die Meisterschale in den Himmel. Der Weltmeister, der zwei Jahre zuvor noch im Arm von Rudi Völler schluchzend den Abstieg beweint hatte. Nun waren die Pfälzer sensationell als Aufsteiger zum Titel geeilt, hatten zudem die Bayern schon am ersten Spieltag mit dem 1:0 im Olympiastadion gedemütigt und Otto Rehhagel die späte Genugtuung ermöglicht. Dessen Gegenüber Giovanni Trapattoni hatte nicht viel Grund zum Lachen. Sein Ärger kulminierte in der berühmten Wut-Rede.

Hinter dem Duo etablierte sich Bayer Leverkusen nach schwachem Saisonstart (Rang 15 nach acht Spielen) als dritte Kraft. Spannend ging es bis zuletzt im Abstiegskampf zu. Als erstes verabschiedete sich Arminia Bielefeld. Während die Ostwestfalen in der Hinrunde mit Heimsiegen über Dortmund, Leverkusen und Stuttgart überraschten, gelang dem Team von Ernst Middendorp nach der Winterpause in 14 Partien nur noch ein Sieg. Das 2:1 am 33. Spieltag gegen den 1. FC Köln half den Bielefeldern nicht mehr.

Dem Abstieg entgingen nach zwei Trainerwechseln überraschend noch die Gladbacher. Bereits nach 17 Spieltagen hatte Hannes Bongartz aufgegeben, sechs Spieltage vor Schluss musste auch Nachfolger Norbert Meier gehen. Es kam Friedel Rausch. Der holte drei Siege und ein Remis – und am letzten Spieltag erlöste ausgerechnet Stefan Effenberg im letzten Spiel vor seinem Wechsel zum FC Bayern den Klub mit dem Führungstreffer in Wolfsburg, Endergebnis 2:0. Zeitgleich verlor der Karlsruher SC mit 2:4 in Rostock und stieg ab. Mit ihm auch zwei Weltmeister: Thomas Häßler und Guido Buchwald.

Torjäger

1.	Ulf Kirsten	Bayer Leverkusen	22
2.	Olaf Marschall	1. FC Kaiserslautern	21
3.	S. Chapuisat	Borussia Dortmund	14
	Michael Preetz	Hertha BSC Berlin	14
5.	Fredi Bobic	VfB Stuttgart	13
	Carsten Jancker	Bayern München	13
	J. Pettersson	Borussia M'gladbach	13
	Toni Polster	1. FC Köln	13
	Roy Präger	VfL Wolfsburg	13
	Bernhard Winkler	1860 München	13

„Wir melden uns vom Abgrund“

Der Abstiegskrimi endet mit einer Überraschung: Nürnberg muss in die Zweite Liga, Frankfurt rettet sich dank Fjörtoft

Retter mit Kultstatus: Frankfurts Trainer Jörg Berger (Mitte) wurde nach dem Klassenverbleib wie ein Messias gefeiert

Beginnen wir sachlich: Die Ausgangslage war diffizil. Vier Teams liefen vor dem letzten Spieltag der Saison 1998/99 Gefahr, neben Bochum und Mönchengladbach abzusteigen. Dabei hatte Nürnberg (12., 37 Punkte) die beste Ausgangsposition, empfing zudem den schlechter platzierten SC Freiburg (14./36 Zähler). Hansa Rostock (15./35) und Eintracht Frankfurt (16./34) dagegen hatten vor ihren Auftritten in Bochum respektive zu Hause gegen Kaiserslautern die schlechtesten Karten.

Was dann geschah an diesem 29. Mai 1999, ist nie wieder so eindringlich geschildert worden wie in der Radio-Konferenzschaltung mit den Reportern Günther Koch (in Nürnberg), Dirk Schmidt (in Frankfurt) und Manfred Breuckmann (in Bochum). Deshalb soll sie hier noch einmal – weitestgehend ungekürzt – abgedruckt werden.

Nach 80 Minuten führt Frankfurt 3:1, Nürnberg liegt gegen Freiburg mit 0:2 zurück, und bei Bochum gegen Rostock steht es 2:2. Um 17:05 Uhr ist Rostock abgestiegen.

Aktueller Zwischenstand:
14. Nürnberg 37 (39:50)
15. Frankfurt 37 (42:54)
16. Rostock 36 (48:58)

Koch ahnt dennoch, dass sich alles zwischen Frankfurt und Nürnberg entscheiden könnte…

Koch: „Freiburg hat es in der Hand, die Bundesliga zu entscheiden. Nur noch zehn Zentimeter, bestenfalls, steht der Club vor dem Abgrund. Er liegt hinten, mit 0:2. Das ist Alibi-Fußball.“

Schmidt: „Toor in Frankfurt.“

Koch: „Wer hat da geschrien?“

Schmidt: „Toooor in Frankfurt. 4:1 für die Eintracht. Bernd Schneider macht den Treffer. Günther, und was heißt das? Das heißt, dass Frankfurt jetzt eine Tordifferenz von minus elf hat – wie der 1. FC Nürnberg. Aber die Eintracht hat mehr Tore erzielt. Nach meiner Rechnung – und ich bin kein großer Mathematiker – ist der 1. FC Nürnberg damit wieder in noch größere Abstiegsgefahr geraten.“

Koch: „Du hast alles gesagt: Im Moment, um 17:11 Uhr ist der Club nach ’79, nach ’84, nach ’94 auch ’99 fast abgestiegen. Alles hängt jetzt von Bochum gegen Hansa Rostock ab. Frankfurt ist besser. Der Club taumelt, der Club hängt am Abgrund …“

Breuckmann: „Und Toooor, Tor für Rostock. Maaaajak, der eingewechselte Majak macht ein Kopfballtor. Hansa Rostock führt um 17:12 Uhr mit 3:2, und alles kann gut werden.“

Koch: „Tor in Nürnberg. Tor, Tor, Tor in Nürnberg. Ich pack das nicht, ich halt das nicht mehr aus, ich will das nicht mehr sehen. Aber sie haben ein Tor gemacht. Ich weiß nicht wie, Kopfball von Nikl. Ich halt das nicht mehr aus. Nein, es tut mir Leid, 1:2. Es ist nicht zu fassen.“

Aktueller Zwischenstand:
14. Rostock 38 (49:58)
15. Nürnberg 37 (40:50)
16. Frankfurt 37 (43:54)

(Vier Minuten und 15 Sekunden später meldet sich wieder Frankfurt)

Schmidt: „Die Eintracht weiß: Ein Tor könnte wieder Nürnberg in den Abgrund stoßen. Sie kommen jetzt wieder, dann ist es Fjörtoft, der ist im Strafraum. Und dann Tooor, Tor für die Eintracht, 5:1. Herrje, welche Leistung. Und damit ist wieder der 1. FC Nürnberg in der zweiten Liga.“

Koch: „Hallo, hier ist Nürnberg. Wir melden uns vom Abgrund. So wie Bayern wegen des linken Torpfostens in Barcelona verloren hat, steigt der Club ab – wenn er denn absteigt – wegen des linken Pfostens vor der Nordkurve. Nikl drosch den Ball an den Pfosten, der Ball klatscht vor die Füße von Frank Baumann, und der bringt den Ball aus sechs Metern nicht im Tor unter. Der Club, der schon abgestie-

Frankfurter Rundschau

Hurtig, hurtig

Die Fete im Vergnügungsviertel Sachsenhausen war eine provisorische. Ernsthaft hatte ja niemand damit rechnen können, dass Eintracht Frankfurt tatsächlich noch das Klassenziel erreicht. Hurtig hatten sie dann noch schnell den weißen großen Lampion ausgetauscht, auf dem zu lesen stand: „Wir kommen wieder!“ Zum Glück hatten sie noch einen zweiten dabei mit dem aktuellen Aufdruck: „Weiter 1. Liga!“

Die Frankfurter Rundschau am 31.05.1999

Meister: Bayern München

gen war zwischen 17:08 und 17:10 Uhr, ist im Moment abgestiegen – denn das Spiel ist aus. Ade, liebe Freunde. Es ist nicht zu fassen, was der Club seinem treuen Publikum zumutet. Liebe Clubberer, es tut mit Leid: Das musste nicht sein."

Breuckmann: „Und Günther, du tust mir auch leid."

Wenig später ist die Partie in Frankfurt beendet, der Abpfiff in Bochum folgt. Am Main herrscht Ausnahmezustand. Die Hessen waren längst abgeschrieben, hatten zweimal den Trainer gewechselt und schließlich Jörg Berger geholt. Nach drei Spielen unter Berger aber war Frankfurts Klassenerhalt zur „Mission impossible" geworden. Fünf Punkte Rückstand. Was folgte, waren vier Siege in Serie: 2:1 in Bremen, 2:0 gegen Dortmund, 3:2 bei Schalke und jenes 5:1 gegen Kaiserslautern. Unglaublich! Ein Spruch des „goldenen Torschützen" Fjörtoft hat das „Wunder vom Riederwald" überdauert: „Jörg Berger hätte auch die Titanic gerettet." Einige glauben dies wohl noch heute.

Dirk Graalmann

Michael Tarnat, Bernd Dreher, Giovane Elber, Jens Jeremies, Ali Daei, Markus Babbel, Thomas Strunz, Mario Basler, Carsten Jancker, Stefan Effenberg, Alexander Zickler, Sven Scheuer (hinten, von links), Thorsten Fink, Thomas Linke, Bixente Lizarazu, Thomas Helmer, Oliver Kahn, Samuel Kuffour, Hasan Salihamidzic, Mehmet Scholl und Lothar Matthäus (vorne, von links)

Ein Prädikat mit Verfallsdatum

Abschlusstabelle									Heim-Bilanz					Auswärts-Bilanz				
	Mannschaft	Sp	g.	u.	v.	Tore	Diff.	Punkte	g.	u.	v.	Tore	Punkte	g.	u.	v.	Tore	Punkte
1	Bayern München	34	24	6	4	76:28	+48	78	14	3	0	48:15	45	10	3	4	28:13	33
2	Bayer 04 Leverkusen	34	17	12	5	61:30	+31	63	9	6	2	33:15	33	8	6	3	28:15	30
3	Hertha BSC Berlin	34	18	8	8	59:32	+27	62	14	1	2	38:10	43	4	7	6	21:22	19
4	Borussia Dortmund	34	16	9	9	48:34	+14	57	14	2	1	35:10	44	2	7	8	13:24	13
5	1. FC Kaiserslautern	34	17	6	11	51:47	+4	57	11	3	3	33:18	36	6	3	8	18:29	21
6	VfL Wolfsburg	34	15	10	9	54:49	+5	55	10	5	2	35:17	35	5	5	7	19:32	20
7	Hamburger SV	34	13	11	10	47:46	+1	50	9	5	3	25:14	32	4	6	7	22:32	18
8	MSV Duisburg	34	13	10	11	48:45	+3	49	9	5	3	32:18	32	4	5	8	16:27	17
9	TSV 1860 München	34	11	8	15	49:56	-7	41	7	4	6	28:23	25	4	4	9	21:33	16
10	FC Schalke 04	34	10	11	13	41:54	-13	41	5	6	6	20:23	21	5	5	7	21:31	20
11	VfB Stuttgart	34	9	12	13	41:48	-7	39	8	5	4	25:15	29	1	7	9	16:33	10
12	SC Freiburg	34	10	9	15	36:44	-8	39	5	6	6	17:18	21	5	3	9	19:26	18
13	Werder Bremen	34	10	8	16	41:47	-6	38	4	6	7	23:24	18	6	2	9	18:23	20
14	Hansa Rostock	34	9	11	14	49:58	-9	38	7	6	4	30:22	27	2	5	10	19:36	11
15	Eintracht Frankfurt	34	9	10	15	44:54	-10	37	6	6	5	26:21	24	3	4	10	18:33	13
16	1. FC Nürnberg	34	7	16	11	40:50	-10	37	3	11	3	23:23	20	4	5	8	17:27	17
17	VfL Bochum	34	7	8	19	40:65	-25	29	5	3	9	21:28	18	2	5	10	19:37	11
18	Borussia Mönchengladbach	34	4	9	21	41:79	-38	21	4	4	9	25:35	16	0	5	12	16:44	5

Auch ein Rekord: Friedel Rausch schaffte es in dieser Spielzeit, gleich mit zwei Klubs abzusteigen. Als Trainer des 1. FC Nürnberg (ab dem 19. Spieltag) erwischte es ihn überraschend im finalen Moment (siehe Story), doch auch Borussia Mönchengladbach zerbrach an der Altlast, die Rausch den Niederrheinern hinterlassen hatte. Bereits nach dem elften Spieltag war der vormalige Retter in Mönchengladbach gescheitert: Rausch wurde entlassen. Vorangegangen waren zwei denkwürdige Pleiten. Zuerst auf dem heimischen Bökelberg ein 2:8 gegen Bayer Leverkusen, eine Woche später demütigte der VfL Wolfsburg den Traditionsklub mit 7:1. Rainer Bohnhof kam – und stieg trotz eines Patrik Andersson oder Sebastian Deisler sang- und klanglos ab.

Auf der anderen Seite der Tabelle ließ der FC Bayern von Beginn an keinen Zweifel daran, wer die Nachfolge des 1. FC Kaiserslautern antritt. Erst am zehnten Spieltag ereilte die Münchner mit ihrem neuen Coach Ottmar Hitzfeld das seltene Gefühl der Niederlage: In Frankfurt unterlagen die Bayern mit 0:1 und durften außerdem den ersten Chinesen in der Bundesliga bewundern: Eintracht-Angreifer Chen Yang. Am Ende machten die Bayern schon am 31. Spieltag die Meisterschaft perfekt – und überließen der Berliner Hertha beim 1:1 einen jener Punkte, den die Hauptstädter zur Krönung ihrer Renaissance benötigten: Das Team von Jürgen Röber erreichte die Qualifikationsrunde zur Champions League.

Davon hatte der VfL Bochum selbst nach zwölf Spieltagen nicht geträumt.

Torjäger			
1.	Michael Preetz	Hertha BSC Berlin	23
2.	Ulf Kirsten	Bayer Leverkusen	19
3.	Oliver Neuville	Hansa Rostock	14
	Anthony Yeboah	Hamburger SV	14
5.	Markus Beierle	MSV Duisburg	13
	Sasa Ciric	1. FC Nürnberg	13
	Giovane Elber	Bayern München	13
	Carsten Jancker	Bayern München	13
	Andrzej Juskowiak	VfL Wolfsburg	13
10.	Bernd Hobsch	1860 München	12

Doch Platz acht und 17 Zähler ließen zumindest auf einen frühzeitigen Klassenverbleib hoffen. Am Ende aber, nach nur zwölf weiteren Punkten und sechs Niederlagen in Serie, führten die Ruhrstädter ihr Prädikat „unabsteigbar" schon zum dritten Mal ad absurdum.

Er hätte das Schlimmste verhindern können: Nürnbergs Frank Baumann

Verfrühte Inthronisation: Trainer Christoph Daum und Bayer Leverkusen verfehlten die Meisterschaft denkbar knapp

Finales Drama auf dem Dorf

Bayer Leverkusen verspielt in Unterhaching überraschend die Meisterschaft und sucht Trost in einer (fast) tadellosen Saison

Ja, auch Ulf Kirsten, diese Ausgeburt an Männlichkeit, dem noch niemand überbordende Weichheit vorgeworfen hatte, weinte. Der Stürmer warf sich schluchzend an die mächtige Brust von Manager Reiner Calmund. Im Kabinengang schloss Coach Christoph Daum seinen zehnjährigen Filius Marcel in die Arme. Auch Daum weinte. Und niemand, dessen Herz nicht gerade ein Ziegelstein ist, konnte sich des Mitleids erwehren.

Es war, als habe dieser 20. Mai 2000 (als noch niemand etwas vom Schalker Drama ein Jahr später ahnte) eine neue Qualität an Tragik hervorgebracht. Dabei hatte Bayer Leverkusen wieder einmal nur ein finales Spiel vergeigt. „Wir haben die Neigung, uns selbst zu entleiben", formulierte Jürgen von Einem, der Sportbeauftragte der Bayer AG, später. Sie hatten die Deutsche Meisterschaft in den letzten 90 Minuten hergegeben. Und die bitterste Pointe lieferte der Gegner: die Spielvereinigung Unterhaching. Nur 15 Kilometer vom großen Rivalen Bayern München entfernt.

Die Leverkusener brauchten nur einen Punkt, um die Bayern auf Distanz zu halten. Ein mickriges Unentschieden beim Dorf-Klub, der doch schon den Klassenerhalt gesichert hatte. 14 Spiele hatte der Werksverein hintereinander nicht verloren, als er am 20. Mai 2000 in den Hachinger Sportpark reisen musste. In die Provinz, in das kleinste Stadion der Liga. „Am Samstag sind wir Meister", hatte Daum am Wochenende zuvor noch posaunt, als Bayer nach einem 4:1 gegen Frankfurt die Spitze verteidigt hatte. Die Hachinger verspotteten den Hobby-Psychologen Daum noch zwei Tage vor dem Spiel, als die gesamte Elf, so wie Daum es mit seinem Mannen auch getan hatte, über Glasscherben lief – in Fußballschuhen.

Als die Leverkusener dann in das kleine, enge Stadion einliefen, sich dem zähen Aufsteiger entgegenstemmen wollten, waren „bei einem die Beine schwer, der andere konnte nicht rennen", wie Calmund später analysierte. Man glaubte fast, die Jubelschreie aus dem Münchner Olympiastadion, wo die Bayern ihre Pflichtaufgabe gegen Werder Bremen gewohnt lässig erledigten (3:1), seien herübergeweht worden ins Trommelfell der Bayer-Profis. Die Selbstsicherheit zerbröselte unter der Last der Dramaturgie. Und als Michael Ballack nach zwanzig Minuten eine harmlose Flanke von Danny Schwarz ansatzlos ins eigene Netz bugsierte, war sie weg. „Das zerreißt einem die Seele", fand sogar Unterhachings Coach Lorenz-Günter Köstner tröstende Worte. Oberleitners Treffer zum endgültigen K.o. (72.) begrub auch die letzte Chance, dass „man irgendwie noch einen reinlügen kann", wie Jens Nowotny inständig gehofft hatte.

Vier Stunden später aber stand Nowotny am Gate D6 des Münchner Flughafens und blätterte in einem Historienmagazin, das einen Artikel über „Die großen Eroberer der Weltgeschichte" beinhaltete. Er hätte sich so gerne zugehörig gefühlt; nach einer Saison, in der man dem Leverkusener Ensemble mit gutem Gewissen nichts hätte vorhalten können. Die Elf um Ballack, Emerson, Beinlich und Ze Roberto hatte die Bundesliga mit tadellosem Offensivfußball verzückt – und wenn es einmal eine Statistik über den besten Zwei-

Lähmendes Entsetzen: Michael Ballack (liegend) hat getroffen – leider für Unterhaching

Dinner for One

Fußball ist ein ganz einfaches Spiel. 22 Spieler laufen einem Ball hinterher...
...und am Ende feiern immer die Bayern. Weißbier-Duschen im Olympiastadion, goldene Schalen und Pokale auf dem Marienplatz – diese Bilder sind uns inzwischen so vertraut wie „Dinner for One" zu Silvester. Sie singen „FC Bayern – forever Number One". Und langsam aber sicher glauben wir es ihnen.

Die Bild am 22.05.2000

ten aller Zeiten geben könnte, dürfte Leverkusen anno 2000 einen Podestplatz sicher haben. Dreimal nur verlor die Elf von Christoph Daum in dieser Spielzeit – die dritte, die letzte Niederlage aber war zuviel. 73 Punkte holte der Werksklub. Mit dieser Ausbeute wäre man allzu oft souverän Deutscher Meister geworden. Nur Bremen hätte 1988 (!) nach der Drei-Punkte-Regel mehr Zähler geholt.
Leverkusen hatte die Liga beeindruckt, hatte Ulm in unnachahmlicher Manier mit 9:1 filetiert, den Lauterer Betzenberg erstürmt, und selbst als alle mit dem Einbruch rechneten, dem Druck widerstanden. Als Leverkusen auch noch in Hamburg mit 2:0 triumphierte, unkte Michael Ballack entspannt: „Wir können jetzt nur noch an uns selbst scheitern." Er konnte nicht ahnen, wie Recht er behalten würde. Zwei Wochen später, im kleinen Sportpark vor den Toren Münchens, weinte auch Ballack.

Dirk Graalmann

Zum 16. Mal Meister: Bayern München mit Roque Santa Cruz, Thomas Linke, Bernd Dreher, Michael Wiesinger, Slawomir Wojciechowski, Oliver Kahn, Bixente Lizarazu, Jens Jeremies, Samuel Kuffour, Michael Tarnat, Giovane Elber, Paulo Sergio, Thomas Strunz, Patrik Andersson, Stefan Effenberg, Stefan Wessels, Mehmet Scholl, Carsten Jancker, Alexander Zickler, Hasan Salihamidzic (von links)

Ein Rentner als Retter

Abschlusstabelle									Heim-Bilanz					Auswärts-Bilanz				
	Mannschaft	Sp	g.	u.	v.	Tore	Diff.	Punkte	g.	u.	v.	Tore	Punkte	g.	u.	v.	Tore	Punkte
1	Bayern München	34	22	7	5	73:28	+45	73	12	3	2	50:17	39	10	4	3	23:11	34
2	Bayer 04 Leverkusen	34	21	10	3	74:36	+38	73	13	4	0	44:17	43	8	6	3	30:19	30
3	Hamburger SV	34	16	11	7	63:39	+24	59	11	4	2	37:11	37	5	7	5	26:28	22
4	TSV 1860 München	34	14	11	9	55:48	+7	53	11	3	3	36:20	36	3	8	6	19:28	17
5	1. FC Kaiserslautern	34	15	5	14	54:59	-5	50	8	3	6	31:28	27	7	2	8	23:31	23
6	Hertha BSC Berlin	34	13	11	10	39:46	-7	50	8	7	2	23:14	31	5	4	8	16:32	19
7	VfL Wolfsburg	34	12	13	9	51:58	-7	49	9	4	4	29:26	31	3	9	5	22:32	18
8	VfB Stuttgart	34	14	6	14	44:47	-3	48	6	2	9	22:28	20	8	4	5	22:19	28
9	Werder Bremen	34	13	8	13	65:52	+13	47	10	3	4	41:25	33	3	5	9	24:27	14
10	SpVgg Unterhaching	34	12	8	14	40:42	-2	44	10	5	2	22:10	35	2	3	12	18:32	9
11	Borussia Dortmund	34	9	13	12	41:38	+3	40	4	7	6	21:21	19	5	6	6	20:17	21
12	SC Freiburg	34	10	10	14	45:50	-5	40	8	4	5	29:19	28	2	6	9	16:31	12
13	FC Schalke 04	34	8	15	11	42:44	-2	39	4	10	3	21:17	22	4	5	8	21:27	17
14	Eintracht Frankfurt	34	12	5	17	42:44	-2	39	9	3	5	29:14	30	3	2	12	13:30	11
15	Hansa Rostock	34	8	14	12	44:60	-16	38	7	7	3	25:22	28	1	7	9	19:38	10
16	SSV Ulm 1846	34	9	8	17	36:62	-26	35	7	4	6	22:23	25	2	4	11	14:39	10
17	Arminia Bielefeld	34	7	9	18	40:61	-21	30	4	6	7	22:24	18	3	3	11	18:37	12
18	MSV Duisburg	34	4	10	20	37:71	-34	22	2	8	7	20:25	14	2	2	13	17:46	8

Die Saison 1999/00 war geprägt vom Meisterduell zwischen Bayern und Bayer, das seine Pointe am letzten Spieltag fand. Viele andere Entscheidungen indes fielen relativ früh. Der MSV Duisburg etwa stand während der gesamten Saison nur an zwei Spieltagen nicht auf einem Abstiegsplatz (1., 15. Spieltag) – und musste am Ende folgerichtig den Gang in die Zweitklassigkeit antreten. Ähnlich erging es auch dem Aufsteiger aus Bielefeld. Immerhin schrieben sich die Ostwestfalen noch in die Geschichtsbücher ein. Zwischen dem 12. und 22. Spieltag gingen die Arminen zehnmal in Serie als Verlierer vom Platz. Nur Tasmania Berlin (1965/66) und der 1. FC Nürnberg (1983/84) konnten bis dato eine ähnliche Leidenszeit vorweisen.
Die hatte auch Borussia Dortmund zu überstehen. Die hoch dotierte Truppe um Reuter, Bobic, Wörns oder Millionen-Einkauf Victor Ikpeba war mit großen Hoffnungen in die Saison gestartet. Und tatsächlich rangierte der BVB nach neun Spieltagen auf Platz eins. Neun Spieltage später (und mit einer Vertragsverlängerung bis 2002 in der Tasche) musste Trainer Michael Skibbe auf einer Pressekonferenz dann aber seinen eigenen Nachfolger Bernd Krauss präsentieren. Krauss blieb genau 67 Tage; in elf Spielen war ihm kein einziger Sieg gelungen. Fünf Spieltage vor dem Ende – der BVB hatte plötzlich nur noch einen Zähler Vorsprung auf die Abstiegsränge – reaktivierten die Dortmunder den Trainer-Rentner Udo Lattek und setzten ihn zu Matthias Sammer auf die Bank. Guru Lattek, mit weißem Trenchcoat und DSF-Mütze ausgestattet, rettete den Klub mit acht Punkten aus fünf Spielen – und kassierte dafür en passant eine Million Mark.

Torjäger			
1.	Martin Max	1860 München	19
2.	Ulf Kirsten	Bayer Leverkusen	17
3.	Giovane Elber	Bayern München	14
	Ebbe Sand	Schalke 04	14
5.	Marco Bode	Werder Bremen	13
	Paulo Sergio	Bayern München	13
7.	Ailton	Werder Bremen	12
	J. Akpoborie	VfL Wolfsburg	12
	Michael Preetz	Hertha BSC Berlin	12
10.	Stefan Beinlich	Bayer Leverkusen	11

Horror-Visionen in Lila

Wie ein Schalke-Fan den kurzen Moment des Meister-Glücks erlebt und danach in ein Tal der Tränen stürzt

Verfrühter Jubel: Ebbe Sand, Jörg Böhme und Emile Mpenza (von links)

Auf der Videoleinwand stand nur: Leverkusen – VfL Bochum 1:0, Neuville (21.). Es gibt nicht viele unwirtlichere Ort als die Leverkusener BayArena, um diesen 19. Mai zu erleben. Schon gar nicht als Schalke-Fan. Dabei hatte ich den Meistertitel doch bereits abgehakt – die Woche zuvor, als ich in der Kneipe vorm Premiere-Decoder saß und um 17.15 Uhr das Schicksal so erbarmungslos zuschlug. „Tor in München" und simultan „Tor in Stuttgart": Zickler und Balakov hatten getroffen, die Bayern Lautern per Glücksschuss besiegt, wir in Stuttgart alles verspielt. Am Abend spielte REM für lau auf der Kölner Domplatte. Meine Freundin ist allein gegangen. Ich brauchte sentimentale Musik und ein paar Kölsch.

Was war das für ein Jahr gewesen. Es war nicht wie 1996/97, als der Virus schubweise kam – unter der Woche, wenn Valencia gegen uns spielte oder Inter. Nun war es anders, das erste Mal in meinem Fan-Leben hatte das Zittern und Hoffen etwas Rituelles. Wir waren Erster. Neun Spieltage lang. Wir fingen sogar an, Andreas Möller zu bewundern, wie er aus dem Team eher mittelprächtiger Fußballer eine Elf formte, die in dieser Saison tatsächlich Fußball „spielte". Wie Jörg Böhme, dieser verrückte Hund, seine wilden Dinger machte mit links. Und vorne Ebbe Sand und Emile Mpenza, das harmonischste Duo seit Cindy & Bert. Und dann diese magischen Momente: Das 4:0 bei Borussia Dortmund, das 3:0 bei Bayer Leverkusen oder das 3:1 bei den Bayern, als Sand dreimal traf. Es waren lauter Träume, die uns die Realität jäh schenkte.

Ungläubiges Staunen: Trainer Huub Stevens mit seinen Spielern Niels Oude-Kamphuis und Olaf Thon (rechts)

Schalke war doch fast schon durch. Und nach dem 33. Spieltag, diesem Doppelschlag, war alles aus gewesen. Die Bayern doch wieder drei Punkte vor dem S04. Und dass diese abgezockten Kicker bei den ambitionslosen Hamburgern verlieren würden – pah, undenkbar. Trotzdem nahm ich das Radio mit ins Stadion nach Leverkusen. Es hatte einen so oft begleitet. Als Kind hing man davor, wenn man an der Pommesbude der Konferenzschaltung lauschte. Als Jugendlicher ließ ich es laufen, während ich auf Geheiß meiner Mutter den alten Ford Taunus waschen musste. Und aus diesem kleinen blauen Radio drang nichts Gutes aus Schalke. Die Hachinger führten schnell 2:0. Das letzte Spiel meiner Königsblauen im Parkstadion. Ein wenig mitleidig blickten die Kollegen einen an. „Arme Sau", haben sie gedacht. Gesagt haben sie Sachen wie: „Ist doch egal." Allen war klar: Bayern wird eh Meister.

Und dann eben 17.13 Uhr, wir führten längst 4:3, hatten die Partie umgebogen. Und in Hamburg? Das Rauschen am Ohr wurde lauter. Ganz langsam verließ mein Radio der Saft, nur noch Fetzen kamen an, dann war es still. Die Batterie war leer. So im Stich gelassen gefühlt habe ich mich zuletzt beim ersten Liebeskummer. Plötzlich sah ich nur die aufgerissenen Augen eines Kollegen: „Barbarez, Barbarez", schrie er. Der Mann war vom Fachmagazin. „1:0, Barbarez." Ich bekam Gänsehaut. Mich fröstelte. Ich stand auf. Weg, nicht jetzt hier oben sitzen bleiben. Journalistische Unabhängigkeit ist ein hohes Gut. Als ich durch den Gang eilte, fiel mein Blick auf den Fern-

Der feine Unterschied

Schalke hatte alles in der Hand, alles auf dem Fuß. Der angeblich übergroße FC Bayern gestattete sich sogar neun Niederlagen und ist dennoch Meister geworden. Und er demonstrierte seine Erfolgsbesessenheit, die sich besonders an Oliver Kahn festmacht, beim HSV. Wo ein Großteil der Konkurrenz beim 0:1 in der 90. Minute aufgegeben hätte, haben sich die Bayern aufgerappelt. Genau das ist der entscheidende Unterschied. Da muss Schalke noch lernen, da besteht aber vor allem bei Bayer Leverkusen reichlich Nachholbedarf.

Die Westdeutsche Allgemeine am 21.05.2001

WAZ

Meister: Bayern München

seher. Da war die Videotext-Tafel eingeblendet: „Schalke – Unterhaching 5:3“ prangte da. Das Wichtigste: Das Ergebnis war blau eingefärbt, das Spiel war also zu Ende. Und was ist mit den Bayern? Ich blickte noch kurz hin. Tatsächlich 1:0 für den HSV. Lila gefärbt! Das Spiel lief noch. Das Handy klingelte. „Glückwunsch, Junge, Assi dreht schon durch, und Mölli weint.“ Ich schrie nur: „Hör auf, ist noch lila.“ Im Parkstadion feierten sie weiter. Ein TV-Mann hatte ihnen gesagt, es sei Schluss in Hamburg. Ich aber lief in den Presseraum, kam an und sah auf dem TV Oliver Kahn irgendwo rumirren. Und die Bedienung sagte: „indirekter Freistoß“. „Der ist drin“, murmelte ich, murmelten wohl alle Königsblauen in diesem Moment. Ich wusste es. Nein, ich hatte nur Angst davor, dass es so ist. Dann ging ich. Ich hörte Schreie, ich hörte Jubel, ich hörte ein Fluchen. Mir liefen die Tränen über das Gesicht. Einige Kollegen haben es gesehen. Sie haben es mir nicht übel genommen.
Das Tor von Patrik Andersson, den Fauxpas „unseres“ Matthias Schober im HSV-Kasten, die Szenen aus dem Parkstadion – all das habe ich erst viel später gesehen. Auf Video. Nur einmal. Da redeten sie irgendwas von „Meister der Herzen“ und dem Titel für 4 Minuten und 38 Sekunden. Ich hab es mir nie wieder angesehen. *Dirk Graalmann*

Der Autor ist bekennender Schalke-Fan und erlebte den 19. Mai als Berichterstatter der „Süddeutschen Zeitung“ beim Spiel Leverkusen – Bochum in der BayArena.

Und am Ende gewinnt immer Bayern München. Der Meister mit Mehmet Scholl, Michael Wiesinger, Thomas Linke, Carsten Jancker, Roque Santa Cruz, Antonio di Salvo, Berkant Göktan, Willy Sagnol, Samuel Kuffour, Bernd Dreher, Bixente Lizarazu, Alexander Zickler, Giovane Elber, Paulo Sergio, Hasan Salihamidzic, Stefan Effenberg, Jens Jeremies, Oliver Kahn und Patrik Andersson (von links)

Ein Jahr voller Merkwürdigkeiten

Abschlusstabelle									Heim-Bilanz					Auswärts-Bilanz				
	Mannschaft	Sp	g.	u.	v.	Tore	Diff.	Punkte	g.	u.	v.	Tore	Punkte	g.	u.	v.	Tore	Punkte
1	Bayern München	34	19	6	9	62:37	+25	63	12	1	4	37:20	37	7	5	5	25:17	26
2	FC Schalke 04	34	18	8	8	65:35	+30	62	12	4	1	36:13	40	6	4	7	29:22	22
3	Borussia Dortmund	34	16	10	8	62:42	+20	58	9	4	4	34:20	31	7	6	4	28:22	27
4	Bayer 04 Leverkusen	34	17	6	11	54:40	+14	57	10	2	5	30:16	32	7	4	6	24:24	25
5	Hertha BSC Berlin	34	18	2	14	58:52	+6	56	11	2	4	38:22	35	7	0	10	20:30	21
6	SC Freiburg	34	15	10	9	54:37	+17	55	9	5	3	36:15	32	6	5	6	18:22	23
7	Werder Bremen	34	15	8	11	53:48	+5	53	10	4	3	33:18	34	5	4	8	20:30	19
8	1. FC Kaiserslautern	34	15	5	14	49:54	-5	50	8	3	6	24:19	27	7	2	8	25:35	23
9	VfL Wolfsburg	34	12	11	11	60:45	+15	47	8	6	3	38:18	30	4	5	8	22:27	17
10	1. FC Köln	34	12	10	12	59:52	+7	46	8	5	4	33:18	29	4	5	8	26:34	17
11	TSV 1860 München	34	12	8	14	43:55	-12	44	8	3	6	23:25	27	4	5	8	20:30	17
12	Hansa Rostock	34	12	7	15	34:47	-13	43	8	5	4	22:20	29	4	2	11	12:27	14
13	Hamburger SV	34	10	11	13	58:58	0	41	8	6	3	33:21	30	2	5	10	25:37	11
14	Energie Cottbus	34	12	3	19	38:52	-14	39	10	1	6	27:20	31	2	2	13	11:32	8
15	VfB Stuttgart	34	9	11	14	42:49	-7	38	9	5	3	31:20	32	0	6	11	11:29	6
16	SpVgg Unterhaching	34	8	11	15	35:59	-24	35	7	6	4	21:20	27	1	5	11	14:39	8
17	Eintracht Frankfurt	34	10	5	19	41:68	-27	35	8	3	6	26:22	27	2	2	13	15:46	8
18	VfL Bochum	34	7	6	21	30:67	-37	27	5	4	8	20:28	19	2	2	13	10:39	8

Na klar, 2000/01 war das Jahr des Vier-Minuten-Meisters Schalke und das der Koks-Affäre von Christoph Daum. Aber es gab auch viele andere Merkwürdigkeiten. Eine lieferte Energie Cottbus. In der Partie der Lausitzer gegen den VfL Wolfsburg verlas der Stadionsprecher folgende Aufstellung: Piplica, Vata, Matyus, Hujdurovic, Reghecampf, Akrapovic, Kobylanski, Latoundji, Miriuta, Labak, Franklin. Erstmals stand bei einem Bundesliga-Klub kein Deutscher in der Anfangsformation.
Eine Premiere gab es auch in Kaiserslautern: Stürmer Miroslav Klose vom Oberligisten SG Blaubach-Diedelkopf traf erstmals für den 1. FC Kaiserslautern gegen Werder Bremen und bescherte Trainer Andreas Brehme (kam für Otto Rehhagel) den zweiten Sieg im zweiten Spiel. Ohne Erfolg verabschiedete sich dagegen Gerhard Mayer-Vorfelder. Nach dem 2:2 gegen Unterhaching endete seine Amtszeit als Präsident des VfB Stuttgart. Der Beginn einer neuen Ära. Wenig später verpflichteten die Schwaben Rolf Rüssmann als neuen Manager, kurz darauf beerbte Felix Magath den glücklosen Ralf Rangnick als Trainer.
An anderer Stelle feierten nach der Winterpause zwei Hoffnungsträger ihr Debüt: Der brasilianische Verteidiger Lucio verstärkte Bayer Leverkusen, der Tscheche Tomas Rosicky, für die Rekordsumme von 25 Millionen Mark aus Prag angeheuert, lief für Borussia Dortmund auf. Den letzten Kick gaben sie ihren Teams aber noch nicht. Dortmund wird Dritter, Leverkusen im Katastrophenjahr mit Daum, Interims-Coach Rudi Völler und „Tribünenadler“ Berti Vogts Vierter. „Bundes-Berti“ aber hat jeglichen Kredit verspielt und wird nach Saisonschluss entlassen.

Torjäger			
1.	Sergej Barbarez	Hamburger SV	22
	Ebbe Sand	Schalke 04	22
3.	Claudio Pizarro	Werder Bremen	20
4.	Michael Preetz	Hertha BSC Berlin	16
5.	Giovane Elber	Bayern München	15
	Oliver Neuville	Bayer Leverkusen	15
7.	Ailton	Werder Bremen	14
8.	Emile Mpenza	Schalke 04	13
9.	Paul Agostino	1860 München	12
	Carsten Jancker	Bayern München	12

50 Millionen investiert – Titel gewonnen

Nicht immer ein Herz und eine Seele: Dortmunds Trainer Matthias Sammer und sein brasilianischer Sturmkünstler Marcio Amoroso (vorn). In der Saison 2001/02 hatte das Zweckbündnis jedoch Erfolg: Der BVB wurde Meister, Amoroso zudem noch Torschützenkönig

Dortmunds kapriziöser Künstler Marcio Amoroso schießt seinen Klub zur Meisterschaft

Als alle Verträge unterzeichnet waren und das Millionen-Geschäft perfekt wurde, rang selbst der Präsident um Worte. „Das ist eine große Sache", sagte Borussia Dortmunds Chef Gerd Niebaum und holte erst einmal tief Luft. Dann, nach einer kurzen Weile, setzte er seine Ausführungen fort. „Preis und Chancen, die sich durch diese Verpflichtung eröffnen, stehen in einem gesunden Verhältnis." Das klang zwar, als hätte die Borussia lediglich eine neue Flutlichtanlage erworben und nicht gerade den teuersten Transfer der Bundesligageschichte abgewickelt, entsprach aber wohl ganz der Gefühlsneigung des Dortmunder Präsidenten. Denn auch Niebaum vermochte zu diesem Zeitpunkt noch nicht zu sagen, ob sich die 50 Millionen Mark, die sein Verein gerade für den Brasilianer Marcio Amoroso ausgegeben hatte, auch tatsächlich rechnen würden.

Da traf es sich für den BVB-Chef und seine emsigen Vereinskollegen gut, dass der neue Star bereits am ersten Spieltag einen beeindruckenden Nachweis seiner Klasse ablieferte und beim 2:0 über Nürnberg beide Treffer erzielte. Während sich Niebaum auf der Tribüne des Westfalenstadions vor Schulterklopfern nicht retten konnte, verkündete Amoroso auf dem Spielfeld, dass es für ihn eine Ehre sei, so viel zu kosten, und fügte lächelnd an: „Bei meinem letzten Wechsel von Udinese zu Parma habe ich sogar noch mehr gekostet." Das war zwar ehrlich, sorgte aber auch dafür, dass in den Wochen nach dem gelungenen Debüt des 27-Jährigen nicht etwa über dessen Torinstinkt und geschmeidige Dribblings gesprochen wurde, sondern lange Zeit über Sinn und Unsinn eines solchen Transfers.

Dabei hatte man sich doch schon fast daran gewöhnt, dass bei den An- und Verkäufen der weltbesten Kicker unweigerlich immer neue Grenzen geknackt werden. Klar, der erste Millionen-Transfer der Bundesliga hatte noch für einige Aufregung gesorgt, damals 1976, als Roger van Gool vom FC Brügge zum 1. FC Köln gewechselt war. Und auch drei Jahre später wurden die Rheinländer ob ihres Finanzgebarens noch verwundert angeguckt, weil sie den Engländer Tony Woodcock für unverschämte 2,5 Millionen Mark verpflichteten. Doch dann nahm man Nachrichten von neuerlichen Rekordtransfers nur noch mit einem leichten Nicken zur Kenntnis. Lajos Detari für 3,6 Millionen Mark zu Eintracht Frankfurt – okay. Brian Laudrup für

Tränen lügen nicht: Leverkusens Star Michael Ballack und Manager Reiner Calmund nach der verpassten Meisterschaft

Ein Trainer und sein Erfolgsrezept

Gestern um 10.20 Uhr fuhr Matthias Sammer im schwarzen Mercedes am Trainingsgelände von Borussia Dortmund vor. Alles war wie immer: Er stieg aus, grüßte kurz Ordner und Journalisten und verschwand in der Umkleidekabine. Nur der sportliche Applaus einiger Fans deutete darauf hin, dass am Tag zuvor etwas Besonderes passiert war. 17 Stunden nach dem Gewinn der sechsten Meisterschaft in der Dortmunder Vereinsgeschichte war wieder Alltag eingekehrt, schien es. So hatte es sich der mit 34 Jahren jüngste Meistertrainer in der Bundesligageschichte gewünscht. Das ist Sammer, wie man ihn kennt. Er bleibt ruhig in der Stunde des größten Erfolgs. Aber er dreht durch wegen vermeintlicher Kleinigkeiten. Sammer ist ein Mann, der immer das Gegenteil vom Erwarteten tut. Gewinnt seine Mannschaft, kritisiert er sie. Verliert sie, stellt er sich schützend vor sie. Es scheint sein Erfolgsrezept zu sein.

DIE WELT

Die Welt am 6. Mai 2002.

sechs Millionen zu Bayern München – gebongt. Heiko Herrlich gegen Entschädigung von 10,7 Millionen von Gladbach nach Dortmund – meinetwegen. Und selbst die 17,5 Millionen Mark, die Bayer Leverkusen im Januar 2000 an die Brasilianer von Porto Alegre überwies, um einen Abwehrhünen namens Lucio zu verpflichten, vermochten nicht zur gesteigerten Aufgeregtheit beim geneigten Fußballanhänger führen.
Doch als Borussia Dortmund nun in Dimensionen vorstieß, die eigentlich nur den Italienern oder Spaniern vorbehalten waren, herrschte große Aufregung im und um den einstigen Arbeiterklub. Gerade deshalb, weil die Borussia zuvor bei der Verpflichtung des Nigerianers Victor Ikpeba schon feststellen musste, dass ein hoher Kaufpreis nicht unbedingt für sportliche Qualität bürgt. Doch im Fall Amoroso waren solche Sorgen unangebracht, wie sich schnell zeigen sollte. Den beiden Toren gegen Nürnberg ließ der exzentrische Stürmer noch weitere 16 in der Liga folgen und sicherte sich als erster Brasilianer die Torjägerkanone.
Dabei hätte man wissen sollen, dass Amoroso durchaus prädestiniert war, in Dortmund trotz der Belastung einer hohen Ablöse zu überzeugen. Schließlich hatten Ballgefühl und Torinstinkt schon länger in der Familie des kapriziösen Künstlers gelegen. Bereits in den sechziger Jahren spielte beim legendären FC Botafogo aus Rio ein gewisser Amoroso mit Größen wie Didi und Garrincha zusammen. Es war der Onkel des Dortmunder Stürmers. *Jens Bierschwale*

Und dann die Hände zur Schale: Dede und der Schütze des Meistertores, Ewerthon, freuen sich mit ihren Mannschaftskollegen Evanilson, Guiseppe Reina, Sunday Oliseh, Marcio Amoroso, Ahmed Madouni, Miroslav Stevic und Jan Koller (vorne, von links) über die sechste deutsche Meisterschaft des BVB. Dahinter lassen es Trainer Matthias Sammer, Jürgen Kohler, Mannschaftsarzt Dr. Michael Preuhs, Co-Trainer Uwe Neuhaus und Physiotherapeut Peter Kuhnt erst einmal ruhig angehen

Bayer versagen die Nerven

Abschlusstabelle									Heim-Bilanz					Auswärts-Bilanz				
	Mannschaft	Sp	g.	u.	v.	Tore	Diff.	Punkte	g.	u.	v.	Tore	Punkte	g.	u.	v.	Tore	Punkte
1	Borussia Dortmund	34	21	7	6	62:33	+29	70	12	3	2	31:12	39	9	4	4	31:21	31
2	Bayer 04 Leverkusen	34	21	6	7	77:38	+39	69	14	1	2	46:13	43	7	5	5	31:25	26
3	Bayern München	34	20	8	6	65:25	+40	68	12	5	0	42:10	41	8	3	6	23:15	27
4	Hertha BSC Berlin	34	18	7	9	61:38	+23	61	13	2	2	40:13	41	5	5	7	21:25	20
5	FC Schalke 04	34	18	7	9	52:36	+16	61	13	2	2	38:14	41	5	5	7	14:22	20
6	Werder Bremen	34	17	5	12	54:43	+11	56	11	2	4	29:21	35	6	3	8	25:22	21
7	1. FC Kaiserslautern	34	17	5	12	62:53	+9	56	11	4	2	39:21	37	6	1	10	23:32	19
8	VfB Stuttgart	34	13	11	10	47:43	+4	50	8	5	4	25:16	29	5	6	6	22:27	21
9	TSV 1860 München	34	15	5	14	59:59	0	50	8	3	6	31:33	27	7	2	8	28:26	23
10	VfL Wolfsburg	34	13	7	14	57:49	+8	46	9	3	5	34:18	30	4	4	9	23:31	16
11	Hamburger SV	34	10	10	14	51:57	-6	40	7	6	4	35:25	27	3	4	10	16:32	13
12	Borussia Mönchengladbach	34	9	12	13	41:53	-12	39	6	5	6	21:21	23	3	7	7	20:32	16
13	Energie Cottbus	34	9	8	17	36:60	-24	35	8	4	5	27:21	28	1	4	12	9:39	7
14	Hansa Rostock	34	9	7	18	35:54	-19	34	6	6	5	20:18	24	3	1	13	15:36	10
15	1. FC Nürnberg	34	10	4	20	34:57	-23	34	7	3	7	21:23	24	3	1	13	13:34	10
16	SC Freiburg	34	7	9	18	37:64	-27	30	6	5	6	25:26	23	1	4	12	12:38	7
17	1. FC Köln	34	7	8	19	26:61	-35	29	5	5	7	16:21	20	2	3	12	10:40	9
18	FC St. Pauli	34	4	10	20	37:70	-33	22	4	4	9	19:28	16	0	6	11	18:42	6

Für den Meister hielt die Saison schon am ersten Spieltag eine Rarität bereit. Bayern München verlor bei Borussia Mönchengladbach nach einem Tor von Arie van Lent mit 0:1. Es war erst die achte Auftaktniederlage des Rekordchampions in der Bundesliga und sicher nicht das beste Omen für einen erfolgreichen Verlauf der Spielzeit. Und erfolgreicher Verlauf konnte natürlich nur bedeuten: der Gewinn der 18. deutschen Meisterschaft.
Um die Tabellenführung stritten sich zunächst andere Teams. Der 1. FC Kaiserslautern preschte mit sieben Siegen in Serie an die Spitze und stritt sich in den folgenden Wochen mit Bayer Leverkusen um die Vorherrschaft in Deutschlands Eliteliga. Die Bayern gaben sich dagegen bescheiden, übernahmen nur zwischen dem zehnten und 13. Spieltag das Kommando und überließen danach den Konkurrenten das Feld. Nutznießer der schwächelnden Münchner war zunächst Bayer Leverkusen, das angesichts eines Fünf-Punkte-Vorsprungs schon drei Spieltage vor Schluss mit den geheimen Vorbereitungen für die Feiern zum ersten Titelgewinn begann. Doch dann wiederholte sich die Geschichte. Das Unterhaching der Bayer-Elf hieß diesmal Nürnberg, das Ergebnis war ähnlich ernüchternd wie schon zwei Jahre zuvor, 0:1 lautete es diesmal am Schluss. Dortmund dagegen gewann seine Auswärtspartie in Hamburg mit 4:3 und machte schließlich am letzten Spieltag durch einen 2:1-Heimsieg über Werder Bremen den Titel perfekt. Ewerthon, Schütze des Dortmunder Siegtores, weinte vor Glück, Leverkusens Manager Reiner Calmund aus

Torjäger			
1.	Marcio Amoroso	Borussia Dortmund	18
	Martin Max	1860 München	18
3.	Michael Ballack	Bayer Leverkusen	17
	Giovane Elber	Bayern München	17
5.	Ailton	Werder Bremen	16
	Miroslav Klose	1. FC Kaiserslautern	16
7.	Claudio Pizarro	Bayern München	15
8.	Marcelinho	Hertha BSC Berlin	13
	Oliver Neuville	Bayer Leverkusen	13
10.	Arie van Lent	Borussia M'gladbach	12

Trauer. Auch im 23. Anlauf stand er als gewichtiger und trauernder Verlierer da. Große Emotionen boten auch einige Spieler, die letztmals die Bundesliga-Bühne betraten: Jürgen Kohler, Marco Bode, Dieter Eilts, Olaf Thon und Yves Eigenrauch verabschiedeten sich in den Fußballer-Ruhestand.

Glückliche Dilettanten im passiven Abseits

Warum Bayer Leverkusen, der 1. FC Kaiserslautern und Nationaltorhüter Oliver Kahn die jüngste Saison liebend gern vergessen würden

Es ist fast unmöglich, die Dramatik, das Chaos, ja den Dilettantismus bei Bayer Leverkusen anno 2003 in dürren Sätzen nachzuzeichnen. Nur kurz sei hier vermerkt, dass Leverkusen im Jahr zuvor im Endspiel um die Champions League, im Finale um den DFB-Pokal und bis zum 32. Spieltag auf Platz eins der Bundesliga stand. Am Ende gab es zwei Silberplaketten und Tränen bei Manager Reiner Calmund.

Außer den Tränen ist nicht mehr viel übrig geblieben. Als die Bayer-Elf am 24.

Gescheitert: Klaus Toppmöller

Mai zum finalen Spieltag nach Nürnberg fuhr (just dorthin, wo sie ein Jahr zuvor die Meisterschaft verdaddelt hatte), war aus dem umjubelten Ensemble eine Laienspielschar, aus den Titelträumen längst purer Existenzkampf geworden. Nach dem 21. Spieltag und dem 1:2 gegen Hansa Rostock (der fünften Pleite in Serie) wurde Trainer Klaus Toppmöller entlassen, weil der Manager schon längst einen neuen Weggefährten hatte: „Wenn du in den Kühlschrank guckst, ist das Abstiegsgespenst da. Und wenn du dann ins Bett gehst, liegt es dort auch schon", sagte Calmund.

Es hat ihn wohl so verwirrt, dass er auf die abstruse Idee verfiel, Amateurcoach Thomas Hörster zum Cheftrainer zu machen. Nebenher suchte er für den „1-A-Trainer" aber gleich Wachpersonal – einen Sportdirektor. Bei den Rehhagels war er zu Kaffee und Kuchen; und kam mit Bauchschmerzen, aber ohne Otto zurück. Also präsentierte er seinen „absoluten Wunschkandidaten" Jürgen Kohler, der sich mit Hörster in etwa so gut verstand wie Gerhard Schröder mit Oskar Lafontaine. Kohler plauderte lieber mit Udo Lattek, wollte den amüsanten Rentier gar in Amt und Würden sehen – vergeblich. Hörster wurde er dennoch los. Der Trainer, der sich fortwährend verbal entmannt hatte, durfte nach 86 Tagen und unzähligen Treuebekundungen Callmunds zurück zur Nachwuchself. Es kam Klaus Augenthaler, ausgerechnet jener Coach, der zwei Wochen zuvor noch in Nürnberg auf der Bank gesessen und den Club auf Rang 17 geführt hatte –, und sich nun an alter Heimstätte als Retter fühlen durfte. Eine lustige Geschichte, „ein 1-A-Affentheater", so Calmund.

Dabei war lange Zeit eigentlich der 1. FC Kaiserslautern fürs Chaos zuständig gewesen. Sportlich drohte der Abstieg, wirtschaftlich die Insolvenz. Der Klub rangierte in der Winterpause mit 13 Punkten auf Rang 17, das Finanzamt forderte 12,9 Millionen Euro Steuernachzahlungen – gerade einmal ein Drittel der Gesamtschulden. Nur eine famose Aufholjagd unter Coach Erik Gerets und die vom neuen Präsidenten René

Retter in der Not: Trainer Klaus Augenthaler (vorn) und Bayer Leverkusens Sportdirektor Jürgen Kohler

Die vorhersehbarste Meisterschaft

Hoch über den Wolken hatte man den Eindruck, als hätte es diese irgendwie doch sehr verblüffenden Szenen gar nicht gegeben. Verschwunden war jene Ausgelassenheit, mit der die Berufsgewinner von Bayern München die vorhersehbarste Meisterschaft der Klubgeschichte im hübschen Stadion der Autostadt Wolfsburg empfangen hatten; wie der Ersatzspieler Kuffour kurz vor dem Abpfiff seinen Trainer bedrängt hatte, doch endlich das in zehn Kisten mitgereiste Weißbier aus der Kabine holen zu dürfen; wie dieser Kuffour später einen der Drei-Liter-Krüge über einem vergnügten Welttorhüter entleert und der Profi Elber vor aller Welt im Slip getanzt hatte. Und vergessen waren nun sogar die feuchten Wangenküsse, mit denen ein ganz offensichtlich gerührter Fernsehreporter namens Töpperwien den Meistertrainer Hitzfeld und den Meisterersatztorwart Dreher beglückt hatte. Über den Wolken herrschte Stille. Die Sieger waren jetzt müde.

Süddeutsche Zeitung
NEUESTE NACHRICHTEN AUS POLITIK, KULTUR, WIRTSCHAFT UND SPORT

Die Süddeutsche Zeitung am 28.04.2003

C. Jäggi vorgenommen Rettungsmaßnahmen samt Stadionverkauf und Verpfändung der Transferrechte an Nationalstürmer Miroslav Klose konnten den Konkurs abwenden. „Wir haben die heilige Kuh geschlachtet", sagte Jäggi über die Not-OP. Übrig blieb ein erträglicher Schaden: Vier Punkte Abzug in der neuen Saison. Zum Trost dürfen die Lauterer im Uefa-Pokal antreten. Weil sie das DFB-Pokalfinale erreichten – gegen die Bayern, vor allem aber gegen jenen Mann, der die Schlagzeilen beherrschte: Oliver Kahn. Dieser grandiose Torwart, „King Kahn", der Idealtypus deutscher Tugenden. Zumindest bis Anfang März, bis die „Luder-Falle" zuschnappte. Kahn wurde ertappt – mit Verena K., einer 21-jährigen Aushilfskellnerin, im Münchner Szene-Klub P1. „Ist Kahn ein Schwein?", sorgte sich prompt die *Bild*. Schließlich lag Ehefrau Simone hochschwanger zu Hause in Grünwald. Inzwischen ist Sohn David geboren – und der Goliath zwischen den Pfosten wieder im Abseits unterwegs. Bei der Meisterfeier setzte er sich um 4 Uhr ins „Pacha" ab – mit Verena: „Er kommt nicht von ihr los", stellte die *Bild* fest. Wie war das noch mit Torhütern und Linksaußen?

Dirk Graalmann

Zu ehrlich für das Bundesligageschäft? Thomas Hörster

Meister: Bayern München

Thorsten Fink, Jens Jeremies, Hasan Salihamidzic, Willy Sagnol, Bixente Lizarazu, Nico Kovac, Samuel Kuffour, Robert Kovac, Giovane Elber, Zé Roberto, Thomas Linke (verdeckt), Owen Hargreaves, Bernd Dreher, Michael Tarnat, Michael Ballack, Bastian Schweinsteiger, Oliver Kahn, Claudio Pizarro, Alexander Zickler, Mehmet Scholl, Physiotherapeut Wolfgang Gebhardt, Markus Feulner, Bernd Dreher, Co-Trainer Michael Henke, Physiotherapeut Fredi Binder, Trainer Ottmar Hitzfeld (v. li.)

Weißes Ballett mit blassem Gesicht

Abschlusstabelle									Heim-Bilanz					Auswärts-Bilanz				
	Mannschaft	Sp	g.	u.	v.	Tore	Diff.	Punkte	g.	u.	v.	Tore	Punkte	g.	u.	v.	Tore	Punkte
1	FC Bayern Münnchen	34	23	6	5	70:25	+45	75	13	3	1	37:12	42	10	3	4	33:13	33
2	VfB Stuttgart	34	17	8	9	53:39	+14	59	9	5	3	30:14	32	8	3	6	23:25	27
3	Borussia Dortmund	34	15	13	6	51:27	+24	58	10	6	1	31:13	36	5	7	5	20:14	22
4	Hamburger SV	34	15	11	8	46:36	+10	56	13	3	1	30:11	42	2	8	7	16:25	14
5	Hertha BSC Berlin	34	16	6	12	52:43	+9	54	10	4	3	35:19	34	6	2	9	17:24	20
6	Werder Bremen	34	16	4	14	51:50	+1	52	10	2	5	34:23	32	6	2	9	17:27	20
7	FC Schalke 04	34	12	13	9	46:40	+6	49	6	8	3	23:16	26	6	5	6	23:24	23
8	VfL Wolfsburg	34	13	7	14	39:42	-3	46	11	2	4	26:15	35	2	5	10	13:27	11
9	VfL Bochum	34	12	9	13	55:56	-1	45	6	5	6	26:25	23	6	4	7	29:31	22
10	TSV 1860 München	34	12	9	13	44:52	-8	45	6	5	6	22:22	23	6	4	7	22:30	22
11	Hannover 96	34	12	7	15	47:57	-10	43	4	6	7	28:33	18	8	1	8	19:24	25
12	Borussia Mönchengladbach	34	11	9	14	43:45	-2	42	10	5	2	31:11	35	1	4	12	12:34	7
13	Hansa Rostock	34	11	8	15	35:41	-6	41	6	5	6	20:18	23	5	3	9	15:23	18
14	1. FC Kaiserslautern	34	10	10	14	40:42	-2	40	9	3	5	23:12	30	1	7	9	17:30	10
15	Bayer 04 Leverkusen	34	11	7	16	47:56	-9	40	6	3	8	27:28	21	5	4	8	20:28	19
16	Arminia Bielefeld	34	8	12	14	35:46	-11	36	7	5	5	23:16	26	1	7	9	12:30	10
17	1. FC Nürnberg	34	8	6	20	33:60	-27	30	4	4	9	16:24	16	4	2	11	17:36	14
18	Energie Cottbus	34	7	9	18	34:64	-30	30	4	3	10	17:30	15	3	6	8	17:34	15

Das erste Wort gebührt dem Meister: Nach dem zweiten Spieltag huldigte man dem „weißen Ballett", weil die so unschuldig gekleideten Bayern beim 6:2 gegen Arminia Bielefeld mit ihrem Spiel verzauberten. Am Saisonende sprach Manager Uli Hoeneß dann vom „blassen Gesicht" der Elf. Die Wahrheit liegt in der Mitte: Die Münchner sicherten sich den Titel bereits am 30. Spieltag, doch das blamable Ausscheiden in der Champions League (ohne Sieg in der Vorrunde) hatte den Bayern zugesetzt.

Fast gänzlich ohne Sorgen war dagegen der VfB Stuttgart. Die „jungen Wilden" um Kevin Kuranyi, Aliaksandr Hleb und Andreas Hinkel, angeleitet von Trainer Felix Magath, erstaunten die Liga mit schönem Fußball und Platz zwei. Kurios: Am letzten Spieltag waren die Schwaben an der taumelnden Dortmunder Borussia vorbeigezogen, die gegen Cottbus nur ein 1:1 zustande brachte. Auch der Hamburger SV reüssierte unter Kurt Jara überraschend und sicherte sich einen Uefa-Cup-Platz. Ein Debakel erlebten dagegen die ambitionierten Schalker: Das Experiment mit Frank Neubarth als Coach endete im krachenden Desaster. Nach 26 Spieltagen zog Manager Rudi Assauer die Reißleine. Doch mit Nachfolger Marc Wilmots ging es noch weiter bergab: Vier Niederlagen in Serie ließen den FC Schalke auf Rang sieben abstürzen. Immerhin: Der Belgier fiel weich. Er wurde Mitte Mai in den belgischen Senat gewählt und darf sich jetzt als Politiker fühlen.

Auch Stefan Effenberg suchte sich ein neues Betätigungsfeld. Das Enfant terrible quittierte Anfang April in Wolfsburg entnervt den Dienst – und ging unter die Pseudo-Literaten: Effenberg veröffentlichte seine Krawall-Biographie mit dem Titel: „Ich hab's allen gezeigt".

Torjäger			
1.	Giovane Elber	Bayern München	21
	Th. Christiansen	VfB Bochum	21
3.	Ailton	Werder Bremen	16
4.	Kevin Kuranyi	VfB Stuttgart	15
	Claudio Pizarro	Bayern München	15
6.	Fredi Bobic	Hannover 96	14
	Marcelinho	Hertha BSC	14
	Bernardo Romeo	Hamburger SV	14
	Markus Schroth	TSG 1860 München	14
10.	Jan Koller	Borussia Dortmund	13

40 Jahre Bundesliga

Die ewige Tabelle

	Gesamtbilanz									Heimbilanz						Auswärtsbilanz					
	Verein	Jahre	Sp	S	U	N	Tore	Diff.	Pkt.	Sp	S	U	N	Tore	Pkt.	Sp	S	U	N	Tore	Pkt.
1.	FC Bayern München	38	1296	719	307	270	2776:1543	+1233	2464	648	471	113	64	1741:611	1526	648	248	194	206	1035:932	938
2.	Hamburger SV	40	1356	560	372	424	2286:1924	+362	2052	678	392	166	120	1395:721	1342	678	168	206	304	891:1203	710
3.	Werder Bremen	39	1322	558	332	432	2176:1888	+288	2006	661	394	160	107	1371:726	1342	661	164	172	325	805:1162	664
4.	1. FC Köln	37	1254	539	319	396	2224:1813	+411	1936	627	367	136	124	1371:752	1237	627	172	183	272	853:1061	699
5.	VfB Stuttgart	38	1288	538	316	434	2225:1884	+341	1930	644	387	133	124	1383:694	1294	644	151	183	310	842:1190	636
6.	1. FC Kaiserslautern	39	1322	527	333	462	2147:2054	+93	1914	661	393	165	103	1333:696	1344	661	134	168	359	814:1358	570
7.	Borussia Mönchengladbach	36	1228	517	330	381	2256:1805	+451	1881	614	340	166	108	1382:722	1186	614	177	164	273	874:1083	695
8.	Borussia Dortmund	36	1220	507	317	396	2122:1834	+288	1838	610	353	150	107	1319:691	1209	610	154	167	289	803:1143	629
9.	Eintracht Frankfurt	36	1220	470	305	445	2043:1892	+151	1713	610	349	146	115	1310:717	1193	610	121	159	330	733:1175	522
10.	FC Schalke 04	35	1186	429	307	450	1723:1812	-89	1594	593	301	170	122	1069:659	1073	593	128	137	328	654:1153	521
11.	Bayer 04 Leverkusen	24	820	323	246	251	1315:1127	+188	1215	410	221	117	72	779:430	780	410	102	129	179	536:697	435
12.	VfL Bochum	28	956	296	249	411	1329:1557	-228	1137	478	223	129	126	806:582	798	478	73	120	285	523:975	339
13.	MSV Duisburg	26	880	283	242	355	1221:1402	-181	1091	440	197	138	105	731:530	729	440	86	104	250	490:872	362
14.	Hertha BSC Berlin	22	740	281	178	281	1104:1161	-57	1021	370	210	91	69	694:410	721	370	71	87	212	410:751	300
15.	1. FC Nürnberg	23	778	252	192	334	1027:1260	-233	948	389	174	114	101	637:498	636	389	78	78	233	390:762	312
16.	Fortuna Düsseldorf	22	752	238	206	308	1121:1329	-208	920	376	172	112	92	698:520	628	376	66	94	216	423:809	292
17.	Karlsruher SC	22	744	222	215	307	1025:1301	-276	881	372	164	124	84	629:483	616	372	58	91	223	396:818	265
18.	Eintracht Braunschweig	20	672	236	170	266	908:1026	-118	878	336	181	89	66	582:340	632	336	55	81	200	326:686	246
19.	TSV 1860 München	19	638	230	162	246	990:1004	-14	852	319	162	72	85	594:397	558	319	68	90	161	396:607	294
20.	Hannover 96	15	506	148	127	231	730:892	-162	571	253	112	72	69	464:361	408	253	36	55	162	266:531	163
21.	KFC Uerdingen 05	14	476	138	129	209	644:844	-200	543	238	105	67	66	404:352	382	238	33	62	143	240:492	161
22.	Arminia Bielefeld	12	374	109	90	175	465:622	-157	417	187	83	48	56	291:231	297	187	26	42	119	174:391	120
23.	Hansa Rostock	9	310	97	84	129	376:450	-74	375	155	65	47	43	228:179	242	155	32	37	86	148:271	133
24.	SC Freiburg	8	272	91	66	115	365:404	-39	339	136	58	36	42	214:162	210	136	33	30	73	151:242	129
25.	SV Waldhof Mannheim	7	238	71	72	95	299:378	-79	285	119	51	41	27	197:149	194	119	20	31	68	102:229	91
26.	Kickers Offenbach	7	238	77	51	110	368:486	-118	282	119	61	26	32	238:184	209	119	16	25	78	130:302	73
27.	VfL Wolfsburg	6	204	76	54	74	299:297	+2	282	102	54	24	24	179:114	186	102	22	30	50	120:183	96
28.	Rot-Weiß Essen	7	238	61	79	98	346:483	-137	262	119	46	43	30	213:198	181	119	15	36	68	133:285	81
29.	FC St. Pauli	7	238	50	75	113	261:417	-156	225	119	39	39	41	154:162	156	119	11	36	72	107:255	69
30.	SG Wattenscheid 09	4	140	34	48	58	186:248	-62	150	70	26	22	22	108:91	100	70	8	26	36	78:157	50
31.	1. FC Saarbrücken	5	166	32	48	86	202:336	-134	144	83	22	32	29	117:134	98	83	10	16	57	85:202	46
32.	Rot-Weiß Oberhausen	4	136	36	31	69	182:281	-99	139	68	31	18	19	119:99	111	68	5	13	50	63:182	28
33.	Dynamo Dresden	4	140	33	45	62	132:211	-79	138	70	27	24	19	82:68	105	70	6	21	43	50:143	39
34.	Alemannia Aachen	3	102	34	21	47	140:200	-60	123	51	26	13	12	96:72	91	51	8	8	35	44:128	32
35.	Energie Cottbus	3	102	28	20	54	108:176	-68	104	51	22	8	21	71:71	74	51	6	12	33	37:105	30
36.	Wuppertaler SV	3	102	25	27	50	136:200	-64	102	51	20	14	17	93:87	74	51	5	13	33	43:113	28
37.	Borussia Neunkirchen	3	98	25	18	55	109:223	-114	93	49	22	11	16	71:85	77	49	3	7	39	38:138	16
38.	FC 08 Homburg	3	102	21	27	54	103:200	-97	90	51	18	17	16	72:74	71	51	3	10	38	31:126	19
39.	SpVgg Unterhaching	2	68	20	19	29	75:101	-26	79	34	17	11	6	43:30	62	34	3	8	23	32:71	17
40.	Stuttgarter Kickers	2	72	20	17	35	94:132	-38	77	36	11	8	17	41:49	41	36	9	9	18	53:83	36
41.	SV Darmstadt 98	2	68	12	18	38	86:157	-71	54	34	10	10	14	52:68	40	34	2	8	24	34:89	14
42.	Tennis Borussia Berlin	2	68	11	16	41	85:174	-89	49	34	10	10	14	54:66	40	34	1	6	27	31:108	9
43.	SSV Ulm 1846	1	34	9	8	17	36:62	-26	35	17	7	4	6	22:23	25	17	2	4	11	14:39	10
44.	Fortuna Köln	1	34	8	9	17	46:79	-33	33	17	6	6	5	31:32	24	17	2	3	12	15:47	9
45.	SC Preußen Münster	1	30	7	9	14	34:52	-18	30	15	5	4	6	21:23	19	15	2	5	8	13:29	11
46.	Blau-Weiß 90 Berlin	1	34	3	12	19	36:76	-40	21	17	2	8	7	20:31	14	17	1	4	12	16:45	7
47.	VfB Leipzig	1	34	3	11	20	32:69	-37	20	17	2	9	6	20:28	15	17	1	2	14	12:41	5
48.	Tasmania 1900 Berlin	1	34	2	4	28	15:108	-93	10	17	2	3	12	8:46	9	17	0	1	16	7:62	1

In der Saison 71/72 wurden alle Spiele von Armina Bielefeld nur für den Gegner gewertet. Die Bielefelder Bilanz in dieser Saison sah folgendermaßen aus:

Arminia Bielefeld	34	6	7	21	41:75	-34	25	17	6	4	7	25:29	22	17	0	3	14	16:46	3

In der Saison 93/94 wurden Dynamo Dresden 4 Punkte (6 nach 3-Punkte-Regel), in der Saison 99/00 Eintracht Frankfurt 2 Punkte abgezogen. Alle Spiele wurden nach der 3-Punkte-Regelung berechnet.

in Zahlen

Rekorde, ewige Tabelle, Ranglisten, Trainer-ABC, alle Tabellenführer, Jubiläumstore, Spielausfälle, Spielabbrüche, Vereins-ABC.

Die Saisonstatistik

Saison	Meister	Herbst-meister	Meister-trainer	Torschützenkönig (Tore)	Heimsiege	Ausw.-siege	Remis	Tore	Schnitt	Elfer	verwandelt	Eigentore	Gelb-Rot	Rot	Zuschauer	Schnitt
2002/03	Bayern	Bayern	Hitzfeld	T. Christiansen/Elber (je 21)	144	85	77	821	2,68	68	48	20	38	33	10.165.568	33.221
2001/02	Dortmund	Leverkusen	Sammer	Max/Amoroso (je 18)	160	78	68	893	2,92	102	74	32	40	31	9.801.497	32.031
2000/01	Bayern	Schalke	Hitzfeld	Sand/Barbarez (je 22)	160	77	69	897	2,93	81	64	18	51	38	9.084.854	29.689
1999/00	Bayern	Bayern	Hitzfeld	Max (19)	143	76	87	885	2,89	99	69	27	42	31	9.219.834	30.130
1998/99	Bayern	Bayern	Hitzfeld	Preetz (23)	144	75	87	866	2,83	89	63	16	50	30	9.731.943	31.804
1997/98	Kaiserslautern	Kaiserslautern	Rehhagel	Kirsten (22)	145	76	85	883	2,89	57	40	21	39	20	9.604.654	31.388
1996/97	Bayern	Bayern	Trapattoni	Kirsten (22)	156	80	70	911	2,98	84	63	23	44	37	9.071.083	29.644
1995/96	Dortmund	Dortmund	Hitzfeld	Bobic (17)	123	75	108	831	2,72	83	61	14	36	33	9.173.693	29.979
1994/95*	Dortmund	Dortmund	Hitzfeld	Basler/Herrlich (je 20)	147	73	86	918	3,00	85	70	21	52	46	8.956.671	29.270
1993/94	Bayern	Frankfurt	Beckenbauer	Kuntz/Yeboah (je 18)	152	71	83	895	2,92	74	62	19	43	32	8.104.580	26.486
1992/93*	Bremen	Bayern	Rehhagel	Kirsten/Yeboah (je 20)	151	63	92	893	2,92	78	62	17	39	33	7.703.596	25.175
1991/92	VfB Stuttgart	Frankfurt	Daum	F. Walter (22)	174	82	124	994	2,62	80	60	26	40	36	8.600.801	22.634
1990/91	Kaiserslautern	Bremen	Feldkamp	Wohlfarth (21)	123	77	106	886	2,90	83	62	23	–	46	6.275.437	20.508
1989/90	Bayern	Bayern	Heynckes	J. Andersen (18)	155	61	90	790	2,58	70	52	17	–	31	6.048.207	19.765
1988/89	Bayern	Bayern	Heynckes	T. Allofs/Wohlfarth (je 17)	150	62	94	852	2,78	72	50	14	–	30	5.394.943	17.631
1987/88	Bremen	Bremen	Rehhagel	Klinsmann (19)	158	64	84	962	3,14	83	66	17	–	27	5.705.523	18.646
1986/87	Bayern	HSV	Lattek	U. Rahn (24)	166	59	81	990	3,24	110	86	13	–	19	5.937.044	19.402
1985/86	Bayern	Bremen	Lattek	Kuntz (22)	168	62	76	992	3,24	111	92	12	–	31	5.404.571	17.662
1984/85	Bayern	Bayern	Lattek	K. Allofs (26)	167	60	79	1.074	3,51	100	71	22	–	19	5.765.284	18.841
1983/84	VfB Stuttgart	VfB Stuttgart	Benthaus	K.-H. Rummenigge (26)	174	66	66	1.097	3,58	113	86	14	–	21	5.918.000	19.340
1982/83	HSV	HSV	Happel	Völler (23)	172	59	75	1.036	3,39	86	66	16	–	11	6.180.704	20.198
1981/82	HSV	1. FC Köln	Happel	Hrubesch (27)	177	61	68	1.081	3,53	116	92	14	–	9	6.280.328	20.524
1980/81	Bayern	HSV	Csernai	K.-H. Rummenigge (29)	164	62	80	1.039	3,40	94	77	13	–	8	6.896.201	22.537
1979/80	Bayern	Bayern	Csernai	K.-H. Rummenigge (26)	184	59	63	1.023	3,34	94	59	16	–	7	6.985.968	22.830
1978/79	HSV	Kaiserslautern	Zebec	K. Allofs (22)	166	55	85	963	3,15	88	70	17	–	12	7.350.741	24.022
1977/78	1. FC Köln	1. FC Köln	Weisweiler	D. Müller/G. Müller (je 24)	191	55	60	1.014	3,31	102	83	21	–	11	7.936.765	25.937
1976/77*	M´gladbach	M´gladbach	Lattek	D. Müller (34)	167	58	81	1.084	3,54	79	59	22	–	10	7.401.686	24.189
1975/76	M´gladbach	M´gladbach	Lattek	K. Fischer (29)	173	50	83	1.009	3,30	106	74	20	–	7	6.768.438	22.119
1974/75	M´gladbach	M´gladbach	Weisweiler	Heynckes (27)	180	63	63	1.056	3,45	126	91	13	–	12	6.600.084	21.569
1973/74	Bayern	Bayern	Lattek	Heynckes/G. Müller (je 30)	161	66	79	1.085	3,55	98	76	16	–	9	6.280.315	20.524
1972/73	Bayern	Bayern	Lattek	G. Müller (36)	187	52	67	1.045	3,42	114	83	14	–	5	5.031.954	16.444
1971/72	Bayern	Schalke	Lattek	G. Müller (40)	176	57	73	1.006	3,29	102	71	14	–	13	5.481.107	17.912
1970/71	M´gladbach	Bayern	Weisweiler	L. Kobluhn (24)	173	56	77	926	3,03	72	58	12	–	5	6.304.856	20.604
1969/70	M´gladbach	M´gladbach	Weisweiler	G. Müller (38)	174	55	77	951	3,11	71	46	19	–	7	6.092.330	19.910
1968/69	Bayern	Bayern	Zebec	G. Müller (30)	171	56	79	873	2,85	72	49	16	–	14	6.515.039	21.291
1967/68	Nürnberg	Nürnberg	Merkel	J. Löhr (27)	167	66	73	993	3,25	90	66	15	–	13	6.151.315	20.102
1966/67	Braunschweig	Braunschweig	Johannsen	Emmerich/G. Müller (je 28)	158	64	84	895	2,92	81	53	10	–	14	7.129.485	23.299
1965/66	1860 München	1860 München	Merkel	Emmerich (31)	168	70	68	987	3,23	93	66	13	–	11	7.103.562	23.214
1964/65	Bremen	Bremen	Multhaup	Brunnenmeier (24)	122	56	62	796	3,32	72	48	19	–	10	6.464.215	26.934
1963/64	1. FC Köln	1. FC Köln	Knöpfle	Seeler (30)	126	53	61	857	3,57	63	41	18	–	8	6.103.018	25.429

*) Die Spiele K´lautern gegen Düsseldorf (0:2, 76/77), Uerdingen gegen Frankfurt (2:0, 92/93) und Frankfurt gegen Bayern (2:0, 94/95) wurden gewertet.

Wer war wie oft Meister?

Verein	Titel	Verein	Titel
Bayern München	17	1. FC Köln	2
Borussia Mönchengladbach	5	VfB Stuttgart	2
Werder Bremen	3	Eintracht Braunschweig	1
Borussia Dortmund	3	TSV 1860 München	1
Hamburger SV	3	1. FC Nürnberg	1
1. FC Kaiserslautern	2		

Titelverteidiger

Verein	Titelverteidigungen
Bayern München	8
Borussia Mönchengladbach	3
Hamburger SV	1
Borussia Dortmund	1

Titelverteidigungen in Serie

Verein	Dreimal	Zweimal
Bayern München	3 (1999-2001, 1985-1987, 1972-1974)	2 (1989-1990, 1980-1981)
Borussia Mönchengladbach	1 (1975-1977)	1 (1970-1971)
Hamburger SV		1 (1982-1983)
Borussia Dortmund		1 (1995-1996)

Das ABC der Bundesliga-Vereine

Saison	Rang	Punkte	Tore	eingesetzte Spieler	11er-T/V für	11er-T/V gegen	Feldverweise	Zuschauer-Schnitt
Alemannia Aachen								
1967/68	11.	34:34	52:66	22	2/4	2/4	1	16891
1968/69	2.	38:30	57:51	21	3/3	2/3	1	16290
1969/70	18.	17:51	31:83	23	3/4	7/10	-	15873
Blau-Weiß 90 Berlin								
1986/87	18.	18:50	36:76	22	2/3	11/12	1	21284
Hertha BSC Berlin								
1963/64	14.	24:36	45:65	17	1/5	1/3	1	34606
1964/65	14.	25:35	40:62	17	5/5	3/5	-	36781
1968/69	14.	32:36	31:39	19	1/2	1/3	1	42843
1969/70	3.	45:23	67:41	17	4/10	5/9	-	41675
1970/71	3.	41:27	61:43	17	7/7	4/4	-	43833
1971/72	6.	37:31	46:55	24	4/5	5/5	1	23793
1972/73	13.	30:38	53:64	19	7/8	5/6	-	24417
1973/74	8.	33:35	56:60	18	3/3	1/1	-	28803
1974/75	2.	44:24	61:43	15	3/4	6/7	-	36955
1975/76	11.	32:36	59:61	19	7/10	6/6	-	23715
1976/77	10.	34:34	55:54	20	4/5	6/10	2	24868
1977/78	3.	40:28	59:48	18	7/8	3/3	1	25615
1978/79	14.	29:39	40:50	19	2/3	5/7	-	16468
1979/80	16.	29:39	41:61	25	1/3	3/5	-	23457
1982/83	18.	20:48	43:67	18	6/7	4/4	-	22624
1990/91	18.	14:54	37:84	25	3/3	9/12	2	15479
1997/98	11.	43	41:53	25	1/2	4/5	1	52958
1998/99	3.	62	59:32	23	4/5	1/3	5	52182
1999/00	6.	50	39:46	27	0/3	1/1	1	46845
2000/01	5.	56	58:52	26	2/3	8/9	5	38731
2001/02	4.	61	61:38	25	4/5	2/4	4	33984
2002/03	5.	54	52:43	28	4/4	5/5	1	39733
Tasmania 1900 Berlin								
1965/66	18.	8:60	15:108	24	0/1	4/4	-	19400
Tennis Borussia Berlin								
1974/75	17.	16:52	38:89	22	2/2	9/10	1	10469
1976/77	17.	22:46	47:85	23	3/3	4/4	1	17043
Arminia Bielefeld								
1970/71	14.	29:39	34:53	20	0/1	2/3	-	23918
1971/72	18.	19:49	41:75	22	3/4	7/8	2	17197
1978/79	16.	26:42	43:56	19	4/6	4/4	2	23093
1980/81	15.	26:42	46:65	20	3/4	3/6	1	20892
1981/82	12.	30:38	46:50	19	5/6	8/9	1	18713
1982/83	8.	31:37	46:71	19	4/4	9/11	1	18294
1983/84	8.	33:35	40:49	20	6/6	5/6	1	14195
1984/85	16.	29:39	46:61	25	6/7	2/3	3	12509
1996/97	14.	40	46:54	25	3/3	1/2	5	20784
1997/98	18.	32	43:56	24	2/2	5/7	4	21028
1999/00	17.	30	40:61	27	4/7	8/10	1	19297
2002/03	16.	36	35:46	23	3/3	3/4	5	22832
VfL Bochum								
1971/72	9.	34:34	59:69	20	4/4	2/6	-	17485
1972/73	12.	31:37	50:68	22	1/1	7/9	-	13142
1973/74	14.	30:38	45:57	20	3/3	7/11	-	15100
1974/75	11.	33:35	53:53	18	9/10	5/6	1	15109
1975/76	14.	30:38	49:62	19	4/5	7/9	-	15500
1976/77	15.	29:39	47:62	20	1/4	2/2	-	13642
1977/78	14.	31:37	49:51	22	5/6	5/5	1	18260
1978/79	8.	33:35	47:46	18	5/5	2/4	-	22096
1979/80	10.	32:36	41:44	19	3/3	4/7	1	19289
1980/81	9.	33:35	53:45	17	2/2	1/1	-	18876
1981/82	10.	32:36	52:51	21	8/8	5/8	-	15424
1982/83	13.	28:40	43:49	23	4/6	4/7	-	14252
1983/84	15.	28:40	58:70	21	5/6	4/5	-	17612
1984/85	9.	34:34	52:54	19	2/2	5/6	-	21035
1985/86	9.	32:36	55:57	21	6/7	5/6	1	13631
1986/87	11.	32:36	52:44	22	5/8	6/7	2	16115
1987/88	12.	30:38	47:51	26	2/4	3/3	2	14494
1988/89	15.	26:42	37:57	23	6/8	4/6	1	14066
1989/90	16.	29:39	44:53	24	4/6	4/6	4	16495
1990/91	14.	29:39	50:52	23	4/4	6/8	3	16887
1991/92	15.	33:43	38:55	25	4/4	4/5	5	16899
1992/93	16.	26:42	45:52	23	2/3	1/1	3	22587
1994/95	16.	22:46	43:67	25	5/5	6/8	4	23945
1996/97	5.	53	54:51	23	2/2	7/9	6	27316
1997/98	12.	41	41:49	25	1/6	1/4	5	24343
1998/99	17.	29	40:65	29	5/7	3/4	5	22469
2000/01	18.	27	30:67	33	4/4	2/4	10	17862
2002/03	9.	45	55:56	26	1/2	3/3	-	23430
Eintracht Braunschweig								
1963/64	11.	28:32	36:49	17	4/4	4/4	-	19606
1964/65	9.	28:32	42:47	17	3/6	4/8	-	18792
1965/66	10.	34:34	49:49	18	5/5	2/2	-	14540
1966/67	1.	43:25	49:27	16	1/2	2/2	-	25270
1967/68	9.	35:33	37:39	18	2/4	4/4	-	14427
1968/69	4.	37:31	46:43	18	2/4	1/3	-	15230
1969/70	16.	28:40	40:49	17	3/3	2/3	-	14308
1970/71	4.	39:29	52:40	18	1/1	1/1	-	17344
1971/72	12.	31:37	43:48	18	2/4	3/5	-	12118
1972/73	17.	25:43	33:56	17	3/3	3/4	-	13667
1974/75	9.	36:32	52:42	16	4/7	2/5	-	17788
1975/76	5.	39:29	52:48	18	7/9	6/7	1	21215
1976/77	3.	43:25	56:38	16	2/4	0/0	1	19797
1977/78	13.	32:36	43:53	21	3/3	4/4	-	17569
1978/79	9.	33:35	50:55	18	4/4	2/2	1	16545
1979/80	18.	20:48	32:64	24	1/3	2/2	-	13229
1981/82	11.	32:36	61:66	18	2/2	7/8	1	18405
1982/83	15.	27:41	42:65	21	3/3	3/6	-	13954
1983/84	9.	32:36	54:69	22	7/7	3/5	3	14470
1984/85	18.	20:48	39:79	22	4/6	5/5	3	12883
Werder Bremen								
1963/64	10.	28:32	53:62	19	4/6	4/6	-	19712
1964/65	1.	41:19	54:29	17	2/2	1/4	-	26788
1965/66	4.	45:23	76:40	18	8/9	4/5	-	21007
1966/67	16.	29:39	49:56	20	3/3	4/6	-	17455
1967/68	2.	44:24	68:51	17	8/9	4/5	-	20810
1968/69	9.	34:34	59:59	20	5/6	3/5	1	18536
1969/70	11.	31:37	38:47	21	3/3	0/0	1	16509
1970/71	10.	33:35	41:40	21	2/2	1/1	-	20842
1971/72	11.	31:37	63:58	20	8/10	3/4	-	20899
1972/73	11.	31:37	50:52	19	1/2	2/5	1	15196
1973/74	11.	31:37	48:56	19	5/6	3/5	-	15183
1974/75	15.	25:43	45:69	20	7/9	4/6	-	19253
1975/76	13.	30:38	44:55	20	8/13	4/6	-	21639
1976/77	11.	33:35	51:59	18	3/3	2/3	1	18455
1977/78	15.	31:37	48:57	19	6/8	3/4	-	19372
1978/79	11.	31:37	48:60	17	6/7	6/8	-	17180
1979/80	17.	25:43	52:93	18	4/7	8/9	1	17685
1981/82	5.	42:26	61:52	20	6/7	1/3	-	23680
1982/83	2.	52:16	76:38	18	6/7	2/2	-	24704
1983/84	5.	45:23	79:46	21	4/7	2/2	1	21377
1984/85	2.	46:22	87:51	17	4/7	4/5	1	20609
1985/86	2.	49:19	83:41	20	7/8	4/5	2	23630
1986/87	5.	40:28	65:54	21	7/8	7/7	1	20107
1987/88	1.	52:16	61:22	19	5/7	3/3	4	19300
1988/89	3.	44:24	55:32	18	4/4	4/5	-	16576
1989/90	7.	34:34	49:41	20	1/4	3/4	3	16296
1990/91	3.	42:26	46:29	18	2/3	1/2	1	17876
1991/92	9.	38:38	44:45	20	0/0	3/3	2	15538
1992/93	1.	48:20	63:30	21	8/8	4/4	1	20752
1993/94	8.	36:32	51:44	22	1/1	2/3	4	23303
1994/95	2.	48:20	70:39	21	5/5	2/2	4	29212
1995/96	9.	34:34	39:42	25	3/4	3/4	2	26361
1996/97	8.	48	53:52	25	7/9	3/4	4	28469
1997/98	7.	50	43:47	26	3/4	6/6	4	27405
1998/99	13.	38	41:47	28	3/3	3/4	4	28147
1999/00	9.	47	65:52	23	4/5	8/9	3	28988
2000/01	7.	53	53:48	25	6/8	4/5	3	29035
2001/02	6.	56	54:43	21	7/9	3/4	5	28633
2002/03	6.	52	51:50	23	4/5	2/5	8	31243
Energie Cottbus								
2000/01	14.	39	38:52	24	2/5	5/6	2	16068
2001/02	13.	35	36:60	29	3/3	4/7	7	16411
2002/03	18.	30	34:64	30	2/2	2/3	5	12597
SV Darmstadt 98								
1978/79	18.	21:47	40:75	19	2/3	6/8	-	14577
1981/82	17.	21:47	46:82	19	4/4	2/6	-	12508
Borussia Dortmund								
1963/64	4.	33:27	73:57	19	1/5	2/4	-	22113
1964/65	3.	36:24	67:48	17	3/6	3/5	-	24078
1965/66	2.	47:21	70:36	16	5/6	3/6	-	24906
1966/67	3.	39:29	70:41	19	6/9	2/7	2	26104
1967/68	14.	31:37	60:59	19	2/3	2/3	-	21877
1968/69	16.	30:38	49:54	22	3/6	5/6	-	23096
1969/70	5.	36:32	60:67	23	2/4	4/6	-	18703
1970/71	13.	29:39	54:60	20	2/2	3/5	-	17974
1971/72	17.	20:48	34:83	21	3/3	4/4	3	16011
1976/77	8.	34:34	73:64	19	4/5	2/3	-	42400
1977/78	11.	33:35	57:71	20	5/5	4/7	-	36764
1978/79	12.	31:37	54:70	21	2/2	6/6	-	27403
1979/80	6.	36:32	64:56	19	2/3	6/7	1	34243
1980/81	7.	35:33	69:59	21	4/7	7/7	-	33120
1981/82	6.	41:27	59:40	21	1/4	2/3	-	27848
1982/83	7.	39:29	78:62	20	2/3	4/5	1	26031
1983/84	13.	30:38	54:65	24	8/10	7/8	2	20306
1984/85	14.	30:38	51:65	21	8/8	5/8	1	24512
1985/86	16.	28:40	49:65	19	5/5	4/4	1	22573
1986/87	4.	40:28	70:50	18	5/6	5/6	-	32129
1987/88	13.	29:39	51:54	21	6/8	8/8	1	27921
1988/89	7.	37:31	56:40	20	2/3	3/4	1	29176

Saison	Rang	Punkte	Tore	eingesetzte Spieler	11er-T/V für	11er-T/V gegen	Feldverweise	Zuschauer-Schnitt
1989/90	4.	41:27	51:35	22	3/3	0/1	1	34810
1990/91	10.	34:34	46:57	24	4/5	5/7	4	33564
1991/92	2.	52:24	66:47	22	3/4	5/5	2	41188
1992/93	4.	41:27	61:43	22	2/3	3/4	3	40028
1993/94	4.	39:29	49:45	22	2/4	5/5	4	41339
1994/95	1.	49:19	67:33	23	9/11	3/3	4	41886
1995/96	1.	49:19	76:38	27	5/6	2/4	2	42909
1996/97	3.	63	63:41	29	5/6	3/3	3	51516
1997/98	10.	43	57:55	30	1/3	0/0	2	52274
1998/99	4.	57	48:34	26	3/5	0/0	6	62992
1999/00	11.	40	41:38	25	2/2	4/5	7	62616
2000/01	3.	58	62:42	24	3/4	5/5	4	61318
2001/02	1.	70	62:33	25	7/9	3/3	3	64485
2002/03	3.	58	51:27	25	4/5	1/4	5	66215

1. FC Dynamo Dresden

Saison	Rang	Punkte	Tore	eingesetzte Spieler	11er-T/V für	11er-T/V gegen	Feldverweise	Zuschauer-Schnitt
1991/92	14.	34:42	34:50	20	2/3	2/2	8	16543
1992/93	15.	27:41	32:49	22	4/4	4/4	8	15723
1993/94	13.	30:34	33:44	24	1/3	2/3	8	15988
1994/95	18.	16:52	33:68	29	1/3	4/4	7	16644

MSV Duisburg

Saison	Rang	Punkte	Tore	eingesetzte Spieler	11er-T/V für	11er-T/V gegen	Feldverweise	Zuschauer-Schnitt
1963/64	2.	39:21	60:36	18	5/5	1/5	1	25119
1964/65	7.	32:28	46:48	21	4/4	3/5	1	21395
1965/66	8.	36:32	70:48	18	5/5	3/3	1	19973
1966/67	11.	33:35	40:42	16	3/5	2/3	1	17296
1967/68	7.	36:32	69:58	20	2/2	2/3	1	15314
1968/69	12.	32:36	33:37	19	3/5	5/6	-	15309
1969/70	15.	29:39	35:48	19	2/2	0/0	-	15688
1970/71	7.	35:33	43:47	19	4/8	3/4	-	14705
1971/72	14.	27:41	36:51	19	4/6	4/4	2	13583
1972/73	10.	33:35	53:54	18	6/7	7/10	1	12357
1973/74	15.	29:39	42:56	20	2/2	6/8	-	14192
1974/75	14.	30:38	59:77	17	2/3	4/8	1	15671
1975/76	10.	33:35	55:62	17	1/1	3/4	-	12153
1976/77	9.	34:34	60:51	18	3/5	2/3	1	17742
1977/78	6.	37:31	62:59	19	2/3	8/8	2	17328
1978/79	13.	30:38	43:56	19	1/1	2/2	-	13457
1979/80	14.	29:39	43:57	21	0/2	2/5	-	15133
1980/81	12.	29:39	45:58	20	1/1	6/7	-	13988
1981/82	18.	19:49	40:77	23	8/8	6/6	1	11383
1991/92	19.	30:46	43:55	21	2/2	0/2	7	20252
1993/94	9.	36:32	41:52	24	2/2	3/4	5	22761
1994/95	17.	20:48	31:64	25	1/2	4/4	7	20400
1996/97	9.	45	44:49	24	4/4	3/6	4	18299
1997/98	8.	44	43:44	22	5/6	2/4	2	16194
1998/99	8.	49	48:45	25	2/4	5/5	2	16241
1999/00	18.	22	37:71	27	5/6	3/3	8	13805

Fortuna Düsseldorf

Saison	Rang	Punkte	Tore	eingesetzte Spieler	11er-T/V für	11er-T/V gegen	Feldverweise	Zuschauer-Schnitt
1966/67	17.	25:43	44:66	22	2/4	4/5	1	27930
1971/72	13.	30:38	40:53	20	3/6	2/5	-	14784
1972/73	3.	42:26	62:45	20	3/3	3/4	-	25763
1973/74	3.	41:27	61:47	19	3/5	3/4	1	23751
1974/75	6.	41:27	66:55	18	9/13	6/7	1	20225
1975/76	12.	30:38	47:57	18	3/3	4/6	1	17729
1976/77	12.	31:37	52:54	17	4/5	2/3	-	18020
1977/78	5.	39:29	49:36	18	2/2	4/6	1	20169
1978/79	7.	37:31	70:59	20	6/6	11/12	1	15256
1979/80	11.	32:36	62:72	22	2/4	0/3	-	16352

Saison	Rang	Punkte	Tore	eingesetzte Spieler	11er-T/V für	11er-T/V gegen	Feldverweise	Zuschauer-Schnitt
1980/81	13.	28:40	57:64	20	3/3	5/7	1	14880
1981/82	15.	25:43	48:73	20	3/3	6/9	-	13211
1982/83	9.	30:38	63:75	19	3/4	5/7	-	11986
1983/84	14.	29:39	63:75	20	5/6	6/7	-	18574
1984/85	15.	29:39	53:66	19	4/6	6/7	-	10610
1985/86	14.	29:39	54:78	19	3/4	5/7	1	8379
1986/87	17.	20:48	42:91	23	5/5	10/12	3	9772
1989/90	9.	32:36	41:41	22	3/6	4/5	3	18779
1990/91	12.	32:36	40:49	22	0/2	4/5	2	15378
1991/92	20.	24:52	41:69	25	2/3	6/6	1	12775
1995/96	13.	32:36	40:47	24	2/3	3/3	3	23157
1996/97	16.	33	26:57	31	3/4	2/4	4	19240

Rot-Weiß Essen

Saison	Rang	Punkte	Tore	eingesetzte Spieler	11er-T/V für	11er-T/V gegen	Feldverweise	Zuschauer-Schnitt
1966/67	18.	25:43	35:53	21	0/1	1/2	-	22412
1969/70	12.	31:37	41:54	18	1/2	6/9	-	18234
1970/71	18.	23:45	48:68	21	0/0	3/4	-	19154
1973/74	13.	31:37	56:70	22	7/8	6/7	-	15322
1974/75	12.	32:36	56:68	16	7/11	4/6	-	14097
1975/76	8.	37:31	61:67	17	3/6	5/6	1	14489
1976/77	18.	22:46	49:103	22	4/5	8/8	1	12224

Eintracht Frankfurt

Saison	Rang	Punkte	Tore	eingesetzte Spieler	11er-T/V für	11er-T/V gegen	Feldverweise	Zuschauer-Schnitt
1963/64	3.	39:21	65:41	20	5/5	3/5	-	26561
1964/65	8.	29:31	50:58	20	2/5	5/7	-	22561
1965/66	7.	38:30	64:46	21	2/4	4/8	-	28906
1966/67	4.	39:29	66:49	19	5/7	2/3	2	27770
1967/68	6.	38:30	58:51	23	2/3	5/7	1	20924
1968/69	8.	34:34	46:43	20	4/6	0/0	-	21881
1969/70	8.	34:34	54:54	19	2/2	1/2	-	18151
1970/71	15.	28:40	39:56	20	1/2	3/3	2	23075
1971/72	5.	39:29	71:61	20	9/10	8/11	2	21900
1972/73	8.	34:34	58:54	21	5/6	8/10	-	13714
1973/74	4.	41:27	63:50	17	5/6	4/8	1	25237
1974/75	3.	43:25	89:49	18	7/12	2/3	-	23511
1975/76	9.	36:32	79:58	21	4/6	5/5	-	20619
1976/77	4.	42:26	86:57	21	6/6	6/7	-	22568
1977/78	7.	36:32	59:52	19	3/5	4/4	1	23852
1978/79	5.	39:29	50:49	22	7/8	2/2	1	23441
1979/80	9.	32:36	65:61	23	2/4	5/5	2	20517
1980/81	5.	38:30	61:57	23	6/7	8/8	-	20863
1981/82	8.	37:31	83:72	22	5/6	3/5	1	20276
1982/83	10.	29:39	48:57	24	3/4	6/8	-	19927
1983/84	16.	27:41	45:61	23	3/7	3/5	3	20759
1984/85	12.	32:36	62:67	20	2/5	3/7	1	22273
1985/86	15.	28:40	35:49	24	6/7	6/6	3	15744
1986/87	15.	25:43	42:53	24	4/4	4/5	-	17638
1987/88	9.	31:37	51:50	23	2/3	2/4	-	19842
1988/89	16.	26:42	30:53	25	3/6	3/5	2	15016
1989/90	3.	41:27	61:40	21	3/4	3/4	-	25046
1990/91	4.	40:28	63:40	21	5/6	2/3	-	23545
1991/92	3.	50:26	76:41	21	2/2	4/8	-	29026
1992/93	3.	42:26	56:39	26	4/4	2/3	4	24507
1993/94	5.	38:30	57:41	25	2/3	5/4	-	30920
1994/95	9.	33:35	41:49	27	3/3	2/3	5	29089
1995/96	17.	25:43	43:68	28	2/3	1/3	5	28822
1998/99	15.	37	44:54	28	2/3	2/5	4	32156
1999/00	13.	39	42:44	26	4/5	6/9	2	34721
2000/01	17.	35	41:68	35	4/6	3/3	8	28964

SC Freiburg

Saison	Rang	Punkte	Tore	eingesetzte Spieler	11er-T/V für	11er-T/V gegen	Feldverweise	Zuschauer-Schnitt
1993/94	15.	28:40	54:57	24	6/8	7/7	6	14867
1994/95	3.	46:22	66:44	21	7/8	3/3	4	17132
1995/96	11.	31:37	30:41	25	1/1	3/4	4	22096
1996/97	17.	29	43:67	27	4/9	8/8	6	22236
1998/99	12.	39	36:44	25	2/8	1/3	3	21653
1999/00	12.	40	45:50	25	5/11	6/7	4	23363
2000/01	6.	55	54:37	24	6/7	2/3	3	24338
2001/02	16.	30	37:64	26	3/5	5/7	2	24290

Hamburger SV

Saison	Rang	Punkte	Tore	eingesetzte Spieler	11er-T/V für	11er-T/V gegen	Feldverweise	Zuschauer-Schnitt
1963/64	6.	32:28	69:60	20	2/3	0/1	-	32246
1964/65	11.	27:33	46:56	22	0/0	5/5	1	35446
1965/66	9.	34:34	64:52	20	3/4	3/3	1	23099
1966/67	14.	30:38	37:53	19	3/9	6/7	1	25563
1967/68	13.	33:35	51:54	19	1/1	3/5	1	18559
1968/69	6.	36:32	55:55	20	1/1	3/4	1	20595
1969/70	6.	35:33	57:54	19	0/1	2/3	-	17230
1970/71	5.	37:31	54:63	22	4/6	6/6	-	16608
1971/72	10.	33:35	52:52	20	2/4	4/5	-	17336
1972/73	14.	28:40	53:59	21	4/6	2/3	1	18020
1973/74	12.	31:37	53:62	17	3/5	4/4	-	24086
1974/75	4.	43:25	55:38	17	3/3	2/5	-	31433
1975/76	2.	41:27	59:32	17	1/1	1/7	-	30535
1976/77	6.	38:30	67:56	21	4/6	5/8	-	31193
1977/78	10.	34:34	61:67	17	4/4	3/4	-	30046
1978/79	1.	49:19	78:32	16	6/7	3/4	-	40377
1979/80	2.	48:20	86:35	20	3/6	2/3	-	35868
1980/81	2.	49:19	73:43	19	7/8	3/4	2	31739
1981/82	1.	48:20	95:45	19	9/10	2/2	-	33930
1982/83	1.	52:16	79:33	17	6/7	3/3	-	28345
1983/84	2.	48:20	75:36	18	8/8	5/5	2	27614
1984/85	5.	37:31	58:49	18	3/6	4/5	1	22048
1985/86	7.	39:29	52:35	23	2/2	3/4	2	18133
1986/87	2.	47:21	69:37	19	4/4	2/2	-	22012
1987/88	6.	37:31	63:68	22	6/6	2/3	-	15115
1988/89	4.	43:25	60:36	20	1/1	4/5	1	14934
1989/90	11.	31:37	39:46	23	2/2	1/3	1	18381
1990/91	5.	40:28	60:38	20	2/3	3/4	-	24164
1991/92	12.	34:42	32:43	22	2/4	2/3	2	20843
1992/93	11.	31:37	42:44	21	3/3	2/4	1	23700
1993/94	12.	34:34	48:52	24	5/6	2/2	5	31330
1994/95	13.	29:39	43:50	26	3/4	5/6	10	30523
1995/96	5.	38:30	52:47	31	5/6	4/6	2	28410
1996/97	13.	41	46:60	31	3/3	4/6	6	29655
1997/98	9.	44	38:46	30	0/0	2/2	8	32272
1998/99	7.	50	47:46	27	10/14	2/2	5	23600
1999/00	3.	59	63:39	26	10/10	1/5	3	40826
2000/01	13.	41	58:58	29	3/5	3/4	6	42228
2001/02	11.	40	51:57	26	3/4	4/6	3	43738
2002/03	4.	56	46:36	26	1/3	2/3	6	44680

Hannover 96

Saison	Rang	Punkte	Tore	eingesetzte Spieler	11er-T/V für	11er-T/V gegen	Feldverweise	Zuschauer-Schnitt
1964/65	5.	33:27	48:42	16	1/2	2/2	1	40985
1965/66	12.	30:38	59:57	20	3/7	5/6	1	31682
1966/67	9.	34:34	40:46	19	0/0	1/5	-	24417
1967/68	10.	34:34	48:52	19	6/7	6/9	2	23144
1968/69	11.	32:36	47:45	19	1/2	3/4	1	23198
1969/70	13.	30:38	49:61	18	5/7	2/3	1	24237

Saison	Rang	Punkte	Tore	eingesetzte Spieler	11er-T/V für	11er-T/V gegen	Feldverweise	Zuschauer-Schnitt
1970/71	9.	33:35	53:49	18	3/3	2/4	-	24409
1971/72	16.	23:45	54:69	21	3/4	3/6	1	17609
1972/73	16.	26:42	49:65	20	6/7	7/9	1	16258
1973/74	18.	22:46	50:66	19	5/7	1/4	-	19267
1975/76	16.	27:41	48:60	22	3/3	4/5	1	26629
1985/86	18.	18:50	43:92	22	4/4	14/17	4	26099
1987/88	10.	31:37	59:60	22	5/5	5/6	1	22001
1988/89	18.	19:49	36:71	22	2/2	2/3	2	16014
2002/03	11.	43	47:57	29	1/5	5/5	3	35369

FC 08 Homburg

Saison	Rang	Punkte	Tore	eingesetzte Spieler	11er-T/V für	11er-T/V gegen	Feldverweise	Zuschauer-Schnitt
1986/87	16.	21:47	33:79	26	3/5	5/7	1	8111
1987/88	17.	24:44	37:70	28	1/1	1/2	-	8085
1989/90	18.	24:44	33:51	22	2/5	5/6	4	7682

1. FC Kaiserslautern

Saison	Rang	Punkte	Tore	eingesetzte Spieler	11er-T/V für	11er-T/V gegen	Feldverweise	Zuschauer-Schnitt
1963/64	12.	26:34	48:69	17	2/2	8/10	2	18092
1964/65	13.	25:35	41:53	18	4/5	4/5	1	20194
1965/66	15.	26:42	42:65	18	3/4	4/6	4	15849
1966/67	5.	38:30	43:42	17	1/2	1/3	2	16914
1967/68	16.	28:40	39:67	21	3/6	4/4	1	12489
1968/69	15.	30:38	45:47	18	2/7	3/7	-	12388
1969/70	10.	32:36	44:55	22	4/6	2/3	1	13521
1970/71	8.	34:34	54:57	20	4/4	5/6	-	16058
1971/72	7.	35:33	59:53	17	4/5	5/6	-	15514
1972/73	9.	34:34	58:68	22	2/6	2/2	-	11486
1973/74	6.	38:30	80:69	18	1/4	6/8	1	14466
1974/75	13.	31:37	56:55	20	4/5	8/10	1	17731
1975/76	7.	37:31	66:60	17	6/8	4/8	1	19454
1976/77	13.	29:39	53:59	18	3/4	3/6	-	18327
1977/78	8.	36:32	64:63	17	6/6	6/9	1	20888
1978/79	3.	43:25	62:47	19	2/7	3/5	2	25524
1979/80	3.	41:27	75:53	22	4/8	5/7	-	22842
1980/81	4.	44:24	60:37	19	5/7	3/5	-	22187
1981/82	4.	42:26	70:61	20	3/4	6/6	1	20487
1982/83	6.	41:27	57:44	20	3/5	3/3	1	19997
1983/84	12.	30:38	68:69	25	6/9	7/8	1	17875
1984/85	11.	33:35	56:60	20	3/4	3/4	-	15820
1985/86	11.	30:38	49:54	21	5/7	5/6	1	15823
1986/87	7.	37:31	64:51	21	9/12	5/8	4	26211
1987/88	14.	29:39	53:62	23	1/3	4/5	3	20346
1988/89	9.	33:35	47:44	25	2/3	3/7	3	20653
1989/90	12.	31:37	42:55	26	5/5	6/7	3	23901
1990/91	1.	48:20	72:45	24	5/6	4/4	6	30440
1991/92	5.	44:32	58:42	22	6/7	4/5	4	31848
1992/93	8.	35:33	50:40	24	4/5	2/3	2	32210
1993/94	2.	43:25	64:36	24	6/7	5/5	1	33318
1994/95	4.	46:22	58:41	20	4/6	1/1	2	36454
1995/96	16.	30:38	31:37	27	4/7	2/2	4	35570
1997/98	1.	68	63:39	24	3/3	2/2	1	36783
1998/99	5.	57	51:47	22	7/8	2/2	3	40277
1999/00	5.	50	54:59	25	5/8	8/9	5	39495
2000/01	8.	50	49:54	29	6/6	2/3	5	39037
2001/02	7.	56	62:53	29	4/8	9/9	3	37626
2002/03	14.	40	40:42	27	5/6	1/2	1	35283

Karlsruher SC

Saison	Rang	Punkte	Tore	eingesetzte Spieler	11er-T/V für	11er-T/V gegen	Feldverweise	Zuschauer-Schnitt
1963/64	13.	24:36	42:55	21	3/4	0/1	-	19107
1964/65	15.	24:36	47:62	23	3/4	4/8	-	23434
1965/66	16.	24:44	35:71	23	2/2	4/5	-	23524
1966/67	13.	31:37	54:62	20	10/10	1/1	-	22655
1967/68	18.	17:51	32:70	23	0/2	6/8	1	18873
1975/76	15.	30:38	46:59	21	3/7	0/1	1	30240
1976/77	16.	28:40	53:75	19	6/7	2/4	1	28784
1980/81	10.	32:36	56:63	17	5/8	6/6	-	24217
1981/82	14.	27:41	50:68	21	3/5	7/7	1	20921
1982/83	17.	21:47	39:86	21	2/3	3/3	-	16522
1984/85	17.	22:46	47:88	22	2/5	7/12	2	15642
1987/88	15.	29:39	37:55	23	1/1	8/10	-	20297
1988/89	11.	32:36	48:51	23	7/7	6/6	2	18637
1989/90	10.	32:36	32:39	20	1/1	2/3	1	18342
1990/91	13.	31:37	46:52	24	2/2	2/4	1	17234
1991/92	8.	41:35	48:50	24	1/3	2/3	2	16086
1992/93	6.	39:29	60:54	19	5/6	6/8	5	20856
1993/94	6.	38:30	46:43	20	3/3	2/2	6	21214
1994/95	8.	36:32	51:47	24	1/1	5/7	7	28367
1995/96	7.	36:32	53:47	21	4/4	4/6	7	27318
1996/97	6.	49	55:44	23	3/4	0/0	4	25588
1997/98	16.	38	48:60	27	1/1	2/4	4	26331

1. FC Köln

Saison	Rang	Punkte	Tore	eingesetzte Spieler	11er-T/V für	11er-T/V gegen	Feldverweise	Zuschauer-Schnitt
1963/64	1.	45:15	78:40	15	3/4	4/5	1	33028
1964/65	2.	38:22	66:45	17	4/6	2/3	1	31559
1965/66	5.	44:24	74:41	21	2/4	3/4	-	26395
1966/67	7.	37:31	48:48	17	3/4	1/4	1	23538
1967/68	4.	38:30	68:52	21	5/7	5/6	-	22112
1968/69	13.	32:36	47:56	18	1/2	4/4	1	24943
1969/70	4.	43:25	83:38	17	3/6	2/3	-	24210
1970/71	11.	33:35	46:56	18	2/3	1/1	1	18805
1971/72	4.	43:25	64:44	19	3/5	3/4	-	13870
1972/73	2.	43:25	66:51	21	7/9	6/9	-	11003
1973/74	5.	39:29	69:56	19	2/2	5/5	3	15365
1974/75	5.	41:27	77:51	20	8/10	7/9	1	18153
1975/76	4.	39:29	62:45	24	3/5	3/6	-	26439
1976/77	5.	40:28	83:61	22	3/3	2/4	2	31202
1977/78	1.	48:20	86:41	18	2/3	3/6	-	34483
1978/79	6.	38:30	55:47	19	5/5	1/2	3	21512
1979/80	5.	37:31	72:55	20	2/5	3/5	-	26506
1980/81	8.	34:34	54:55	22	2/2	7/9	1	18158
1981/82	2.	45:23	72:38	16	7/8	9/12	-	23534
1982/83	5.	43:25	69:42	20	3/4	3/3	-	17117
1983/84	6.	38:30	70:57	22	0/2	4/6	1	16286
1984/85	3.	40:28	69:66	23	4/6	7/7	1	17913
1985/86	13.	29:39	46:59	22	4/5	8/9	2	13035
1986/87	10.	35:33	50:53	22	4/6	2/2	1	16636
1987/88	3.	48:20	57:28	21	8/9	2/2	2	21362
1988/89	2.	45:23	58:30	22	4/5	2/2	1	20032
1989/90	2.	43:25	54:44	20	4/4	3/4	2	21402
1990/91	7.	37:31	50:43	21	3/4	3/3	2	19860
1991/92	4.	44:32	58:41	23	1/2	2/3	7	22948
1992/93	12.	28:40	41:51	26	3/3	1/2	4	29146
1993/94	11.	34:34	49:51	26	3/3	4/4	4	30719
1994/95	10.	32:36	54:54	22	4/4	3/4	5	31216
1995/96	12.	31:37	33:35	24	4/5	3/4	8	31730
1996/97	10.	44	62:62	26	7/8	4/4	5	29839
1997/98	17.	36	49:64	26	2/5	2/3	3	27173
2000/01	10.	46	59:52	26	3/3	3/6	7	33565
2001/02	17.	29	26:61	28	0/0	7/7	3	29474

Fortuna Köln

Saison	Rang	Punkte	Tore	eingesetzte Spieler	11er-T/V für	11er-T/V gegen	Feldverweise	Zuschauer-Schnitt
1973/74	17.	25:43	46:79	17	6/6	5/5	-	11556

VfB Leipzig

Saison	Rang	Punkte	Tore	eingesetzte Spieler	11er-T/V für	11er-T/V gegen	Feldverweise	Zuschauer-Schnitt
1993/94	18.	17:51	32:69	24	3/4	3/4	8	10677

Bayer Leverkusen

Saison	Rang	Punkte	Tore	eingesetzte Spieler	11er-T/V für	11er-T/V gegen	Feldverweise	Zuschauer-Schnitt
1979/80	12.	32:36	45:61	19	5/6	4/5	-	12786
1980/81	11.	30:38	52:53	22	5/5	4/4	-	11211
1981/82	16.	25:43	45:72	21	5/9	7/8	-	9152
1982/83	11.	29:39	43:66	19	0/2	1/1	2	8730
1983/84	7.	34:34	50:50	19	3/4	4/5	1	10427
1984/85	13.	31:37	52:54	20	4/4	4/6	-	8793
1985/86	6.	40:28	63:51	24	5/5	6/7	2	8969
1986/87	6.	39:29	56:38	21	7/7	2/4	2	11507
1987/88	8.	32:36	53:60	24	4/5	4/6	2	8124
1988/89	8.	34:34	45:44	23	2/5	2/4	2	10286
1989/90	5.	39:29	40:32	23	4/7	4/4	1	12915
1990/91	8.	35:33	47:46	21	5/6	6/6	3	11784
1991/92	6.	43:33	53:39	21	3/3	3/3	3	13533
1992/93	5.	40:28	64:45	19	2/4	2/3	5	15505
1993/94	3.	39:29	60:47	23	5/5	3/4	4	18510
1994/95	7.	36:32	62:51	24	7/8	2/3	9	21341
1995/96	14.	30:38	37:38	21	1/3	5/6	8	19898
1996/97	2.	69	69:41	21	3/4	6/7	3	19245
1997/98	3.	55	66:39	23	4/4	4/4	2	19864
1998/99	2.	63	61:30	21	3/4	2/4	5	21369
1999/00	2.	73	74:36	25	4/5	3/3	4	21476
2000/01	4.	57	54:40	28	6/7	4/5	8	21467
2001/02	2.	69	77:38	22	7/9	3/3	5	21195
2002/03	15.	40	47:56	28	2/4	2/2	6	21278

SV Waldhof Mannheim

Saison	Rang	Punkte	Tore	eingesetzte Spieler	11er-T/V für	11er-T/V gegen	Feldverweise	Zuschauer-Schnitt
1983/84	11.	31:37	45:58	23	2/3	8/11	2	25177
1984/85	6.	37:31	47:50	23	3/5	2/2	1	18920
1985/86	8.	33:35	41:44	19	2/2	4/6	1	14675
1986/87	14.	28:40	52:71	21	3/7	5/5	-	12647
1987/88	16.	28:40	35:50	24	2/4	2/3	1	13068
1988/89	12.	31:37	43:52	20	1/2	3/4	3	12389
1989/90	17.	26:42	36:53	26	3/3	4/5	2	11063

Borussia Mönchengladbach

Saison	Rang	Punkte	Tore	eingesetzte Spieler	11er-T/V für	11er-T/V gegen	Feldverweise	Zuschauer-Schnitt
1965/66	13.	29:39	57:68	18	8/10	6/8	1	21543
1966/67	8.	34:34	70:49	19	5/9	5/7	-	21681
1967/68	3.	42:26	77:45	17	8/9	1/3	-	20959
1968/69	3.	37:31	61:46	19	8/8	4/4	-	19740
1969/70	1.	51:17	71:29	18	1/2	0/0	-	24698
1970/71	1.	50:18	77:35	15	5/6	2/2	-	20189
1971/72	3.	43:25	82:40	18	9/13	1/3	1	15755
1972/73	5.	39:29	82:61	19	8/11	4/6	-	13778
1973/74	2.	48:20	93:52	17	5/7	5/5	-	20084
1974/75	1.	50:18	86:40	19	6/7	4/7	1	20033
1975/76	1.	45:23	66:37	19	3/5	2/3	-	24165
1976/77	1.	44:24	58:34	19	1/1	2/3	-	23974
1977/78	2.	48:20	86:44	19	6/6	4/4	-	23123
1978/79	10.	32:36	50:53	23	1/2	5/10	1	19465
1979/80	7.	36:32	61:60	22	7/10	3/6	2	18031
1980/81	6.	37:31	68:64	24	8/8	1/2	-	18262
1981/82	7.	40:28	61:51	23	8/13	4/5	1	20870
1982/83	12.	28:40	64:63	25	7/9	1/3	1	17052
1983/84	3.	48:20	81:48	19	7/9	5/6	-	20586

Saison	Rang	Punkte	Tore	eingesetzte Spieler	11er-T/V für	11er-T/V gegen	Feldverweise	Zuschauer-Schnitt
1984/85	4.	39:29	77:53	19	3/5	1/7	1	10025
1985/86	4.	42:26	65:51	22	9/12	2/2	2	16652
1986/87	3.	43:25	74:44	20	4/6	4/6	-	17324
1987/88	7.	33:35	55:53	22	2/2	1/2	3	15043
1988/89	6.	38:30	44:43	25	2/2	1/2	3	14420
1989/90	15.	30:38	37:45	25	5/5	3/5	2	20466
1990/91	9.	35:33	49:54	24	2/3	2/2	2	20119
1991/92	13.	34:42	37:49	21	2/2	2/3	4	21417
1992/93	9.	35:33	59:59	23	4/5	2/4	7	22819
1993/94	10.	35:33	65:59	24	5/5	6/7	2	26243
1994/95	5.	43:25	66:41	20	3/4	3/3	1	30138
1995/96	4.	38:30	52:51	26	2/4	4/4	3	29956
1996/97	11.	43	46:48	25	4/5	3/4	4	28889
1997/98	15.	38	54:59	24	3/3	1/2	3	25292
1998/99	18.	21	41:79	26	3/4	5/9	5	24938
2001/02	12.	39	41:53	25	6/7	5/7	3	29459
2002/03	12.	42	43:45	30	2/2	2/3	4	28435

FC Bayern München

Saison	Rang	Punkte	Tore	eingesetzte Spieler	11er-T/V für	11er-T/V gegen	Feldverweise	Zuschauer-Schnitt
1965/66	3.	47:21	71:38	21	3/4	7/7	2	24843
1966/67	6.	37:31	62:47	19	4/4	3/3	-	20122
1967/68	5.	38:30	68:58	18	4/5	6/6	-	21924
1968/69	1.	46:22	61:31	13	5/5	3/5	1	25177
1969/70	2.	47:21	88:37	19	5/6	1/1	2	23459
1970/71	2.	48:20	74:36	17	3/3	4/6	1	23893
1971/72	1.	55:13	101:38	17	4/7	3/5	-	27748
1972/73	1.	54:14	93:29	17	7/10	4/5	-	30943
1973/74	1.	49:19	95:53	19	7/11	5/6	1	34308
1974/75	10.	34:34	57:63	19	6/7	7/8	-	34230
1975/76	3.	40:28	72:50	22	8/9	2/5	-	32142
1976/77	7.	37:31	74:65	21	3/5	5/5	-	30937
1977/78	12.	32:36	62:64	18	7/8	7/7	3	29534
1978/79	4.	40:28	69:46	17	5/7	3/3	-	32112
1979/80	1.	50:18	84:33	18	3/5	6/7	-	38056
1980/81	1.	53:15	89:41	19	13/13	1/1	-	36589
1981/82	3.	43:25	77:56	21	6/8	3/4	-	32936
1982/83	4.	44:24	74:33	19	6/7	2/3	2	30834
1983/84	4.	47:21	84:41	19	6/8	1/3	-	29625
1984/85	1.	50:18	79:38	19	4/7	2/2	-	32508
1985/86	1.	49:19	82:31	20	7/8	0/3	1	26562
1986/87	1.	53:15	67:31	19	5/5	1/5	1	36934
1987/88	2.	48:20	83:45	20	7/8	2/4	2	27483
1988/89	1.	50:18	67:26	16	1/2	0/1	-	28851
1989/90	1.	49:19	64:28	19	3/3	2/2	-	34726
1990/91	2.	45:23	74:41	22	5/7	2/3	4	34950
1991/92	10.	36:40	59:61	28	5/9	3/3	6	32085
1992/93	2.	47:21	74:45	20	4/4	5/5	3	45689
1993/94	1.	44:24	68:37	22	5/6	0/0	4	48676
1994/95	6.	43:25	55:41	25	5/6	4/6	4	54284
1995/96	2.	43:25	66:46	20	6/6	3/3	4	59514
1996/97	1.	71	68:34	21	3/5	2/3	2	58097
1997/98	2.	66	69:37	19	1/1	1/2	3	54160
1998/99	1.	78	76:28	25	6/8	3/4	3	55980
1999/00	1.	73	73:28	25	4/6	1/2	4	52278
2000/01	1.	63	62:37	25	4/5	2/2	3	49528
2001/02	3.	68	65:25	25	5/8	4/5	1	52720
2002/03	1.	75	70:25	26	1/1	3/3	-	53751

TSV 1860 München

Saison	Rang	Punkte	Tore	eingesetzte Spieler	11er-T/V für	11er-T/V gegen	Feldverweise	Zuschauer-Schnitt
1963/64	7.	31:29	66:50	19	5/7	3/3	1	31949

Saison	Rang	Punkte	Tore	eingesetzte Spieler	11er-T/V für	11er-T/V gegen	Feldverweise	Zuschauer-Schnitt
1964/65	4.	35:25	70:50	16	2/3	1/3	1	26765
1965/66	1.	50:18	80:40	15	4/6	3/5	-	29316
1966/67	2.	41:27	60:47	18	1/3	6/8	2	23621
1967/68	12.	33:35	55:39	20	6/9	3/5	-	19611
1968/69	10.	34:34	44:59	23	2/3	4/6	1	16012
1969/70	17.	25:43	41:56	22	1/4	4/8	-	14923
1977/78	16.	22:46	41:60	18	6/10	4/7	1	28904
1979/80	13.	30:38	42:53	21	3/5	0/7	-	28067
1980/81	16.	25:43	49:67	21	2/4	3/3	-	23805
1994/95	14.	27:41	41:57	27	2/2	2/5	12	29375
1995/96	8.	34:34	52:46	22	4/7	6/8	5	33399
1996/97	7.	49	56:56	23	4/6	7/11	4	37147
1997/98	13.	41	43:54	28	3/3	4/5	3	29986
1998/99	9.	41	49:56	26	3/5	7/7	4	30400
1999/00	4.	53	55:48	23	5/6	3/8	4	30476
2000/01	11.	44	43:55	26	2/3	2/2	5	25276
2001/02	9.	50	59:59	29	4/5	5/9	6	26264
2002/03	10.	45	44:52	27	0/0	3/6	4	26129

SC Preußen Münster

Saison	Rang	Punkte	Tore	eingesetzte Spieler	11er-T/V für	11er-T/V gegen	Feldverweise	Zuschauer-Schnitt
1963/64	15.	23:37	34:52	17	2/2	2/2	-	21733

Borussia Neunkirchen

Saison	Rang	Punkte	Tore	eingesetzte Spieler	11er-T/V für	11er-T/V gegen	Feldverweise	Zuschauer-Schnitt
1964/65	10.	27:33	44:48	20	2/2	2/2	1	18775
1965/66	17.	22:46	32:82	20	4/6	1/3	-	18763
1967/68	17.	19:49	33:93	22	7/8	2/4	3	9787

1. FC Nürnberg

Saison	Rang	Punkte	Tore	eingesetzte Spieler	11er-T/V für	11er-T/V gegen	Feldverweise	Zuschauer-Schnitt
1963/64	9.	29:31	45:56	23	2/6	4/4	-	24924
1964/65	6.	32:28	44:38	19	4/7	1/2	-	27482
1965/66	6.	39:29	54:43	19	5/8	2/5	-	25085
1966/67	10.	34:34	43:50	23	0/2	3/4	1	23519
1967/68	1.	47:21	71:37	15	1/1	4/5	1	37233
1968/69	17.	29:39	45:55	19	4/5	3/4	2	25884
1978/79	17.	24:44	36:67	23	3/4	5/5	-	32515
1980/81	14.	28:40	47:57	22	3/3	3/4	1	28122
1981/82	13.	28:40	53:72	21	5/6	7/8	1	20463
1982/83	14.	28:40	44:70	18	6/7	5/9	1	17821
1983/84	18.	14:54	38:85	24	2/2	3/7	1	14379
1985/86	12.	29:39	51:54	21	8/10	6/8	1	27182
1986/87	9.	35:33	62:62	22	7/9	3/5	2	25275
1987/88	5.	37:31	44:40	18	1/2	3/4	2	24614
1988/89	14.	26:42	36:54	27	2/2	4/6	2	17458
1989/90	8.	33:35	42:46	22	4/6	0/2	2	23197
1990/91	15.	29:39	40:54	25	7/10	1/3	3	21929
1991/92	7.	43:33	54:51	21	4/7	6/8	5	34640
1992/93	13.	28:40	30:47	24	1/3	7/8	6	32328
1993/94	16.	28:40	41:55	21	6/6	3/5	5	33971
1998/99	16.	37	40:50	31	1/2	7/8	5	35688
2001/02	15.	34	34:57	29	3/6	1/4	4	29736
2002/03	17.	30	33:60	26	5/9	4/5	3	27533

Rot-Weiß Oberhausen

Saison	Rang	Punkte	Tore	eingesetzte Spieler	11er-T/V für	11er-T/V gegen	Feldverweise	Zuschauer-Schnitt
1969/70	14.	29:39	50:62	20	3/4	1/1	2	16779
1970/71	16.	27:41	54:69	19	5/5	7/7	1	14383
1971/72	15.	25:43	33:66	22	0/0	4/6	-	10024
1972/73	18.	22:46	45:84	20	3/4	6/7	-	6090

Kickers Offenbach

Saison	Rang	Punkte	Tore	eingesetzte Spieler	11er-T/V für	11er-T/V gegen	Feldverweise	Zuschauer-Schnitt
1968/69	18.	28:40	42:59	18	2/3	0/2	3	19058

Saison	Rang	Punkte	Tore	eingesetzte Spieler	11er-T/V für	11er-T/V gegen	Feldverweise	Zuschauer-Schnitt
1970/71	17.	27:41	49:65	22	11/13	6/8	-	17650
1972/73	7.	35:33	61:60	17	4/8	3/6	1	16287
1973/74	10.	31:37	56:62	22	5/6	4/5	-	13678
1974/75	8.	38:30	72:62	18	5/6	5/8	1	19795
1975/76	17.	27:41	40:72	18	5/7	7/7	1	15366
1983/84	17.	19:49	48:106	26	3/4	9/11	1	12596

Hansa Rostock

Saison	Rang	Punkte	Tore	eingesetzte Spieler	11er-T/V für	11er-T/V gegen	Feldverweise	Zuschauer-Schnitt
1991/92	18.	31:45	43:55	23	4/7	1/1	4	11541
1995/96	6.	36:32	47:43	22	4/4	3/4	3	25228
1996/97	15.	40	35:46	25	2/4	4/5	4	17503
1997/98	6.	51	54:46	23	2/2	1/1	2	17390
1998/99	14.	38	49:58	24	3/3	4/6	8	15492
1999/00	15.	38	44:60	25	4/4	4/6	7	16021
2000/01	12.	43	34:47	24	2/3	3/4	10	14063
2001/02	14.	34	35:54	28	4/6	4/7	4	18302
2002/03	13.	41	35:41	22	1/1	1/2	5	19034

1. FC Saarbrücken

Saison	Rang	Punkte	Tore	eingesetzte Spieler	11er-T/V für	11er-T/V gegen	Feldverweise	Zuschauer-Schnitt
1963/64	16.	17:43	44:72	18	1/4	4/4	1	16333
1976/77	14.	29:39	43:55	22	4/6	4/4	-	26906
1977/78	17.	22:46	39:70	18	8/9	3/3	-	22247
1985/86	17.	21:47	39:68	24	4/6	5/6	2	15553
1992/93	18.	23:45	37:71	21	3/3	5/6	4	21703

FC Schalke 04

Saison	Rang	Punkte	Tore	eingesetzte Spieler	11er-T/V für	11er-T/V gegen	Feldverweise	Zuschauer-Schnitt
1963/64	8.	29:31	51:53	19	0/0	1/3	1	19125
1964/65	16.	22:38	45:60	19	2/5	7/7	1	24740
1965/66	14.	27:41	33:55	20	1/4	3/4	-	26342
1966/67	15.	30:38	37:63	17	4/5	4/5	1	22553
1967/68	15.	30:38	42:48	19	3/4	0/1	1	20949
1968/69	7.	35:33	45:40	19	1/2	3/4	1	21559
1969/70	9.	34:34	43:54	20	1/1	4/7	-	19525
1970/71	6.	36:32	44:40	21	1/2	2/3	-	19950
1971/72	2.	52:16	76:35	17	5/8	3/5	1	25430
1972/73	15.	28:40	46:61	19	4/8	3/5	-	18873
1973/74	7.	37:31	72:68	22	7/7	4/5	1	38743
1974/75	7.	39:29	52:37	20	5/7	2/3	1	38329
1975/76	6.	37:31	76:55	22	3/5	3/5	-	32349
1976/77	2.	43:25	77:52	22	1/2	2/2	-	37310
1977/78	9.	34:34	47:52	22	1/2	8/9	-	33780
1978/79	15.	28:40	55:61	23	0/1	3/3	-	31913
1979/80	8.	33:35	40:51	21	3/4	1/2	-	25324
1980/81	17.	23:45	43:88	26	1/2	5/6	-	27603
1982/83	16.	22:46	48:68	19	1/1	1/1	1	27854
1984/85	8.	34:34	63:62	19	5/5	3/3	1	27670
1985/86	10.	30:38	53:58	17	2/2	5/5	1	18374
1986/87	13.	32:36	50:58	22	2/3	3/4	-	23220
1987/88	18.	23:45	48:84	27	4/5	6/7	1	22180
1991/92	11.	34:42	45:45	26	6/6	1/2	4	39954
1992/93	10.	34:34	42:43	22	3/4	3/5	2	38338
1993/94	14.	29:39	38:50	25	4/5	4/4	-	34317
1994/95	11.	31:37	48:54	22	4/4	6/6	5	39169
1995/96	3.	42:26	45:36	22	4/5	1/3	-	37584
1996/97	12.	43	35:40	25	1/3	3/4	2	36493
1997/98	5.	52	38:32	22	3/3	1/2	5	48279
1998/99	10.	41	41:54	26	3/3	7/8	4	42458
1999/00	13.	39	42:44	28	3/6	2/4	2	39470
2000/01	2.	62	65:35	23	2/3	1/3	2	45458
2001/02	5.	61	52:36	22	5/6	3/3	1	58854

Saison	Rang	Punkte	Tore	eingesetzte Spieler	11er-T/V für	11er-T/V gegen	Feldverweise	Zuschauer-Schnitt
2002/03	7.	49	46:40	24	5/7	3/3	9	58633
FC St. Pauli								
1977/78	18.	18:50	44:86	20	5/6	7/8	-	11729
1988/89	10.	32:36	41:42	21	3/6	2/2	-	20358
1989/90	13.	31:37	31:46	22	1/1	2/2	1	17923
1990/91	16.	27:41	33:53	22	5/5	3/5	5	17240
1995/96	15.	29:39	43:51	24	3/6	3/5	3	22364
1996/97	18.	27	32:69	28	1/1	1/2	7	23120
2001/02	18.	22	37:70	29	4/5	7/9	5	21781
Stuttgarter Kickers								
1988/89	17.	26:42	41:68	21	2/3	3/4	2	11761
1991/92	17.	31:45	53:64	22	4/5	3/4	2	11981
VfB Stuttgart								
1963/64	5.	33:27	48:40	18	1/1	0/3	-	40459
1964/65	12.	26:34	46:50	20	7/10	1/2	2	31167
1965/66	11.	32:36	42:48	22	3/4	5/9	1	27190
1966/67	12.	33:35	48:54	21	2/2	5/6	-	30558
1967/68	8.	35:33	65:54	23	4/6	7/8	-	25948
1968/69	5.	36:32	60:54	20	1/2	2/2	-	21440
1969/70	7.	35:33	59:62	19	3/4	3/3	-	20735
1970/71	12.	30:38	49:49	21	3/4	3/4	-	18654
1971/72	8.	35:33	52:56	17	1/4	7/10	-	21352
1972/73	6.	37:31	71:65	22	5/5	7/9	-	15185
1973/74	9.	31:37	58:57	20	3/4	2/2	-	25533
1974/75	16.	24:44	50:79	23	3/7	6/8	1	26504
1977/78	4.	39:29	58:40	17	5/8	3/4	-	53186
1978/79	2.	48:20	73:34	19	9/10	1/1	1	39303
1979/80	3.	41:27	75:53	19	9/10	4/6	-	33500
1980/81	3.	46:22	70:44	22	6/8	5/5	1	30074
1981/82	9.	35:33	62:55	20	4/5	7/7	1	25695
1982/83	3.	48:20	80:47	20	1/3	7/7	1	27526
1983/84	1.	48:20	79:33	19	4/5	6/8	-	31129
1984/85	10.	33:35	79:59	23	5/7	5/8	3	22648
1985/86	5.	41:27	69:45	22	7/9	4/4	1	21638
1986/87	12.	32:36	55:49	22	7/8	9/9	-	20678
1987/88	4.	40:28	69:49	21	3/3	4/4	-	26313
1988/89	5.	39:29	58:49	20	5/8	3/4	3	26895
1989/90	6.	36:32	53:47	22	2/3	2/3	1	24886
1990/91	6.	38:30	57:44	23	5/7	3/3	2	28987
1991/92	1.	52:24	62:32	19	3/3	3/6	4	34063
1992/93	7.	36:32	56:50	18	4/8	5/5	4	27413
1993/94	7.	37:31	51:43	23	3/3	3/5	4	27841
1994/95	12.	30:38	52:66	25	4/7	6/8	6	32237
1995/96	10.	33:35	59:62	23	3/3	6/6	4	32833
1996/97	4.	61	78:40	27	4/4	2/2	8	40156
1997/98	4.	52	55:49	24	2/2	0/1	6	37148
1998/99	11.	39	41:48	29	1/1	5/6	6	30074
1999/00	8.	48	44:47	26	2/3	2/4	6	26543
2000/01	15.	38	42:49	28	4/4	4/5	3	24124
2001/02	8.	50	47:43	26	2/3	3/3	6	27055
2002/03	2.	59	53:39	25	4/6	3/5	2	33466
KFC Uerdingen 05								
1975/76	18.	22:46	28:69	23	2/3	8/10	-	13768
1979/80	15.	29:39	43:61	18	5/6	1/3	-	13642
1980/81	18.	22:46	47:79	21	1/2	6/9	1	11054
1983/84	10.	31:37	66:79	21	7/10	4/5	2	15194
1984/85	7.	36:32	57:52	19	5/5	3/3	-	13717

Saison	Rang	Punkte	Tore	eingesetzte Spieler	11er-T/V für	11er-T/V gegen	Feldverweise	Zuschauer-Schnitt
1985/86	3.	45:23	63:60	25	6/8	6/6	3	11264
1986/87	8.	35:33	51:49	22	3/4	2/4	1	11340
1987/88	11.	31:37	59:61	22	6/7	6/7	3	10031
1988/89	13.	31:37	50:60	22	1/3	1/2	2	9827
1989/90	14.	30:38	41:48	23	2/2	4/4	-	9467
1990/91	17.	23:45	34:54	23	3/7	4/5	4	7891
1992/93	17.	24:44	35:64	24	2/3	3/4	6	9785
1994/95	15.	25:43	37:52	21	2/2	9/9	2	15451
1995/96	18.	21:47	33:56	23	4/6	5/8	2	12480
SSV Ulm 1846								
1999/00	16.	35	36:62	21	2/2	3/6	7	21462
SpVgg Unterhaching								
1999/00	10.	44	40:42	22	5/7	2/3	4	8544
2000/01	16.	35	35:59	26	1/1	6/6	4	9062
SG Wattenscheid 09								
1990/91	11.	33:35	42:51	22	0/0	2/4	2	11819
1991/92	16.	32:44	50:60	24	4/4	4/5	4	9513
1992/93	14.	28:40	46:67	22	4/5	5/5	4	10064
1993/94	17.	23:45	48:70	26	0/0	3/5	5	10746
VfL Wolfsburg								
1997/98	14.	39	38:54	24	3/7	2/3	1	16100
1998/99	6.	55	54:49	23	2/2	4/5	3	16350
1999/00	7.	49	51:58	27	1/3	4/5	1	16110
2000/01	9.	47	60:45	25	4/4	5/6	1	14281
2001/02	10.	46	57:49	28	4/4	2/5	6	12553
2002/03	8.	46	39:42	26	3/3	3/5	4	18334
Wuppertaler SV								
1972/73	4.	40:28	62:49	19	7/10	4/5	-	19247
1973/74	16.	25:43	42:65	17	4/6	5/5	1	14789
1974/75	18.	12:56	32:86	25	1/3	8/10	2	8670

Die Fahrstuhl-Vereine

Rg	Vereine	Aufstiege	Abstiege	Total
1.	Arminia Bielefeld	6	6	12
2.	1. FC Nürnberg	5	6	11
3.	KFC Uerdingen 05	5	5	10
4.	VfL Bochum	5	4	9
	Hannover 96	5	4	9
6.	Karlsruher SC	4	5	9
7.	Fortuna Düsseldorf	4	4	8
	Kickers Offenbach	4	4	8
	FC St. Pauli	4	4	8
10.	Hertha BSC Berlin	4	3	7
11.	MSV Duisburg	3	4	7
	1. FC Saarbrücken	3	4	7
13.	Rot-Weiß Essen	3	3	6
	TSV 1860 München	3	3	6
	FC Schalke 04	3	3	6
16.	SC Freiburg	3	2	5
17.	Eintracht Braunschweig	2	3	5

Die Verweildauer der Aufsteiger

Jahre	Verein	Aufstieg	Abstieg
38	FC Bayern München	1965/66	noch in BL
27	Borussia Dortmund	1976/77	noch in BL
26	VfB Stuttgart	1977/78	noch in BL
24	Bayer 04 Leverkusen	1979/80	noch in BL
24	Borussia Mönchengladbach	1965/66	1998/99
22	VfL Bochum	1971/72	1992/93
22	Werder Bremen	1981/82	noch in BL
16	Fortuna Düsseldorf	1971/72	1986/87
12	FC Schalke 04	1991/92	noch in BL
12	Hertha BSC Berlin	1968/69	1979/80
11	Karlsruher SC	1987/88	1997/98
10	Hannover 96	1964/65	1973/74
9	1. FC Nürnberg	1985/86	1993/94
9	TSV 1860 München	1994/95	noch in BL
8	Hansa Rostock	1995/96	noch in BL
8	KFC Uerdingen 05	1983/84	1990/91
7	SV Waldhof Mannheim	1983/84	1989/90
6	1. FC Kaiserslautern	1997/98	noch in BL
6	Eintracht Braunschweig	1974/75	1979/80
6	Hertha BSC Berlin	1997/98	noch in BL
6	VfL Wolfsburg	1997/98	noch in BL
5	Arminia Bielefeld	1980/81	1984/85

Abstiege von Clubs, die seit Beginn der Bundesliga angehörten, wurden nicht gewertet.

Aufsteiger, die sofort wieder abstiegen

Verein	Auf- und Abstiege	Saison
Arminia Bielefeld	3	2003, 2000, 1979
Kickers Offenbach	3	1984, 1971, 1969
1. FC Nürnberg	2	1999, 1979
1. FC Saarbrücken	2	1993, 1986
FC St. Pauli	2	2002, 1978
Hannover 96	2	1986, 1976
Hertha BSC Berlin	2	1991, 1983
KFC Uerdingen 05	2	1993, 1976
Stuttgarter Kickers	2	1992, 1989
SV Darmstadt 98	2	1982, 1972
Tennis Borussia Berlin	2	1977, 1975
VfL Bochum	2	2001, 1995

Top 5 – Die Sieger nach Halbzeit-Rückstand

Rg	Verein	HZ-Rückst.	gew.	Quote	Sp.
1.	Bayern München	253	31	12,3%	1295
2.	Bayer Leverkusen	225	25	11,1%	820
3.	Eintracht Frankfurt	359	39	10,9%	1218
4.	1. FC Kaiserslautern	398	43	10,8%	1321
5.	Borussia Dortmund	328	35	10,7%	1220

Top 5 – Die Loser nach Halbzeit-Führung

Rg	Verein	HZ-Führungen	verl.	Quote	Sp.
1.	VfL Bochum	257	36	14,0%	956
2.	Rot-Weiß Essen	59	6	10,2%	238
3.	Hansa Rostock	91	9	9,9%	310
4.	Kickers Offenbach	62	6	9,7%	238
5.	TSV 1860 München	191	18	9,4%	638

Basis: Mindestens 170 Spiele wurden absolviert.

Das Trainer-ABC

Name	Geb.-Datum	Verein(e)
Adrion, Rainer	10.12.53	VfB Stuttgart
Andermatt, Martin	21.11.61	SSV Ulm 1846
Assauer, Rudi	30.04.44	FC Schalke 04
Augenthaler, Klaus	26.09.57	1. FC Nürnberg, Bayer Leverkusen
Baldauf, Hannes	09.03.38	Hannover 96
Baluses, Kurt	30.06.14	VfB Stuttgart
Baric, Otto	19.06.32	VfB Stuttgart
Baumann, Alfred		1860 München
Baumann, Gunther	19.01.21	1. FC Nürnberg, 1860 München, VfB Stuttgart
Beckenbauer, Franz	11.09.45	Bayern München
Bedl, Janos	10.09.29	Wuppertaler SV
Beljin, Milovan	07.09.36	Arm. Bielefeld
Benthaus, Helmut	05.06.35	VfB Stuttgart
Berger, Jörg	13.10.44	Fort. Düsseldorf, Hannover 96, Eintr. Frankfurt, 1. FC Köln, FC Schalke 04, Karlsruher SC, Eintr. Frankfurt
Binder, Franz	01.12.12	1860 München
Biskup, Werner	26.04.42	Hannover 96
Bock, Rolf		Bor. Dortmund
Bögelein, Karl	28.01.27	VfB Stuttgart
Bongartz, Hannes	03.10.51	1. FC K´lautern, SG Wattenscheid 09, MSV Duisburg, Bor. M´gladbach
Bonhof, Rainer	29.03.52	Bor. M´gladbach
Brehme, Andreas	09.11.60	1. FC K´lautern
Brei, Dieter	30.09.50	Fort. Düsseldorf
Brocker, Günther	25.05.25	1. FC K´lautern, Werder Bremen, FC Schalke 04, RW Oberhausen
Buchmann, Lothar	15.08.36	Darmstadt 98, VfB Stuttgart, Eintr. Frankfurt, Kickers Offenbach, Karlsruher SC
Buhtz, Horst	21.09.23	Bor. Neunkirchen, Hannover 96, Wuppertaler SV, KFC Uerdingen 05
Burdenski, Herbert	19.05.22	RW Essen, Bor. Dortmund, Werder Bremen
Cajkovski, Zeljko	05.05.25	Bor. Neunkirchen
Cajkovski, Zlatko	24.11.23	Bayern München, Hannover 96, 1. FC Köln, Kickers Offenbach
Cendic, Slobodan	28.08.39	FC Schalke 04, 1. FC Saarbrücken, FC Homburg
Coordes, Egon	13.07.44	VfB Stuttgart, Hamburger SV
Cramer, Dettmar	04.04.25	Bayern München, Eintr. Frankfurt, Bayer Leverkusen
Csaknady, Jenö	20.09.24	1. FC Nürnberg
Csernai, Pal	21.10.32	Bayern München, Bor. Dortmund, Eintr. Frankfurt, Hertha BSC
Daum, Christoph	25.10.35	1. FC Köln, VfB Stuttgart, Bayer Leverkusen
de Mos, Aad	27.03.47	Werder Bremen
Demuth, Dietmar	14.01.55	FC St. Pauli
Diehl, Ernst	28.03.49	1. FC K´lautern
Dohmen, Rolf	04.04.52	Eintr. Frankfurt
Dörner, Hans-Jürgen	25.01.51	Werder Bremen
Eder, Hans	14.11.34	Hertha BSC
Ehrmantraut, Horst	11.12.55	Eintr. Frankfurt
Eichkorn, Seppo	16.09.56	MSV Duisburg
Elzner, Heinz	04.12.28	1. FC Nürnberg
Engels, Stefan	06.09.60	1. FC Köln
Entenmann, Willi	25.09.43	VfB Stuttgart, 1. FC Nürnberg
Eppenhoff, Hermann	19.05.19	Bor. Dortmund, MSV Duisburg, VfL Bochum, VfB Stuttgart
Erlhoff, Hermann	22.12.44	RW Essen
Fanz, Reinhold	16.01.54	Eintr. Frankfurt
Faßnacht, Rudi	28.12.34	MSV Duisburg
Feldkamp, Karlheinz	02.06.34	1. FC K´lautern, Bor. Dortmund, Arm. Bielefeld, KFC Uerdingen 05, Eintr. Frankfurt, 1. FC K´lautern
Ferner, Diethelm	13.07.41	RW Essen, FC St. Pauli, FC Schalke 04
Finke, Volker	24.03.48	SC Freiburg
Fischer, Klaus	27.12.49	FC Schalke 04
Frantz, Paul		Karlsruher SC
Franz, Horst	17.06.40	Arm. Bielefeld, Karlsruher SC, Bor. Dortmund, FC Schalke 04
Fringer, Rolf	26.01.57	VfB Stuttgart
Fuchs, Fritz	18.10.43	FC Homburg
Fuchs, Werner	25.10.48	Hertha BSC
Funkel, Friedhelm	10.12.53	KFC Uerdingen 05, MSV Duisburg, Hansa Rostock, 1. FC Köln
Gawliczek, Georg	02.02.19	FC Schalke 04, Hamburger SV, Karlsruher SC, TeBe Berlin, Hertha BSC
Gebhardt, Robert	20.09.20	MSV Duisburg, Werder Bremen, 1. FC Nürnberg
Gede, Jürgen	14.11.56	Fort. Düsseldorf
Gelsdorf, Jürgen	19.01.53	Bayer Leverkusen, Bor. M´gladbach, VfL Bochum
Gerets, Eric	18.05.54	1. FC K´lautern
Gerland, Hermann	04.06.54	VfL Bochum, 1. FC Nürnberg, Arm. Bielefeld
Geyer, Eduard	07.08.44	Energie Cottbus
Götz, Falko	26.03.62	Hertha BSC, 1860 München
Gutendorf, Rudi	30.08.26	MSV Duisburg, VfB Stuttgart, FC Schalke 04, Kickers Offenbach, TeBe Berlin, Hamburger SV
Haan, Arie	16.11.48	VfB Stuttgart, 1. FC Nürnberg
Halata, Damian	08.08.62	VfB Leipzig
Happel, Ernst	29.11.25	Hamburger SV
Hartmann, Frank	27.09.60	SG Wattenscheid 09
Heddergott, Karl-Heinz	27.08.26	1. FC Köln
Heese, Horst	03.12.43	1. FC Nürnberg, Eintr. Frankfurt
Heine, Karsten	06.04.55	Hertha BSC
Held, Sigfried	07.08.42	FC Schalke 04, Dynamo Dresden
Herings, Rolf		1. FC Köln
Hermann, Peter	22.03.52	Bayer Leverkusen
Heynckes, Jupp	09.05.45	Bor. M´gladbach, Bayern München, Eintr. Frankfurt
Hickersberger, Josef	27.04.48	Fort. Düsseldorf
Hieronymus, Holger	22.02.59	Hamburger SV
Hipp, Hans	10.11.12	Hannover 96
Hitzfeld, Ottmar	21.01.49	Bor. Dortmund, Bayern München
Hoffmann, Fred		1. FC Nürnberg
Höher, Heinz	11.08.38	VfL Bochum, MSV Duisburg, Fort. Düsseldorf, 1. FC Nürnberg
Holdorf, Willi	17.02.40	Fortuna Köln
Hörster, Thomas	27.11.56	Bayer Leverkusen
Horvath, Ivica	16.07.26	Eintr. Frankfurt, FC Schalke 04, RW Essen
Hoss, Bernd	19.06.39	BW 90 Berlin
Hrubesch, Horst	17.04.51	Dynamo Dresden
Jara, Kurt	14.10.50	Hamburger SV
Jerat, Wolfgang	09.02.55	1. FC Köln
Johannsen, Helmut	17.02.20	Eintr. Braunschweig, Hannover 96, VfL Bochum
Jusufi, Fahrudin	08.12.39	FC Schalke 04
Kalthoff, Helmut	24.04.48	Hannover 96
Kentschke, Gerd	18.09.42	Bayer Leverkusen
Kern, Werner	23.02.46	1. FC Nürnberg
Kessler, Georg	23.09.32	Hertha BSC, 1. FC Köln
Kirk, Hannes	03.03.24	Hannover 96
Klimaschefski, Uwe	11.12.38	1. FC Saarbrücken, FC Homburg
Klötzer, Kuno	19.04.32	Fort. Düsseldorf, 1. FC Nürnberg, Kickers Offenbach, Hamburger SV, Hertha BSC, MSV Duisburg
Klug, Udo	21.07.29	1. FC Nürnberg, FC Homburg
Knefler, Otto	05.09.23	1. FC K´lautern, Eintr. Braunschweig, MSV Duisburg, Eintr. Frankfurt
Knöpfle, Georg	15.05.04	1. FC Köln, Hamburger SV
Kobluhn, Friedhelm	12.04.36	RW Oberhausen
Koch, Kurt	02.11.19	Hamburger SV
Konietzka, Timo	02.08.38	KFC Uerdingen 05, Bor. Dortmund
Köppel, Horst	17.05.48	Arm. Bielefeld, Bor. Dortmund, KFC Uerdingen 05, Fort. Düsseldorf
Körbel, Karl-Heinz	01.12.54	Eintr. Frankfurt
Körner, Robert	21.08.24	1. FC Nürnberg

Name	Geb.-Datum	Verein(e)
Köstner, Lorenz-Günther	30.01.52	1. FC Köln, SpVgg Unterhaching
Kottmann, Volker	17.11.37	Fortuna Köln
Krafft, Manfred	11.12.37	Fort. Düsseldorf, 1. FC Saarbrücken, Karlsruher SC, Darmstadt 98, 1. FC K´lautern, Stuttgarter Kickers
Krauss, Bernd	08.05.57	Bor. M´gladbach, Bor. Dortmund
Krautzun, Eckhard	13.01.41	1860 München, 1. FC K´lautern
Kremer, Willibert	15.10.39	MSV Duisburg, Bayer Leverkusen, Fort. Düsseldorf
Kröner, Rudi	06.01.42	1. FC K´lautern, 1. FC Nürnberg
Kronsbein, Helmut	25.12.14	Hannover 96, Hertha BSC
Langner, Fritz	08.08.12	FC Schalke 04, Werder Bremen, 1860 München
Lattek, Udo	16.01.35	Bayern München, Bor. M´gladbach, Bor. Dortmund, FC Schalke 04
Latzke, Felix	01.02.42	Waldhof Mannheim
Lenz, Manfred	21.11.47	FC Homburg
Lerby, Sören	01.02.58	Bayern München
Lieberwirth, Dieter	13.01.54	1. FC Nürnberg
Liebrich, Werner	18.01.27	1. FC K´lautern
Lienen, Ewald	28.11.53	MSV Duisburg, Hansa Rostock, 1. FC Köln, Bor. M´gladbach
Lindemann, Hermann	29.10.10	Bor. Dortmund
Linken, Franz	13.07.12	Tasmania Berlin
Löhr, Hannes	05.07.42	1. FC Köln
Lorant, Gyula	06.02.23	1. FC K´lautern, MSV Duisburg, 1. FC Köln, Kickers Offenbach, Eintr. Frankfurt, Bayern München, FC Schalke 04
Lorant, Werner	21.11.48	1860 München

Gyula Lorant, der Vielbeschäftigte. Der Ungar trainierte sieben Bundesligavereine. Das schaffte außer ihm nur Otto Rehagel

Name	Geb.-Datum	Verein(e)
Löw, Joachim	03.02.60	VfB Stuttgart
Lucas, Heinz	10.08.20	Fort. Düsseldorf, 1860 München, Eintr. Braunschweig
Magath, Felix	26.07.53	Hamburger SV, Werder Bremen, 1. FC Nürnberg, Eintr. Frankfurt, VfB Stuttgart
Marotzke, K.-H.	29.03.34	FC Schalke 04
Maslo, Uli	06.07.38	FC Schalke 04, Bor. Dortmund, Eintr. Braunschweig, FC St. Pauli
Meier, Norbert	20.09.58	Bor. M´gladbach
Merkel, Max	07.12.18	1860 München, 1. FC Nürnberg, FC Schalke 04, Karlsruher SC
Merkle, Hans	01.06.18	1. FC Köln
Meyer, Gerd	27.08.46	Fort. Düsseldorf
Meyer, Hans	03.11.42	Bor. M´gladbach
Michels, Rinus	09.02.28	1. FC Köln, Bayer Leverkusen
Middendorp, Ernst	28.10.58	Arm. Bielefeld
Minge, Ralf	08.10.60	Dynamo Dresden
Möhlmann, Benno	01.08.54	Hamburger SV, Arm. Bielefeld
Mülhausen, Karlheinz	18.06.37	Hannover 96
Müller, Walter	28.03.54	1. FC Saarbrücken
Multhaup, Willi	19.07.03	Werder Bremen, Bor. Dortmund, 1. FC Köln
Murach, Heinz	07.04.26	Bor. Dortmund, RW Oberhausen
Nemet, Klaus-Peter	09.12.53	FC St. Pauli
Neubarth, Frank	29.07.62	FC Schalke 04
Neururer, Peter	26.04.55	Hertha BSC, 1. FC Saarbrücken, 1. FC Köln, VfL Bochum
Nolting, Willi	17.10.16	Arm. Bielefeld
Notermans, Jan		Arm. Bielefeld
Nuber, Hermann	10.10.35	Kickers Offenbach
Ochs, Klaus-Dieter	21.10.39	Hamburger SV
Ocwirk, Ernst	07.03.26	1. FC Köln
Olk, Werner	18.10.38	Eintr. Braunschweig, Darmstadt 98, Karlsruher SC
Olsen, Morten	17.08.49	1. FC Köln
Osieck, Holger	31.08.48	VfL Bochum
Oßwald, Paul	04.02.05	Eintr. Frankfurt, Kickers Offenbach
Özcan, Arkoc	02.10.39	Hamburger SV
Pacult, Peter	28.10.59	1860 München
Pagelsdorf, Frank	05.02.58	Hansa Rostock, Hamburger SV
Patzig, Heinz	19.09.29	Eintr. Braunschweig
Pfau, Oswald	07.01.15	Bor. Dortmund
Pfeifer, Michael	19.07.25	Alem. Aachen
Piechaczek, Egon	16.11.31	1. FC K´lautern, Arm. Bielefeld
Pilz, Hans	11.12.15	1860 München, Hannover 96
Piontek, Josef	05.03.40	Werder Bremen, Fort. Düsseldorf
Pliska, Fritz	20.12.15	RW Essen
Popp, Fritz	20.11.40	1. FC Nürnberg
Preißler, Alfred	09.04.41	RW Oberhausen
Quinkert, Klaus	05.12.30	KFC Uerdingen 05
Rangnick, Ralf	29.06.58	VfB Stuttgart, Hannover 96
Rausch, Friedel	27.02.40	FC Schalke 04, Eintr. Frankfurt, 1. FC K´lautern, Bor. M´gladbach, 1. FC Nürnberg
Rebell, Fritz	07.05.05	Werder Bremen
Redepennig, Heinz		FC Schalke 04
Rehhagel, Otto	09.08.38	Kickers Offenbach, Werder Bremen, Bor. Dortmund, Arm. Bielefeld, Fort. Düsseldorf, Bayern München, 1. FC K'lautern
Reimann, Willi	24.12.49	Hamburger SV, VfL Wolfsburg, 1. FC Nürnberg
Reinders, Uwe	19.01.55	MSV Duisburg, Hansa Rostock
Renner, Dieter	18.12.49	1. FC Nürnberg
Ribbeck, Erich	13.06.37	Eintr. Frankfurt, 1. FC K´lautern, Bor. Dortmund, Bayer Leverkusen, Bayern München
Ristic, Aleksandar	28.06.44	Hamburger SV, Eintr. Braunschweig, Fort. Düsseldorf, FC Schalke 04, Fort. Düsseldorf
Röber, Jürgen	25.12.53	VfB Stuttgart, Hertha BSC, VfL Wolfsburg
Roggensack, Gerd	05.10.41	Arm. Bielefeld, 1. FC K´lautern
Rolff, Wolfgang	26.12.59	VfB Stuttgart
Roos, Dieter	22.05.37	Eintr. Frankfurt
Roth, Werner	25.07.25	Karlsruher SC
Rühl, Carl-Heinz	14.11.39	Bor. Dortmund
Rutemöller, Erich	08.02.45	1. FC Köln, Hansa Rostock
Rynio, Jürgen	01.04.48	Hannover 96
Saftig, Reinhard	23.01.52	Bayern München, Borussia Dortmund, Hannover 96, VfL Bochum, Bayer Leverkusen
Sammer, Klaus	05.12.42	Dynamo Dresden
Sammer, Matthias	05.09.67	Bor. Dortmund
Scala, Nevio	22.11.47	Bor. Dortmund
Schaaf, Thomas	30.04.61	Werder Bremen
Schäfer, Winfried	10.01.50	Karlsruher SC, VfB Stuttgart
Schafstall, Rolf	22.02.37	MSV Duisburg, VfL Bochum, FC Schalke 04, KFC Uerdingen 05, Fort. Düsseldorf
Schlappner, Klaus	22.05.40	Darmstadt 98, Waldhof Mannheim
Schlott, Rudi	18.01.27	1. FC Köln
Schlünz, Juri	27.07.61	Hansa Rostock
Schmidt, Alfred	05.09.35	Kickers Offenbach

Name	Geb.-Datum	Verein(e)
Schmidt, Heinz-L.	02.03.20	Tasmania Berlin
Schmidt, Willi	05.08.23	MSV Duisburg
Schneider, Helmut	13.07.13	1. FC Saarbrücken, Karlsruher SC, Bor. Dortmund
Schneider, Josef	13.04.14	Hertha BSC, Hamburger SV
Schneider, Richard	16.12.19	Preußen Münster
Schock, Gerd-Volker	08.04.50	Hamburger SV
Schulte, Gerhard	06.08.23	Hertha BSC
Schulte, Helmut	14.09.57	FC St. Pauli, Dynamo Dresden, FC Schalke 04
Schulz, Fred	27.10.03	Werder Bremen
Schwager, Dietmar	15.08.40	FC Schalke 04
Schwartz, Elek	23.10.08	Eintr. Frankfurt
Schwickert, Gerd	14.08.49	FC Homburg
Sebert, Günter	29.05.48	Waldhof Mannheim
Seel, Wolfgang	21.06.48	1. FC Saarbrücken
Senekowitsch, Helmut	22.10.33	Eintr. Frankfurt
Seybold, Franz	09.04.12	VfB Stuttgart
Sidka, Wolfgang	26.05.54	Werder Bremen
Siemensmeyer, Hans	23.09.40	Hannover 96
Sing, Albert	07.04.17	VfB Stuttgart, 1860 München
Skibbe, Michael	04.08.65	Bor. Dortmund
Skoblar, Josip	12.03.41	Hamburger SV
Sommerlatt, Kurt	25.12.48	Karlsruher SC
Stabel, Josef	21.09.48	1. FC K´lautern, FC Homburg
Stange, Bernd	14.03.48	VfB Leipzig
Stepanovic, Dragoslav	30.08.48	Eintr. Frankfurt, Bayer Leverkusen
Stevens, Huub	29.11.53	FC Schalke 04, Hertha BSC
Stollenwerk, Georg	19.12.30	Alem. Aachen, 1. FC Köln
Strehlau, Lothar		Karlsruher SC
Sundermann, Jürgen	25.01.40	VfB Stuttgart, FC Schalke 04, VfB Leipzig
Tenhagen, Josef	31.10.52	VfL Bochum
Termath, Bernhard	26.08.28	Karlsruher SC
Tilkowski, Hans	12.07.35	Werder Bremen, 1. FC Saarbrücken
Tippenhauer, H.-D.	16.10.43	Fort. Düsseldorf, Arm. Bielefeld, Bor. Dortmund
Toppmöller, Klaus	12.08.51	Eintr. Frankfurt, VfL Bochum, Bayer Leverkusen
Trapattoni, Giovanni	17.03.39	Bayern München
Veh, Armin	01.02.61	Hansa Rostock
Vincze, Jenö	20.11.08	1. FC Nürnberg
Vogts, Berti	30.12.46	Bayer Leverkusen
Völler, Rudi	13.04.60	Bayer Leverkusen
vom Bruch, Gerd	19.08.41	Bor. M´gladbach
Vordenbäumen, Willi	23.09.28	RW Essen
Wähling, Jürgen	06.12.40	Hannover 96
Weber, H.-W.	12.01.16	1860 München
Weber, Wolfgang	06.06.44	Werder Bremen
Weise, Dietrich	21.11.34	1. FC K´lautern, Eintr. Frankfurt, Fort. Düsseldorf
Weisweiler, Hennes	05.12.19	Bor. M´gladbach, 1. FC Köln
Wenzlaff, Friedhelm	10.10.40	MSV Duisburg
Werner, Wolf	08.04.42	Bor. M´gladbach
Weth, Willibert		Alem. Aachen
Widmayer, Herbert	17.01.13	1. FC Nürnberg
Wilke, Martin	15.11.27	Hamburger SV
Wilmots, Marc	22.02.69	FC Schalke 04
Witte, Helmut		Bor. Dortmund
Witzler, Horst	18.08.32	Bor. Dortmund, RW Essen
Wohlers, Horst	06.08.49	KFC Uerdingen 05, FC St. Pauli
Wojtowicz, Rudi	09.06.56	Fort. Düsseldorf
Wolf, Wolfgang	24.09.57	VfL Wolfsburg, 1. FC Nürnberg
Zachhuber, Andreas	29.05.62	Hansa Rostock
Zahnleiter, Timo	16.12.48	Eintr. Frankfurt
Zebec, Branko	17.05.29	Bayern München, VfB Stuttgart, Eintr. Braunschweig, Hamburger SV, Bor. Dortmund, Eintr. Frankfurt
Zobel, Rainer	03.11.48	Stuttgarter Kickers, 1. FC K´lautern, 1. FC Nürnberg
Zumdick, Ralf	10.05.58	VfL Bochum

Die „Trainer-Abschussliste“ nach Vereinen

Verein	Wechsel	Jahre
Eintr. Frankfurt	19	36
FC Schalke 04	18	35
1. FC Köln	16	37
VfB Stuttgart	16	38
Bor. Dortmund	15	36
1. FC Nürnberg	14	23
1. FC K´lautern	14	39
Fort. Düsseldorf	13	22
Hamburger SV	11	40
Hannover 96	10	15
Bayer Leverkusen	10	24
Werder Bremen	10	39
Karlsruher SC	9	22
Bayern München	9	38
Hertha BSC	8	22
MSV Duisburg	8	26
Bor. M´gladbach	8	36
1860 München	6	19
FC Homburg	5	3
VfL Bochum	5	28
Dynamo Dresden	4	4
Hansa Rostock	4	9
Arm. Bielefeld	4	12
KFC Uerdingen 05	4	14
Eintr. Braunschweig	4	20
1. FC Saarbrücken	3	5
Kickers Offenbach	3	7
Rot-Weiß Essen	3	7
VfB Leipzig	2	1
SV Darmstadt 98	2	2
VfL Wolfsburg	2	6
FC St. Pauli	2	7
Offenbacher Kickers	2	7
Fortuna Köln	1	1
Tasmania Berlin	1	1
Alem.Aachen	1	3
Wuppertaler SV	1	3
Wattenscheid 09	1	4
Waldhof Mannheim	1	7
Blau-Weiß 90 Berlin	-	1
Preußen Münster	-	1
SSV Ulm 1846	-	1
SpVgg Unterhaching	-	2
Stuttgarter Kickers	-	2
Borussia Neunkirchen	-	3
Energie Cottbus	-	3
Rot-Weiß Oberhausen	-	4
SC Freiburg	-	8

Die „Trainer-Abschussliste“

Trainer	Entlassungen
Gyula Lorant	6
Jörg Berger	6
Otto Rehhagel	5
Rudi Gutendorf	5
Aleksandar Ristic	4
Branko Zebec	4
Dietrich Weise	4
Felix Magath	4
Karlheinz Feldkamp	4
Pal Csernai	4
Willibert Kremer	4
Christoph Daum	3
Ewald Lienen	3
Friedel Rausch	3
Friedhelm Funkel	3
Georg Gawliczek	3
Günter Brocker	3
Hannes Bongartz	3
Helmut Kronsbein	3
Helmut Schulte	3
Jürgen Gelsdorf	3
Max Merkel	3
Reinhard Saftig	3
Udo Lattek	3
Uli Maslo	3
Werner Olk	3
Willi Reimann	3
Bernd Krauss	2
Hans-Dieter Tippenhauer	2
Dragoslav Stepanovic	2
Egon Coordes	2
Egon Piechaczek	2
Erich Ribbeck	2
Fritz Langner	2
Georg Kessler	2
Heinz Lucas	2
Helmut Schneider	2
Horst Buhtz	2
Horst Köppel	2
Horst Witzler	2
Ivica Horvat	2
Jupp Heynckes	2
Jürgen Röber	2
Klaus Toppmöller	2
Kuno Klötzer	2
Lothar Buchmann	2
Manfred Krafft	2
Otto Knefler	2
Peter Neururer	2
Rinus Michels	2
Rolf Schafstall	2
Rudi Kröner	2
Sigfried Held	2
Timo Konietzka	2
Udo Klug	2
Uwe Klimaschefski	2
Willi Entenmann	2
Winfried Schäfer	2

Vorzeitige Trainerwechsel

Die 269 vorzeitigen Trainerwechsel seit 1963 in der chronologischen Abfolge

Nr.	Name (Verein)	Datum	Amtszeit	Nachfolger
Saison 1963/64 (3 vorzeitige Trainerwechsel)				
1	Herbert Widmayer (1. FC Nürnberg)	30.10.63	41 Monate	Jenö Csaknady
2	Georg Gawliczek (Schalke 04)	25.04.64	46	Fritz Langner
3	Martin Wilke (Hamburger SV)	07.05.64	22	Georg Gawliczek
Saison 1964/65 (5)				
4	Kurt Sommerlatt (Karlsruher SC)	26.01.65	31	Helmut Schneider
5	Kurt Baluses (VfB Stuttgart)	24.02.65	56	Rudi Gutendorf
6	Günter Brocker (1. FC K´lautern)	27.02.65	44	Werner Liebrich
7	Rudi Gutendorf (Meidericher SV)	01.03.65	20	Willi Schmidt
8	Josef Schneider (Hertha BSC)	08.03.65	21	Gerhard Schulte
Saison 1965/66 (4)				
9	Helmut Schneider (Karlsruher SC)	18.10.65	9	Werner Roth
10	Franz Linken (Tasmania Berlin)	10.11.65	16	Heinz-Ludwig Schmidt
11	Georg Gawliczek (Hamburger SV)	17.04.66	23	Josef Schneider
12	Helmut Kronsbein (Hannover 96)	28.04.66	34	Hannes Kirk
Saison 1966/67 (7)				
13	Werner Roth (Karlsruher SC)	01.11.66	13	Paul Frantz
14	Jenö Csaknady (1. FC Nürnberg)	07.11.66	17	Jenö Vincze
15	Rudi Gutendorf (VfB Stuttgart)	06.12.66	22	Albert Sing
16	Max Merkel (1860 München)	10.12.66	66	Gunter Baumann
17	Fritz Pliska (Rot-Weiß Essen)	30.05.67	23	Erich Ribbeck
18	Fritz Langner (Schalke 04)	05.06.67	38	Karl-Heinz Marotzke
19	Kuno Klötzer (Fort. Düsseldorf)	30.06.67	48	Ernst Melchior
Saison 1967/68 (7)				
20	Günther Brocker (Werder Bremen)	04.09.67	27	Fritz Langner
21	Paul Frantz (Karlsruher SC)	24.10.67	12	Georg Gawliczek
22	Karl-Heinz Marotzke (Schalke 04)	13.11.67	5	Günther Brocker
23	Georg Gawliczek (Karlsruher SC)	08.02.68	4	Bernhard Termath
24	Horst Buhtz (Hannover 96)	12.02.68	20	Karlheinz Mülhausen
25	Otto Knefler (1. FC K´lautern)	04.03.68	8	Egon Piechaczek
26	Heinz Murach (Bor. Dortmund)	10.04.68	22	Oswald Pfau
Saison 1968/69 (7)				
27	Albert Sing (1860 München)	30.10.68	16	Hanz Pilz
28	Günther Brocker (Schalke 04)	17.11.68	12	Rudi Gutendorf
29	Helmut Schneider (Bor. Dortmund)	17.03.69	3	Hermann Lindemann
30	Max Merkel (1. FC Nürnberg)	24.03.69	27	Robert Körner
31	Robert Körner (1. FC Nürnberg)	12.04.69	1	Kuno Klötzer
32	Egon Piechaczek (1. FC K´lautern)	06.05.69	14	Dietrich Weise
33	Gunther Baumann (VfB Stuttgart)	30.06.69	24	Franz Seybold
Saison 1969/70 (5)				
34	Fritz Langner (1860 München)	12.11.69	5	Franz Binder
35	Zlatko Cajkovski (Hannover 96)	08.12.69	6	Willibert Weth
36	Georg Stollenwerk (Alem.Aachen)	16.12.69	18	Hans Pilz
37	Branko Zebec (Bayern München)	13.03.70	21	Udo Lattek
38	Fritz Rebell (Werder Bremen)	16.03.70	10	Hans Tilkowski
Saison 1970/71 (4)				
39	Rudi Gutendorf (Schalke 04)	07.09.70	23	Slobodan Cendic
40	Alfred Schmidt (Offenbacher Kickers)	26.09.70	3	Rudi Gutendorf
41	Rudi Gutendorf (Offenbacher Kickers)	23.02.71	5	Kuno Klötzer
42	Gyula Lorant (1. FC K´lautern)	09.03.71	21	Dietrich Weise
Saison 1971/72 (6)				
43	Robert Gebhardt (Werder Bremen)	26.09.71	15	Josef Piontek
44	Helmut Johannsen (Hannover 96)	13.11.71	18	Hans Hipp
45	Horst Witzler (Bor. Dortmund)	21.12.71	18	Herbert Burdenski
46	Egon Piechaczek (Arm. Bielefeld)	21.12.71	26	Jan Notermans

Nr.	Name (Verein)	Datum	Amtszeit	Nachfolger
47	Gyula Lorant (1. FC Köln)	04.04.72	10	Rolf Herings
48	Branko Zebec (VfB Stuttgart)	18.04.72	22	Karl Bögelein
Saison 1972/73 (2)				
49	Hans Hipp (Hannover 96)	01.03.73	16	Hannes Baldauf
50	Dietrich Weise (1. FC K´lautern)	04.06.73	16	Gerd Schneider
Saison 1973/74 (6)				
51	Rudi Schlott (1. FC Köln)	16.09.73	15	Zlatko Cajkovski
52	Horst Witzler (Rot-Weiß Essen)	27.09.73	15	Diethelm Ferner
53	Rudi Faßnacht (MSV Duisburg)	20.10.73	40	Willibert Kremer
54	Volker Kottmann (Fortuna Köln)	31.12.73	6	Willi Holdorf
55	Helmut Kronsbein (Hertha BSC)	13.03.74	93	Hans Eder
56	Gyula Lorant (Kickers Offenbach)	01.04.74	21	Otto Rehhagel
Saison 1974/75 (4)				
57	Horst Buhtz (Wuppertaler SV)	20.10.74	76	Janos Bedl
58	Hermann Eppenhoff (VfB Stuttgart)	01.12.74	29	Albert Sing
59	Udo Lattek (Bayern München)	02.01.75	58	Dettmar Cramer
60	Heinz Lucas (Fort. Düsseldorf)	22.04.75	58	Manfred Krafft
Saison 1975/76 (8)				
61	Otto Rehhagel (Kickers Offenbach)	09.12.75	21	Zlatko Cajkovski
62	Zlatko Cajkovski (1. FC Köln)	12.12.75	27	Georg Stollenwerk
63	Helmut Kronsbein (Hannover 96)	14.01.76	22	Hannes Baldauf
64	Herbert Burdenski (Werder Bremen)	28.02.76	8	Otto Rehhagel
65	Max Merkel (Schalke 04)	09.03.76	9	Friedel Rausch
66	Willibert Kremer (MSV Duisburg)	18.03.76	30	Rolf Schafstall
67	Josef Piontek (Fort. Düsseldorf)	14.04.76	10	Manfred Krafft
68	Dietrich Weise (Eintr. Frankfurt)	30.06.76	36	Hans-Dieter Roos
Saison 1976/77 (4)				
69	Ivica Horvat (Rot-Weiß Essen)	26.09.76	15	Hermann Erlhoff
70	Slobodan Cendic (1. FC Saarbrücken)	18.10.76	28	Manfred Krafft
71	Hans-Dieter Roos (Eintr. Frankfurt)	08.11.76	5	Gyula Lorant
72	Georg Kessler (Hertha BSC)	30.06.77	36	Kuno Klötzer
Saison 1977/78 (7)				
73	Rudi Gutendorf (Hamburger SV)	27.10.77	4	Arkoc Özcan
74	Gyula Lorant (Eintr. Frankfurt)	30.11.77	13	Dettmar Cramer
75	Dettmar Cramer (Bayern München)	01.12.77	35	Gyula Lorant
76	Friedel Rausch (Schalke 04)	20.12.77	22	Uli Maslo
77	Hans Tilkowski (Werder Bremen)	22.12.77	18	Rudi Assauer
78	Manfred Krafft (1. FC Saarbrücken)	21.02.78	16	Hans Tilkowski
79	Otto Rehhagel (Bor. Dortmund)	30.04.78	23	Carlheinz Rühl
Saison 1978/79 (8)				
80	Milovan Beljin (Arm. Bielefeld)	08.10.78	4	Otto Rehhagel
81	Werner Kern (1. FC Nürnberg)	20.12.78	6	Robert Gebhardt
82	Otto Knefler (Eintr. Frankfurt)	31.12.78	6	Friedel Rausch
83	Gyula Lorant (Bayern München)	28.02.79	15	Pal Csernai
84	Ivica Horvat (Schalke 04)	17.03.79	9	Gyula Lorant
85	Werner Olk (Eintr. Braunschweig)	21.03.79	9	Heinz Lucas
86	Lothar Buchmann (SV Darmstadt 98)	12.04.79	30	Klaus Schlappner
87	Carlheinz Rühl (Bor. Dortmund)	29.04.79	12	Uli Maslo
Saison 1979/80 (9)				
88	Eckhardt Krautzun (1860 München)	02.09.79	9	Carlheinz Rühl
89	Heinz Lucas (Eintr. Braunschweig)	08.10.79	7	Uli Maslo
90	H.-D. Tippenhauer (Fort. Düsseldorf)	09.10.79	16	Otto Rehhagel
91	Kuno Klötzer (Hertha BSC)	27.10.79	28	Hans Eder
92	Gyula Lorant (Schalke 04)	04.12.79	9	Dietmar Schwager
93	Wolfgang Weber (Werder Bremen)	29.01.80	19	Rudi Assauer
94	Heinz Höher (MSV Duisburg)	10.02.80	8	Friedhelm Wenzlaff
95	Hennes Weisweiler (1. FC Köln)	15.04.80	46	Karl-Heinz Heddergott
96	Dietmar Schwager (Schalke 04)	20.04.80	5	Fahrudin Jusufi
Saison 1980/81 (7)				
97	Karl-Heinz Heddergott (1. FC Köln)	13.10.80	6	Rinus Michels

Nr.	Name (Verein)	Datum	Amtszeit	Nachfolger
98	H.-D. Tippenhauer (Arm. Bielefeld)	20.10.80	13	Horst Franz
99	Otto Rehhagel (Fort. Düsseldorf)	05.12.80	14	Heinz Höher
100	Branko Zebec (Hamburger SV)	18.12.80	30	Aleksandar Ristic
101	Horst Heese (1. FC Nürnberg)	03.03.81	9	Fritz Popp/Fred Hoffmann
102	Udo Lattek (Bor. Dortmund)	10.05.81	23	Rolf Bock
103	Fahrudin Jusufi (Schalke 04)	26.05.81	13	R. Assauer/H. Redepennig
Saison 1981/82 (5)				
104	Heinz Elzner (1. FC Nürnberg)	08.09.81	3	Udo Klug
105	Willibert Kremer (Bayer Leverkusen)	22.11.81	68	Gerd Kentschke
106	Manfred Krafft (Karlsruher SC)	26.11.81	41	Max Merkel
107	Friedhelm Wenzlaff (MSV Duisburg)	29.11.81	22	Kuno Klötzer
108	Werner Olk (SV Darmstadt 98)	13.03.82	26	Manfred Krafft
Saison 1982/83 (8)				
109	Helmut Senekowitsch (Eintr. Frankfurt)	17.09.82	2,5	Branko Zebec
110	Jörg Berger (Fort. Düsseldorf)	25.10.82	16	Willibert Kremer
111	Sigfried Held (Schalke 04)	20.01.83	19	Jürgen Sundermann
112	Horst Franz (Karlsruher SC)	31.01.83	7	Lothar Strehlau
113	Rudi Kröner (1. FC K´lautern)	21.03.83	9	Ernst Diehl
114	Karlheinz Feldkamp (Bor. Dortmund)	05.04.83	10	Helmut Witte
115	Uli Maslo (Eintr. Braunschweig)	23.04.83	43	Heinz Patzig
116	Pal Csernai (Bayern München)	16.05.83	53	Reinhard Saftig
Saison 1983/84 (8)				
117	Rinus Michels (1. FC Köln)	23.08.83	33	Hannes Löhr
118	Branko Zebec (Eintr. Frankfurt)	17.10.83	13	Dietrich Weise
119	Uli Maslo (Bor. Dortmund)	23.10.83	4	H.-D. Tippenhauer/H. Franz
120	Udo Klug (1. FC Nürnberg)	25.10.83	26	Rudi Kröner
121	Dietrich Weise (1. FC K´lautern)	26.10.83	4	Manfred Krafft
122	Rudi Kröner (1. FC Nürnberg)	06.12.83	1,5	Heinz Höher
123	Lothar Buchmann (Kickers Offenbach)	15.03.84	21	Hermann Nuber
124	Karlheinz Feldkamp (Arm. Bielefeld)	22.03.84	9	Gerd Roggensack
Saison 1984/85 (4)				
125	Timo Konietzka (Bor. Dortmund)	24.10.84	4	Erich Ribbeck
126	Werner Olk (Karlsruher SC)	22.03.85	21	Lothar Buchmann
127	Willibert Kremer (Fort. Düsseldorf)	14.04.85	30	Dieter Brei
128	Aleksandar Ristic (Eintr. Braunschweig)	15.04.85	22	Heinz Patzig
Saison 1985/86 (6)				
129	Werner Biskup (Hannover 96)	21.11.85	25	Jürgen Rynio/Jörg Berger
130	Hannes Löhr (1. FC Köln)	06.02.86	30	Georg Kessler
131	Otto Baric (VfB Stuttgart)	04.03.86	9	Willi Entenmann
132	Jörg Berger (Hannover 96)	17.03.86	2	Helmut Kalthoff
133	Uwe Klimaschefski (Saarbrücken)	11.04.86	49	W. Weber/Walter Müller
134	Pal Csernai (Bor. Dortmund)	20.04.86	10	Reinhard Saftig
Saison 1986/87 (6)				
135	Fritz Fuchs (FC Homburg)	22.08.86	14	Udo Klug
136	Georg Kessler (1. FC Köln)	22.09.86	7,5	Christoph Daum
137	Dietrich Weise (Eintr. Frankfurt)	03.12.86	37	Hans-Dieter Zahnleiter
138	Dieter Brei (Fort. Düsseldorf)	02.04.87	24	Gerd Meyer
139	Udo Klug (FC Homburg)	11.05.87	9	Gerd Schwickert
140	Egon Coordes (VfB Stuttgart)	30.06.87	12	Arie Haan
Saison 1987/88 (6)				
141	Uwe Klimaschefski (FC Homburg)	02.10.87	3	Gerd Schwickert
142	Josip Skoblar (Hamburger SV)	09.11.87	4,5	Willi Reimann
143	Hannes Bongartz (1. FC K´lautern)	11.11.87	29	Josef Stabel
144	Horst Köppel (Bayer Uerdingen)	01.12.87	5	Rolf Schafstall
145	Rolf Schafstall (Schalke 04)	07.12.87	18	Horst Franz
146	Gerd Schwickert (FC Homburg)	06.02.88	4	Slobodan Cendic
Saison 1988/89 (8)				
147	Reinhard Saftig (Bor. Dortmund)	26.06.88	26	Horst Köppel
148	Karlheinz Feldkamp (Eintr. Frankfurt)	14.09.88	15	Pal Csernai
149	Jürgen Wähling (Hannover 96)	19.09.88	27	Hans Siemensmeyer

Nr.	Name (Verein)	Datum	Amtszeit	Nachfolger
150	Felix Latzke (Waldhof Mannheim)	16.11.88	17	Günter Sebert
151	Pal Csernai (Eintr. Frankfurt)	12.12.88	3	Jörg Berger
152	Hans Siemensmeyer (Hannover 96)	21.03.89	6	Reinhard Saftig
153	Rinus Michels (Bayer Leverkusen)	13.04.89	10	Jürgen Gelsdorf
154	Franz-Josef Tenhagen (VfL Bochum)	19.06.89	12	Reinhard Saftig
Saison 1989/90 (7)				
155	Wolf Werner (Bor. M´gladbach)	21.11.89	29	Gerd vom Bruch
156	Willi Reimann (Hamburger SV)	04.01.90	26	Gerd-Volker Schock
157	Gerd Roggensack (1. FC K´lautern)	25.02.90	6	Karlheinz Feldkamp
158	Arie Haan (VfB Stuttgart)	26.03.90	33	Willi Entenmann
159	Hermann Gerland (1. FC Nürnberg)	09.04.90	23	Arie Haan
160	Josef Stabel (FC Homburg)	11.04.90	10	Manfred Linz
161	Christoph Daum (1. FC Köln)	28.06.90	45	Erich Rutemöller
Saison 1990/91 (12)				
162	Werner Fuchs (Hertha BSC)	13.11.90	26	Pal Csernai
163	Willi Entenmann (VfB Stuttgart)	19.11.90	8	Christoph Daum
164	Horst Wohlers (Bayer Uerdingen)	25.11.90	17	Timo Konietzka
165	Aleksandar Ristic (Fort. Düsseldorf)	15.12.90	42	Josef Hickersberger
166	Helmut Schulte (FC St. Pauli)	19.02.91	40	Horst Wohlers
167	Pal Csernai (Hertha BSC)	12.03.91	4	Peter Neururer
168	Jörg Berger (Eintr. Frankfurt)	13.04.91	29	Dragoslav Stepanovic
169	Reinhard Saftig (VfL Bochum)	22.04.91	22	Rolf Schafstall
170	Peter Neururer (Hertha BSC)	28.05.91	2,5	Karsten Heine
171	Jürgen Gelsdorf (Bayer Leverkusen)	31.05.91	26	Peter Hermann
172	Timo Konietzka (Bayer Uerdingen)	03.06.91	7	Friedhelm Funkel
173	Horst Köppel (Bor. Dortmund)	30.06.91	36	Ottmar Hitzfeld
Saison 1991/92 (13)				
174	Josef Hickersberger (Fort. Düsseldorf)	27.08.91	8	Rolf Schafstall
175	Erich Rutemöller (1. FC Köln)	30.08.91	14	Jörg Berger
176	Gerd vom Bruch (Bor. M´gladbach)	25.09.91	22	Jürgen Gelsdorf
177	Jupp Heynckes (Bayern München)	08.10.91	52	Sören Lerby
178	Rolf Schafstall (Fort. Düsseldorf)	23.01.92	5	Hans-Jürgen Gede
179	Uwe Reinders (Hansa Rostock)	06.03.92	21	Erich Rutemöller
180	Gerd-Volker Schock (Hamburger SV)	10.03.92	27	Egon Coordes
181	Sören Lerby (Bayern München)	11.03.92	5	Erich Ribbeck
182	Hans-Jürgen Gede (Fort. Düsseldorf)	25.03.92	2	Horst Köppel
183	Willibert Kremer (MSV Duisburg)	20.04.92	58	Uwe Reinders
184	Aleksandar Ristic (Schalke 04)	30.04.92	16	Klaus Fischer
185	Karlheinz Feldkamp (1. FC K´lautern)	19.05.92	28	Rainer Zobel
186	Helmut Schulte (Dynamo Dresden)	22.05.92	12	Klaus Sammer
Saison 1992/93 (10)				
187	Egon Coordes (Hamburger SV)	21.09.92	7	Benno Möhlmann
188	Holger Osieck (VfL Bochum)	02.11.92	16	Jürgen Gelsdorf
189	Jürgen Gelsdorf (Bor. M´gladbach)	06.11.92	13	Bernd Krauss
190	Udo Lattek (Schalke 04)	17.01.93	11	Helmut Schulte
191	Jörg Berger (1. FC Köln)	28.02.93	16	Wolfgang Jerat
192	Dragoslav Stepanovic (Eintr. Frankfurt)	30.03.93	24	Horst Heese
193	Klaus Sammer (Dynamo Dresden)	21.04.93	10	Ralf Minge
194	Wolfgang Jerat (1. FC Köln)	29.04.93	2	Morten Olsen
195	Reinhard Saftig (Bayer Leverkusen)	04.05.93	23	Dragoslav Stepanovic
196	Rainer Zobel (1. FC K´lautern)	07.06.93	12	Friedel Rausch
Saison 1993/94 (8)				
197	Helmut Schulte (Schalke 04)	10.10.93	10	Jörg Berger
198	Willi Entenmann (1. FC Nürnberg)	09.11.93	29	D. Renner/R. Zobel
199	Christoph Daum (VfB Stuttgart)	10.12.93	37	Jürgen Röber
200	Erich Ribbeck (Bayern München)	27.12.93	22	Franz Beckenbauer
201	Bernd Stange (VfB Leipzig)	21.02.94	8	Jürgen Sundermann
202	Hannes Bongartz (Wattenscheid 09)	03.03.94	56	Frank Hartmann
203	Jürgen Sundermann (VfB Leipzig)	09.04.94	1,5	Damian Halata
204	Klaus Toppmöller (Eintr. Frankfurt)	10.04.94	10	Karl-Heinz Körbel

Nr.	Name (Verein)	Datum	Amtszeit	Nachfolger
Saison 1994/95 (7)				
205	Ewald Lienen (MSV Duisburg)	01.11.94	20	Hannes Bongartz
206	Jürgen Gelsdorf (VfL Bochum)	06.11.94	24	Klaus Toppmöller
207	Sigfried Held (Dynamo Dresden)	22.11.94	17	Horst Hrubesch
208	Horst Hrubesch (Dynamo Dresden)	01.03.95	3,5	Ralf Minge
209	Jupp Heynckes (Eintr. Frankfurt)	02.04.95	9	Karl-Heinz Körbel
210	Dragoslav Stepanovic (B. Leverkusen)	07.04.95	23	Erich Ribbeck
211	Jürgen Röber (VfB Stuttgart)	25.04.95	17	Jürgen Sundermann
Saison 1995/96 (9)				
212	Morten Olsen (1. FC Köln)	27.08.95	28	Stefan Engels
213	Benno Möhlmann (Hamburger SV)	05.10.95	37	Felix Magath
214	Aad de Mos (Werder Bremen)	09.01.96	6	Hans-Jürgen Dörner
215	Friedel Rausch (1. FC K´lautern)	23.03.96	33	Eckhard Krautzun
216	Karl-Heinz Körbel (Eintr. Frankfurt)	30.03.96	12	Dragoslav Stepanovic
217	Stefan Engels (1. FC Köln)	31.03.96	7	Peter Neururer
218	Otto Rehhagel (Bayern München)	27.04.96	10	Franz Beckenbauer
219	Erich Ribbeck (Bayer Leverkusen)	28.04.96	13	Peter Hermann
220	Friedhelm Funkel (Bayer Uerdingen)	14.05.96	60	A. Reutershahn/Thomale
Saison 1996/97 (6)				
221	Rolf Fringer (VfB Stuttgart)	14.08.96	13	Joachim Löw
222	Jörg Berger (Schalke 04)	03.10.96	36	Huub Stevens
223	Aleksandar Ristic (Fort. Düsseldorf)	24.11.96	52	Rudi Wojtowicz
224	Bernd Krauss (Bor. M´gladbach)	07.12.96	49	Hannes Bongartz
225	Uli Maslo (FC St. Pauli)	21.04.97	34	Klaus-Peter Nemet
226	Felix Magath (Hamburger SV)	18.05.97	20	Ralf Schehr
Saison 1997/98 (8)				
227	Hans-Jürgen Dörner (Werder Bremen)	20.08.97	20	Wolfgang Sidka
228	Peter Neururer (1. FC Köln)	30.09.97	18	Lorenz-Günther Köstner
229	Hannes Bongartz (Bor. M´gladbach)	29.11.97	12	Norbert Meier
230	Willi Reimann (VfL Wolfsburg)	17.03.98	30	Wolfgang Wolf
231	Winfried Schäfer (Karlsruher SC)	25.03.98	141	Jörg Berger
232	Norbert Meier (Bor. M´gladbach)	31.03.98	4	Friedel Rausch
233	Joachim Löw (VfB Stuttgart)	20.05.98	22	Winfried Schäfer
234	Nevio Scala (Bor. Dortmund)	30.06.98	12	Michael Skibbe
Saison 1998/99 (10)				
235	Felix Magath (1. FC Nürnberg)	17.07.98	10	Willi Reimann
236	Wolfgang Sidka (Werder Bremen)	22.10.98	14	Felix Magath
237	Friedel Rausch (Bor. M´gladbach)	10.11.98	7	Rainer Bonhof
238	Willi Reimann (1. FC Nürnberg)	02.12.98	4,5	Friedel Rausch
239	Winfried Schäfer (VfB Stuttgart)	04.12.98	5	Rainer Adrion
240	Horst Ehrmantraut (Eintr. Frankfurt)	08.12.98	24	Reinhold Fanz
241	Ewald Lienen (Hansa Rostock)	07.03.99	21	Andreas Zachhuber
242	Reinhold Fanz (Eintr. Frankfurt)	18.04.99	4	Jörg Berger
243	Rainer Adrion (VfB Stuttgart)	03.05.99	3	Ralf Rangnick
244	Felix Magath (Werder Bremen)	09.05.99	6,5	Thomas Schaaf
Saison 1999/00 (4)				
245	Jörg Berger (Eintr. Frankfurt)	19.12.99	8	Felix Magath
246	Michael Skibbe (Bor. Dortmund)	06.02.00	20	Bernd Krauss
247	Friedhelm Funkel (MSV Duisburg)	24.03.00	47	Seppo Eichkorn
248	Bernd Krauss (Bor. Dortmund)	13.05.00	2	Udo Lattek
Saison 2000/01 (8)				
249	Andreas Zachhuber (Hansa Rostock)	07.09.00	18	Friedhelm Funkel
250	Otto Rehhagel (1. FC K´lautern)	01.10.00	50	Andreas Brehme
251	Christoph Daum (Bayer Leverkusen)	20.10.00	52	Berti Vogts
252	Felix Magath (Eintr. Frankfurt)	29.01.01	13	Rolf Dohmen
253	Ralf Zumdick (VfL Bochum)	13.02.01	8,5	Rolf Schafstall
254	Ralf Rangnick (VfB Stuttgart)	23.02.01	22	Felix Magath
255	Rolf Dohmen (Eintr. Frankfurt)	01.04.01	2	Friedel Rausch
256	Berti Vogts (Bayer Leverkusen)	26.06.01	8	Klaus Toppmöller

Nr.	Name (Verein)	Datum	Amtszeit	Nachfolger
Saison 2001/02 (5)				
257	Frank Pagelsdorf (Hamburger SV)	17.09.01	51,5	Kurt Jara
258	Werner Lorant (1860 München)	18.10.01	88,5	Peter Pacult
259	Friedhelm Funkel (Hansa Rostock)	01.12.01	15	Juri Schlünz
260	Ewald Lienen (1. FC Köln)	27.01.02	31	Friedhelm Funkel
261	Jürgen Röber (Hertha BSC)	06.02.02	55	Falko Götz
Saison 2002/03 (8)				
262	Andreas Brehme (1. FC K´lautern)	26.08.02	23	Erik Gerets
263	Klaus Toppmöller (Bayer Leverkusen)	26.02.03	20	Thomas Hörster
264	Hans Meyer (Bor. M´gladbach)	01.03.03	42	Ewald Lienen
265	Wolfgang Wolf (VfL Wolfsburg)	04.03.03	59,5	Jürgen Röber
266	Peter Pacult (1860 München)	12.03.03	17	Falko Götz
267	Frank Neubarth (Schalke 04)	26.03.03	9	Marc Wilmots
268	Klaus Augenthaler (1. FC Nürnberg)	30.04.03	38	Wolfgang Wolf
269	Thomas Hörster (Bayer Leverkusen)	13.05.03	2,5	Klaus Augenthaler

Max Merkel, umstritten, erfolgreich und immer für einen Spruch gut. Meister mit 1860 München und dem 1. FC Nürnberg

Die erfolgreichsten Trainer

Trainer	Titel	Vereine
Udo Lattek	8	Bayern München (6), Borussia Mönchengladbach (2)
Ottmar Hitzfeld	6	Borussia Dortmund (2), Bayern München (4)
Hennes Weisweiler	4	Borussia Mönchengladbach (3), 1. FC Köln (1)
Otto Rehhagel	3	Werder Bremen (2), 1. FC Kaiserslautern (1)
Pal Csernai	2	Bayern München (2)
Ernst Happel	2	Hamburger SV (2)
Jupp Heynckes	2	Bayern München (2)
Max Merkel	2	TSV 1860 München (1), 1. FC Nürnberg (1)
Branko Zebec	2	Bayern München (1), Hamburger SV (1)
Franz Beckenbauer	1	Bayern München (1)
Helmut Benthaus	1	VfB Stuttgart (1)
Christoph Daum	1	VfB Stuttgart (1)
Karlheinz Feldkamp	1	1. FC Kaiserslautern (1)
Helmut Johannsen	1	Eintracht Braunschweig (1)
Georg Knöpfle	1	1. FC Köln (1)
Willi Multhaup	1	Werder Bremen (1)
Matthias Sammer	1	Borussia Dortmund (1)
Giovanni Trapattoni	1	Bayern München (1)

Das Trainer-Karussel

Trainer	Jahre
Alemannia Aachen	
Michael Pfeifer	68-69
Georg Stollenwerk	70
Willibert Weth	70
Blau-Weiß 90 Berlin	
Bernd Hoss	87
Hertha BSC Berlin	
Josef Schneider	64-65
Gerhard Schulte	65
Helmut Kronsbein	69-74
Hans Eder	74
Georg Kessler	75-77
Kuno Klötzer	78-80
Hans Eder	80
Helmut Kronsbein	80
Georg Gawliczek	83
Werner Fuchs	91
Pal Csernai	91
Peter Neururer	91
Karsten Heine	91
Jürgen Röber	98-02
Falko Götz	02
Huub Stevens	03
Tasmania Berlin	
Franz Linken	66
Heinz-L. Schmidt	66
Tennis Borussia Berlin	
Georg Gawliczek	75
Rudi Gutendorf	77
Arminia Bielefeld	
Egon Piechaczek	71-72
Jan Notermans	72
Milovan Beljin	79
Otto Rehhagel	79
H.-D. Tippenhauer	81
Willi Nolting	81
Horst Franz	81-82
Horst Köppel	83
Karlheinz Feldkamp	84
Gerd Roggensack	84-85
Ernst Middendorp	98
Hermann Gerland	00
Benno Möhlmann	03
VfL Bochum	
Hermann Eppenhoff	72
Heinz Höher	73-79
Helmut Johannsen	80-81
Rolf Schafstall	82-86
Hermann Gerland	87-88
Josef Tenhagen	89
Reinhard Saftig	90-91
Rolf Schafstall	91
Holger Osieck	92-93
Jürgen Gelsdorf	93-95
Klaus Toppmöller	95, 96-99

Trainer	Jahre
Ralf Zumdick	01
Rolf Schafstall	01
Peter Neururer	03
Eintracht Braunschweig	
Helmut Johannsen	64-70
Otto Knefler	71-73
Branko Zebec	75-78
Werner Olk	79
Heinz Lucas	79-80
Uli Maslo	80-83
Heinz Patzig	83
Aleksandar Ristic	84-85
Heinz Patzig	85
Werder Bremen	
Willi Multhaup	64-65
Günther Brocker	66-68
Fritz Langner	68-69
Fritz Rebell	70
Hans Tilkowski	70
Robert Gebhardt	71-72
Willi Multhaup	72
Josef Piontek	72
Fritz Langner	72
Josef Piontek	73-75
Herbert Burdenski	76
Otto Rehhagel	76
Hans Tilkowski	77-78
Fred Schulz	78
Wolfgang Weber	79-80
Fritz Langner	80
Otto Rehhagel	82-95
Aad de Mos	96
Hans-Jürgen Dörner	96-98
Wolfgang Sidka	98-99
Felix Magath	99
Thomas Schaaf	99-03
Energie Cottbus	
Eduard Geyer	01-03
Darmstadt 98	
Lothar Buchmann	79
Klaus Schlappner	79
Werner Olk	82
Manfred Krafft	82
Borussia Dortmund	
Hermann Eppenhoff	64-65
Willi Multhaup	66
Heinz Murach	67-68
Oswald Pfau	68-69
Helmut Schneider	69
Hermann Lindemann	69-70
Horst Witzler	71-72
Herbert Burdenski	72
Otto Rehhagel	77-78
Carl Heinz Rühl	78-79
Uli Maslo	79
Udo Lattek	80-81

Trainer	Jahre
Rolf Bock	81
Branko Zebec	82
Karlheinz Feldkamp	83
Helmut Witte	83
Uli Maslo	84
Helmut Witte	84
H.-D. Tippenhauer	84
Horst Franz	84
Timo Konietzka	85
Erich Ribbeck	85
Pal Csernai	86
Reinhard Saftig	86-88
Horst Köppel	88-91
Ottmar Hitzfeld	92-97
Nevio Scala	98
Michael Skibbe	99-00
Bernd Kraus	00
Udo Lattek	00
Matthias Sammer	01-03
Dynamo Dresden	
Helmut Schulte	92
Klaus Sammer	93
Ralf Minge	93
Sigfried Held	94-95
Horst Hrubesch	95
Ralf Minge	95
MSV Duisburg	
Rudi Gutendorf	64-65
Willi Schmidt	65
Hermann Eppenhoff	66-67
Gyula Lorant	68
Robert Gebhardt	69-70
Rudi Faßnacht	71-74
Willibert Kremer	74-76
Rolf Schafstall	76
Otto Knefler	77-78
Carl Heinz Rühl	78
Rolf Schafstall	79
Heinz Höher	80
Friedhelm Wenzlaff	80-82
Kuno Klötzer	82
Willibert Kremer	92
Uwe Reinders	92
Ewald Lienen	94-95
Hannes Bongartz	95
Friedhelm Funkel	97-00
Seppo Eichkorn	00
Fortuna Düsseldorf	
Kuno Klötzer	67
Heinz Lucas	72-75
Manfred Krafft	75
Josef Piontek	76
Manfred Krafft	76
Dietrich Weise	77-78
H.-D. Tippenhauer	79-80
Otto Rehhagel	80-81
Heinz Höher	81

Trainer	Jahre
Jörg Berger	82-83
Willibert Kremer	83-85
Dieter Brei	85-87
Gerd Meyer	87
Aleksandar Ristic	90-91
Josef Hickersberger	91-92
Rolf Schafstall	92
Jürgen Gede	92
Horst Köppel	92
Aleksandar Ristic	96-97
Rudi Wojtowicz	97
Rot-Weiß Essen	
Fritz Pliska	67
Herbert Burdenski	70-71
Willi Vordenbäumen	71
Horst Witzler	74
Diethelm Ferner	74-75
Ivica Horvath	76-77
Hermann Erlhoff	77
Eintracht Frankfurt	
Paul Oßwald	64
Ivica Horvath	64-65
Elek Schwartz	66-68
Erich Ribbeck	69-73
Dietrich Weise	74-76
Dieter Roos	77
Gyula Lorant	77-78
Dettmar Cramer	78
Otto Knefler	79
Friedel Rausch	79-80
Lothar Buchmann	81-82
H. Senekowitsch	83
Branko Zebec	83-84
Dietrich Weise	84-87
Timo Zahnleiter	87
Karlheinz Feldkamp	88-89
Pal Csernai	89
Jörg Berger	89-91
Dragoslav Stepanovic	91-93
Horst Heese	93
Klaus Toppmöller	94
Karl-Heinz Körbel	94
Jupp Heynckes	95
Karl-Heinz Körbel	95-96
Dragoslav Stepanovic	96
Horst Ehrmantraut	99
Reinhold Fanz	99
Jörg Berger	99-01
Felix Magath	01
Rolf Dohmen	01
Friedel Rausch	01
SC Freiburg	
Volker Finke	94-97, 99-02
Hamburger SV	
Martin Wilke	64

Statistik

Trainer	Jahre
Georg Gawliczek	65-66
Josef Schneider	66-67
Kurt Koch	68
Georg Knöpfle	69-70
Klaus-Dieter Ochs	71-73
Kuno Klötzer	74-77
Rudi Gutendorf	78
Arkoc Özcan	78
Branko Zebec	79-81
Aleksandar Ristic	81
Ernst Happel	82-87
Josip Skoblar	88
Willi Reimann	88-90
Gerd-Volker Schock	90-92
Egon Coordes	92-93
Benno Möhlmann	93-96
Felix Magath	96-97
Frank Pagelsdorf	98-02
Holger Hieronymus	02
Kurt Jara	02-03

Hannover 96

Trainer	Jahre
Helmut Kronsbein	65-66
Hannes Kirk	66
Horst Buhtz	67-68
Karlheinz Mülhausen	68
Zlatko Cajkovski	69-70
Hans Pilz	70
Helmut Johannsen	71-72
Hans Hipp	72-73
Hannes Baldauf	73-74
Helmut Kronsbein	74-76
Hannes Baldauf	76
Werner Biskup	86
Jürgen Rynio	86
Jörg Berger	86
Helmut Kalthoff	86
Jürgen Wähling	88-89
Hans Siemensmeyer	89
Reinhard Saftig	89
Ralf Rangnick	03

FC Homburg

Trainer	Jahre
Fritz Fuchs	87
Udo Klug	87
Gerd Schwickert	87
Uwe Klimaschefski	88
Gerd Schwickert	88
Slobodan Cendic	88
Josef Stabel	90
Manfred Lenz	90

Karlsruher SC

Trainer	Jahre
Kurt Sommerlatt	64-65
Helmut Schneider	65-66
Werner Roth	66-67
Paul Frantz	67-68
Georg Gawliczek	68
Bernhard Termath	68
Carl Heinz Rühl	76-77
Manfred Krafft	81-82
Max Merkel	82

Trainer	Jahre
Horst Franz	83
Lothar Strehlau	83
Werner Olk	85
Lothar Buchmann	85
Winfried Schäfer	88-98
Jörg Berger	98

1. FC Kaiserslautern

Trainer	Jahre
Günther Brocker	64-65
Werner Liebrich	65
Gyula Lorant	66-67
Otto Knefler	68
Egon Piechaczek	68-69
Dietrich Weise	69
Gyula Lorant	70-71
Dietrich Weise	71-73
Erich Ribbeck	74-78
Karlheinz Feldkamp	79-82
Rudi Kröner	83
Ernst Diehl	83
Dietrich Weise	84
Manfred Krafft	84-85
Hannes Bongartz	86-88
Josef Stabel	88-89
Gerd Roggensack	90
Karlheinz Feldkamp	90-92
Rainer Zobel	93
Friedel Rausch	94-96
Eckhard Krautzun	96
Otto Rehhagel	98-01
Andreas Brehme	01-03
Eric Gerets	03

1. FC Köln

Trainer	Jahre
Georg Knöpfle	64-66
Willi Multhaup	67-68
Hans Merkle	69-70
Ernst Ocwirk	71
Gyula Lorant	72
Rolf Herings	72
Rudi Schlott	73-74
Zlatko Cajkovski	74-76
Georg Stollenwerk	76
Hennes Weisweiler	77-80
K.-H. Heddergott	80-81
Rolf Herings	81
Rinus Michels	81-84
Hannes Löhr	84-86
Georg Kessler	86-87
Christoph Daum	87-90
Erich Rutemöller	90-92
Jörg Berger	92-93
Wolfgang Jerat	93
Morten Olsen	93-96
Stefan Engels	96
Peter Neururer	96-98
Lorenz Köstner	98
Ewald Lienen	02
Friedhelm Funkel	02

Fortuna Köln

Trainer	Jahre
Volker Kottmann	74
Willi Holdorf	74

VfB Leipzig

Trainer	Jahre
Bernd Stange	94
Jürgen Sundermann	94
Damian Halata	94

Bayer Leverkusen

Trainer	Jahre
Willibert Kremer	80-82
Gerd Kentschke	82
Dettmar Cramer	83-85
Erich Ribbeck	86-88
Rinus Michels	89
Jürgen Gelsdorf	89-91
Peter Hermann	91
Reinhard Saftig	92-93
Dragoslav Stepanovic	93-95
Erich Ribbeck	95-96
Christoph Daum	97-01
Rudi Völler	01
Berti Vogts	01
Klaus Toppmöller	01-03
Thomas Hörster	03
Klaus Augenthaler	03

Waldhof Mannheim

Trainer	Jahre
Klaus Schlappner	84-87
Felix Latzke	88-89
Günter Sebert	89-90

Borussia Mönchengladbach

Trainer	Jahre
Hennes Weisweiler	66-75
Udo Lattek	76-79
Jupp Heynckes	80-87
Wolf Werner	88-90
Gerd vom Bruch	90-92
Jürgen Gelsdorf	92-94
Bernd Krauss	93-97
Hannes Bongartz	97-98
Norbert Meier	98
Friedel Rausch	98-99
Rainer Bonhof	99
Hans Meyer	02-03
Ewald Lienen	03

Bayern München

Trainer	Jahre
Zlatko Cajkovski	66-68
Branko Zebec	69-70
Udo Lattek	70-75
Dettmar Cramer	75-78
Gyula Lorant	78-79
Pal Csernai	79-83
Reinhard Saftig	83
Udo Lattek	84-87
Jupp Heynckes	88-92
Sören Lerby	92
Erich Ribbeck	92-94
Franz Beckenbauer	94
Giovanni Trapattoni	95
Otto Rehhagel	96
Franz Beckenbauer	96
Giovanni Trapattoni	97-98
Ottmar Hitzfeld	98-03

TSV 1860 München

Trainer	Jahre
Max Merkel	64-67
H.-W. Weber	67
Gunter Baumann	67
Albert Sing	68-69
Hans Pilz	69
Fritz Langner	70
Franz Binder	70
Heinz Lucas	78
Eckhard Krautzun	80
Alfred Baumann	80
Carl Heinz Rühl	80-81
Werner Lorant	95-02
Peter Pacult	02-03
Falko Götz	03

Preußen Münster

Trainer	Jahre
Richard Schneider	64

Borussia Neunkirchen

Trainer	Jahre
Horst Buhtz	65-66
Zeljko Cajkovski	68

1. FC Nürnberg

Trainer	Jahre
Herbert Widmayer	64
Jenö Csaknady	64
Gunther Baumann	65
Jenö Csaknady	66-67
Jenö Vincze	67
Max Merkel	67-69
Robert Körner	69
Kuno Klötzer	69-70
Werner Kern	79
Robert Gebhardt	79
Horst Heese	81
Fritz Popp	81
Fred Hoffmann	81
Heinz Elzner	82
Udo Klug	82-84
Rudi Kröner	84
Heinz Höher	84-88
Hermann Gerland	89-90
Dieter Lieberwirth	90
Arie Haan	91
Willi Entenmann	92-94
Dieter Renner	94
Rainer Zobel	94
Felix Magath	99
Willi Reimann	99
Friedel Rausch	99
Klaus Augenthaler	02-03
Wolfgang Wolf	03

Rot-Weiß Oberhausen

Trainer	Jahre
Alfred Preißler	70-71
Günther Brocker	72-73
Friedhelm Kobluhn	73
Heinz Murach	73

Kickers Offenbach

Trainer	Jahre
Paul Oßwald	69
Alfred Schmidt	71
Rudi Gutendorf	71

Trainer	Jahre
Kuno Klötzer	71
Gyula Lorant	73-74
Otto Rehhagel	74-76
Zlatko Cajkovski	76
Lothar Buchmann	84
Hermann Nuber	84
Hansa Rostock	
Uwe Reinders	92
Erich Rutemöller	92
Frank Pagelsdorf	96-97
Ewald Lienen	98-99
Andreas Zachhuber	99-01
Juri Schlünz	01
Friedhelm Funkel	01-02
Armin Veh	02-03
1. FC Saarbrücken	
Helmut Schneider	64
Slobodan Cendic	77
Manfred Krafft	77-78
Hans Tilkowski	78
Uwe Klimaschefski	86
W. Seel/W. Müller	86
Peter Neururer	93
FC St. Pauli	
Diethelm Ferner	78
Helmut Schulte	89-91
Horst Wohlers	91
Uli Maslo	96-97
Klaus-Peter Nemet	97
Dietmar Demuth	02
FC Schalke 04	
Georg Gawliczek	64
Fritz Langner	64-67
K.-H. Marotzke	68
Günther Brocker	68-69
Rudi Gutendorf	69-71
Slobodan Cendic	71
Ivica Horvath	72-75
Max Merkel	76
Friedel Rausch	76-78
Uli Maslo	78
Ivica Horvath	79
Gyula Lorant	79-80
Dietmar Schwager	80
Fahrudin Jusufi	80-81
Assauer/Redepennig	81
Sigfried Held	83
Jürgen Sundermann	83
Diethelm Ferner	85-86
Rolf Schafstall	87-88
Horst Franz	88
Aleksandar Ristic	92
Klaus Fischer	92
Udo Lattek	93
Helmut Schulte	93-94
Jörg Berger	94-97
Huub Stevens	97-02
Frank Neubarth	03
Marc Wilmots	03

Trainer	Jahre
Stuttgarter Kickers	
Manfred Krafft	89
Rainer Zobel	92
VfB Stuttgart	
Kurt Baluses	64-65
Rudi Gutendorf	65-67
Albert Sing	67
Gunther Baumann	68-69
Franz Seybold	70
Branko Zebec	71-72
Karl Bögelein	72
Hermann Eppenhoff	73-75
Albert Sing	75
Jürgen Sundermann	78-79
Lothar Buchmann	80
Jürgen Sundermann	81-82
Helmut Benthaus	83-85
Otto Baric	86
Willi Entenmann	86
Egon Coordes	87
Arie Haan	88-90
Willi Entenmann	90-91
Christoph Daum	91-94
Jürgen Röber	94-95
Jürgen Sundermann	95
Rolf Fringer	96-97
Joachim Löw	97-98
Winfried Schäfer	98-99
Wolfgang Rolff	99
Rainer Adrion	99
Ralf Rangnick	99-01
Felix Magath	01-03
KFC Uerdingen	
Klaus Quinkert	76
Horst Buhtz	80-81
Timo Konietzka	84
Karlheinz Feldkamp	85-87
Horst Köppel	88
Rolf Schafstall	88
Horst Wohlers	90-91
Timo Konietzka	91
Friedhelm Funkel	91-93
Friedhelm Funkel	95-96
SSV Ulm 1846	
Martin Andermatt	00
SpVgg Unterhaching	
Lorenz Köstner	00-01
Wattenscheid 09	
Hannes Bongartz	91-94
Frank Hartmann	94
VfL Wolfsburg	
Willi Reimann	98
Wolfgang Wolf	98-03
Jürgen Röber	03
Wuppertaler SV	
Horst Buhtz	73-75
Janos Bedl	75

Die Rekord-Spieler

Karl-Heinz Körbel (Eintracht Frankfurt)	602
Manfred Kaltz (Hamburger SV)	581
Klaus Fichtel (FC Schalke 04, Werder Bremen)	552
Miroslav Votava (Werder Bremen, Borussia Dortmund)	546
Klaus Fischer (TSV 1860 München, FC Schalke 04, 1. FC Köln, VfL Bochum)	535
Eike Immel (Borussia Dortmund, VfB Stuttgart)	534
Willi Neuberger (Borussia Dortmund, Werder Bremen, Wuppertaler SV, Eintracht Frankfurt)	520
Michael Lameck (VfL Bochum)	518
Ulrich Stein (Arminia Bielefeld, Hamburger SV, Eintracht Frankfurt)	512
Bernhard Dietz (MSV Duisburg, FC Schalke 04)	495
Ditmar Jakobs (Rot-Weiß Oberhausen, Tennis Borussia Berlin, MSV Duisburg, Hamburger SV)	493
Reiner Geye (Fortuna Düsseldorf, 1. FC Kaiserslautern)	485
Dieter Burdenski (FC Schalke 04, Arminia Bielefeld, Werder Bremen)	478
Sepp Maier (Bayern München)	473
Oliver Reck (Kickers Offenbach, Werder Bremen, FC Schalke 04)	471
Stefan Reuter (1. FC Nürnberg, Bayern München, Borussia Dortmund)	471
Lothar Matthäus (Borussia Mönchengladbach, Bayern München)	464
Harald Schumacher (1. FC Köln, FC Schalke 04, Bayern München, Borussia Dortmund)	464
Michael Zorc (Borussia Dortmund)	463
Josef Tenhagen (Rot-Weiß Oberhausen, VfL Bochum, Borussia Dortmund)	457
Norbert Nigbur (FC Schalke 04, Hertha BSC Berlin)	456
Rolf Rüssmann (FC Schalke 04, Borussia Dortmund)	453
Stefan Kuntz (VfL Bochum, KFC Uerdingen, 1. FC Kaiserslautern, Arminia Bielefeld)	449
Manfred Burgsmüller (Rot-Weiß Essen, Borussia Dortmund, 1. FC Nürnberg, Werder Bremen)	447
Olaf Thon (FC Schalke 04, Bayern München)	443
Jürgen Grabowski (Eintracht Frankfurt)	441
Johannes Riedl (MSV Duisburg, Hertha BSC, 1. FC K´lautern, Arminia Bielefeld, Kickers Offenbach)	441
Gerd Zewe (Fortuna Düsseldorf)	440
Michael Frontzeck (Bor. M'gladbach, VfB Stuttgart, VfL Bochum, SC Freiburg)	436
Wolfgang Kleff (Bor. M'gladbach, Hertha BSC Berlin, Fortuna Düsseldorf, VfL Bochum)	433
Gerd Müller (Bayern München)	427
Bernd Nickel (Eintracht Frankfurt)	426
Klaus Allofs (Fortuna Düsseldorf, 1. FC Köln, Werder Bremen)	424
Franz Beckenbauer (Bayern München, Hamburger SV)	424
Sigfried Held (Borussia Dortmund, Kickers Offenbach, KFC Uerdingen)	422
Bernd Hölzenbein (Eintracht Frankfurt)	420
Horst-Dieter Höttges (Werder Bremen)	420
Lothar Woelk (VfL Bochum, MSV Duisburg)	420
Franz Merkhoffer (Eintr. Braunschweig)	419
Heinz Simmet (Borussia Neunkirchen, Rot-Weiß Essen, 1. FC Köln)	419
Berti Vogts (Bor. Mönchengladbach)	419
Andreas Möller (Eintracht Frankfurt, Borussia Dortmund, FC Schalke 04)	418
Rudolf Bommer (Fortuna Düsseldorf, KFC Uerdingen, Eintracht Frankfurt)	417
Holger Fach (Fortuna Düsseldorf, Uerdingen, Borussia M´gladbach, Leverkusen, 1860 München)	416
Georg Schwarzenbeck (Bayern München)	416
Dieter Bast (Rot-Weiß Essen, VfL Bochum, Bayer Leverkusen)	412
Georg Volkert (1. FC Nürberg, Hamburger SV, VfB Stuttgart)	410
Marcel Witeczek (KFC Uerdingen, 1. FC Kaiserslauten, Bayern München, Bor. M´gladbach)	410
Wolfgang Overath (1. FC Köln)	409
Rudi Kargus (Hamburger SV, 1. FC Nürnberg, Karlsruher SC, Fortuna Düsseldorf, 1. FC Köln)	408
Pierre Littbarski (1. FC Köln)	406
Michael Bella (MSV Duisburg)	405
Karlheinz Geils (Werder Bremen, Arminia Bielefeld, 1. FC Köln, Hannover 96)	405
Klaus Augenthaler (Bayern München)	404
Oliver Kahn (Karlsruher SC, Bayern München)	403
Winfried Schäfer (Bor. M'gladbach, Kickers Offenbach, Karlsruher SC)	403
Martin Kree (VfL Bochum, Bayer Leverkusen, Borussia Dortmund)	401
Rüdiger Vollborn (Bayer Leverkusen)	401
Thomas Häßler (1. FC Köln, Karlsruher SC, Borussia Dortmund, 1860 München)	400
Klaus Zaczyk (Karlsruher SC, 1. FC Nürnberg, Hamburger SV)	400

Die Sünder-Liste

Aufgeführt wurden alle Roten und Gelb-Roten Karten (seit 91/92), die in der Bundesliga verhängt wurden. 1.334 Feldverweise gab es in 40 Jahren.

VfB Stuttgart (77)
Berthold (5), Bordon, Haber (je 4), Balakov, Gaudino, Schneider (je 3), Buchwald, Eisele, Elber, Ganea, Kienle, Lisztes, Meißner, Poschner, Sammer, Schäfer, Soldo, Verlaat (je 2), A. Müller, Bobic, Bochtler, Claesen, Dubajic, Dunga, Frontzeck, H. Müller, Hartmann, Hattenberger, Immel, Jank, Katanec, Keller, K-H. Förster, Knup, Legat, Meira, Ohlicher, Roleder, Sparring, Strehmel, Strunz, T. Schneider, Thiam, Waldner, Wenczel, Wenzel, Wohlfahrt, Yakin, Zietsch (je 1)

Bayer Leverkusen (77)
Kirsten, Nowotny, Schuster (je 4), Foda, Lupescu, Münch, Wörns (je 3), Ballack, Hapal, K. Reinhardt, Meijer, Melzig, N. Kovac, Nehl, Placente, Ramelow, Rodrigo, Zivkovic (je 2), Bastürk, Berbatov, Bittorf, Brdaric, de Keyser, Feinbier, Hejduk, Herrlich, Hinterberger, Hörster, Jorginho, Kovac, Lesniak, Lucio, Mamic, Matysek, Neuendorf, Patzke, Ponte, R. Kovac, Rink, Saborowski, Schneider, Sebescen, Seckler, Stöver, Tita, Vranjes, Wojtowicz, Zechel, Zuberbühler (je 1)

1. FC Köln (73)
Baumann, Hauptmann, Higl, Littbarski, Steinmann (je 3), Engels, Flohe, Glowacz, Janßen, Keller, Kostner, Oliseh, Ordenewitz, Polster, Rolff, Rudy, Sichone, Thiam (je 2), Ananiev, Baranek, Biskup, Blusch, Chr. Müller, Cichon, Flick, Geilenkirchen, Geils, Gerber, Gielchen, Görtz, H. Fuchs, Hein, Illgner, Jensen, Konopka, Laslandes, Löhr, Lottner, Neumann, Overath, Povlsen, Scherz, H. Schumacher, Springer, Struth, U. Fuchs, Vladoiu, Voigt, Weiser, Woodcock (je 1)

Hamburger SV (72)
Barbarez, Kober, Schnoor (je 4), Fischer, Hertzsch, Ivanauskas, Spörl (je 3), G. Dörfel, Gravesen, Hartmann, Hollerbach, Kurbjuhn, Panadic (je 2), Bach, Bäron, Baur, Beiersdorfer, Bein, Benjamin, Cardoso, F. Ernst, Friis-Hansen, Hashemian, Hieronymus, Hoogma, Hubtchev, Jakobs, Kmetsch, Kovacevic, Ledesma, Lux, M. Zafirov, Matysik, Meijer, Milewski, Molata, Plessers, Reimann, Salihamidzic, Sandmann, Sassen, Schopp, Stein, Ujfalusi, Vogel, Winkler, Wojtala, Wuttke, Yeboah (je 1)

1. FC Kaiserslautern (71)
Wagner (6), Roos (3), Allievi, Ehrmann, Foda, Grammozis, Groh, Klimaschefski, H. Koch, Kohr, Moser, Neues, Ramzy, Wrenger (je 2), Ankovic, Ballack, Basler, Buck, Diehl, Emig, Ernst, Funkel, Gawletta, Geisert, Haber, Hollerbach, Hoos, Hotic, Hristov, Kadlec, Kapitulski, Klos, Klose, Kranz, Kroth, Kuka, Kuntz, Meier, Neumann, Ojigwe, Prins, Reichel, Rösler, Schneider, Schwager, Sforza, Stadler, Strasser, T. Allofs, Toppmöller, W. Funkel, Wegmann (je 1)

Bor. Dortmund (63)
Lehmann (4), Möller, Reuter, Schmidt, Schulz, Zorc (je 3), Barbarez, Dede, Evanilson, Frings, Heinrich, Klotz, Kohler, Kutowski, Mill, Reinhardt, Sammer (je 2), Amoroso, Bücker, Cesar, Egli, Feiersinger, Freund, Gorlukowitsch, Häßler, Herrlich, Kapetanovic, Koller, Köstler, Libuda, Pagelsdorf, Poschner, Ricken, Rosicky, Stevic, Theis, W. Sturm, Weinkauf, Wörns (je 1)

Werder Bremen (63)
Eilts, Wolter (je 3), Basler, Beiersdorfer, F. Ernst, Herzog, Hobsch, Krstajic, Micoud, Neubarth, Otten, Pfeiffenberger, Reck, Sauer, Stalteri, Todt (je 2), Baiano, Banovic, Bratseth, Cesar, Charisteas, Daun, Frey, Gruber, Harttgen, Höttges, Korell, Kutzop, Lellek, Lisztes, Maximow, Pezzey, Pizarro, Ramzy, Röntved, Ruländer, Schmidt, M. Schulz, Tjikuzu, Trares, Verlaat, Watson, Wehlage, Wicky, Zembski (je 1)

Bayern München (57)
Kuffour (5), Kahn, Kreuzer (je 3), Babbel, Bender, Dremmler, Effenberg, Hamann, Helmer, Matthäus, Nerlinger, Scholl (je 2), Augenthaler, Aumann, Berthold, Danzberg, Eder, Elber, G. Müller, Gersdorff, Grahammer, Hughes, Jancker, Jorginho, Kapellmann, K.-H. Rummenigge, Koulmann, Lizarazu, Mihailovic, Papin, Pumm, Reuter, Roth, S. Weiß, Schupp, Sternkopf, Tarnat, Wohlfarth, Wouters, Ziege (je 1)

Bor. Mönchengladbach (56)
Effenberg (5), Dahlin, Klinkert, Korell (je 3), Andersson, Kastenmaier, Kulik, Neun, Sopic (je 2), Belanow, Bonhof, Borowka, Bruns, Criens, Dreßen, Eberl, Fach, Feldhoff, Fournier, Frontzeck, Herrlich, Hochstätter, Jansen, Juskowiak, Krauss, Krisp, M. Schneider, Mill, Mölby, Nielsen, Paßlack, Salou, Schulz, Stassin, Stefes, Straka, Thiele, Thorstvedt, Wimmer, Winkhold, Wohlers (je 1)

VfL Bochum (54)
Kracht (5), Kempe (4), Heinemann, Reekers, Waldoch (je 3), Bastürk, Drincic, Fahrenhorst, Peschel (je 2), Bast, Benatelli, Bonan, Christians, Christiansen, Croonen, Donkov, Dressel, Eggert, Fromm, Gaudino, Gudjonsson, Hermann, Herrmann, Jackisch, Kim, Mandreko, Michalke, Milinovic, Nehl, Oswald, Reis, Ridder, Schreiber, Stickroth, Sundermann, van Duijnhoven, Zumdick (je 1)

TSV 1860 München (53)
Trares (5), Jeremies, Riseth, Stranzl, Winkler (je 3), Bodden, Borimirov, Kurz, Schwabl, Tyce, Walker (je 2), Agostino, Bena, Cerny, Costa, Dheedene, E. Kraus, Ehlers, Fischer, Greilich, Haunstein, Konietzka, Kutschera, Malz, Miller, Nowak, Paßlack, Prosenik, Schmidt, Stevic, Vanenburg, Wagner, Weissenberger, Yanyali, Zelic (je 1)

Eintracht Frankfurt (50)
Schur (3), Blusch, Fruck, Hubtchev, Roth, Sziedat, Trinklein, Weber, Zchadadse (je 2), Bechthold, Bindewald, Böhme, Bommer, Branco, Falkenmeyer, Guié-Mien, Heese, Hölzenbein, Köpke, Kraaz, Kracht, Kraus, Lorant, Lutz, Mornar, Nachtweih, Nickel, Pedersen, Pezzey, Preuß, Schmitt, Schupp, Sobotzik, Stein, Studer, Svensson, Trieb, Wimmer, Yang, Yeboah (je 1)

MSV Duisburg (48)
Emmerling, Wohlert (je 4), Nijhuis (3), Azzouzi, Böger, Bregmann, Hajto, Hirsch, Hopp, Lotz, M. Müller, Westerbeek, Woelk, Wunder (je 2), Bremser, Fenten, Gehrke, Lehmann, Osthoff, Pirsig, Rahn, Schalimow, Schlotterbeck, Schmidt, Stauce, Szesni, Tarnat, Weidemann, Zeyer (je 1)

FC Schalke 04 (48)
Mulder, Nemec, Schlipper (je 3), Van Hoogdalem, Varela, Waldoch (je 2), Agali, Anderbrügge, Asamoah, Böhme, Büskens, Drexler, E. Kremers, F. Rost, Fichtel, Flad, Hajto, Herzog, Höbusch, Karnhof, Kleppinger, Kohn, Kurz, Latal, Linke, Loslowski, Mademann, Marquardt, Matellan, Nikolic, Pliska, Poulsen, Rüßmann, Scherr, Täuber, Thon, van Kerckhoven, Vermant, Wilmots (je 1)

1. FC Nürnberg (48)
Philipkowski (4), Eckstein, Weyerich (je 3), Kos, Rösler, T. Brunner, Zarate, Zietsch (je 2), Bürger, Ciric, Driller, F. Baumann, Fengler, Friedmann, Gerber, Grahammer, Grasser, H.-J. Brunner, Heidenreich, Jarolim, Köpke, Kubik, Larsen, Leupold, Lieberwirth, Nikl, Oechler, Paßlack, Sane, Schöll, Schwabl, Trunk, Volkert, Wabra, Wagner, U. Wolf (je 1)

Hansa Rostock (47)
Agali, Benken, Lantz, Oswald, Yasser (je 3), Bräutigam, Hoffmann, Lange, März, Pamic, Zallmann (je 2), Aduobe, Ahanfouf, Alms, Beierle, Brand, Dowe, Ehlers, Hofschneider, Jakobsson, Majak, Pieckenhagen, Prica, R. Schneider, Ramdane, Rehmer, Salou, Schröder, Studer, Wahl, Wibran (je 1)

Karlsruher SC (45)
Bilic, Reich, Schuster (je 3), Harforth, Hengen, Kirjakow, Metz, Nowotny, Rolff (je 2), Bähr, Bender, Berger, Bogdan, Bonan, Boysen, Buchwald, Carl, Dohmen, Ehmann, Fink, Groß, Hermann, Keller, Kirjakow, Knup, Neustädter, Nyarko, Pilipovic, Ritter, Schäfer, Schroth, Tarnat, Trapp (je 1)

SC Freiburg (32)
Rath (3), Diarra, Freund, Kehl, Kondé, Rraklli, Vogel, Zeyer (je 2), Baya, Ben Slimane, Borodjuk, Decheiver, Frey, Heidenreich, Kobiaschwili, Kohl, Ramdane, Schmadtke, Spanring, Sternkopf, Sundermann, Wassmer, Weißhaupt (je 1)

Dynamo Dresden (31)
Rath (3), Beuchel, Kern, Kranz, Maucksch, Schößler, Stevic, Wagenhaus, Zander (je 2), Büttner, Jähnig, Jeremies, Kmetsch, Lesiak, Lieberam, Melzig, Pilz, Ratke, Rösler, Schmäler, Scholz je 1)

Bayer Uerdingen (26)
Klinger (3), Gorlukowitsch, Herget, Kranz, W. Funkel (je 2), Adler, Brinkmann, Dämgen, Grauer, Heintze, Kubik, L. van de Loo, Laessig, Mathy, Meijer, Peschke, Rolff, Thommessen, Vollack, Zietsch (je 1)

Arm. Bielefeld (26)
Schröder, Westerwinter (je 2), A. Zafirov, Bogusz, Brinkmann, Büscher, Dabrowski, Fuchs, Gerber, Hobday, Jendrossek, Kneib, Lense, Maas, Molata, Ozaki, Pagelsdorf, Reeb, Rydlewicz, Sackewitz, Schulz, Sternkopf, van der Ven, Wichniarek (je 1)

Hertha BSC Berlin (25)
van Burik (3), Alves, Deisler, Herzog, Kliemann, Maas, (je 2), Beer, Dardai, Ipta, Konstantinidis, Kruse, Mischke, Rehhagel, Simunic, Thom, Veit, Weiner, Wosz (je 1)

Fortuna Düsseldorf (24)
Kaiser, Werner, Winkhold (je 2), Baltes, Blättel, Bockenfeld, Budde, Büskens, D. Thomas, Dobrowolski, Dusend, Gerhardt, Glavas, Herzog, Judt, Juran, K. Allofs, Kimme, Wenzel, Wojtowicz, Zewe (je 1)

FC St. Pauli (21)
Hanke (3), Schlindwein, Sievers (je 2), Bajramovic, Bochtler, Dahms, Emerson, Held, Hollerbach, Kientz, Kocian, Meggle, Patschinski, Pedersen, Scherz, Stanislawski, Trulsen (je 1)

Hannover 96 (19)
Reimann (2), Anders, Bandura, Bobic, Bohnsack, Dammeier, Diouf, Fleer, Fuchs, Giesel, Heidenreich, Knüwe, Meyer, Mülhausen, Palasz, Skoblar, van Hintum, Vjetrovic (je 1)

VfL Wolfsburg (16)
Biliskov, Franz (je 2), Akonnor, Akpoborie, Ballwanz, Jensen, Karhan, Kryger, Kühbauer, Maric, Petrov, Ponte, Präger, Sarpei (je 1)

SG Wattenscheid 09 (15)
Fink (3), Bach, Emmerling (je 2), Audehm, G. Hermann, Ibrahim, Moser, Neuhaus, Prinzen, Schupp, Sobiech (je 1)

Energie Cottbus (14)
Akrapovic, Beeck, da Silva, Helbig, Hujdurovic, Löw, Matyus, Miriuta, Reghecampf, Rost, Scherbe, T. Rost, Termina, Thielemann (je 1)

Waldhof Mannheim (10)
Dickgießer (2), Bührer, Cvetkovic, Dais, Gaudino, Haun, Schlindwein, Schön, Sebert (je 1)

Eintracht Braunschweig (10)
Handschuh, Lux, Pahl (je 2), Geyer, Grzyb, Scheike, Tripbacher (je 1)

VfB Leipzig (8)
Gabriel (2), Anders, Bitencourt, Däbritz, Doyle, Kracht, Trommer (je 1)

SpVgg Unterhaching (8)
Grassow (2), Haber, Herzog, Kögl, Spizak, Straube, Strehmel (je 1)

SSV Ulm 1846 (7)
Radoki (2), E. Wise, Grauer, Otto, Stadler, van der Haar (je 1)

1. FC Saarbrücken (7)
Heese, Jusufi, Kostner, Kristl, Muntubila, S. Beckenbauer, Wuttke (je 1)

Kickers Offenbach (7)
Demuth, Enders, Heidkamp, Kostedde, Ritschel, Rodekurth, Siber (je 1)

FC Homburg (5)
Wohlert (2), Buncol, Ellguth, Herrmann (je 1)

Borussia Neunkirchen (4)	
Kuntz, Linsenmaier, Regitz, Seebauer (je 1)	
Stuttgarter Kickers (4)	
Schlotterbeck (je 2), Richter, Wolf (je 1)	
Rot-Weiß Oberhausen (3)	
Hentschel, Krauthausen, L. Kobluhn (je 1)	
Wuppertaler SV (3)	
Cremer, Nagy, Neuberger (je 1)	
Rot-Weiß Essen (2)	
Lorant, Neues (je 1)	
Tennis Borussia Berlin (2)	
Baake, Thiel (je 1)	
Alemannia Aachen (2)	
Pawellek (2)	
Blau-Weiß 90 Berlin (1)	
Vandereycken (1)	

Gegen Tasmania 1900 Berlin, SV Darmstadt 98, Fortuna Köln, Preußen Münster wurden keine Feldverweise verhängt.

Saison mit den meisten Platzverweisen

1994/95	98
2000/01	89
1996/97	81
1998/99	80
1991/92	76
1993/94	75
1999/00	73
1992/93	72
2002/03	71
2001/02	71
1995/96	69
1997/98	59
1990/91	46
1989/90	31
1985/86	31
1988/89	30
1987/88	27
1983/84	21
1986/87	19
1984/85	19

Klaus Fischer: perfektionierte den Fallrückzieher

Manni Burgsmüller: je älter desto torgefährlicher

Ulf Kirsten: geballte Kraft vor dem gegnerischen Tor

Die Rekord-Torjäger

Gerd Müller (Bayern München)	365
Klaus Fischer (1860 München, FC Schalke 04, 1. FC Köln, VfL Bochum)	268
Josef Heynckes (Bor. M'gladbach, Hannover 96)	220
Manfred Burgsmüller (RW Essen, Borussia Dortmund, 1. FC Nürnberg, Werder Bremen)	213
Ulf Kirsten (Bayer Leverkusen)	181
Stefan Kuntz (VfL Bochum, Bayer Uerdingen, 1. FC Kaiserslautern, Arminia Bielefeld)	179
Klaus Allofs (Fortuna Düsseldorf, 1. FC Köln, Werder Bremen)	177
Dieter Müller (Kickers Offenbach, 1. FC Köln, VfB Stuttgart, 1. FC Saarbrücken)	177
Johannes Löhr (1. FC Köln)	166
Karl-Heinz Rummenigge (Bayern München)	162
Bernd Hölzenbein (Eintr. Frankfurt)	160
Fritz Walter (SV Waldhof Mannheim, VfB Stuttgart, Arminia Bielefeld)	157
Thomas Allofs (Fortuna Düsseldorf, 1. FC Kaiserslautern, 1. FC Köln)	148
Bernd Nickel (Eintracht Frankfurt)	141
Uwe Seeler (Hamburger SV)	137
Horst Hrubesch (RW Essen, Hamburger SV, Borussia Dortmund)	136
Giovane Elber (VfB Stuttgart, Bayern München)	132
Rudi Völler (1860 München, Werder Bremen, Bayer Leverkusen)	132
Michael Zorc (Borussia Dortmund)	131
Karl Allgöwer (VfB Stuttgart)	129
Dieter Hoeneß (VfB Stuttgart, Bayern München)	127
Georg Volkert (1. FC Nürnberg, Hamburger SV, VfB Stuttgart)	125
Frank Mill (RW Essen, Bor. M'gladbach, Borussia Dortmund, Fortuna Düsseldorf)	123
Herbert Laumen (Bor. M'gladbach, Werder Bremen, 1. FC Kaiserslautern)	121
Lothar Matthäus (Bor. M'gladbach, Bayern München)	121
Roland Wohlfarth (MSV Duisburg, Bayern München, VfL Bochum)	120
Bernd Rupp (Bor. M'gladbach, Werder Bremen, 1. FC Köln)	119
Ronald Worm (MSV Duisburg, Eintracht Braunschweig)	119
Pierre Littbarski (1. FC Köln)	116
Lothar Emmerich (Bor. Dortmund)	115
Reiner Geye (Fortuna Düsseldorf, 1. FC Kaiserslautern)	113
Jürgen Klinsmann (VfB Stuttgart, Bayern München)	110
Andreas Möller (Eintracht Frankfurt, Borussia Dortmund, FC Schalke 04)	110
Jürgen Grabowski (Eintr. Frankfurt)	109
Klaus Toppmöller (1. FC K'lautern)	108
Uwe Rahn (Bor. M'gladbach, 1. FC Köln, Hertha BSC Berlin, F. Düsseldorf, E. Frankfurt)	107
Stephane Chapuisat (Bor. Dortmund)	106
Christian Schreier (VfL Bochum, Bayer Leverkusen, Fortuna Düsseldorf)	106
Martin Max (Bor. M'gladbach, FC Schalke 04, 1860 München)	105
Bruno Labbadia (HSV, 1. FC K'lautern, B. München, 1. FC Köln, W. Bremen, Arm. Bielefeld)	103
Fredi Bobic (VfB Stuttgart, Borussia Dortmund, Hannover 96)	100
Thomas von Heesen (Hamburger SV, Arminia Bielefeld)	100

Die Rekorde der Liga

TORE

Tore (insgesamt)

Tore (gesamt):	38.049 in 12.182 Spielen (ø: 3,12)
Meiste Tore:	1.097 in 306 Spielen (ø 3,58) 83/84
Wenigste Tore:	790 in 306 Spielen (ø 2,58) 89/90
Bester Torschnitt:	3,58 (1.097 in 306 Spielen) 83/84
Schlechtester Torschnitt:	2,58 (790 in 306 Spielen) 89/90
Tore 1. Halbzeit:	16.522 (43,4%) (ohne 4 gewertete Sp.)
Tore 2. Halbzeit:	21.519 (56,6%) (ohne 4 gewertete Sp.)
Heimtore:	23.572 (62,0%)
Auswärtstore:	14.477 (38,0%)
Höchste Siege:	12:0 M'gladbach - Dortmund (77/78) 11:0 M'gladbach - Schalke (66/67) 11:1 Bayern München - Dortmund (71/72) 11:1 Dortmund - Bielefeld (82/83) 10:0 M'gladbach - Neunkirchen (67/68) 10:0 M'gladbach - Braunschweig (84/85)
Torreichste Spiele:	9:3 Dortmund - Kaiserslautern (63/64) 8:4 1. FC Köln - Tennis Borussia (76/77)
Spiel mit den meisten Eigentoren:	3 - Kaiserslautern - VfB Stuttgart (63/64, 1:3)
Torreichster Spieltag:	53 - 32. Spieltag 83/84
Torärmster Spieltag:	11 - 26. Spieltag 89/90 11 - 20. Spieltag 98/99
Häufigste Ergebnisse:	2:1 (1.553-mal) 1:0 (1.450-mal) 1:1 (1.420-mal)

Tore (Club)

Meiste Tore:	2.776 - Bayern München (1.296 Spiele)
Beste Saisonbilanz:	101 - Bayern München (71/72)
Schwächste Saisonbilanz:	15 - Tasmania 1900 Berlin (65/66)
Meiste Gegentore:	2.054 - 1. FC Kaiserslautern (1.322 Sp.)
Schwächste Saisonbilanz:	108 - Tasmania 1900 Berlin (65/66) 106 - Kickers Offenbach (83/84) 103 - Rot-Weiß Essen (76/77)
Beste Saisonbilanz:	22 - Werder Bremen (87/88)
Beste Tordifferenz:	+1.233 - Bayern München
Beste Saisonbilanz:	+64 - Bayern München (72/73)
Schwächste Tordifferenz:	-276 - Karlsruher SC
Schwächste Saisonbilanz:	-93 - Tasmania Berlin (65/66)
Meiste Jokertore:	13 - KFC Uerdingen (83/84)
Meiste Eigentore:	5 - 1. FC Nürnberg (90/91)
Meiste Tore 1. Halbzeit:	1.178 - Bayern München
Beste Saisonbilanz:	49 - Bor. M'Gladbach (71/72)
Meiste Tore 2. Halbzeit:	1.598 - Bayern München
Beste Saisonbilanz:	65 - Bayern München (73/74)
Meiste Gegentore 1. Halbzeit:	908 - 1. FC Kaiserslautern
Schwächste Saisonbilanz:	48 - FC St. Pauli (77/78)
Meiste Gegentore 2. Halbzeit:	1.144 - 1. FC Kaiserslautern
Schwächste Saisonbilanz:	63 - Tasmania Berlin
Meiste Führungen 1. Halbzeit:	546 - Bayern München (in 42% aller Spiele)
Gewonnen nach Halbzeit-Führung:	460 - Bayern München (84% aller HZ-Fü.)
Nicht gewonnen nach HZ-Führung:	108 - Eintracht Frankfurt (28%)
Verloren nach Halbzeit-Führung:	36 - VfL Bochum (14%)
Meiste Rückstände 1. Halbzeit:	398 - 1. FC Kaiserslautern (30%)
Gewonnen nach Halbzeit-Rückstand:	43 - 1. FC K'lautern (11% aller HZ-Rü.)
Nicht verloren nach HZ-Rückstand:	118 - Hamburger SV (32%)
Verloren nach Halbzeit-Rückstand:	285 - 1. FC Kaiserslautern (72%)

Tore (Spieler)

Rekordtorschütze:	365 - Gerd Müller (Bayern München, 65-79)
Beste Saisonleistung:	40 - Gerd Müller (Bayern München, 71/72)
Meiste Tore in einem Spiel:	6 - Dieter Müller (1. FC Köln) gegen Bremen (77/78, 7:2)
Schnellstes Tor:	11 Sekunden - Elber (Bayern, 31.01.98), Ulf Kirsten (Leverkusen, 30.04.02)
Jüngster Torschütze:	17 Jahre, 244 Tage - Lars Ricken (Bor. Dortmund)
Ältester Torschütze:	38 Jahre, 248 Tage - Richard Kreß (Eintr. Frankfurt)
Meiste Eigentore:	6 - Manfred Kaltz
Meiste Jokertore:	18 - Alexander Zickler
Torwart mit meisten Gegentoren:	93 - Dieter Burdenski (79/80)
Torhüter mit meisten Zu-Null-Spielen:	19 - Oliver Kahn (01/02)

Dieter Müllers unglaublicher Rekord: 6 Tore in einem Spiel gegen Werder Bremen in der Saison 77/78

SPIELER

Rekordspieler:	602 - K.-H. Körbel (Eintr. Frankfurt)
Ausländischer Rekordspieler:	323 - Ole Björnmose (HSV)
Meiste Spiele in Folge:	442 Josef Maier (Torwart/Bayern München)
Spieler mit den meisten Siegen:	291 - Manfred Kaltz (HSV)
Spieler mit den meisten Remis:	155 - Karl-Heinz Körbel (Eintr. Frankfurt)
Spieler mit den meisten Niederl.:	221 - Bernard Dietz (MSV Duisburg, Schalke 04)
Spieler mit den meisten Clubs:	7 - Michael Spies (Wolfsburg, Dresden, HSV, Rostock, M´gladbach, KSC, VfB Stuttgart)
Jüngster Spieler:	17 Jahre, 25 Tage - Jürgen Friedl (Eintr. Frankfurt)
Ältester Spieler:	43 Jahre, 184 Tage - Klaus Fichtel (Schalke 04)
Meiste Einwechslungen (insg.):	108 - Heiko Herrlich
Meiste Einwechslungen (Saison):	28 - Markus Feldhoff (95/96)
Meiste Auswechslungen (insg.):	124 - Ulf Kirsten
Meiste Auswechslungen (Saison):	25 - Rene Eijkelkamp (97/98)

PLATZVERWEISE

Platzverweise (gesamt):	1.334
Meiste Platzverweise (Saison):	98 - (davon 52 Gelb-Rote Karten, 94/95)
Wenigste Platzverweise (Saison):	5 - (70/71, 72/73)
Meiste Platzverweise (Club):	77 - (Bayer Leverkusen, VfB Stuttgart)
Wenigste Platzverweise (Club):	0 - (Fortuna Köln, Darmstadt 98, Preußen Münster, Tasmania Berlin)
Meiste Platzverweise (Club, Saison):	12 - 1860 Mün. (94/95)
Spieltag mit den meisten Platzverweisen:	7 - 4. Spieltag 93/94, 22. Spieltag 94/95, 1. Spieltag 99/00, 24. Spieltag 00/01
Spiel mit den meisten Platzverweisen:	5 - Dortmund - Dresden (93/94)
Meiste Platzverweise (Spieler):	7 - Stefan Effenberg (3-mal Rot, 4-mal Gelb-Rot) 7 - Torsten Kracht (3-mal Rot, 4-mal Gelb-Rot)
Meiste Platzverweise (Spieler in einer Saison):	3 - Bernhard Trares (1860 München, 94/95) 3 - Marcelo Bordon (VfB Stuttgart, 01/02)

BILANZEN

Meiste Punkte (2-Punkte-Regel):	55:13 - Bayern München (71/72)
Meiste Punkte (3-Punkte-Regel):	78 - Bayern München (98/99)
Wenigste Punkte (2-P-R):	8:60 - Tasmania Berlin (65/66)
Wenigste Punkte (3-P-R):	21 - Bor. M´gladbach (98/99)
Meister mit wenigsten Punkten (3-P-R):	63 - Bayern München (00/01)
Meister mit wenigsten Punkten (2-P-R):	41:19 - Werder Bremen (64/65, 30 Sp.) 43:25 - Eintracht Braunschweig (66/67, 34 Sp.)
Höchste Punktzahl, die nicht zur Meisterschaft reichte (3-P-R):	73 - Bayer Leverkusen (99/00)
nach 2-Punkte-Regel:	52:16 - Schalke 04 (71/72) 52:16 - Werder Bremen (82/83) 52:24 - Borussia Dortmund (91/92)
Höchste Absteiger-Punktzahl (3-P-R):	38 - Karlsruher SC (97/98)
Höchste Absteiger-Punktzahl (2-P-R):	31:45 - Stuttgarter Kickers (91/92, 20 Clubs) 31:45 - Hansa Rostock (91/92, 20 Clubs) 30:46 - MSV Duisburg (91/92, 20 Clubs) 29:39 - 1. FC Nürnberg (68/69, 18 Clubs) 29:39 - Hertha BSC Berlin (79/80, 18 Clubs) 29:39 - Arminia Bielefeld (84/85, 18 Clubs)
Niedrigste Nichtabsteiger-Punktzahl (3-P-R):	34 - 1. FC Nürnberg (15., 01/02) 34 - Hansa Rostock (14., 01/02)
Niedrigste Nichtabsteiger-Punktzahl (2-P-R):	21:47 - FC Homburg (86/87, 18 Clubs) 23:45 - Hannover 96 (71/72, 18 Clubs)
Meiste Siege:	25 - Bayern München (72/73)
Wenigste Siege:	2 - Tasmania Berlin (65/66) 2 - Wuppertaler SV (74/75)
Meiste Niederlagen:	28 - Tasmania Berlin (65/66)
Wenigste Niederlagen:	1 - Bayern München (86/87)
Meiste Unentschieden:	18 - 1. FC Köln (91/92, 38 Sp.) 18 - 1. FC K´lautern (95/96, 34 Sp.)
Wenigste Unentschieden:	2 - Eintracht Frankfurt (79/80) 2 - 1. FC Nürnberg (83/84) 2 - Eintr. Braunschweig (84/85) 2 - Hertha BSC Berlin (00/01)
Beste Heimbilanz (3-P-R):	46 Punkte - Bayer Leverkusen (47:13 Tore, 96/97)
Beste Heimbilanz (2-P-R):	33:1 Punkte - Schalke 04 (54:8 Tore, 71/72) 33:1 Punkte - Bayern München (62:14 Tore, 72/73)
Beste Auswärtsbilanz (3-P-R):	39 Punkte - Bayern München (50:17 Tore, 99/00)
Beste Auswärtsbilanz (2-P-R):	24:10 Punkte - Bayern München (32:8 Tore, 71/72)
Schlechteste Heimbilanz (3-P-R):	12 Punkte - Energie Cottbus (15:29 Tore; 02/03)
Schlechteste Heimbilanz (2-P-R):	7:27 Punkte - Tasmania (8:46 Tore, 65/66)
Schlechteste Auswärtsbilanz (2-P-R):	0:34 Punkte - 1. FC Nürnberg (9:46 Tore, 83/84)

Die meisten Zuschauer, der beste Schnitt: Liga- Krösus Bayern München

SERIEN

Meiste Siege in Folge:	13 - Bayern München (Apr. 81 - Sep. 81)
- zu Hause:	26 - Bayern München (Nov. 71 - Mai 73)
- auswärts:	6 - 4-mal, nur M´gladbach in einer Saison (Nov. 69 - Mär. 70)
Am längsten unbesiegt:	36 - Hamburger SV (Jan. 82 - Jan. 83)
- zu Hause:	73 - Bayern München (Apr. 70 - Sep. 74)
- auswärts:	26 - Bayern München (Dez. 85 - Aug. 87)
Meiste Remis in Folge:	8 - Waldhof Mannheim (Mär. 85 - Apr. 85)
Meiste Niederlagen in Folge:	10 - Tasmania Berlin (Okt. 65 - Jan. 66) 10 - 1. FC Nürnberg (Mär. 84 - Mai 84) 10 - Fortuna Düsseldorf (Mai 91 - Aug. 91) 10 - Arm. Bielefeld (Nov. 99 - Feb. 00)
- zu Hause:	8 - Tasmania Berlin (Aug. 65 - Dez. 65)
- auswärts:	29 - 1. FC Nürnberg (Okt. 82 - Mai. 84)
Am längsten sieglos:	31 - Tasmania Berlin (Aug. 65 - Jun. 66)
- zu Hause:	15 - Tasmania Berlin (Aug. 65 - Mai. 66)
- auswärts:	34 - Eintr. Frankfurt (Sep. 85 - Aug. 87)
Meiste Siege vom Start:	7 - Bayern München (95/96) 7 - 1. FC Kaiserslautern (01/02)
Meiste unbesiegte Spiele ab Saisonbeginn:	23 - Bayern München (88/89)
Meiste Niederlagen vom Start:	6 - Fortuna Düsseldorf (91/92)
Meiste sieglose Spiele ab Saisonbeginn:	14 - TSV 1860 München (77/78) 14 - MSV Duisburg (94/95)
Am längsten ohne Gegentor:	803 Minuten - Kahn (Bayern, Nov. 02 - Feb. 03) 736 Minuten - Kahn (Bayern, Dez. 98 - Feb. 99) 641 Minuten - Reck (Bremen, Nov. 87 - Mär. 88)
Meiste Spiele ohne Tor:	10 - 1. FC Köln (Dez. 01 - Feb. 02)
Meiste Spiele mit mind. einem Tor:	36 - Bayern München (Mai. 73 - Mai. 74)
Meiste Spiele ohne Gegentor:	8 - Bayern München (Dez. 98 - Mär. 99)
Meiste Spiele mit Toren in Serie:	16 - Gerd Müller (Sep. 69 - Mär. 70)
Häufigste BL-Partie:	je 39 - 1. FC K'lautern - Hamburger SV heim/ausw. je 39 - Werder Bremen - Hamburger SV heim/ausw.

ZUSCHAUER

Zuschauer (insgesamt)

Zuschauer (gesamt):	286.725.894 (in 12.182 Spielen, Schnitt: 23.537)
Meiste Zuschauer (Saison):	10.165.568 (in 306 Spielen, Schnitt: 33.221)
Wenigste Zuschauer (Saison):	5.031.954 (in 306 Spielen, Schnitt: 16.444)
Bester Saisonschnitt:	33.221 (02/03)
Schwächster Saisonschnitt:	16.444 (72/73)

Zuschauer (Club)

Meiste Zuschauer:	23.833.277- Bayern München (Schnitt: 36.780)
Bester Gesamtschnitt:	36.780 - Bayern München
Meiste Zuschauer (Saison):	1.125.648 Borussia Dortmund (Schnitt: 66.215, 02/03)
Wenigste Zuschauer (Saison):	103.529 - RW Oberhausen (Schnitt: 6.090, 72/73)
Bester Zuschauerschnitt (Saison):	66.215 - Bor. Dortmund (01/02)
Schwächster Zuschauerschnitt (Saison):	6.090 - RW Oberhausen (72/73)

Zuschauer (Spiel)

Rekordkulisse:	88.075 - Hertha BSC - 1. FC Köln (69/70)
Minuskulisse:	827 - Tasmania Berlin - M'gladbach (65/66)

Elfmeter-Rekorde

Elfmeter (insgesamt)

Elfmeter (gesamt):	3.541 in 12.182 Spielen
davon verwandelt:	2.629 (Quote: 74%)
davon verschossen:	912 (Quote: 26%)
Meiste Elfmeter (Saison):	126 - (74/75)
Wenigste Elfmeter (Saison):	57 - (97/98)
Meiste verw. Elfmeter (Saison):	92/116 (81/82, Quote: 79%) 92/111 (85/86, Quote, 83%)
Wenigste verw. Elfmeter (Saison):	40/57 (97/98, Quote: 70%)
Meiste verg. Elfmeter (Saison):	35/126 (74/75, Quote: 28 %) 35/59 (79/80, Quote: 37%)
Wenigste verg. Elfmeter (Saison):	12/74 (93/94, Quote: 16%)
Spieltag mit den meisten Elfmetern:	12 - 12. Spieltag 71/72
Spiel mit den meisten Elfmetern:	5 - M´gladbach - Dortmund (4:5, 65/66)

Elfmeter (Club - Gesamtbilanz)

Meiste Elfmeter für:	237 - Bayern München
Meiste Elfmeter verwandelt:	186 / 237 (Quote: 78%)
Meiste Elfmeter vergeben:	69 / 225 (Quote: 31 %)
Meiste Elfmeter gegen:	211 - 1. FC Kaiserslautern
Meiste Elfmeter-Tore kassiert:	160/211 - 1. FC Kaiserslautern (Quote: 76 %)
Meiste Elfmeter abgewehrt:	53/106 - Bor. M´gladbach (Quote: 33 %) 53/135 - Eintracht Frankfurt (Quote: 28 %)

Elfmeter (Club - Saisonbilanz)

Meiste Elfmeter für:	14 - Hamburger SV (98/99)
Meiste Elfmeter verwandelt:	13/13 - Bayern München (80/81, Quote: 100 %)
Meiste Elfmeter vergeben:	6/11 - SC Freiburg (99/00, Quote: 55 %)
Meiste Elfmeter gegen:	17 - Hannover 96 (85/86)
Meiste Elfmeter-Tore kassiert:	14/17 - Hannover 96 (85/86, Quote: 82 %)
Meiste Elfmeter abgewehrt:	7/7 - 1860 München (79/80, Quote: 100 %)
Keinen Elfmeter für:	2-mal - Wattenscheid (90/91, 93/94) 2-mal - Hamburger SV (64/65, 97/98)
Keinen Elfmeter verwandelt:	0/3 - Hertha BSC Berlin (99/00) 0/2 - Nürnberg (66/67), KSC (67/68), Duisburg (79/80), Leverkusen (82/83), 1. FC Köln (83/84), Düsseldorf (90/91)
Kein Elfmeter gegen:	1-mal - Frankfurt (68/69), Bremen (69/70), M´gladbach (69/70), Duisburg (69/70), Braunschweig (76/77), Bayern (93/94), KSC (96/97), Dortmund (97/98, 98/99)
Kein Elfmeter-Tor zugelassen:	0/7 - 1860 München (79/80)

Elfmeter (Spieler)

Häufigster Elfmeterschütze:	63 - Gerd Müller (Bayern München)
Effektivster Elfmeterschütze:	95,2 % - Rainer Bonhof (Gladbach, Köln, Hertha)
Meiste Elfmetertore:	53 - Manfred Kaltz (Hamburger SV)
Meiste Fehlschüsse:	12 - Gerd Müller (Bayern München)
Rekordschütze in einem Spiel:	3/3 - Michael Nushöhr (VfB Stuttgart) gegen Hannover (7:0) 2/3 - Fritz Walter (Mannheim) gegen Frankfurt (2:2)
Beste Elfmeter-Killer (Anzahl nicht verwandelter Elfmeter):	29 - Rudi Kargus (Düsseldorf, Nürnberg, KSC, HSV) 23 - Norbert Nigbur (Hertha BSC, Schalke 04) 22 - Harald Schumacher (1. FC Köln, Schalke 04)
Meiste Elfmeter gehalten:	23 - Rudi Kargus (Düsseldorf, Nürnberg, KSC, HSV) 18 - Harald Schumacher (1. FC Köln, Schalke 04) 17 - Norbert Nigbur (Hertha BSC, Schalke 04)
Schlechteste Elfmeter-Killer:	0/10 - Armin Reichel (1. FC K´lautern) 0/9 - Wolfgang Schreiner (MSV Duisburg)

Top 20 – Die effektivsten Vereine

Rg	Spieler	Elfmeter	Tore	Quote
1.	Arminia Bielefeld	53	43	81,1%
2.	VfL Bochum	135	107	79,3%
3.	Werder Bremen	228	180	78,9%
4.	Bayern München	237	186	78,5%
5.	MSV Duisburg	101	79	78,2%
6.	Borussia Mönchengladbach	221	172	77,8%
7.	Bayer Leverkusen	125	96	76,8%
8.	Hamburger SV	186	142	76,3%
9.	Karlsruher SC	90	68	75,6%
10.	Eintracht Braunschweig	84	63	75,0%
11.	1. FC Köln	171	128	74,9%
12.	VfB Stuttgart	194	144	74,2%
13.	Hannover 96	65	48	73,8%
14.	Eintracht Frankfurt	185	136	73,5%
15.	Borussia Dortmund	183	134	73,2%
16.	Fortuna Düsseldorf	100	73	73,0%
17.	Hertha BSC Berlin	110	80	72,7%
18.	KFC Uerdingen 05	68	49	72,1%
19.	FC Schalke 04	140	100	71,4%
20.	1. FC Kaiserslautern	225	156	69,3%

Basis: Mindestens 50 Elfmeter geschossen.

Top 20 – Die Cubs mit den meisten Fehlschüssen

Rg	Spieler	Elfmeter	Fehlschüsse
1.	1. FC Kaiserslautern	225	69
2.	FC Bayern München	237	51
3.	VfB Stuttgart	194	50
4.	Borussia Dortmund	183	49
5.	Eintracht Frankfurt	185	49
6.	Borussia Mönchengladbach	221	49
7.	Werder Bremen	228	48
8.	Hamburger SV	186	44
9.	1. FC Köln	171	43
10.	FC Schalke 04	140	40
11.	1. FC Nürnberg	123	39
12.	TSV 1860 München	91	32
13.	Hertha BSC Berlin	110	30
14.	Bayer 04 Leverkusen	125	29
15.	VfL Bochum	135	28
16.	Fortuna Düsseldorf	100	27
17.	SC Freiburg	57	23
18.	Karlsruher SC	90	22
19.	MSV Duisburg	101	22
20.	Eintracht Braunschweig	84	21

Basis: Mindestens 50 Elfmeter wurden verhängt.

Top 20 – Die Cubs mit den meisten Elfmetern

Rg	Spieler	Elfmeter	Tore
1.	Bayern München	237	186
2.	Werder Bremen	228	180
3.	1. FC Kaiserslautern	225	156
4.	Borussia Mönchengladbach	221	172
5.	VfB Stuttgart	194	144
6.	Hamburger SV	186	142
7.	Eintracht Frankfurt	185	136
8.	Borussia Dortmund	183	134
9.	1. FC Köln	171	128
10.	FC Schalke 04	140	100
11.	VfL Bochum	135	107
12.	Bayer Leverkusen	125	96
13.	1. FC Nürnberg	123	84
14.	Hertha BSC Berlin	110	80
15.	MSV Duisburg	101	79
16.	Fortuna Düsseldorf	100	73
17.	TSV 1860 München	91	59
18.	Karlsruher SC	90	68
19.	Eintracht Braunschweig	84	63
20.	KFC Uerdingen 05	68	49

Basis: Mindestens 50 Elfmeter wurden verhängt.

Top 20 – Die besten Elfmeter-Killer

Rg	Spieler	Elfmeter	vergeben	Quote
1.	TSV 1860 München	116	46	39,7%
2.	Borussia Mönchengladbach	159	53	33,3%
3.	1. FC Nürnberg	123	38	30,9%
4.	Hannover 96	88	26	29,5%
5.	Hamburger SV	166	47	28,3%
6.	Eintracht Frankfurt	188	53	28,2%
7.	VfL Bochum	160	45	28,1%
8.	Karlsruher SC	109	30	27,5%
9.	MSV Duisburg	122	33	27,0%
10.	Eintracht Braunschweig	80	20	25,0%
11.	Werder Bremen	173	43	24,9%
12.	Hertha BSC Berlin	117	29	24,8%
13.	Fortuna Düsseldorf	134	33	24,6%
14.	1. FC Kaiserslautern	211	51	24,2%
15.	Borussia Dortmund	171	41	24,0%
16.	FC Schalke 04	146	35	24,0%
17.	1. FC Köln	176	42	23,9%
18.	Bayern München	148	35	23,6%
19.	Arminia Bielefeld	73	16	21,9%
20.	VfB Stuttgart	195	42	21,5%

Basis: Mindestens 50 Elfmeter wurden verhängt.

Top 20 – Die Spieler mit den schwächsten Nerven

Rg	Spieler	Vereine	Elfmeter	verschossen
1.	Gerd Müller	Bayern München	63	12
2.	Jürgen Grabowski	Eintr. Frankfurt	23	8
3.	Horst-Dieter Höttges	Werder Bremen	48	8
4.	Michael Zorc	Bor. Dortmund	57	8
5.	Lothar Huber	Bor. Dortmund, 1. FC K´lautern	25	7
6.	Wilfried Hannes	M´gladbach, Schalke	38	7
7.	Manfred Kaltz	Hamburger SV	60	7
8.	Mario Basler	Werder Bremen, 1. FC K´lautern	13	6
9.	Wolfram Wuttke	HSV, 1. FC K´lautern	14	6
10.	Michael Lameck	VfL Bochum	18	6
11.	Olaf Thon	Schalke 04, Bayern München	19	6
12.	Martin Kree	VfL Bochum, Leverkusen	21	6
13.	Friedhelm Funkel	Uerdingen, 1. FC K´lautern	24	6
14.	Günter Netzer	Bor. M´gladbach	35	6
15.	Paul Breitner	Bayern, Braunschweig	37	6
16.	Günther Herrmann	Schalke 04	8	5
17.	Manfred Pohlschmidt	HSV, Schalke 04	8	5
18.	Stefan Reisch	1. FC Nürnberg	12	5
19.	Stefan Reuter	Nürnberg, Bayern, Dortmund	13	5
20.	Lothar Emmerich	Bor. Dortmund	14	5

Verwandelte die meisten Elfmeter: Manfred Kaltz (HSV). Versuchte es 60 Mal, war 53 Mal erfolgreich

Top 20 – Die meisten Elfmetertore

Rg	Spieler	Vereine	Elfmeter	Tore
1.	Manfred Kaltz	Hamburger SV	60	53
2.	Gerd Müller	Bayern München	63	51
3.	Michael Zorc	Bor. Dortmund	57	49
4.	Horst-Dieter Höttges	Werder Bremen	48	40
5.	Georg Volkert	VfB Stuttgart, HSV, Nürnberg	35	31
6.	Paul Breitner	Bayern, Braunschweig	37	31
7.	Wilfried Hannes	M´gladbach, Schalke	38	31
8.	Lothar Matthäus	M´gladbach, Bayern	33	30
9.	Stefan Kuntz	Uerdingen, Bochum, K´lautern, Bielefeld	35	30
10.	Günter Netzer	Bor. M´gladbach	35	29
11.	Hans-Jörg Butt	Hamburger SV, Leverkusen	25	22
12.	Werner Lorant	Frankfurt, Saarbrücken, Essen	27	22
13.	Rainer Bonhof	M´gladbach, 1. FC Köln. Hertha	21	20
14.	Ingo Anderbrügge	Schalke 04	25	20
	Christian Schreier	Bochum, Leverkusen, Düsseldorf	25	20
16.	Krassimir Balakov	VfB Stuttgart	21	19
17.	Anton Polster	1. FC Köln, Bor. M´gladbach	22	19
	Arnold Schütz	Werder Bremen	22	19
19.	Bernd Lehmann	MSV Duisburg	22	18
20.	Andreas Brehme	1. FC K´lautern	23	18

Top 20 – Die effektivsten Elfmeterschützen

Rg	Spieler	Vereine	Quote	Elfmeter	Tore
1.	Rainer Bonhof	M´gladbach, 1. FC Köln. Hertha	95,2 %	21	20
2.	Lothar Matthäus	M´gladbach, Bayern	90,9 %	33	30
3.	Krassimir Balakov	VfB Stuttgart	90,5 %	21	19
4.	Georg Volkert	VfB Stuttgart, HSV, Nürnberg	88,6 %	35	31
5.	Manfred Kaltz	Hamburger SV	88,3 %	60	53
6.	Jörg Butt	Hamburger SV, Leverkusen	88,0 %	25	22
7.	Arnold Schütz	Werder Bremen	86,4 %	22	19
	Anton Polster	1. FC Köln, Bor. M´gladbach	86,4 %	22	19
9.	Michael Zorc	Bor. Dortmund	86,0 %	57	49
10.	Stefan Kuntz	Uerdingen, Bochum, K´lautern, Bielefeld	85,7 %	35	30
11.	Manfred Ritschel	Kick. Offenbach, K´lautern	85,0 %	20	17
12.	Paul Breitner	Bayern, Braunschweig	83,8 %	37	31
13.	Horst-Dieter Höttges	Werder Bremen	83,3 %	48	40
14.	Günter Netzer	Bor. M´gladbach	82,9 %	35	29
15.	Bernd Lehmann	MSV Duisburg	81,8 %	22	18
16.	Wilfried Hannes	M´gladbach, Schalke	81,6 %	38	31
17.	Werner Lorant	Frankfurt, Saarbrücken, Essen	81,5 %	27	22
18.	Gerd Müller	Bayern München	81,0 %	63	51
19.	Jürgen Röber	Werder Bremen, Leverkusen	81,0 %	21	17
20.	Ingo Anderbrügge	Schalke 04	80,0 %	25	20

Basis: Mindestens 20 Elfmeter wurden geschossen.

Verhängte Jubiläumselfmeter

Nr	Saison	Partie	Schütze (Verein)
1	63/64	Frankfurt - K´lautern	Neumann (K´lautern)
100	64/65	Braunschweig - Bremen	Moll (Braunschweig) vergeben
500	69/70	Aachen - Dortmund	Hoffmann (Aachen)
1000	74/75	K´lautern - Bremen	Riedl (K´lautern)
1500	79/80	1860 München - Schalke	Kapellmann (1860) vergeben
2000	84/85	Bayern - VfB Stuttgart	Matthäus (Bayern)
2500	90/91	Leverkusen - St. Pauli	Knoflicek (St. Pauli)
3000	96/97	VfB Stuttgart - Bayern	Basler (Bayern)
3500	02/03	Nürnberg - Wolfsburg	Müller (Nürnberg)

Verwandelte Jubiläumselfmeter

Nr	Saison	Partie	Schütze (Verein)
1	63/64	Frankfurt - K´lautern	Neumann (K´lautern)
100	65/66	M´gladbach - Dortmund	Milder (M´gladbach)
500	72/73	Offenbach - Braunschweig	Semlitsch (Offenbach)
1000	78/79	HSV - Hertha	Brück (Hertha)
1500	85/86	Hannover - VfB Stuttgart	Sigurvinsson (VfB Stuttgart)
2000	92/93	Wattenscheid - Dresden	Tschiskale (Wattenscheid)
2500	01/02	1860 München - VfB Stuttgart	Balakov (VfB Stuttgart)

Verschossene Jubiläumselfmeter

Nr	Saison	Partie	Schütze (Verein)
1	63/64	Dortmund - 1860 München	Stemmer (1860)
100	66/67	Nürnberg - Bremen	Strehl (Nürnberg)
250	73/74	Frankfurt - Duisburg	Grabowski (Frankfurt)
500	83/84	Dortmund - 1. FC Köln	Raducanu (Dortmund)
750	95/96	K´lautern - Uerdingen	Greiner (K´lautern)

Der sächsische

Im Jahr 1903 wurde der VfB Leipzig der erste deutsche Fußball-Meister. Heute kickt der Verein am Rande des Ruins in der 4. Liga. VON OLAF BRUCHMANN

Das Stadion ist die Visitenkarte eines Fußball-Vereins. Es ist die Seele eines Klubs. Gleichermaßen ist es Status-Symbol und Blickfang für die eigenen Fans, aber vor allem für die auswärtigen Besucher. Sein Zustand ist Indiz für die wirtschaftliche und sportliche Potenz des jeweiligen Vereins. Oder sein Siechtum. Das Bruno-Plache-Stadion, die Heimstätte des VfB Leipzig, ist schon lange kein Blickfang mehr. Die Optik des fast 18.000 Zuschauer (15.600 Stehplätze, 2450 Sitzplätze) fassenden Ovals ist eindeutig: Es geht bergab mit dem Verein für Bewegungsspiele Leipzig e.V.. Die Kurven im kleinen Rund grenzen teilweise an Körperverletzung. So schief sind die Begrenzungssteine, zwischen denen sich mehrere Sorten Grünpflanzen längst heimisch fühlen. Auch auf der Tribüne sitzt man gefährlich – das Holz und die Bänke haben die beste Zeit hinter sich.

Miese Aussichten beim ersten Deutschen Fußball Meister – genau 100 Jahre nach dem Gewinn des ersten Titels. Gerade noch 810 Mitglieder hat der VfB Leipzig, gekickt wird derzeit in der vierten Liga (Oberliga Nord-Ost, Gruppe Süd). „Aufsichtsrat und Vorstand haben einstimmig ein Sanierungskonzept entworfen. Demnach erhalten alle, vom Spieler über den Trainer bis hin zum Platzwart, nur noch eine Aufwandsentschädigung von 400 Euro", erklärt Vereinspräsident Reinhard Bauernschmidt. Ende April 2003 hatte der VfB dem gesamten Team und der Belegschaft gekündigt. 400.000 Euro soll die akute Deckungslücke betragen. Insgesamt werden die Verbindlichkeiten des VfB auf einen Millionen-Euro-Betrag beziffert. Damit hat der Niedergang des einstigen DDR-Vorzeige-Klubs (vier Mal Pokalsieger 76, 81, 86, 87) vorerst einen traurigen Höhepunkt erreicht. „Kündigungen, Krise und Chaos" titelte deshalb die „Deutsche Presse-Agentur".

Bereits zum Ende des Jahres 1999, nur sechs Jahre nach dem gerade zwölf Monate dauernden Intermezzo in der ersten Bundesliga, verwies die „Leipziger Volkszeitung" schon den Weg des ersten Deutschen Meisters von 1903: „Der VfB wird zum FC Hollywood". Gemeint war damit unter anderem der persönlich motivierte Selbstmord des damaligen Schatzmeisters Walter Bullinger im Oktober 99. Im gleichen Jahr machte der Verein zudem durch gewalttätige Fan-Ausschreitungen im eigenen Stadion Schlagzeilen. Mehrere hundert mit dem VfB sympathisierende Hooligans stürmten bei laufendem Spiel das Feld. Das Ziel: gegnerischer Fanblock. Die Polizei musste mit Reiterstaffeln eingreifen. Es war schon ein merkwürdiges wie auch einprägsames Bild, als Dragoslav Stepanovic, damals Trainer in Leipzig, mit Mantel und obligatorischer Zigarre zwischen Spielern, fanatischen Fans und den Pferden stand und auf alle beruhigend einredete.

Es war die Zeit, als das Leipziger Personalkarussell beängstigend rotierte. Die Trainer Hans-Ulrich Thomale, Dragoslav Stepanovic, Achim Steffens und auch Hans-Jürgen Dörner kamen und gingen. Allesamt waren sie Opfer der patriarchalischen Arbeitsweise der jeweiligen Präsidenten. Sowohl Michael Czupalla als auch Ralph Burkei glänzten besonders durch viele Alleingänge. „Da waren die anderen Präsidiumsmitglieder nur Staffage", meinte der 51-Jährige jetzige Präsident Bauernschmidt, der seit überstandener Insolvenz im Juni 2000 Vereinsoberhaupt ist, aber trotz des Abbaus von 17 Millionen Mark Gesamtschulden dem VfB nicht wieder auf die Beine helfen konnte. Eine Welle von Kündigungen und der Austritt der erfolgrei-

FC Hollywood

chen Bundesliga-Abteilungen Handball und Volleyball waren die Folge.

Was bleibt, ist die Erinnerung an bessere Zeiten. Die Erinnerung an die Meisterschaften von 1903, 1906 und 1913, an den Pokalsieg 1936 und an den vierfachen FDGB-Pokaltriumph. 1974 erreichte der Club als damaliger 1. FC Lok Leipzig das Halbfinale im UEFA-Cup, 1987 stand „die Lokomotive Leipzig“ im Finale des Europapokals der Pokalsieger gegen Ajax Amsterdam. Damals verhinderte aber der 1:0-Siegtreffer von Superstar Marco van Basten den größten Erfolg der Vereinsgeschichte. So bleibt den Fans wohl eher der 26. Oktober 1988 hängen. In der zweiten Runde des UEFA-Cups gastierte nämlich der SSC Neapel mit Weltstar Diego Armando Maradona im Zentralstadion. Offiziell sahen 81.000 Zuschauer das Scheitern ihrer „Lok Leipzig“, doch knapp 100.000 enthusiastische Fans entsprechen wohl eher der Wahrheit.

81.000 Zuschauer und der SSC Neapel mit Weltstar Diego Maradona 1988 im Zentralstadion (oben). 1999 versuchen Leipziger Hooligans während des Spiels den gegnerischen Fan-Block zu stürmen (links)

Dass einmal so viele Zuschauer ein Spiel in Leipzig sehen würden, dass überhaupt einmal Fußball so populär werden würde, ahnte bei dem kleinen Weingelage fast ein Jahrhundert zuvor wohl noch keiner. 22 Gesinnungsgenossen, saßen damals, am 13. Mai 1896, in „Bodens Deutscher Trinkstube“ zusammen. Keine zwei Wochen später (26. Mai 1896) wurde die Vereinsgründung des VfB Leipzig dann besiegelt. Doch es handelte sich dabei nicht nur um eine „Weinlaune“. Das bewiesen die Sachsen schnell. Nur 14 Tage später standen sie auf dem Gohliser Exerzierplatz zum ersten Übungsspiel bereit und gewannen mit 3:1 gegen den Leipziger Ballspiel Club (LBC). Das war der Beginn einer überaus erfolgreichen Zeit.

Von der „Berliner neuen Sportwoche“ wurden die VfB-Spieler schnell als „sächsische Kombinationskünstler“ bezeichnet. Mit diesem Ruf waren sie der heiße Favorit auf die Deutsche Meisterschaft, die erstmals Ende des Jahres 1902 ausgeschrieben wurde. 133 Vereine in 28 Verbänden mit insgesamt 5000 Teilnehmern erfasste damals der am 28. Januar 1900 in Leipzig gegründete Deutsche Fußball-Bund. Doch nur sechs Teams konnte die hohen finanziellen Belastungen tragen und meldeten sich im Frühjahr 1903 zur Meisterschaft an. Die teilnehmenden Teams waren der Altonaer FC 93, Viktoria Magdeburg, der DFC 1892 Prag, der Karlsruher FV, Britania Berlin und der VfB Leipzig.

Im Endspiel standen sich der deutsche-böhmische Verein, Deutscher Fußball-Club (DFC) 1892 Prag, und die favorisierten „Schößler-Schüler“ (so wurde der VfB Leipzig nach ihren Trainer und Fußball-Pionier Theodor Schößler genannt) auf der neutralen Exerzierweide in Hamburg Altona gegenüber. Das Endspiel begann mit einstündiger Verspätung, weil der vorhandene Ball ungeeignet war. Ein Bote eilte extra in die Hansestadt und besorgte einen neuen englischen Lederball. Ebenso ungewöhnlich war der Platz. Er war mit Schiffs-Tauen abgegrenzt, um den quer durchs Spielfeld laufenden Weg unpassierbar zu machen. Die Einnahmen der zwischen 750 und 2000 Zuschauer (die Zahl variiert je nach Quelle) betrugen 473 Mark und der Vorsitzende des Ausrichters Altona, Franz Behr, fungierte als Kassierer, Sprecher und Schiedsrichter. Unbeeindruckt von den Unstimmigkeiten siegte Leipzig souverän mit 7:2 gegen den DFC Prag und nahm die „Viktoria“ in Empfang. Diese Trophäe, die heute im Sportmuseum Berlin zu sehen ist, war

der vom hessischen Bildhauer Christian Daniel Rausch geschaffene Wanderpreis für den Deutschen Meister.
Erster Fußball-Superstar und so etwas wie der Mario Basler dieser Gründerzeit war Adelbert „Bert“ Friedrich. Er verwandelte bereits 1903 einige seiner Ecken direkt. Der am 10. Juni 1884 in Leipzig geborene Friedrich trat mit 13 Jahren dem VfB bei und unter der Anleitung von Theodor Schößler war er schon wenige Zeit später, nicht mehr aus der ersten Mannschaft wegzudenken. Der vielseitige und torgefährliche Linksaußen absolvierte 19 Endrundenspiele für Leipzig in den Jahren 1903 bis 1914 und ist damit Rekordhalter für diese Zeit. Bei den drei Meisterschaften (1903, 1906 und 1913) schoss Friedrich vier Endrundentore. Sein wichtigstes war 1903 eine direkte Ecke zum vorentscheidenden 2:1 gegen Prag.
Dem Pionier und Meistermacher des sächsischen Fußballs, Theodor Schößler, der am 13. Mai 1896 als erster Vorsitzender des Verein für Bewegungsspiele Leipzig geführt wurde, blieb jedoch sein großes Ziel verwährt. Der Vordenker starb am 22. März 1903 nicht einmal acht Wochen vor dem Triumph seiner „Schößler-Schüler“.

Auf den Bauch gepinselte Verbundenheit. Treue Fans hat der erste Deutsche Meister

Die Deutschen Meister

Saison	Meister	Tore/Endspiel	Punkte
1902/03	VfB Leipzig	VfB Leipzig - DFC Prag 7:2	
1904/05	Union 92 Berlin	Union 92 Berlin - Karlsruher FV 2:0	
1905/06	VfB Leipzig	VfB Leipzig - 1. FC Pforzheim 2:1.	
1906/07	Freiburger FC	Freiburger FC - Viktoria 89 Berlin 3:1	
1907/08	Viktoria Berlin	Viktoria Berlin - Stuttgarter Kickers 3:0	
1908/09	Phönix Karlsruhe	Phönix Karlsruhe - Viktoria Berlin 4:2	
1909/10	Karlsruher FV	Karlsruher FV - Holstein Kiel 1:0 n.V.	
1910/11	Viktoria Berlin	Viktoria Berlin - VfB Leipzig 3:1	
1911/12	Holstein Kiel	Holstein Kiel - Karlsruher FV 1:0.	
1912/13	VfB Leipzig	VfB Leipzig - Duisburger SpV 3:1	
1913/14	SpVgg Fürth	SpVgg Fürth - VfB Leipzig 3:2 n.V..	
1919/20	1. FC Nürnberg	1. FC Nürnberg - SpVgg Fürth 2:0	
1920/21	1. FC Nürnberg	1. FC Nürnberg - Vorwärts Berlin 5:0	
1921/22	kein Meister	Hamburger SV - 1. FC Nürnberg 2:2 (abgebr.)	
		Hamburger SV - 1. FC Nürnberg 1:1 (abgebr.)	
1922/23	Hamburger SV	Hamburger SV - Union Oberschöneweide 3:0	
1923/24	1. FC Nürnberg	1. FC Nürnberg - Hamburger SV 2:0	
1924/25	1. FC Nürnberg	1. FC Nürnberg - FSV Frankfurt 1:0 n.V.	
1925/26	SpVgg Fürth	SpVgg Fürth - Hertha BSC Berlin 4:1	
1926/27	1. FC Nürnberg	1. FC Nürnberg - Hertha BSC Berlin 2:0	
1927/28	Hamburger SV	Hamburger SV - Hertha BSC Berlin 5:2	
1928/29	SpVgg Fürth	SpVgg Fürth - Hertha BSC Berlin 3:2	
1929/30	Hertha BSC Berlin	Hertha BSC Berlin - Holstein Kiel 5:4	
1930/31	Hertha BSC Berlin	Hertha BSC Berlin - TSV 1860 München 3:2	
1931/32	Bayern München	Bayern München - Eintracht Frankfurt 2:0	
1932/33	Fortuna Düsseldorf	Fortuna Düsseldorf - FC Schalke 04 3:0	
1933/34	FC Schalke 04	FC Schalke 04 - 1. FC Nürnberg 2:1	
1934/35	FC Schalke 04	FC Schalke 04 - VfB Stuttgart 6:4	
1935/36	1. FC Nürnberg	1. FC Nürnberg - Fortuna Düsseldorf 2:1 n.V.	
1936/37	FC Schalke 04	FC Schalke 04 - 1. FC Nürnberg 2:0	
1937/38	Hannover 96	Hannover 96 - FC Schalke 04 3:3 n.V. + 4:3 .V.	
1938/39	FC Schalke 04	FC Schalke 04 - Admira Wien 9:0	
1939/40	FC Schalke 04	FC Schalke 04 - Dresdner Sport-Club 1:0	
1940/41	Rapid Wien	Rapid Wien - FC Schalke 04 4:3	
1941/42	FC Schalke 04	FC Schalke 04 - Vienna Wien 2:0	
1942/43	Dresdner SC	Dresdner SC - FV Saarbrücken 3:0	
1943/44	Dresdner SC	Dresdner SC - LSV Hamburg 4:0	
1947/48	1. FC Nürnberg	1. FC Nürnberg - 1. FC Kaiserslautern 2:1	
1948/49	VfR Mannheim	VfR Mannheim - Borussia Dortmund 3:2 n.V.	
1949/50	VfB Stuttgart	VfB Stuttgart - Kickers Offenbach 2:1	
1950/51	1. FC Kaiserslautern	1. FC Kaiserslautern - Preußen Münster 2:1	
1951/52	VfB Stuttgart	VfB Stuttgart - 1. FC Saarbrücken 3:2	
1952/53	1. FC Kaiserslautern	1. FC Kaiserslautern - VfB Stuttgart 4:1	
1953/54	Hannover 96	Hannover 96 - 1. FC Kaiserslautern 5:1	
1954/55	Rot-Weiß Essen	Rot-Weiß Essen - 1. FC Kaiserslautern 4:3	
1955/56	Borussia Dortmund	Borussia Dortmund - Karlsruher SC 4:2	
1956/57	Borussia Dortmund	Borussia Dortmund - Hamburger SV 4:1	

Saison	Meister	Tore/Endspiel	Punkte
1957/58	FC Schalke 04	FC Schalke 04 - Hamburger SV 3:0	
1958/59	Eintracht Frankfurt	Eintracht Frankfurt - Kickers Offenbach 5:3 n.V.	
1959/60	Hamburger SV	Hamburger SV - 1. FC Köln 3:2	
1960/61	1. FC Nürnberg	1. FC Nürnberg - Borussia Dortmund 3:0	
1961/62	1. FC Köln	1. FC Köln - 1. FC Nürnberg 4:0	
1962/63	Borussia Dortmund	Borussia Dortmund - 1. FC Köln 3:1	
1963/64	1. FC Köln	78:40 T	45:15 P
1964/65	Werder Bremen	54:29 T	41:19 P
1965/66	TSV 1860 München	80:40 T	50:18 P
1966/67	Eintracht Braunschweig	49:27 T	43:25 P
1967/68	1. FC Nürnberg	71:37 T	47:21 P
1968/69	Bayern München	61:31 T	46:22 P
1969/70	Bor. M´gladbach	71:29 T	51:17 P
1970/71	Bor. M´gladbach	77:35 T	50:18 P
1971/72	Bayern München	101:38 T	55:13 P
1972/73	Bayern München	93:29 T	54:14 P
1973/74	Bayern München	95:53 T	49:19 P
1974/75	Bor. M´gladbach	86:40 T	50:18 P
1975/76	Bor. M´gladbach	66:37 T	45:23 P
1976/77	Bor. M´gladbach	58:34 T	44:24 P
1977/78	1. FC Köln	86:41 T	48:20 P
1978/79	Hamburger SV	78:32 T	49:19 P
1979/80	Bayern München	84:33 T	50:18 P
1980/81	Bayern München	89:41 T	53:15 P
1981/82	Hamburger SV	95:45 T	48:20 P
1982/83	Hamburger SV	79:33 T	52:16 P
1983/84	VfB Stuttgart	79:33 T	48:20 P
1984/85	Bayern München	79:38 T	50:18 P
1985/86	Bayern München	82:31 T	49:19 P
1986/87	Bayern München	67:31 T	53:15 P
1987/88	Werder Bremen	61:22 T	52:16 P
1988/89	Bayern München	67:26 T	50:18 P
1989/90	Bayern München	64:28 T	49:19 P
1990/91	1. FC Kaiserslautern	72:45 T	48:20 P
1991/92	VfB Stuttgart	62:32 T	52:24 P
1992/93	Werder Bremen	68:30 T	48:20 P
1993/94	Bayern München	68:37 T	44:24 P
1994/95	Borussia Dortmund	67:33 T	49:19 P
1995/96	Borussia Dortmund	76:38 T	68 P
1996/97	Bayern München	68:34 T	71 P
1997/98	1. FC Kaiserslautern	63:39 T	68 P
1998/99	Bayern München	76:28 T	78 P
1999/00	Bayern München	73:28 T	73 P
2000/01	Bayern München	62:37 T	63 P
2001/02	Borussia Dortmund	62:33 T	70 P
2002/03	Bayern München	70:25 T	75 P